普通高等教育经济管理类专业规划教材

现代企业管理导论

第 2 版

主　编　孙义敏　杨　洁
副主编　刘　宇　马　威
参　编　李治堂　曹晋红　聂铁力
　　　　王　晖　李晓红

U0793035

机械工业出版社

本书是为普通高等院校理工科专业“量身定做”的教材，内容包括现代企业与管理、企业制度与企业文化、决策与战略、企业技术创新和产品开发、营销管理、现代企业生产管理、质量管理、人力资源管理、现代企业财务与成本管理。各章内容紧紧围绕现代企业——公司制企业的管理来编写，内容新颖，又贴近我国企业的实际情况；各章后面附有案例分析、思考题和作业题，以便于引导学生掌握内容要点，方便师生使用。通过对本书的学习，能够帮助学生对公司制企业管理的整体及分支系统的管理建立起全面系统的概念。

本书可作为普通高等院校理工科类各专业教材，也可作为企业技术人员和管理人员的培训教材及自学参考书。

图书在版编目（CIP）数据

现代企业管理导论 / 孙义敏，杨洁主编. —2 版. — 北京：机械工业出版社，2009.6（2024.3 重印）

普通高等教育经济管理类专业规划教材

ISBN 978-7-111-26824-6

Ⅰ. 现… Ⅱ. ①孙…②杨… Ⅲ. 企业管理－高等学校－教材 Ⅳ. F270

中国版本图书馆 CIP 数据核字（2009）第 054885 号

机械工业出版社（北京市百万庄大街 22 号　邮政编码 100037）

策划编辑：曹俊玲　责任编辑：孙晶晶

版式设计：张世琴　责任校对：张晓蓉

责任印制：邓　博

北京盛通数码印刷有限公司印刷

2024年3月第2版第10次印刷

169mm×239mm · 24.25 印张 · 472 千字

标准书号：ISBN 978-7-111-26824-6

定价：48.00 元

凡购本书，如有缺页、倒页、脱页，由本社发行部调换

电话服务	网络服务
服务咨询热线：（010）88361066	机工官网：www.cmpbook.com
读者购书热线：（010）68326294	机工官博：weibo.com/cmp1952
（010）88379203	教育服务网：www.cmpedu.com
封面无防伪标均为盗版	金书网：www.golden-book.com

普通高等教育经济管理类
专业教材编审委员会

主任委员：韩福荣（北京工业大学） 教授、博士生导师
副主任委员：张　群（北京科技大学） 教授、博士生导师
乞建勋（华北电力大学） 教授、博士生导师
吴祈宗（北京理工大学） 教授、博士生导师
佘元冠（北京科技大学） 教授、博士生导师
乔　忠（中国农业大学） 教授、博士生导师
葛新权（北京信息科技大学） 教授、博士生导师
姚　飞（北京化工大学） 教授
孙义敏（北京信息科技大学） 教授
刘家顺（河北理工大学） 教授
魏法杰（北京航空航天大学） 教授、博士生导师
刘延平（北京交通大学） 教授、博士生导师
孙国辉（中央财经大学） 教授、博士生导师
孙选中（中国政法大学） 教授、博士生导师
郑文堂（北京建筑工程学院） 教授
谢太峰（首都经济贸易大学） 教授
林　松（机械工业出版社） 编审
委员单位：北京工业大学经济与管理学院
北京科技大学管理学院
华北电力大学经济与管理学院
中国农业大学经济管理学院
北京理工大学管理与经济学院
北京化工大学经济管理学院
北京信息科技大学经济管理学院
河北理工大学经济管理学院
北京航空航天大学经济管理学院
北京交通大学经济管理学院
中央财经大学商学院

中国政法大学商学院
首都经济贸易大学金融学院
北京建筑工程学院
北京印刷学院经济管理系
机械工业出版社

编者的话

新世纪伊始，北京地区部分高等院校联合成立了管理类专业教材编审委员会，组织编写出版一套适合各校情况、满足本科层次教学需要的管理类专业系列教材。在各校管理学院、系领导及教师的大力支持和参与下，经过一年多的努力，系列教材终于面世了。

改革开放以来，我国管理学科的发展极其迅猛。在这种形势下，各高等院校普遍设置了管理专业，其发展速度之快，规模之大，是前所未有的。而教材建设一直是专业建设和教学改革的瓶颈。

编委会认为，集中各校优势，通过合作方式实现教学资源优化配置，编出一套适合各校情况的教材，对加强各校的合作交流，推动师资培养，促进相关课程的教学改革，是一件一举多得的好事。

"质量第一，开拓创新"是我们编写这套教材的指导思想，出版精品是我们的奋斗目标。现阶段应该从教材特色做起。有特色才能有市场，才能为各校师生所接受和欢迎。这套教材具有以下特点：一是内容上有创新，在继承的基础上，反映了当代管理学科的新发展；二是适用、好用，教材编写精练，并留有余地，各教材每章后都附有相配套的作业题；三是有理工科特色，合作院校的教学对象多数是理工科学生。

为了确保教材质量，经过编委会遴选，各门课程教材都由资深的教授担任主编，同时各教材编写组成员相对稳定，教材根据使用情况及时修订，使其常用常新，不断提高。

为了配合各校开展多媒体教学的需要，某些教材编写组将合作制作与教材配套的课件，以方便广大师生使用。

机械工业出版社是我国于20世纪50年代初成立的国家级出版社，数十年来，曾出版过许多在国内外有重大影响的科技和经济管理类图书，改革开放以来曾经负责全国理工科院校管理工程专业全国统编教材的出版发行，为我国经济管理类专业的建设和发展作出了重大贡献。这套系列教材出版得到机械工业出版社的大力支持，谨表示衷心感谢！

普通高等教育经济管理类专业教材编审委员会

前　言

本书是为普通高等院校非管理类专业，即理、工科专业和其他相关专业开设企业管理课程编写的教材。拟订编写大纲时，在总结以往教学经验的基础上，明确以下指导思想：

首先，从教学对象的培养需要出发，本门课程的主要目标是帮助学生对现代公司制企业的管理有一个总体和系统的认识，为今后工作和进一步学习打下基础。因此，本书就一改过去在编写这类教材时过分强调结合专业，以致造成教材内容支离破碎、难以形成系统概念的不足。

其次，我国已经加入 WTO，大多数大中型企业在企业制度上已经完成公司制改革，因此，“现代企业”其意义不仅体现在技术特征上，更体现在制度特征和管理特征方面，全书以现代企业管理为主线，并贯穿始终。

第三，管理学是近百年发展最迅速的学科之一。我国企业管理在改革开放形势的推动下，更是一日千里。不断创新是管理的灵魂。因此，本书强调在继承的基础上，力求创新，使其内容反映企业管理发展的新趋势。

第四，教材编写一定要考虑使用的方便，并且有助于引导学生掌握教材的内容要点，为此，本书每章后面都附有案例分析和一定数量的思考题、作业题。

本书自 2001 年出版以来，受到读者的广泛好评，同时也被一些院校指定为管理类专业考研的主要参考书。

本次修订作了较大修改，增加了“决策与战略”一章，将原来的第八章和第九章合并为“现代企业财务与成本管理”一章，取消了第十章“管理信息系统概论”。其他章节的内容也作了很多修改和补充。

参加本书编写的有：北京信息科技大学孙义敏（第一章、第八章）、刘宇（第七章）、曹晋红（第四章）、聂铁力（第九章）、王晖（第九章），河北理工大学杨洁（第二章、第三章），中国农业大学马威、李晓红（第六章），北京印刷学院李治堂（第五章）。本书由孙义敏教授、杨洁教授担任主编，刘宇教授、马威副教授担任副主编。由于编写大纲的修改，参加教材第 1 版编写的部分作者虽然未能参加第 2 版的编写工作，但他们也为本书付出过辛勤的劳动，在此表示感谢。

本书在内容、观点或者文字表述方面肯定会存在一些问题，诚恳地欢迎广大读者批评指正。编写组将根据使用情况和批评意见不断修改完善，精益求精。

编者

2009 年 4 月

目　　录

第一章　现代企业与管理

引　　言

"在每个企业中，管理者都是赋予企业生命、注入活力的要素。如果没有管理者的领导，"生产资源"始终只是资源，永远不会转化为产品。在竞争激烈的经济体系中，企业能否成功，是否长存，完全要视管理者的素质与绩效而定，因为管理者的素质与绩效是企业唯一拥有的有效优势。"

"管理层逐渐成为企业中独特而必需的领导机构是社会史上的大事。自从20世纪初以来，很少见到任何新的基础机构或新的领导团体，像管理层一样，在如此短的时间内快速诞生。在人类历史上，也极少看到任何新机构这么快的变得不可或缺；甚至更加突现的是，这个新的机构在形成过程中遇到这么小的阻力、这么少的干扰、引发这么少的争议。"

（引自（美）彼得·德鲁克《管理实践》，齐若兰译，机械工业出版社，2006年版）

第一节　企业与现代企业

一、企业的形成与发展

（一）企业的产生

由许多人集合在一起，生产某种产品或提供某种服务，他们生产的产品和提供的服务并不是为了自身的需要，而是向社会提供，为满足消费者的需求，这便是企业。那么企业是怎样产生的呢？

在自然经济占统治地位的社会里，社会生产和消费以家庭或手工作坊为单位，它们都不是企业。在资本主义社会，企业作为取代家庭经济和作坊而出现的一种具有更高生产效率的经济单位，也成了社会的基本经济单位。

现代市场经济理论分析了企业产生的经济动因。商品经济初期，生产钟表的业主必须向生产钟表零件的业主购买所需要的零件。在这个过程中，除了零部件的价格外，还要发生许多交易费用，诸如发现价格、获取市场信息的费用以及进行交易谈判和履行合同的费用等。为了降低交易费用，生产钟表的业主尝试着自己生产钟表零部件来取代市场购买。当生产规模达到一定程度以后，生产钟表的业主会发现，在自己生产钟表零部件时，虽然要增加内部管理费用，但比起市场购买所花的交易费用能节省许多，此时比家庭作坊规模大、效率高得多的企业就产生了。起初出现的企业规模比较小，多数是手工工场，产业革命后，随着技术的进步和市场的扩张，资本主义生产开始转向大机器生产，企业生产经营规模迅速扩张，大型工厂的出现为现代企业的诞生奠定了基础。

（二）企业的概念与特征

1. 企业的概念

企业作为向社会公众提供产品与服务的组织，它必须承担社会责任，为此，企业有严格的规定性。

企业是集合生产要素——土地和自然资源、劳动力、资本、技术和信息，并在利润动机和承担风险的条件下，为社会提供产品和服务的单位。它具有独立的商品生产者和经营者的法律身份，是现代经济的细胞和基本经济单位。

（1）作为企业必须拥有一定的生产要素。土地和自然资源、劳动力、资本是传统企业的生产要素，技术和信息则是现代企业的生产经营要素。

（2）企业的设立必须具备以下条件：产品和服务为社会所需要，有生产技术设备、原材料、能源、交通运输等必要条件，有自己的名称和经营场所，有符合国家规定的资金，有自己的组织机构和员工，有明确的经营范围等。

（3）企业是营利性机构，它向社会提供产品和服务，目标是获取利润。为了获取利润，企业必须具有效率。企业的效率来自制度效率和经营效率两个方面。制度效率是由土地、资本、劳动力等生产要素的集合方式决定的；经营效率是由企业的管理方式和有效性决定的。企业的效率可以保证企业获得利润、克服市场风险，并得到长期稳定的发展。

（4）企业向社会提供产品和服务，满足人们的物质和文化需要，企业的健康发展也为国家提供稳定的税收和为社会提供充分的就业机会，从而实现企业存在的社会价值。

2. 企业的特征

企业作为一个独立的经济组织具有以下特征：

（1）企业是法人。企业能以自己的名义进行民事活动并承担责任，享有民事权利与义务。企业要成为法人必须依法向工商部门登记注册，应有专门的名称、固定的工作地点与组织章程，具有独立的财产，实行独立核算和自主经营等。

（2）企业拥有经营自主权。企业作为一个经济实体，必须拥有独立的生产经营自主权，包括经营决策权、产品决定权、产品销售权、人事权和分配权等。

（3）企业必须实行独立核算，自负盈亏。企业作为营利性机构，获取利润是其生存和发展的条件。为此，企业必须实行独立核算，力争以尽可能少的人力、物力、财力的投入，获得尽可能多的利润。但经营的结果，取决于企业经营管理的水平，可能盈利，也可能亏损，但这些都应由企业自己负责。如果出现亏损，而又无法扭亏为盈，企业就会破产倒闭。

（4）企业是纳税单位。税收是国家财政的主要来源，企业作为国家的经济基础，有缴纳税收的义务，必须照章向国家纳税。在市场经济中，这是企业与国家之间的唯一经济关系。

（三）企业的演变

企业从最初出现到今天的现代企业，经历了较长的历史演变。从其生产技术与生产组织的发展来看，经历了手工工场—机器工厂—现代公司等几个阶段；从其资产所有者的形式考察，又经历了个人业主制、合伙制和公司制三种形式。

1. 个人业主制企业

个人业主制企业是指由个人出资兴办，并由个人控制的企业。这种企业是自然人，不具有法人资格。它是最早产生也是最简单的企业形态。早期的手工工场多数属于业主制企业。由于它规模比较小，开办时需要的资金少，开设容易，经营灵活，即使在今天，业主制企业也普遍存在。这类企业业主要对债务承担无限责任，因而经营风险大，再加上规模有限，生产经营能力弱小，企业很难发展壮大。

2. 合伙制企业

合伙制企业是指由两个以上业主共同出资兴办的企业。企业为出资人共同所有，共同经营，所获利润共同分享。合伙制企业的规模也比较小，通常在广告事务所、商标事务所、会计事务所、零售商店等行业中较为常见。其优点是扩大了资金来源和信用能力，由于多名业主共同管理，提高了经营管理能力，也增加了企业扩大与发展的可能性。但是，合伙制企业仍然是自然人，出资者对企业债务承担无限责任，且合伙人有连带责任，企业寿命不容易持久，企业规模受到限制。

3. 公司制企业

为了克服前两种企业投资少、规模有限的局限性，人们开始探寻新的企业形式。19 世纪中期，英国与欧洲其他国家先后完成了产业革命，机器大工业广泛建立，生产的社会化程度极大提高，企业也得到迅速发展，但此时的股份公司在法律上仍然被当做合伙制企业。到 1856 年，英国议会确认了注册公司只负有限责任，并且公布了第一个现代公司法，即有限责任形式的公司法，公司制企业就这样正式建立起来了。对此，美国的巴特勒（N. M. Butle）评价“有限责任公司是近代最伟大的一个发明，甚至连蒸汽机和电的发明都不如有限责任公司来得重要”。

公司制企业是依法集资联合组成的，有独立的注册资产，自主经营，自负盈亏的法人企业公司。这种企业更能适应市场经济发展的需要，是现代企业的主要形式。

二、现代企业与现代企业制度

（一）现代企业的特征

现代企业不仅仅具有现代化的生产技术，它的企业制度和企业管理也是现代的和先进的。其特征表现为以下几个方面：

1. 技术特征

现代企业是科学技术和生产力发展到一定阶段的产物，因而它的生产技术必定是现代的。在传统企业中，技术虽然也是生产要素之一，但是生产活动主要依靠劳动者的体力和技能，采取粗放经营方式。而在现代企业中，技术跃居为生产要素的首位。它和其他生产要素不是相加的关系，而是相乘，即具有放大的作用。可以形象地表示为如下关系：

现代企业生产力＝（土地＋自然资源＋劳动力＋资本）×技术×科学管理

现代企业最早采用的科学技术是使用机器体系完成产品生产过程的。随着科技的发展，现代企业越来越多地采用自动化电子控制设备和机器人，同时由于计算机技术的迅速发展，计算机在生产和管理过程中被广泛应用，各种自动化技术日趋成熟，完全由计算机控制的自动化工厂也已经出现。

2. 制度特征

现代企业经过长期的发展形成了十分规范和完善的企业制度，包括企业的产权制度、公司组织制度和管理制度。企业的产权制度是企业制度的核心，它不仅解决了社会资本的募集问题，满足了大量投资或企业迅速扩长的需要，同时从法律上保证了投资人的利益，打破了传统企业中投资人直接经营管理企业的管理体制，实现了所有权和经营权的相互分离。公司股东拥有法人财产终极所有权，参与股东大会投票和公司分红；股东大会选举产生董事会及由其任命的经理拥有企业的经营权。

3. 管理特征

现代企业的管理是现代化的管理。现代企业生产的社会化程度空前提高，其外部和内部的分工协作更加细致和紧密，要求企业的生产与经营有严格的计划性、比例性和节奏性，这必须通过管理现代化来实现。企业管理现代化就是适应现代生产力发展的客观要求，运用科学的思想、组织、方法和手段，对企业的生产经营进行有效的管理，创造最佳经济效益的过程。其中，管理思想现代化是先导，管理人才现代化是关键，管理体制现代化和管理制度现代化是保证，管理方法现代化和管理手段现代化是条件，最终实现管理工作高效化和经济效益显著化。

（二）现代企业制度

现代企业制度是指在市场经济条件下，以规范和完善的法人制度为主体，以有限的责任制度为核心，以有限公司为典型的产权清晰、权责明确、政企分开、管理科学的一种新型的企业制度。它具有以下特征：①产权特征。在公司制企业中产权关系是清晰的，企业财产的所有权属于投资者，企业拥有出资者投资形成的全部法人财产权，成为享有民事权利、承担民事责任的法人实体。②责任特征。在公司制的企业中，出资者按投入企业的资本享有所有者权益，公司破产时，出资者只以投入公司的资本额对公司债务负有限责任，同样，公司也仅以其全部资产对公司的债务承担有限责任。③保值增值特征。公司制企业以其全部法人财产依法经营、自负盈亏、照章纳税，对出资者承担资产保值、增值的责任。因此公司制企业必须以资产的保值、增值为主要经营目标。④效益特征。公司制企业应该完全按照市场需求组织生产和经营，积极参与市场竞争。优胜劣汰是市场竞争的规则，没有效益的企业会被淘汰。效益驱动是市场经济的内在动力。

党的十四届三中全会通过的《关于建立社会主义市场经济体制若干问题的决定》中明确指出，要把现代企业制度作为国有企业改革的方向。具体地说，我国所要建立的现代企业制度，就是适应社会主义市场经济要求，以规范和完善的企业法人制度为主体，以有限责任制度为核心的新型企业制度；这是既符合国情，又能与国际惯例衔接的具有中国特色的现代企业制度。这是建立社会主义市场经济体制的中心环节。

三、现代企业经营

（一）现代企业经营概述

1. 经营的概念

现代企业是在市场环境中自主经营、自负盈亏的经济实体。经营就是企业根据市场需要，运用掌握的人、财、物、技术和信息等资源，向社会提供产品和服务，并且取得经济效益和社会效益的活动。现代企业的经营包括两个层次的运筹与管理。首先是资产经营，就是以产品与服务的开发、生产和销售为主体的经营活动，通过企业有效的经营，最大限度地实现产品价值的增值；其次是资本运营，就是以企业的资本运动为对象，通过有效的经营，最大限度地实现资本增值，获得良好的投资回报。当然这两个层次的经营是相互关联、密不可分的。它们之间相互影响、相互促进。

2. 企业经营的外部环境

任何企业的经营都是与外部环境紧紧联系在一起的，企业外部环境对企业的经营产生重大的影响。企业外部环境可以分为一般环境因素（宏观环境因素）和任务环境因素（核心环境因素）两类。

（1）一般环境因素。一般环境因素是指对所有企业都产生影响的环境因素。

虽然这些因素对企业的影响不直接，但是它们将决定企业的长远发展方向。

1）经济环境。企业所处的经济环境通常包括所在国家或地区的经济制度、经济结构、物质资源状况、经济发展水平、国民消费水平等方面。尤其是利率、通货膨胀率、居民可支配收入、股市指数和经济周期等对企业经营发展都将产生重大影响。

2）政治环境。政治环境包括所在国家或地区的政治制度、政治形势、政策方针和国家法令等，这些因素都会对企业产生一定影响。企业主要关心政治的稳定性、政策的一贯性和一致性以及政府的干预情况等。

3）社会环境。社会环境主要是指企业所在国家或地区的人口、文化教育水平、传统风俗习惯以及人们的道德观念和价值观念等。这些因素对劳动力的数量和质量、就业机会、所需商品和服务的类型等方面会产生直接的影响。

4）科技因素。科技因素是指企业所在国家和地区的科学技术水平、科学技术政策、科学潜力和技术发展动向等。20世纪下半叶科技因素变化最迅速，只有那些能适应技术进步的企业，才可在激烈的竞争中占据更加有利的地位。一般来说，技术进步从劳动力、劳动资料、劳动对象等方面推动了生产力的发展，不同的技术条件和技术过程又要求不同的管理方式和方法。

5）法律环境。法律环境是指所在国家或地区的法律行为准则、执法力度、法律意识及所参与签订的国际性条约和协议等。任何企业的活动都要受到相应法律规范的制约。随着我国加入 WTO 以及企业经营的国际化，要求企业更加关注各国的法律环境，避免不必要的经营障碍。

（2）任务环境因素。任务环境因素是指对某些企业产生影响的环境因素。同一般环境因素相比，它对企业的影响更为直接和具体。任务环境因素主要包括资源供应者、服务对象（顾客）、竞争对手、政府管理部门和社会特殊利益代表组织等。

1）资源供应者。资源供应者是指向企业提供各种资源的个人和单位，即为企业输送设备、人力、原材料、资金、信息、技术和服务的个人或单位。这些供应者的数量、结构、供应能力、供应条件、供应时间以及资源的质量都直接影响企业的运作方式和成本的高低。

2）服务对象（顾客）。服务对象是指接受企业提供产品或服务的个人和单位，如企业的客户、商店的顾客、银行存款和贷款客户等。顾客因素主要包括顾客数量、顾客需求的强度、顾客需求的发展趋势和变化规律等。客户的存在是任何组织生存和发展的原因，因此，企业必须深入市场，分析顾客的心理，掌握顾客需求的变化，及时推出新产品、新服务，确保向顾客提供满意的商品和优质的服务。

3）竞争对手。竞争对手是指与企业在资源和服务对象的取得、分配和使用方面争夺的对手，它涉及竞争对手的数量、竞争能力、市场竞争的强度与结构等方面的因素。任何一个企业都不可避免地会有一个或多个竞争对手。了解对手和研究对手是在竞争中取胜的重要条件。

4）政府管理部门。政府管理部门是指中央及各级政府部门的相应机构，如工商行政管理部门、卫生防疫站、物价部门、税务部门等。因为它们拥有行政权利，可以制订有关的政策法规，对违反法律的企业采取必要的行动，从而直接影响企业的行为和收益状况。

5）社会特殊利益代表组织。社会特殊利益代表组织是指代表着社会上某一部分人的特殊利益的群众组织，如妇联、工会、消费者协会、环境保护组织等。这些组织直接向政府主管部门反映情况，或者通过各种宣传工具制造舆论，以引起人们的广泛注意，对特定组织的经营活动施加影响。

（二）现代企业资产经营与资本运营

从历史上看，资本运营与生产经营是同时出现的。在个人业主或合伙制阶段，企业的所有者和经营者是合一的，因此，资本运营和生产经营都是由所有者同时进行。随着股份公司和证券市场迅速发展，所有者原有的经营管理企业的权利转变为由职业经理行使，这时企业经营分离为资本运营和资产经营（生产经营）两个层次。企业所有者的资本运作主要包括参与企业重大决策、决定公司经营计划和投资计划、决定增减资本和发行公司债券，以及根据公司实现和预期收益进行追加投资或撤回投资等。公司经营者按资本经营的要求，侧重抓生产经营，组织实施经营计划和投资计划，实施增减资本和公司发行债券方案，以及采取加速资本周转的措施等。

1. 资本运营与资产经营的区别

（1）经营对象不同。资本运营的对象是企业的资本及其运动。投资者投入企业的货币、土地使用权、实物和技术等都可以通过评估作价并以货币的形式表现出来。资本运营侧重企业经营过程的价值，追求资本的增值。而生产经营的对象则是产品及其生产销售过程，经营的基础是厂房、机器设备、产品设计、工艺、专利等。生产经营侧重企业经营过程的使用价值，追求产品数量和品种的增多、成本的降低、质量的提高。

（2）经营领域不同。资本运营主要在资本市场上运作，资本市场不仅包括证券市场和长期信用资本的借贷，还包括非证券的产权交易活动。通过资本运作，企业可以筹得更多的自有资本，或者将资本投向盈利更高的领域，从而使企业的利润大大增加。而企业生产经营涉及的领域主要是产品的生产技术、原材料的采购和产品销售，主要是在生产资料市场、劳动力市场、技术市场和商品市场上运作。

（3）经营方式不同。资本运营要运用吸收直接投资、发行股票、发行债券、银行借款和租赁等方式合理筹集资本，要运用直接投资、间接投资和产权交易等方式有效地运用资本，合理地配置资本，盘活存量资本，加速资本周转，提高资本效益。而生产经营主要是通过市场调查、技术开发、研制新产品、创名牌产品、开辟销售渠道等，以达到增加产品品种、数量，提高产品质量，提高市场占有率和增加销售利润的目的。

2. 资本运营与资产经营的联系

资本运营与资产经营是企业经营的两个层次，因此两者关系极为密切。首先，两者追求的目的是一致的，都是追求资本的保值和增值。生产经营是通过产品的生产与销售获取利润的，以实现资本的增值；资本运营是通过投资和融资的方式，有效地运用资本，提高投资回报率，以实现资本的保值和增值。其次，资本运营与生产经营是相互依存的。因为企业是一个运用资本进行生产经营的单位，没有资本，生产无法进行；如果不进行生产经营活动，资本增值的目的就无法实现。因此，资本运营要为生产发展服务，并以生产经营为基础。再次，资本运营与生产经营是相互渗透的，企业生产经营的过程就是资本不断循环周转的过程，如果企业供产销各个环节脱节，资本循环周转就会中断，资本运营效率就会降低；而资本运营除了向企业外部投资外，多数情况是直接为企业扩大生产经营或调整经营方向服务的。

近年来，有些人认为资本经营是一种高级经营方式，提出要从生产经营转向资本经营，有些企业盲目进入金融业，热衷于证券、期货投资，忽视自己的主业，忽视生产经营，结果吃了苦头，遭致经营失败。总之，在市场经济条件下，企业既要精通生产经营，又要掌握资本运营，并把两者密切地结合起来。通过资本运营，搞好融资、并购和资产重组，增加资本的积累，实现资本集中，扩大生产经营规模，优化生产结构；提高技术水平，以便更好地进行生产经营。

（三）现代企业经营目标

简单地说，传统企业的经营目标就是利润最大化。作为一个现代企业，仅仅追求利润最大化是不够的，还应追求所有者权益最大化和企业价值最大化。

1. 利润最大化

利润是企业所得的收入大于投入的耗费部分。如果收入小于耗费，则发生亏损。利润最大化是所有投资者与经营者追求的目标。这是因为，人类进行生产经营活动的目的是为了创造更多的剩余产品。在商品经济条件下，剩余产品的多少可以利用利润这一指标来衡量。同时只有每个企业都最大限度地获得利润，整个社会的财富才可能最大化，从而带来社会的发展与进步。这也是企业对社会所做的主要贡献。

社会主义企业的性质决定我们追求利润最大化的出发点是满足人民群众日益增长的物质与文化需求。企业利润最大化不应以损害顾客和消费者利益为代价。

另外，企业应该将经济效益与社会效益很好地统一起来。凡是这样做的企业，最终必将获得更大和更长远的经济利益。

2. 所有者（股东）权益最大化

所有者权益是投资者对企业净资产的所有权，包括实收资本、资本公积、盈余公积和未分配利润等。企业在一定时期实现的利润越多，从税后利润中提取盈余公积和向投资者分配的利润就越多。盈余公积可用于弥补企业亏损，也可用于转增资本，从而使投资者投入企业的资本增多。我们可以将企业期末所有者权益与期初所有者权益总额进行对比，如果两者相等，表明企业在这段时期内自由资本保值；如果前者大于后者，则表明企业自由资本增值。但在比较时应注意，期末所有者权益总额中不应包括本期非损益的资本增减额，如投资者追加的投资、接受捐增资产等。

一般说来，利润最大化将导致所有者权益最大化，但是也有背离的情况，如出现“内部人控制”，就有可能损害所有者权益。这种情况应该避免。

3. 企业价值最大化

在市场经济条件下，企业产权也是商品，企业可以整体出售或者合资，这时需要对整个企业的价值进行评估，以便确定企业出售价格或合资投资价值。因此，企业经营中还要重视企业价值最大化，将企业价值最大化作为经营的最终目标。

决定企业价值的基础是企业获利能力的大小。评价企业所获的利润时，不仅要关注企业的当期利益，更要关注企业未来的获利能力，即长期获利水平。企业的获利能力与各单项资产价值之和存在一定联系，企业各单项资产价值之和越大，即生产规模越大，企业的获利能力就越大。但是，还要受到其他因素的影响。单项资产构成完全相同的两个企业，由于其经营方式、经营管理、技术力量、人员素质以及企业信誉有差异，它们的盈利状况会有很大差别。这种情况是屡见不鲜的。

对于上市公司，其价值可根据其股票价格来确定。在规范的股票市场上，公司股票价格的高低主要决定于公司的盈利能力。公司价值可根据发行股票股数乘以每股市价来计算。

企业价值是一个长期的概念。追求企业的价值必须克服短期行为，不仅要抓好当前的经营，而且要有长远的发展战略，追求投资的高效益和筹资的低成本，注意合理的资本结构，注重技术进步与产品开发，不断开拓市场，使企业在市场竞争中占据明显的优势地位，从而保持企业长期的盈利能力。

第二节　现代企业管理与管理职能

一、企业管理的内涵及作用

（一）管理与企业管理的内涵

1. 管理的概念

自从管理成为一种理论、一门科学以来，许多专家从不同角度解释了管理的概念，但至今没有一个公认和统一的概念。这一方面说明管理科学尚还年轻，正处于不断发展与变化中，同时也说明管理科学本身的复杂性。

历史上最早提到“管理”的学者是苏格拉底，他说：“管理是区别于别的技术和经验的一种技能。”20 世纪初，法国的法约尔说：“管理是一种以绩效责任为基础的专业技能。”马克思则把乐队的指挥和小提琴手比做管理。通俗地讲，管理就是管人理事。

我们认为，管理是通过计划、组织、控制、激励和领导等组织功能来协调人力、物力和财力资源，有效地组织企业的经营活动，以期实现预定目标的过程。对这一定义应该有以下几点认识：

（1）管理活动是一切社会组织普遍具有的活动。这一活动是维持社会组织，并且使它实现特定目的和发挥特定功能的必备条件。如果缺乏管理或管理不善，轻则无法发挥社会组织的正常功能，重则失去社会组织存在的价值，从而导致组织瓦解。

（2）管理活动充分体现了人类有目的活动的过程。这一过程从计划开始到控制结束，周而复始，不断循环。管理的计划、组织、领导、激励和控制体现了管理的各项组织功能，它们是互相联系、相互作用、缺一不可的。只有这样，才能发挥出管理的整体功能和作用。

（3）管理具有明确的目的性，它是为实现组织预定的目标服务的。不存在没有目的和目标的管理。管理不具有自身的目标，不能为管理而管理。因此，组织的目标就是管理的目标。

（4）管理工作要通过综合运用组织掌握的各种资源来实现组织的目标。有效的管理是整合组织中的各种资源，实现以最小的投入获得最大的产出。这是一切社会组织追求的目标之一。

（5）管理是主客体相结合的过程。管理的主体是管理者，而管理者的活动总是在一定的组织中实施的，因而管理的载体是组织；管理的客体是以人为主导的投入产出系统。从现代管理的角度看，只有以人为主导的客观系统，才是管理的客体。管理作为主客体相结合的活动过程，始终是管理者与被管理者的对立统一，管理必须充分发挥两方面的积极性。

2. 企业管理的概念

在弄清“管理”的内涵之后，理解“企业管理”并不困难。管理科学起源于企业管理实践，“管理”的概念也是从抽象的企业管理实践中提炼出来的。后来随着管理科学的进一步发展，认识到这一概念同样适用其他性质的社会组织，如文化、教育、卫生、体育等企事业单位。这些社会组织的功能与目标会有所不同，但它们管理的本质与职能是一致的。作为企业与其他社会组织的最大区别在于，企业是营利性经济组织，以获取利润作为企业的主要经营目标。

（二）管理的地位与作用

有人形象地把“管理”与“技术”比喻成企业建设发展的两个轮子，从整个国家经济发展来观察，也是如此。美国与日本经济发展也都得益于对管理的重视和管理水平的提高。应如何认识管理的地位与作用呢？

1. 管理也是第一生产力

科学技术是第一生产力，早已被人们所认识。但是过去我们往往把它局限于科学技术本身，这是不全面的。因为生产力是由多种要素构成的系统，这些要素可以分为两类：一类是实体性要素，包括劳动者、劳动资料、劳动对象等，它们是生产力的物质承担者，属于生产力系统的“硬件”；另一类是非实体性要素，包括科学、技术、管理、教育等，属于生产力系统的“软件”。同是非实体性要素，管理与技术有不同的作用。科学技术在生产力系统中分别作用于各个实体性要素，如提高劳动者素质，革新劳动工具、劳动手段，改造劳动对象从而促进生产力的发展；而管理则整体作用于实体性要素系统，即通过对资源的整合作用、效率倍增作用促进生产力发展。据专家保守估计，在现有的科技与设备条件下，改善管理至少可以使生产力水平提高1/3以上；反之，缺乏管理或管理不善，即使技术设备非常先进，也不可能很好发挥作用，甚至变成一堆废铁。

2. 管理对于社会与企业的发展以及经济效益提高具有重要意义

（1）有效的管理才能使科学技术转化为生产力。只有通过有效的管理先进的科学技术才能与生产实践相结合，进而转化为巨大的社会生产力。著名经济学家、创新理论首创者熊彼得明确指出，创新与创造发明的根本区别在于创新成果必须市场化，必须得到市场与消费者的认可。因此，他提出的创新概念实际上将管理的环节与功能包括在其中。这充分说明科学技术在转化为生产力的过程中，管理是必不可少的因素，而且直接影响转化的速度和效果。

（2）管理对提高企业的经济效益起关键作用。市场经济的发展要求经济工作要真正转移到提高经济效益的轨道上来，变粗放经营为集约化经营。这其中的关键是重视管理和强化管理，“向管理要效益”已成为普遍的共识。提高经济效益应该成为管理工作的出发点和落脚点，尤其是营利性组织，更应该重视经济效益的提高。

经济效益就是以尽可能少的投入，生产出尽可能多的适销对路、物美价廉的产品。可见，提高经济效益与管理的根本任务是完全一致的。管理工作的有效性应该用经济效益是否提高与提高多少来衡量。

(3) 管理是推动现代社会发展的杠杆。各国经济发展的历史证明，科学、技术、管理是经济腾飞、社会发展的重要支柱。当年美国曾经自豪地宣称："工业革命发生在英国，而管理革命发生在美国。"日本的经济起飞也因为他们在经营管理方面取得了世界瞩目的成就。为此，能不能实现适合我国特点的科学管理，全面提高管理水平，将在很大程度上决定我国经济发展的水平与质量，并且直接关系到我国经济体制改革的成败。

(4) 管理是改善国民素质的重要途径。"以人为本"是现代管理的基本原则。加强管理不仅要提高广大经营管理人员的素质，培养和造就一支懂得市场经济的职业化企业家队伍，更要不断提高广大职工的思想素质和技术文化素质，从而实现国民素质的全面提高。管理现代化必须做到科学化与民族化的统一；通过加强管理，不仅要建立起有中国特色的管理文化，也要造就适应社会主义市场经济发展的一代新人。

二、企业管理职能

(一) 管理职能的由来与发展

管理职能学说最早是由法国管理学者法约尔提出的。他将企业的活动分为六类，即技术活动（生产、制造、加工）、商业活动（采购、销售、交换）、财务活动（资本筹集和运用）、安全活动（财产与人员的安全）、会计活动（财产盘点、成本核算、资产负债表制作等）和管理活动。而管理活动又包括计划、组织、领导、激励和控制五项要素。

经过一百多年的发展，管理的实践得到极大丰富和发展，人们对管理职能的认识也在不断深化。在此期间，许多著名的管理学者对管理的职能有种种理解和解释。因此，先后出现过三功能、四功能、五功能、七功能的不同提法。如果加以比较不难发现，这些不同解释提出的主要功能是一致的，它们的差异表现为两个方面，一是对某些职能合并与分解上的差异；二是管理职能本身的发展，如现代管理的决策职能、激励职能、领导职能等得到了加强。

我们认为，在上述管理定义中表述的五个职能，即计划（包括决策）、组织、领导、激励和控制职能是目前比较普遍的看法，这五个方面可以比较全面地说明管理所具有的基本功能。

(二) 管理职能的含义

(1) 计划职能。计划是一种预测未来、设定目标、决定政策、选择方案、实现任务与自身能力的动态平衡过程，目的是实现组织目标和取得最大的经济效益。

（2）组织职能。组织是为了达到预定目标，经由建立在分工与协作基础上形成的组织结构，并组织实施计划任务的过程。

（3）领导职能。领导是领导者以其影响力，在特定的环境中，影响个人与群体以统一意志、统一行动，保证组织目标实现的过程。

（4）激励职能。根据职工的需要设置目标，并且通过目标导向活动，使职工产生组织期望行为的过程。

（5）控制职能。控制是检查工作是否按照规定的计划、标准、方法进行，发现偏差及时调整，确保组织目标实现的过程。

（三）管理职能之间的关系

许多学者认为，管理是从计划开始到控制结束的一个循环过程，而管理者就在这个过程中重复地执行各种职能。因此，管理职能学说也被称为“管理过程学派”。通过对管理职能及其相互关系的深入分析，我们认为它们体现了以下关系：

（1）管理的五项职能。领导职能处于核心地位。其核心作用表现为对管理其他职能具有决策与指挥作用，以及对管理其他职能的总体协调作用。总之，领导职能具有很强的辐射作用，能使管理形成一个有机的整体，发挥其整体的功能。

（2）计划是管理的首要职能。在任何一项工作开始之前，计划是第一位的。工作的计划性体现了人类活动具有很强的目的性和预见性。个人是这样，一个组织、一个群体更是这样；组织是在计划、目标明确以后，如何将企业掌握的各种资源，尤其是人力资源有效地整合起来，去实现组织预定目标的过程；“管理以人为本”，人的积极性是完成各项任务、实现组织预定目标的根本保证，激励是管理有效性的重要条件；控制是直接为实现组织预定目标服务的。只有计划、没有控制就不能保证企业的经营活动按预定的方向、目标前进。总之，管理本身是一个闭环系统（注意：不是封闭系统），周而复始，不断循环，从而推动企业经营活动不断向前。

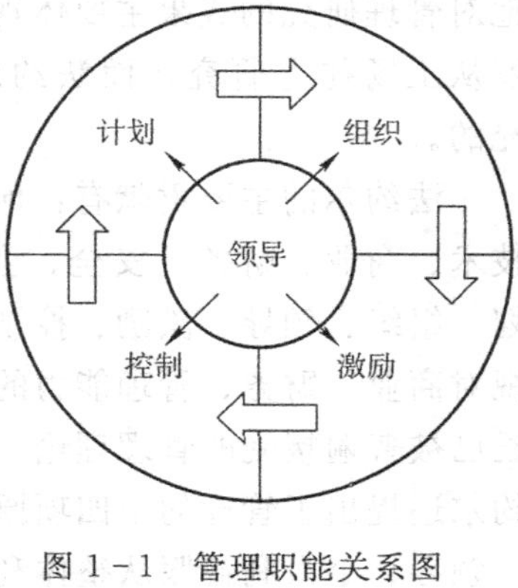

图1-1　管理职能关系图

各项管理职能之间的关系，如图1-1所示。

三、管理思想与理论的发展

管理科学产生于西方工业发达国家，谈论管理思想与理论的发展，实质上是西方国家的管理思想与理论的发展。

早在1776年英国经济学家亚当·斯密在他的《国民财富的性质和原因研究》一文中，系统地阐述了劳动价值论及劳动分工理论，揭开了资本主义社会经营管理研究的序幕。在其后，也有不少学者对管理问题进行了研究。但是，形成系统管理理论是在19世纪末到20世纪初。西方管理思想与理论发展，大致经历了三个阶段：古典管理理论阶段、人际关系学说时代、现代管理理论时代。

（一）古典管理理论阶段

这一阶段以泰罗的科学管理理论和法约尔的一般管理理论最具代表性。

泰罗（Frederick W. Taylor，1856—1915）于1911年出版了《科学管理原理》一书，人们通常把它作为管理科学形成的标志。泰罗科学管理理论的主要内容包括管理哲学（思想）和管理方法两部分。泰罗将其科学管理思想归纳为四大原则：建立一门严格的科学；科学地挑选工人；把科学方法与工人结合起来；管理当局与工人之间亲密无间的合作。以这些思想为基础，泰罗将其具体化为一系列的管理方法，主要有制定工作定额制度、计划与执行分离制度、差别计件工资制等。

1911年10月，泰罗在美国国会举行的听证会上特别阐明了科学管理的实质。他说："科学管理是任何公司或产业中劳资双方的一种精神革命……双方不再把注意力放在盈利的分配上……他们将注意力转向盈余的数量上，使盈余增加到如何分配盈余的争论成为不必要。"

在泰罗的影响下，许多学者和实践家从事了科学管理的方法的研究，并且进一步发展了这一理论。其中比较杰出的代表人物有吉尔布雷斯夫妇和亨利·甘特等。

与泰罗同一时代，法国的一位学者法约尔为管理学的发展作出了重大贡献。他对管理研究的成果主要体现在1916年出版的《工业管理与一般管理》中。泰罗从工场往上研究，而法约尔则是从董事会往下研究。他们的研究是相互补充的。

法约尔的主要贡献有：他认为要搞好企业经营必须做好六个方面的工作，即技术、商业、财务、安全、会计和管理活动。管理活动又包括五项要素，即计划、组织、领导、激励、控制。他认为当时学校教育主要强调技术知识，很不重视对商业、财务、管理能力的培养，而学校不重视管理教育的真正原因是由于缺乏已被普遍接受的管理理论。这就促使法约尔提出一种普遍适用的管理理论。法约尔还提出了管理的十四项原则：劳动分工、权力与责任、纪律、统一指挥、统一领导、个人利益服从整体利益、人员报酬、集中、等级制度、秩序、公平、人员稳定、创新精神、团结精神。

古典管理理论在管理发展史上和对以后的管理理论的发展也有重大影响。目前所谓的"现代"管理理论与方法，有许多可以追溯到泰罗及其追随者在半个世纪以前提出的思想。

（二）人际关系学说时代

人际关系学说最重要的代表人物是美国哈佛大学教授梅奥（Elton Mayo，1880—1949），他在1933年发表的《工业文明的人性问题》一书，标志着人际关系学说的正式创立。

人际关系学说产生于“霍桑试验”。这一试验起初是为了证明一种假设：物质条件和工作环境的改善可以提高生产率，两者之间存在明确的因果关系。只要照明、通风、温度等各种条件适宜，再加上刺激性的工资制度，工人就会努力工作。但是，试验结果却出人意料。第一阶段的试验证明，照明只不过是影响工人产量的诸多因素之一，而且在整个过程中影响不大。那么，什么重要因素对工人生产率产生作用呢？于是在哈佛大学教授梅奥等人参与下，又继续进行试验。之后，梅奥从另外的角度观察到，试验小组的工人在精神方面发生了重要的变化。因为参加试验的工人，由工头领导改为由研究人员领导，同时小组受到各方面的重视，形成一种参与试验计划的感觉，试验小组工人之间、工人与研究人员之间互相协作，创造出更加自由和愉快的工作氛围，结果提高了工作效率。

梅奥等人通过对霍桑试验材料的分析，得出以下三点结论：职工是“社会人”，不是单纯追求金钱收入，还有社会方面、心理方面的需求，同时还有人与人之间的友情、安全感、归属感和受人尊重等要求；正式组织中存在着“非正式组织”，公司中的正式组织是根据“效率逻辑”、“费用逻辑”建立起来的，而非正式组织是工人在日常相互接触中自发地按照“感情逻辑”建立起来的，管理当局要充分认识到非正式组织的作用，注意在正式组织与非正式组织之间保持平衡；新的领导方式在于提高职工的满足度，管理者的目的是使人们为实现组织的共同目标而合作，一方面要满足成员的物质、经济需要，另一方面要满足成员间的自发性合作的社会性需要。

人际关系学说创立以后，受到企业界与理论界的普遍重视，以后又涌现了大量的研究成果。1949 年，在美国芝加哥召开的一次跨学科会议上，首先提出了“行为科学”的名称，这意味着人际关系学说已经进入“行为科学”理论的研究。目前，组织行为学理论已成为现代管理理论的重要支柱。

（三）现代管理理论

美国管理学者哈罗德·孔茨（Harold koontz）认为，20 世纪 60 年代开始进入现代管理理论时代，其特点是各种管理理论和学派形成了相互盘根错节的一片丛林。他曾经先后发表题为《论管理理论丛林》和《再论管理理论丛林》的文章，在后一篇文章中，他将管理学派归纳为十一个，分别是：经验学派、人际关系学派、群体行为学派、社会协作学派、社会技术学派、决策理论学派、系统学派、管理科学学派、权变理论学派、经验角色学派、经营管理学派等。下面将重点介绍几个学派。

（1）管理过程学派。管理过程学派是目前最有影响的学派，其中代表人物有法约尔、哈罗德·孔茨等。他们把管理看成一种过程。其研究方法可以分为两步，第一步是研究管理者在管理过程中“做什么”，以确定管理的基本职能。第二步是研究管理者“怎么做”，由此提出一些实用的原则以及一系列管理技巧。

（2）系统学派。这一学派将系统理论与控制理论应用于管理，其代表人物有美国的约翰逊、卡斯特、罗森茨韦克等。系统学派认为，企业是人们创造的由相互联系的各个要素组成的系统，以便达成一定目标。它同周围环境之间存在着动态的相互作用，并且具有内部和外部的信息反馈网络，能够不断地自行调节，以适应环境的变化与自身的需要。

系统学派认为，组织是一个社会技术系统，它由许多分系统组成，包括组织目标和价值系统、技术系统、社会心理系统、组织结构系统等，而管理分系统联系着整个组织，它使组织与外部环境发生联系。这些子系统在组织中是缺一不可的，它们相互作用、相互影响。

（3）管理科学学派。它又称为管理中的数理学派，也称为运筹学派。这一学派把管理视作计量工具和方法，用来协助管理人员对复杂生产和作业进行决策。管理科学学派认为，只要管理，或组织、或计划、或决策都是一个逻辑的过程，就能用数学符号与运算公式表示出来，运用模型把问题的基本关系和选定的目标表示出来。

管理科学解决问题的程序是：系统考察问题，建立数学模型，利用模型求解，检验模型，将模型付之实施。

管理科学具有以下特点：管理科学的方法有助于提高管理决策者的效率；通常应用经济假设来进行特定的决策；应用数学模型；广泛应用计算机。

（4）权变理论。权变学派强调，管理者的实际工作取决于所处的环境条件，认为环境变化同管理对策之间存在着一定关系。管理科学和理论没有、也不可能提供在每一种情况下如何行事的“最好方法”。权变研究方法试图把所有的条件和状况归纳为几个基本类型，给每一类型找出一种解决问题的模型，以保证各种不同管理方法有成功的机会，从而提出了所谓“稳定—机械式组织结构”与“适应—有机式组织结构”的一般性结论。

第三节　现代企业系统与管理系统

一、现代企业系统

（一）现代企业系统的特点

用系统的观点来观察，现代企业是一个系统。所谓系统，一般是指由若干因素按照一定连接方式组织而成的、具有特定功能的有机整体。它具有整体性、关联性、目的性和对外界环境的适应性等特征。

根据上述系统的内涵和特征来分析、认识企业，不难看出现代企业是一个由若干要素所构成、为实现一定经营目标而形成的人造的、开放的动态转换系统。

与各种自然系统和技术系统相比，现代企业是一个复杂的社会技术系统。其复杂性表现为，它是由经济系统、技术系统、人文系统、社会组织结构系统和管理系统相互交叉和融合而成的一个复杂系统，如图 1-2 所示。

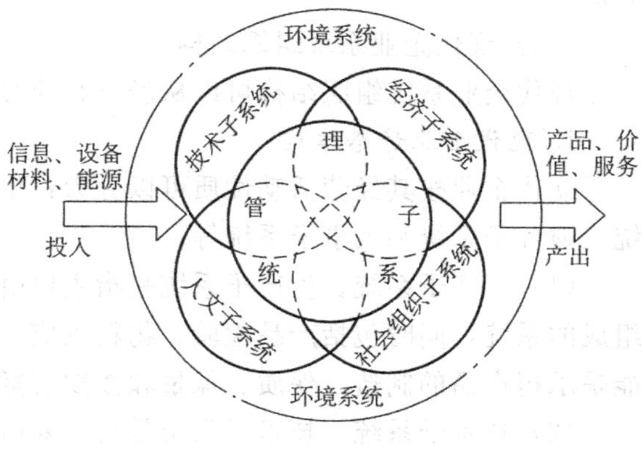

图 1-2 现代企业系统图

(1) 经济系统。现代企业是以营利为目标的经济组织，是国民经济的活细胞，因此它是个经济系统。企业生产经营活动首先表现为经济活动，从原材料及其他资源的投入，一直到成品出产的每个阶段、每个环节上，都要讲究经济性，讲究经济效益。

(2) 技术系统。现代企业是建立在高新技术基础上的经济组织。每一个企业都是一个强大的技术系统，不仅拥有先进的技术手段（硬件），而且具有充分的技术支持（软件），保证系统正常、有效地运行。技术系统本身又是一个复杂系统，可以分解为设备系统、控制系统、动力系统等。

(3) 人文系统。现代企业是人的集合，他们为了一个目标，按照一定的分工有机地组合在一起。这个系统活力如何，效率怎样，很大程度上决定了企业经营活动的有效性和经营成果的大小。人文系统又是和一定的文化背景与人文追求联系在一起的。现代企业文化对企业生产经营活动的重大影响，已被人们普遍认识和重视，建立企业文化应该成为企业人文系统建设的方向。

(4) 社会组织结构系统。现代企业组织结构是企业经营活动的载体，它是整个社会组织系统的一部分。组织结构形式同组织任务的划分及这些活动的结合方式有关。正式组织结构是由组织图、职位说明、规则和程序等规定的。它还涉及权力模式、信息联系和工作流程等。

(5) 管理系统。相对于企业实体系统而言，管理系统是企业神经中枢和神经系统，它渗透于企业所有方面，将各个系统整合成一个整体。完全可以设想，若一个企业其他系统都存在，唯独没有管理系统，这是一个没有任何活力的死系统。如果管理系统不健全，管理不善，也是一个缺乏活力的企业系统。

现代企业系统的复杂性告诉我们，解决现代企业的问题和方法也是复杂的，不可能用一种原理和方法就能解决企业各式各样的问题。

由于现代企业系统的复杂性，使我们认识到管理理论丛林的出现是必然的。因为各种背景的专家都试图用他们的理论观点来解释管理，并且提出解决问题的方法。

（二）现代企业系统组织结构

现代企业系统组织结构可以从静态和动态两个方面观察。

1. 现代企业静态结构

现代企业按其经营活动性质可以分为：生产子系统、技术子系统、营销子系统、财务子系统和人事子系统等。

（1）生产子系统。生产子系统是指主要由企业各个基本生产与辅助生产单位组成的系统，同时包括产品检验、物料供应、生产安全系统。这一系统的主要职能是承担产品的制造，保质、保量和按期交货，确保设备和人身安全。

（2）技术子系统。技术子系统是指主要由企业产品研制、开发和技术保障部门组成的系统。这一系统的主要职能是推动企业技术创新，从技术方面保证企业生产有效进行。

（3）营销子系统。营销子系统是指主要由企业市场营销部门组成的系统。这一系统的主要职能是组织产品销售和销后服务，积极开拓国内外市场。

（4）财务子系统。财务子系统主要由企业中财务、会计核算部门组成。这一系统的主要职能是筹措和管好、用好资金，搞好会计核算和财务监督，保证企业生产经营活动取得良好的经济效益。

（5）人事子系统。人事子系统主要由企业全体员工按组织体系形成的。这一系统的主要职能是根据生产的需要不断更新和补充职工队伍，搞好人力资源的开发以及工资、保险和福利工作。

2. 现代企业动态结构

企业系统是一个不断地由投入经过转换形成产出的动态系统，在其不断转换的过程中，同时存在着物流、人流、价值流和信息流等四种“流”，这便形成了企业动态结构形式。

（1）物流。物流是指企业生产经营所需的各种物质要素，从供应和投入生产开始，经过加工制造成为在制品、半成品再到成品，最后把产品销售出去的整个生产经营过程。物流是企业系统最基本的运动形态，物流的特征由产品和加工工艺的特性决定，其流量大小受制于企业系统规模和市场供求情况。

（2）人流。人流是指企业全体员工在企业系统中的全部活动过程，包括人员的流入与流出，人员的派遣和晋升，以及员工的劳动和工作过程。

（3）价值流。价值流是指企业系统运动中价值的转移、交换和增值的过程，它直观地表现为企业资金的运动过程。在企业系统中，人流和物流的结合最终造成产品价值的增加，企业的生产经营活动也是原有使用价值的消耗和新的使用价值的再生过程。企业价值流动的状况以及增值的大小综合地反映出企业的经营状况和成果。

（4）信息流。信息流是指企业生产经营活动所需的全部信息收集、加工、储存和传递的过程。它主要表现为以各种数据、标准、定额、决策、计划、指令等形式，进行上传下达、执行或调整的过程。企业系统的全部运行活动，无一不需要通过信息来加以认识和调控。其全面性、准确性和及时性对企业系统的正常良好运行起着至关重要的作用。

二、现代企业管理系统

通过对现代企业系统的分析使人们认识到，企业管理系统是企业系统中一个重要的子系统，它对整个企业系统的正常运行和系统运行的效率及效果起着至关重要的作用。

1. 现代企业管理系统的特点

与企业其他子系统相比，现代企业管理系统有以下特点：

（1）首先，管理系统是企业的神经网络系统。企业的最高管理层就是企业的“大脑”。其具体表现为，企业生产经营的重大决策都要通过管理系统贯彻实施；企业的所有经营活动都是由管理系统组织指挥的；企业内部与外部的各种信息也都通过管理系统很快传递到企业最高决策层、指挥中心，帮助判断，及时作出正确决策。

（2）管理系统主要是由人组成的系统。这是因为作为管理主体的管理者和接受管理的客体也是人。管理的客体除了人以外，还包括财、物、信息等。但是，应该看到，对财、物、信息的管理最终也是通过人来实现的。这就决定了解决管理的问题，不是单纯的技术问题，还包括思想、情感及人际关系等方面的问题。

（3）管理系统是一个目标系统。在社会组织中管理最根本的任务是为实现组织预定目标服务的。如果管理不能承担起这一任务，那么管理就没有存在的价值。正因为如此，管理不仅要制订组织的总体目标，而且还要制订分系统、分层次的目标，形成一个目标系统。依靠这一目标系统，推动组织成员为实现目标而积极努力地工作。

（4）管理系统本身是一个信息系统。管理工作的任务决定了它必定是企业收集、处理、加工和发布信息的中心。管理信息可以有两类：一类是管理部门主动发布的，如规划、决策、计划、方案、规章制度等方面的信息；另一类是生产经营活动中来自企业内部和外部的反馈信息。这两类信息组成企业完整的信息系统。随着知识经济时代的到来，企业对信息的依赖越来越重要，信息已经成为重要资源。

在现代管理中，计算机管理信息系统已经成为企业管理不可以缺少的帮手，管理信息系统的广泛应用已经成为管理现代化的重要标志。人们认识到，计算机绝不只是计算工具，它是人脑的延伸，可以帮助人们完成许多在传统管理中无法想象和无法解决的问题。有了计算机管理信息系统，使得管理系统的神经网络功能大大加强了。

2. 现代企业管理系统的结构

由于企业管理的复杂性，决定了管理系统结构是一个多维结构体系。由于企业性质和规模的差别，企业管理系统也必定呈现出复杂性和多样性的特点。企业管理系统结构示意图如图 1－3 所示。

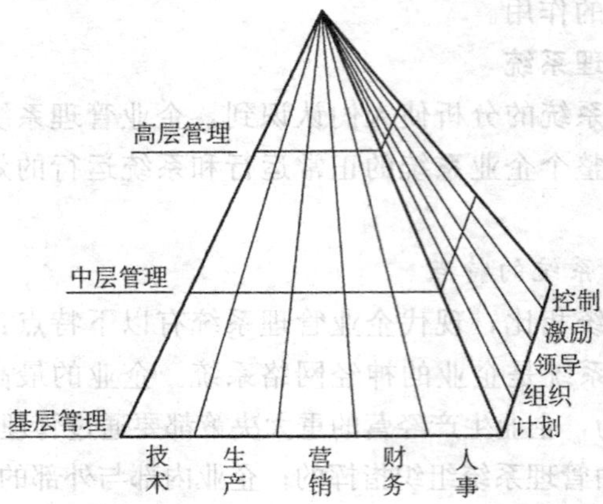

图 1－3　企业管理系统结构示意图

在前面企业组织结构中已经谈到，按照企业生产经营活动要求，可以大致分为五个子系统，与此对应必然存在五个管理子系统，这就是生产管理子系统、技术管理子系统、营销管理子系统、财务管理子系统和人力资源管理子系统。这些管理系统的具体功能、管理原理和方法等，将在以后章节作详细介绍。

在前面还介绍了管理的五大职能。在组织中并不是按照管理职能来划分管理子系统的。换言之，管理的各项职能是渗透在各个管理子系统中的。在生产、技术、营销、财务和人事管理子系统中具有管理的五项职能，这样才能全面、完整地发挥管理的整体功能。

现代企业管理系统的结构类似一座金字塔，企业管理的纵向可以分为高层管理、中层管理和基层管理。目前，企业管理改革的趋势是组织结构扁平化，意在减少中间管理层次。三个管理层次的作用和功能是有区别的。高层属于管理的战略层次，其主要职责是负责制订组织的革新目标和战略，以保证组织对环境的适应。企业高层管理者应以系统开放与战略的观点来观察和处理何题。它的决策过程大都是非程序性的，主要依靠决策者的判断与经验；中层属于管理的协调层次，它处于管理战略层与作业层之间，其主要职责是负责将革新目标与战略转化为作业层具体的行动纲领，并保证活动的技术经济合理性，同时负责协调各个职能部门联合行动；基层属于管理的作业层，其主要职责是负责各项具体业务的实际操作过程，并且保证实际操作过程的技术经济合理性，要求高效率、高质量地完成既定目标，由于它处于企业的基层，具有相对封闭性。

案例分析

中国的海尔 世界的海尔

海尔集团是在1984年引进德国利勃海尔电冰箱生产技术成立的青岛电冰箱总厂的基础上发展起来的特大型企业。经过二十多年的时间，海尔集团从一个亏空147万元的集体小厂迅速成长为中国家电第一品牌，企业销售收入以平均每年81.6%的速度持续、稳定增长。2000年，集团工业销售收入300多亿元。1997年被原国家经贸委确定为六家首批技术创新试点企业之一，重点扶持冲击世界500强。

海尔集团的发展经历了三个阶段：

名牌战略阶段（1984～1991年），用了7年时间，建立质量保证体系，创建了海尔冰箱国内著名品牌。

多元化战略发展阶段（1991～1998年），又用了7年时间，通过企业文化的延伸及“东方不亮西方亮”的理念，成功地实施了多元化的扩张。

国际化战略阶段（1998年至今），以创国际名牌为导向的国际化战略，通过以国际市场作为发展空间的三个1/3的策略正在加快发展。

海尔文化激活“休克鱼”

1998年3月25日，海尔集团总裁张瑞敏应邀到美国哈佛大学商学院讲学，其讲题《海尔文化激活休克鱼》成为写入哈佛案例的第一个中国企业，开创了我国企业管理案例走向世界的先河。什么是“休克鱼”？鱼的肌体是好的，比喻企业的硬件很好，只是管理思想、观念的问题，或者缺乏产品和市场，使企业处于停滞不前的状态。从1991年起海尔集团先后兼并了青岛空调器厂、贵州红星电器公司等18家大中型企业，盘活存量资产达15.2亿元，而且兼并都是一次成功。在这些兼并中海尔没有投入一分钱，主要是用海尔的品牌、管理和企业文化激活这些企业，使这些企业很快扭转被动局面，转变为充满生机和活力的企业。

推进企业文化，“无形”盘活“有形”

海尔领导集团认为，企业文化是企业管理中最持久的驱动力和最持久的约束力，它高度融合了企业理念、经营哲学、价值观和人生观，是企业的凝聚剂。海尔通过对统一的企业精神、企业价值观的认同使集团产生强大的凝聚力。在企业兼并中他们认识到盘活资产的关键是盘活人，要以“无形资产盘活有形资产”。海尔的企业精神是：“敬业报国，追求卓越”。张瑞敏提出，人力资本是生产力中最重要的因素，并且提出了所谓的“80/20”原则，其含义有两个方面，一是说，企业中重要的20%人员，领导着其他80%的人员；二是说，企业里发生的任何一件过错，管理者要承担80%的责任。

OEC——海尔人独创的管理模式

OEC是英文Overall every Contral and Clear的缩写。其意义是要求每个职工“日事日毕，日清日高”。今天的工作必须今天完成；今天完成的事情必须比昨天有质的提高；明天的目标必须比今天更高，张瑞敏认为，不能搞运动似地搞企业管理，而要把所有的目标分解到每个人身上，每个人的目标每天都有新的提高，这就可以使整个工作有条不紊地、不断地进行。OEC管理的一个重要内容就是事事、物物都有人管，并且有人监督检查，以保证企业每一个环节的运行不出偏差疏漏。

张瑞敏在1999年全球财富论坛年会上说，“中国的企业只能用中国式的管理模式。我的管理模式的公式是：日本管理（团队意识和吃苦精神）+美国管理（个性发展和创新竞争）+中国传统文化中的管理精髓=海尔管理的模式。”

科技创新和多元化经营战略

海尔人认为，科技创新必须从市场中来，服务于市场，并且要用科技创新的成果去“创造市场，创造用户”。他们通过国际化目标，联合美国、日本、德国等28家具有一流技术水平的公司建成了国际水平的超前技术实验室和科研开发实体，以确保海尔利用最先进的技术创新手段实现科技成果的转化。

多元化经营是海尔集团成长的重要途径和方式。他们从一开始的电冰箱，发展到白色家电——制冷家电、洗衣机、微波炉、热水器等，进而发展到黑色家电——彩色电视机、VCD等，目前已经进入所谓灰色家电——电脑及智能化家电产品。海尔进入新行业有三种方式：一是内部发展，主要依靠自身的资源和开发能力；二是通过合并收购其他企业进入；三是与其他企业建立合资合作形式的战略联盟。进入新行业后，通过扩大产销规模，努力成为全国同行业的前三名。

海尔要成为世界名牌

20世纪末海尔加快实施国际化战略，提速出海。目前在全球相继建立了10个信息站、6个设计分部和3.6万个营销网点。为了实现三个1/3的战略（即1/3在国内生产，国内销售；1/3在国内生产，国外销售；1/3在国外生产，国外销售），海尔已经在美国、意大利、印度尼西亚等国投资设厂。张瑞敏表示，“目标一定要远大，要成为一个国际化的公司，成为世界品牌。”

讨论题：

1. 通过海尔集团短短二十多年飞速成长与发展的历史，你从中获得的最大启示是什么？海尔取得成功的主要经验有哪些？

2. 引用海尔的经验说明管理在企业建设和发展中的地位和作用如何？如何正确看待“管理”与“技术”的关系？

3. 在全球一体化的进程中还要不要振兴民族工业？应当如何正确处理引进外资、引进技术与振兴民族工业的关系？

思　考　题

1. 公司制企业与业主制企业、合伙制企业有什么根本区别？公司制企业较业主制企业和合伙制企业有什么优越性？

2. 党中央明确提出国有大中型企业的改革方向是建立现代企业制度，为什么？除了这个方向外，是否还有其他的选择？

3. 现代企业经营与传统企业经营有什么区别？现代企业经营包括哪两个层次？它们之间是什么关系？

4. 管理的内涵是什么？管理活动与人类其他活动，诸如科技活动、生产活动、文化活动等有什么区别？

5. 应当如何正确认识管理的地位和作用？它和技术是什么关系？

6. 管理的职能包括哪些？它们之间的关系是什么？

7. 近代管理思想和理论的发展经历了哪几个阶段？每个阶段发展了哪些理论？

8. 现代企业系统是什么样的结构？现代企业管理系统具有什么特点？它与企业实体系统是什么关系？

作　业　题

一、判断题

1. 公司制企业与个人业主制、合伙制企业的区别之一在于前者是法人，而后者（个人业主制和合伙制企业）并非是法人。（　　）

2. 企业是营利性组织，其经营的主要目标是追求经济效益的提高，而其他非营利性组织则不需要将提高经济效益作为追求目标。（　　）

3. 出资者依法向公司注入资本金后，出资者不能再直接支配这部分财产，也不得从企业中抽还和转让。（　　）

4. 按照所有权与经营权分离的原则，公司法人财产权集中在公司的董事会，而经营权集中在经理手中。（　　）

5. 管理是为实现组织预定目标服务的，因此组织的目标就是管理的目标。（　　）

6. 科学技术是第一生产力，而管理工作属于非生产性劳动，因此，管理不具有生产力性质。（　　）

7. 管理职能学说最早是由美国的管理学家泰罗提出的。（　　）

8. 先进的科学技术只有通过有效的管理才能与生产实践相结合，进而转化为巨大的社会生产力。（　　）

二、单项选择题

1. 最适合集中巨额资本、扩大生产经营规模的企业制度是（　　）。

A. 合伙人企业　B. 公司制企业　C. 合资企业　D. 业主制企业

2. 党的十四届三中全会通过的《关于建立社会主义市场经济体制若干问题的决定》中明确提出大中型国有企业改革的方向是（　　）。

A. 抓大放小资产重组　B. 破产兼并　C. 吸引外资建立合资企业　D. 建立现代企业制度

3. 现代企业制度最典型的形式是（　　）。

A. 民营企业　B. 合资企业　C. 合伙人企业　D. 公司制企业

4. 根据职工设置目标，并且通过目标导向活动，使职工产生组织所期望的行为过程，这一过程所体现的管理职能是（　　）。

A. 计划职能　B. 控制职能　C. 领导职能　D. 激励职能

5. 美国哈佛大学教授梅奥通过霍桑试验的材料分析，认识到企业员工是（　　）。

A. 经济人　B. 社会人　C. 情感人　D. 复杂人

6. 与其他管理理论相比较，权变理论在研究管理理论时更加强调的条件是（　　）。

A. 环境条件　B. 宏观条件　C. 技术条件　D. 内部条件

7. 用系统观点从整体上考察现代企业是一个（　　）。

A. 社会系统　B. 社会技术系统　C. 人文系统　D. 技术系统

8. 追求企业价值最大化的意义是更加注重（　　）。

A. 当期利益　B. 长远利益　C. 公司未来获利能力　D. 公司利润最大化

三、多项选择题

1. 现代企业具有的特征是（　　）。

A. 规模特征　B. 技术特征　C. 制度特征　D. 管理特征　E. 经济特征

2. 企业作为一个独立的经济组织具有的特征是（　　）。

A. 法人　B. 经营自主权　C. 纳税单位　D. 有限责任　E. 独立核算，自负盈亏

3. 企业经营的外部环境中属于任务环境因素的是（　　）。

A. 服务对象（顾客）　B. 竞争对手　C. 政府管理部门

D. 资源供应者　E. 社会特殊利益代表

4. 企业根据资产所有者形式区分为（　　）。

A. 民营企业　B. 私营企业　C. 个人业主企业　D. 合伙制企业　E. 公司制企业

5. 现代企业制度的内容包括（　　）。

A. 企业人事制度　B. 企业产权制度　C. 企业财务制度

D. 企业组织制度　E. 企业管理制度

6. 在生产力中属于实体性要素的是（　　）。

A. 劳动者　B. 劳动资料　C. 劳动对象　D. 科学　E. 技术

7. 管理的基本职能包括（　　）。

A. 组织职能　B. 领导职能　C. 激励职能　D. 计划职能　E. 控制职能

四、填空题

1. 现代企业制度是指在市场经济条件下，以________，以________，以________为典型的________、________、________的一种新型的企业制度。

2. 现代企业具有________特征、________特征和________特征。

3. 公司产权的运行是指公司的产权在________的转移、让渡。它包括________市场化和________市场化。

4. 现代企业经营包括两个层次的经营，即________和________。

5. 管理是通过________等组织功能，来协调________资源，________活动，以期实现

________的过程。

6. 管理的领导职能是指________的过程。

7. 管理思想和理论经历了________、________和________三个阶段。

第二章　企业制度与企业文化

引　言

这里有7个人组成的小团体。他们想通过制定制度来解决每天的吃饭问题——分食一锅粥，但并没有称量的用具。大家试验了不同的方法：其一，指定一个人负责分粥事宜。很快大家发现，这个人为自己分的粥最多。于是，又换了一个人，结果总是负责分粥的人的碗里的粥最多、最好。其二，大家轮流负责分粥，每人一天。虽然看起来平等了，但是每人在一周中只有一天吃得饱且有剩余，其余6天都饥饿难忍。其三，推选一个信得过的人负责分粥。开始这位品德尚属上乘的人还能公平分粥，但不久他开始为自己和需要溜须拍马的人分得多。其四，选举一个分粥委员会和一个监督委员会，形成监督和制约机制。这种做法基本上做到了公平，可由于监督委员会常提出种种议案，分粥委员会又据理力争，等分粥完毕时，粥早就凉了。其五，每人轮流负责分粥，但分粥的人要最后一个领粥。在这个制度下，7只碗里的粥每次都是一样多。每个人负责分粥的人都认识到，如果7只碗里的粥多少不等，他无疑将享用那份最少的。现代经济学这样表述，制度是至关重要的；制度是人定的；制度是交易的结果。好的制度浑然天成，清晰而精致，既简捷又高效，令人为之赞叹。

第一节　企业制度

一、企业制度和现代企业制度的内涵

（一）企业制度的内涵

企业是由人、财、物等要素组合而成、以营利为目的的经济组织。企业制度是以企业财产组织形式体现的、用于调节生产要素所有者之间权力和利益分配关系的“契约”。从总体上说，企业制度是以产权为核心的企业组织与管理制度。企业制度的基本内涵包括两个方面：一是企业形态；二是企业管理制度。

1. 企业形态

企业制度中的企业形态，主要有经济形态、法律形态和经营形态三种表现形式。

（1）从经济形态看，企业制度是产权关系的契约。这是企业制度的核心，它规定了企业投资人的出资方式，对财产的占有状况，权益实现的规则，企业资产支配权的行使方式，以及企业资产支配权同出资者所有权之间的关系等。权力的安排状况不同，企业制度的模式就不同，企业也就因此有了不同的经济形态。

（2）从法律形态看，企业制度是指依法确立，并以法律来规范和调整组织行为的企业形态。法律形态是经济形态的法律范畴，它规定企业是否具有市场主体的资格，是否能以商品生产者的身份平等进入市场，是否能按照等价交换的原则进行商品交换。法律形态是企业制度的法制基础，不同的法律形态，就有不同的企业制度。

（3）从经营形态看，企业制度是指企业经营方式的组织形态和组织制度。在市场经济条件下，资源的配置是通过市场的供求和价格机制来调节的。企业组织的出现，就是因为它用长期经济契约替代短期的市场价格契约。相对固定的长期经济契约，可以减少市场交易各方所面临的不确定和不完全信息，从而节约交易费用，提高交易效率。企业在市场交易中内容的不同，决定了企业有不同的经营形态。

2. 企业管理制度

企业管理制度主要是指企业内部组织结构、领导制度以及各种具体的经营管理制度。企业内部组织结构是组织内部各个构成要素发生相互作用的联系方式或形式，它描述组织的框架体系。企业领导制度是对企业中各级组织的地位、作用、职责和权限所作的规定。科学合理的规定，对领导行为的正确行使提供有效的保障。各种具体的经营管理制度是对企业日常生产经营行为所作的规定。企业应该建立哪些经营管理制度，主要取决于企业的行为特征和规模状况等因素。

（二）现代企业制度的内涵

现代企业制度是指在现代市场经济条件下，以规范和完善的法人制度为主体，以有限责任制度为核心，以公司制企业为主要形式的企业制度。党的十四届三中全会《关于建立社会主义市场经济体制若干问题的决定》指出：我们要建立的现代企业制度是指适应社会化大生产和社会主义市场经济发展的，企业真正面向国内、国际市场的法人实体和市场竞争主体的一种企业体制。这种企业体制涉及企业内部机制和外部环境的各个方面，是企业一系列制度的总称。其中不仅包括企业的产权制度、组织制度、领导制度、管理制度、财务会计制度和劳动人事制度，还包括在现代市场经济条件下处理企业与各方面（政府、出资者、职工和社会各界等）关系的行为准则和行为方式。

二、现代企业制度的特征

现代企业制度的基本特征是产权清晰、权责明确、政企分开和管理科学。

1. 产权清晰

产权清晰是指企业出资人与企业法人组织的产权关系与责任的清晰。完整意义上的产权关系是多层次的，它表明财产最终归谁所有、由谁实际占有、谁来使用、谁享有收益、归属处置等财产权中一系列权利关系。各种权利可以集于某一主体，也可以在不同的主体上发生不同程度的分离。在现代企业制度中，产权权利与责任是分离的，而且是清晰的。出资人的最终所有权一般表现为股权，企业的实际占有权相应地转换为法人财产权。无论是出资人，还是企业法人，虽然他们都是产权主体，但他们各自具有不同的权利、义务和责任，都用法律作出了明晰的界定。作为出资人，其身份没有高低贵贱之分，可以是自然人，也可以是国家或其他法人，出资人的权、责、利只与其出资额相关。

2. 权责明确

权责明确是指出资人的权责和企业法人的权责应有明确的划分和规定。

(1) 出资人权责。出资者权益表现为：以投入企业的资本额享有所有者的资产收益，参与选择主要管理者，实施重大决策以及企业破产歇业时拥有最终所有权。出资者责任表现为：必须依法向企业注入资本金，并履行资本保全的义务；在企业正常存续期间，出资人不得随意抽回投资资本金，只能依法转让；出资人一旦把资本金注入企业，即与出资人的其他财产分开，成为了企业的法人财产，出资人不能直接支配企业的法人财产，只能以其出资额为限对企业承担有限责任。

(2) 企业法人的权责。企业法人的权益表现为：企业依法享有对法人财产的占有、使用、收益和处分权。企业法人以其独立的法人财产对其经营活动负责，依法进行自主经营、自负盈亏、照章纳税，以其全部资产对企业债务承担责任。企业法人的责任表现为：企业要对出资人承担资产保值、增值的责任，必须把它拥有的资产投入到市场和经营过程中，生产出适销对路的产品，创造出应有数量的新价值；同时还应在企业内部明确所有者、经营者以及生产者的义务和责任，使这些利益主体之间的关系分明，利益合理，既相互制衡，又协同一致。

3. 政企分开

政企分开是指在明晰产权的基础上，实行企业与政府的职能分离，理顺政府与企业的关系。国家政府作为政权的代表，具有宏观经济管理的职能，主要是保证国民经济总量的平衡和结构平衡，这由中央政府及各级地方政府的经济管理部门负责。但这种管理不是对企业生产经营活动的直接干预，而是通过经济手段、法律手段及发挥中介组织的作用，对企业的活动进行调节、引导、服务和监督。企业是以盈利为目的的经济组织，是市场活动的主体，它必须按照价值规律办事，按照市场经济的要求从事生产经营活动。

我国原有体制存在着严重的政企不分状况。主要原因在于，政府作为国有资产出资人的所有者职能与政府作为宏观经济管理者的一般行政职能没有区分开，使得国有资产的投资主体不明确，造成政府部门直接干预企业的决策和生产经营活动。因此，必须把政府行政管理职能与企业经营管理职能分开，政府主要通过法律法规和经济政策等宏观措施调控市场，市场通过供求关系和价格调节企业，为企业自主经营创造基本条件；取消企业与政府之间的行政隶属关系；规范国家和企业的分配关系，政府依法收税，企业依法纳税；把企业目前承担的社会职能分离出去，使企业真正成为自主经营、自负盈亏、自我约束和自我发展的市场主体。

4. 管理科学

管理科学是指以科学的管理理论指导和规范企业管理，使企业内部的管理制度既能体现市场经济的客观要求，又能体现社会化大生产的客观要求。为此，企业应重点做好的工作是：①树立现代的、开放的和系统的管理理念；②正确确定企业的经营发展战略；③建立科学的领导体制、组织制度和灵活的运行机制；④以提高经济效益为目标，完善各项管理制度；⑤优化企业内部各项生产要素组合，使之充分发挥作用，注重资本积累；⑥把握市场信息，及时有效地作出反应；⑦实施全面开发人力资源战略，建设积极向上的企业文化，塑造良好的企业形象。

三、现代企业制度的内容

现代企业制度的基本内容包括：现代企业产权制度、现代企业组织制度和现代企业管理制度。

1. 现代企业产权制度

产权是财产权的简称，它是法定主体对财产拥有的各项权能的总和。产权可以分为所有权、使用权、收益权和处分权。所有权可以分为终极所有权和占有权，前者是指财产的最终归属权；后者是指对财产的实际拥有。使用权即经营权，是指在法律容许的范围内，以生产或其他方式使用财产的权利。收益权是指直接以财产的使用或转让而获取收益的权利。处分权是指通过出租或出售，将与财产有关的权利转让给他人，从中取得收益的权利。

产权制度是指以产权为依托，对财产占有、使用、收益和处分过程中形成的各种产权主体的地位、行为权利、责任、相互关系加以规范的法律制度。产权制度一旦形成，就会发挥一定的功能。产权制度的功能主要有：界区功能、激励功能、约束功能和交易功能。从产权制度的功能可以看出，产权制度的运行最终会影响到资源配置的效果。优化资源配置，一方面是提高资源利用效率，这主要是通过产权明晰来实现的；另一方面是促进资源合理流动，这主要是通过产权交易来实现的。

我国传统的国有企业产权制度中产权关系不明晰，国有资产所有权主体缺位，企业没有独立的经营权，并且企业资产存量刚性很强，无法流动，无法适应市场经济和现代企业发展的要求，因此，建立现代企业制度是国有企业改革唯一正确的方向。

(1) 公司拥有的法人财产。公司法人财产是由公司的出资者依法向公司注入的资本金及其增值和公司在经营期负债所形成的财产构成。法人财产是公司产权制度的基础，它具有以下特点：

1) 从归属上讲，公司法人财产属于出资者（股东）。当公司解散时，公司法人财产要进行清算，在依法偿还公司债务后，所剩财产按出资者的出资比例归还出资者。

2) 公司法人财产和出资者的其他财产有明确的界限。公司以其法人财产承担民事责任。一旦公司破产或解散进行清算时，公司债权人就只能对公司法人财产提出要求，而与出资者的其他个人财产无关；同时一旦资金注入公司形成法人财产后，出资者不能再直接支配这部分财产，也不得从企业中抽回，只能依法转让。

公司对其全部法人财产依法拥有独立支配的权利，即公司拥有法人财产权。法人财产权是公司依法独立享有的民事权利之一，也是最重要的民事权利。

(2) 公司财产权能的分离。公司财产权能的分离是以公司法人为中介的所有权与经营权的两次分离。

1) 原始所有权与法人产权的分离。公司出资者的所有权转化为原始所有权，主要表现为股权。股权相对于本来意义上的所有权而言，其权能已被大大弱化。股东没有对公司直接经营的权利，也没有直接处置法人财产的权利。股东的主要权限有：对股票有处权，可以馈赠、转让、抵押等；对公司决策的参与权，股东可以出席股东会议，对有关决议进行表决，可以通过选举董事会间接参与公司的管理；对公司收益参与分配的权利，包括获得股息和红利的权利，在公司清算后分得剩余财产的权利，以及优先购买本公司股票等其他权利。

法人产权包括对公司财产的占有权、使用权、收益权和处分转让权。这是一种派生的所有权，是所有权的经济行为，是对公司财产的实际控制权。只要公司存在，这些所有权就能成为法人永久享有的权利。

可见，所有者和公司法人之间的产权关系界定十分明晰。股东作为原始所有者保留对资产的价值形态——股票占有的权利；法人享有对实物资产的占有权利。这样，虽然原始所有权与法人产权的客体是同一财产，反映的却是不同的经济法律关系。

2) 法人产权与经营权的分离。公司法人产权集中于董事会，而经营权集中在经理手中。在法人产权界区明确，且对经营权操作区间给定时，经理具有独立的经营决策权。经营权与法人产权相比其内涵较小，经营权不包括收益权，而法人产权却包含收益权，另外经营权中对财产处分权也受到限制，一般来说，经理无权自主处理公司资产。

公司法人产权与经营权分离是社会生产发展的必然结果。由于公司资本所有权多元化和分散化，也由于公司规模的大型化和管理的复杂化，管理工作需要专门的人才来执行。公司的经营权被赋予了职业经理。经理阶层的崛起，出现了一个以专门从事经营管理活动为职业的企业家群体。

(3) 公司产权的运行。产权的运行是指各项财产权能在不同经济主体之间的转移、让渡。在市场经济条件下，公司产权的运行必须市场化，使公司股权和法人产权成为市场交易的对象；同时，公司本身作为独立的法人，也是产权市场交易的主体，参与产权的买卖。

1) 公司产权运行的市场化包括原始所有权（即股权）运行的市场化和法人产权（实物形态）运行的市场化。

所有权运行的市场化表现为股权在证券市场中的运行。证券市场分为一级市场和二级市场。一级市场又称为发行市场，是企业通过投资机构出售其新股票的市场，购买新股的投资者称为公司最初的股权持有者；二级市场又称交易市场，是已发行的有价证券的买卖场所，投资者可以在二级市场上购买或出售公司股票，以获取更多收益，避免财产损失。无数股东在证券市场上的交易行为启动了原始所有权的市场化，通过股权的形成和转移，推动了资源的重新配置。

法人产权运行的市场化表现为资产产权的转移和让渡，以产权转让市场为中介来进行。在公司拥有独立法人产权的条件下，经营者必然以提高公司资产效率和增加公司积累、实现公司资产增值为目的，对法人资产进行运行，包括以出售、出租、抵押、交换、转让等方式处理公司的部分或全部资产，实现资产的转移。

2) 公司的产权市场交易就是公司以各种产权客体为交易对象、以资产处置方式为交易形式、以比较低的交易成本获得比较好的经济效益。企业产权交易既可以包括物质形态的产权，如厂房、机器设备、土地、原材料、产成品等要素的转让，也可以是企业的货币资产、债权债务、技术专利、商标等非物质形态资产的转让。

产权市场交易的方式包括兼并、合并、出售、拍卖、技术转让、租赁等资产处置方式。兼并是一个公司吸收其他公司，称为存续公司，而其他公司则丧失原有法人资格并归存续公司所有的合并方式；合并是两个或两个以上的公司，依据法律规定或合同约定，合并为一个公司的行为；拍卖是指产权拥有者和需要者双方通过公开买卖方式，使产权由拥有者向需要者转移的一种产权交易方式；租赁是一个公司出租其全部和部分资产给另一个公司使用。

2. 现代企业组织制度

现代企业组织制度是对企业中各种机构的设置及其权能的规定。由于公司制企业是由许多投资者即股东，投资设立的经济组织，因而必须充分反映公司股东的利益要求；同时，公司是企业法人，对它的控制与管理是由公司的治理结构，即股东大会、董事会、监事会和经理人员四者组成的组织结构来实现的。

3. 现代企业管理制度

建立现代企业管理制度，就是要求企业要适应生产力发展的客观规律，按照市场经济发展的需要，积极应用现代科学技术成果，包括现代经营管理的思想、理论、技术和手段，有效地进行管理，以创造最佳经济效益。现代企业管理制度的主要内容包括：现代的经营管理理念和思想；灵活的经营战略；科学完善的领导制度；熟练掌握现代管理知识和技能的管理人才；适合本企业特点、高效运行的组织机构和管理制度；普遍使用现代化管理手段；良好的企业形象和有特色的企业文化。

现代企业产权制度、现代企业组织制度和现代企业管理制度，三者相辅相成，共同构成了现代企业制度的总体框架。产权制度确立了企业的法人地位和法人财产权，使企业真正以自主经营、自负盈亏的法人实体进入市场。组织制度确立了权责明确的组织体系，使企业高效率经营和长期发展有了组织保证。管理制度是通过实施现代化管理，保证企业各项资源的有效配置和充分利用，使其在竞争中处于有利地位。三者构成了缺一不可、相互影响的整体。

四、现代企业制度的组织结构

（一）现代企业的组织形式

1. 公司制是现代企业制度的主体

公司制是现代企业制度的主体，其主要原因在于：

（1）公司制是商品经济发展和社会化大生产的产物，是适合企业集中巨额资本，扩大生产和经营规模的公司法人制度。公司制的产生有其历史的背景。资本主义发展初期，限于生产力发展水平，企业生产规模很小，其组织形式大都是单个业主制或合伙制，这些企业都是在业主个人财产的基础上或合伙人财产的基础上运营的，业主本人就是企业的经营管理者，所有权和经营权是合一的。这种运营方式具有很大的局限性，远远不能适应社会化大生产的需要。到了18世纪末19世纪初，随着欧洲和美国工业化的迅速发展，对资本的需求和项目的风险往往超过了单个投资者的承受能力，为此产生了资本集聚在一起的需求，众多的投资者共同投资于一个企业，出现了以股东投资为特征的公司制企业。公司就是联合许多分散的个人或法人资本，成为一个集中的股份资本的有效组织形式。

（2）公司制是能保证企业所有权与经营权分离，真正做到自主经营、自负盈亏的现代企业制度形式。公司制企业是独立的企业法人，投资者只以其出资额为限对公司承担责任，极大地分散了单个投资者的投资风险。公司的生命周期取决于其自身的自负盈亏能力，公司以其全部的法人财产对公司的经营负责，这诸多因素为公司的大规模经营奠定了基础。公司有严密的组织体系和监督机制，在确保股东利益的同时，赋予了董事会和经理充分的经营决策权。

（3）公司制企业是现代经济社会中最重要的企业组织形式，是现代企业的发展趋势。它符合社会化大生产的要求，适应现代企业发挥市场机制的作用，是有利于增强企业活力的一种股权式合资的社会财产组织方式，被当今世界各国普遍采用。

2. 公司制企业的主要表现形式

公司制企业的主要表现形式是股份有限公司和有限责任公司，这两类公司都属于股份公司，一般把股份公司统称为股份制企业。股份制是以入股方式把分散的、属于不同所有者的生产要素（资金）集中起来，统一使用、自负盈亏、按股分红的一种资本组织形式。它表明企业财产的所有权主体不是单一的，而是至少有两个以上或者更多。股份有限公司是股份公司的一种重要形式，其全部资本分为等额股份，股东以其所认股份为限对公司承担责任，公司以其全部资产对公司债务承担责任。股份有限公司可以向公众募集股款，发行股票，股票可以上市交易，但不能退股，股东人数众多，公司账目公开，是最典型的法人组织。有限责任公司也是股份公司的一种组织形式，其全部资本由股东自定并由各股东认缴，股东以其资本额为限对公司承担责任，公司以其全部资产对公司债务承担责任。有限责任公司的资本不表现为等额股份，不能向社会公众募集股款，不能发行股票。

（二）公司治理结构

公司制是现代企业的主要组织形态，而建立起规范的公司法人治理结构，则是公司化改制的关键，这是现代企业制度的组织保证。

1. 公司法人治理结构的内涵

公司法人治理结构是指公司作为一个独立的法人实体，为保证正常运转，其自身所具有的一整套组织管理体系。这套组织管理体系是由所有者——股东大会、董事会、监事会和经理四者组成的一种组织结构。这四者在公司中各具有不同的地位和作用。公司法人治理结构是公司制的核心，它体现的是股权、决策权、执行权和监督权在责权利关系明确划分的基础上的相互制衡关系。公司法人治理结构明确规定了公司各个参与者（包括股东、董事会、监事会、经理层和其他利益相关者）的责任和权利，规定了公司决策所必须遵循的规则和程序，同时提供了设置公司目标及实现目标的组织框架。良好的治理结构能够提供有效的激励和约束机制，促使公司参与者协调一致地去实现公司的目标，激励企业有效地利用其所拥有的资源。

2. 公司法人治理结构的层次和权利定位

公司制企业一般是根据权力机构、监督机构、经营机构相互分离、相互制衡、权责明确的原则，形成由股东组成的股东大会、董事会、监事会和经理层四个利益主体组成的公司治理结构，其层次关系如图 2-1 所示。

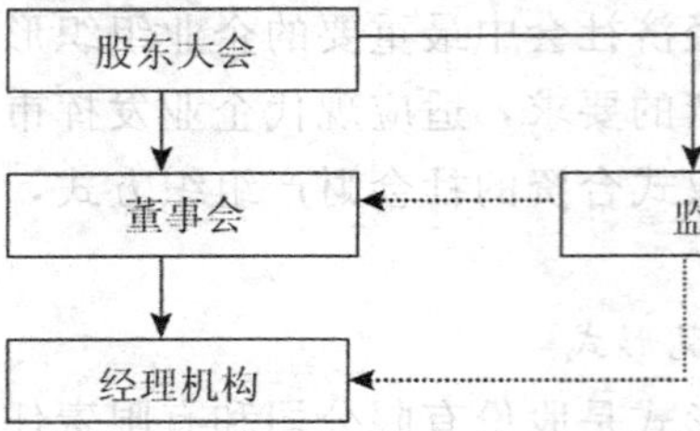

图 2-1 公司法人治理结构层次关系

(1) 股东大会是公司的最高权力机构。谁对公司投资，谁就是公司的股东，股东拥有所有权所赋予的权利。股东大会是由全体股东组成的公司最高权力机构，主要是就公司经济活动和与股东利益相关的重大事项进行最高决策。关于股东大会的权力各国立法都不尽相同，我国《公司法》规定，股东大会的权力包括：①决定公司的经营方针和投资计划；②决定公司董事和监事等重要人员的任免；③审议批准董事会和监事会报告；④批准公司的年度财务预决算方案、利润分配方案和弥补亏损方案；⑤决定公司增减注册资本；⑥决定公司发行债券；⑦决定公司分立、合并和解散等重大事宜；⑧修改公司章程。虽然股东大会是公司的最高权力机关，但它本身只是一个非常设性的会议组织，只有在开会时才能发挥作用。股东大会分为法定大会、例行年会和特别会议制度。

(2) 董事会是公司的最高决策和管理机构。一个拥有众多股东的公司，不可能让所有的股东定期聚会来管理公司，因此，必须有一个小型的代表机构，替代股东们管理公司，保护和发展股东投资的价值，这就是董事会。董事会是由股东大会选出的代表全体股东利益和执行公司业务的常设权力机构，它是公司的法定代表。董事会的主要职权包括：①执行股东大会决议，召开股东大会；②拟订公司经营计划和投资计划；③拟订公司年度财务预决算方案、利润分配方案、弥补亏损方案、增减资本方案、公司债券发行方案和公司合并与分立方案；④任免公司经理及审定公司副经理负责人；⑤决定公司内部机构设置。

(3) 经理层是公司的执行机构。由公司经理为代表组成的执行机构，受董事会委托，具体负责公司经营管理活动，是公司业务活动的最高指挥中心。其主要职权包括：①执行董事会的决议；②主持公司的生产经营管理工作；③组织实施公司年度经营计划和投资方案；④拟订公司内部机构设置方案；⑤提请任免公司副总经理、财务负责人等。

（4）监事会是公司的监督机构。监事会由股东代表和适当比例的职工代表组成。其主要职权包括：①检查公司财务；②对公司董事、经理人员的经营行为进行监督；③防止董事会和经理层滥用职权损害第三者的利益；④提议召开临时股东大会；⑤公司章程规定的其他职权。监事会的决议方式和表决程序由公司章程规定。监事会一般不参与公司的具体业务活动，也不干预董事会和经理层正常行使职权。监事会独立行使职能，处于与董事会相互独立的地位，对股东大会负责。

（三）公司法人治理结构的制衡关系

股东大会、董事会、监事会和经理四者在公司中各处于不同地位，他们之间的关系也不相同。要完善公司治理结构，就要明确划分他们各自的权力、责任和利益，以便形成合理的制衡关系。所有权和经营权的分离是治理结构的核心，决定了公司法人治理结构的基本制衡关系。

1. 股东大会与董事会之间的信任托管关系

股东出于信任推选董事，董事是股东的受托人，承担受托责任。由董事组成的董事会受股东大会的信任负责经营公司的法人财产，这种关系是一种信任托管关系，其特点在于：

（1）董事会一旦受托经营公司，就成为公司的法定代表人，独立从事公司的经营决策活动，股东大会对其不进行干预。同时股东也不能因一些诸如非故意的经营失误而随意解聘董事，只可以对未尽到责任或不称职的不再选举其成为董事。但这种选举结果并不取决于股东个人，而取决于股东大会的投票结果。个别股东如不满意信任托管关系，还可“用脚投票”，即转让股权而离去。

（2）进入董事会的成员多是经营专家或少数大股东。在有限责任公司的情况下，由于股东的人数较少，股东（或其代表）可以是董事会成员，直接控制公司。在股份有限公司的情况下，股东人数较多，便由少数股东代表、经营专家和社会人士组成董事会。

（3）公司的董事不同于受雇的经理人员，若董事不兼任公司执行层的职务，一般不领取报酬。

2. 董事会与公司经理人员的委托代理关系

管理公司需要专门知识，需要懂经营、会管理，具有创新精神和风险意识的专门人才。以此为标准，董事会通过招聘，任命适合于本公司的经理人员。经理人员接受董事会的委托，便有了对公司事务的管理权和代理权。从法律角度来看，公司的高层管理人员对内有管理事务权限，对外有诉讼的商业代理权限。这种委托代理关系的特点在于：

（1）经理人员只是董事会一定权限的代理人。其权限受董事会委托范围的限制，超过其权限的决策要报告董事会审定。

（2）董事会对经理人员是有偿雇用。董事会有权对其经营情况进行监督，并据此对其作出奖惩决定。

（3）经理人员和公司的董事会之间存在着双向选择关系，经理人员市场是董事会选择经理人员的场所，同时也是约束经理人员的外在机制，而职位、工资和奖金则是经理人员一般决定是否应聘的基本因素。

在市场经济条件下，董事会主要起战略决策和监督的作用，而作为代理人的高层经理人员的权力要比法律上的规定大得多。因此，如何加强对他们的监督和激励就成为完善公司治理结构的一项重要课题。应该看到，委托人和代理人各自追求的目标是不一样的，作为委托人的董事会要求经理人员尽职尽责，执行好经营管理职能，以便股东能够取得更多的盈余收入；而作为代理人的高层经理人员所追求的，则是他们的人力资本（知识、才能和社会地位）的增值和提供人力资本进行指挥劳动所取得的收入的最大化。由于这种目标的差异存在，董事会有必要建立一套有效的激励机制，根据经理人员的工作绩效对他们实行奖励。

在现代市场竞争中，除董事会的权力约束外，对经理人员的约束还存在三种市场约束：①商品或服务市场的约束。经理人员的经营业绩主要体现在公司在市场中的经营业绩，如公司的盈利状况、市场占有率等。而这些业绩的实现，必须靠激烈的市场竞争来取得。因而经理人员要努力拼搏、大胆创新，才能实现自身的利益目标，从而使经理人员的利益和公司股东利益在实现方式上得到统一。②资本市场对企业评价（特别是股价）的约束。企业的市场竞争力强，在社会公众心目中的地位高，人们就会用手投票，股价就会上升。否则，企业经营业绩差，股东就会用脚投票。③经理市场竞争的约束。经理作为劳动力市场的一个要素，经理人员本身的价值也是在劳动力市场的竞争中体现的，即在竞争中的晋升与被取代的方式来体现其自身的价值。在这三种市场竞争的激励和鞭策下，经理人员必须兢兢业业地工作，努力提高企业的经营业绩，在公司实现市场目标的同时，实现自身的价值和目标。

3. 监事会对公司董事和经理的监督制衡关系

为防止公司董事和经理人员的违法乱纪行为，维护股东的权益，执行股东大会决议和公司章程，现代公司组织结构中要建立监事会制度。监事会的制衡作用是多重的，在正常情况下，它和股东大会的关系是一种从属关系；它与董事会、经理人员的关系是监督关系。监事会不参与公司的经营管理，只承担依照法律、法规和公司章程对公司的经营管理履行监督职责。

第二节 企业文化

一、企业文化的概念和特征

（一）企业文化的提出

企业文化起源于美国，发端于20世纪70年代比较管理学的研究。70年代以后，美国经济受到西欧，尤其是日本的严重挑战，日本在资源严重缺乏的情况下创造的经济增长奇迹，引起了许多美国学者的研究兴趣。70年代后期，甚至形成了美日管理比较研究的热潮，许多人经过深入研究，得出了近乎一致的结论，即日本企业高生产率产生于独特的体制和文化，而且所有受调查的美国的出色公司，也“都拥有跟任何一家日本公司一样强有力的文化传统”。有人甚至断言：“一个组织的基本宗旨、精神和驱动力与它所取得成就的关系，要远比技术或经济资源、组织结构、革新和时机选择等这些因素与成就之间的关系密切。”由于企业文化为经济发展提供了新的思路，受到了越来越多的人的重视，不仅已成为美国80年代管理学研究的重要内容，而且也引起了世界各国管理学家的广泛注意。

企业文化理论较之泰罗的科学管理理论以及梅奥等人的人际关系、行为科学理论不同。它具体表现在以下两个方面：一是尽管科学管理理论在管理上有它讲求效益、提高管理的科学程度等优点，但它过多地依靠制度、方法、标准、加薪等，即依靠强制的方法提高管理水平，而不是在提高人的价值和觉悟上下功夫。二是虽然人际关系、行为科学理论注意了人作为社会人的情感因素、激励因素和需要因素等，但这种注意未能把人的感情调动提高到理性追求的高度来考虑问题。企业文化理论的出现，为管理学注入了新的生命力，弥补了科学管理、行为科学理论学说的一些不足，把科学管理推到了一个新的阶段。20世纪80年代中期，随着改革开放的发展、深化，“企业文化”一词传入我国，这在我国经济界、理论界引起了巨大反响，并掀起了塑造企业文化的热潮。多年来，许多学者致力于这方面的研究，许多组织通过企业文化建设，大大提高了市场的竞争力。

（二）企业文化的概念

“文化”一词来源于古拉丁文，原意为耕作、培养、教育、发展和尊重的意思。在中国古代，文化是指“文治教化”。在欧洲的历史中，文化一词主要是指由于人类在思维和理性方面的发展而引发的社会生活的整体变化。现代文化学的奠基人爱德华·泰勒在1871年出版的《原始文化》一书中说：“文化是一个复杂的总体，包括知识、信仰、艺术、道德、法律、风俗以及人类在社会里所获得的一切能力与习惯。”一般来说，文化有广义和狭义两种理解，广义的文化是指人类在社会历史实践过程中所创造的物质财富和精神财富的总和；狭义的文化是指社会的意识形态以及与之相适应的礼仪制度、组织机构和行为方式等物化的精神。

任何一个企业都有其特殊的环境条件和历史传统，从而也就形成了自己独特的哲学信仰、意识形态、价值取向和行为方式，因而每个企业都具有特定的企业文化。威廉·大内认为："一个公司的文化由其传统和风气所构成。此外，企业文化还包括一个公司的价值观，如进取性、守势、灵活性即确定活动、意见和行动模式的价值观。经理们从雇员们的事例中提炼出这种模式，并把它传达给后代的工人。"㊀彼得斯和罗伯特·沃特曼认为，企业文化是汲取传统文化的精华，结合当代先进的管理和策略，为企业员工构建一套明确的价值观念和行为规范，创设一个优良的环境、气氛，以帮助企业整体地、平稳地进行经营管理的活动。㊁综上所述，企业文化是指企业在长期发展过程中所形成的并且为企业成员普遍认可和遵循的具有本企业特色的价值观念、信仰追求、群体意识、行为规范、经营特色、思维方式以及传统和习惯的总和。

（三）企业文化的特征

就其一般性来说，企业文化具有以下基本特征：

1. 人本性

企业文化最本质的内容，就是强调人的理想、道德、价值观、行为规范等"本位素质"在企业管理中的核心作用。企业文化强调在管理中关心人、尊重人、信任人。信任会提高员工的自信心，企业文化强调激发人的使命感，也就是依靠精神动力激发员工的工作热情，推动企业的发展，提高企业的市场竞争力。强调以人为核心是企业文化的重要特征。

2. 凝聚性

企业文化为员工确定了一种共识，即企业价值观以及体现它的企业目标、企业精神、企业道德等，从而产生一种共同的语言。共同的目标、共同的语言，在企业中产生强烈的向心力、鼓动力和凝聚力。优秀的企业文化就像一种精神"粘合剂"，使企业员工的理想、目标维系在同一价值目标和社会责任上，产生巨大的凝聚力，把全体员工的行动吸引到实现企业目标的过程中，发挥出单独依靠制度和激励而无法达到的效果。

3. 群体性

文化是一定群体共同的思想观念及行为模式。这个群体若是民族，就称为民族文化；这个群体若是区域群体，就称为区域文化；这个群体若是企业，就称为企业文化。企业文化虽然生长在特定的企业之中，但受到社会大环境的影响，即

㊀ （美）威廉·大内，《Z理论——美国企业怎样迎接日本的挑战》，胡隆昶等译，中国社会科学出版社，1984年版，第169页。

㊁ 管益忻，《企业文化——企业管理新模式》，万象出版社，1990年版，第4页。

不同国家、不同地区的民族文化影响着企业文化，使得企业文化融入了民族文化的成分。所以，企业文化具有群体性特征。

4. 和谐性

企业的生存和发展离不开它所处的社会环境，企业文化是一个开放的系统。优秀的企业文化都追求社会环境的和谐，其经营目标、经营作风、经营特色都以满足社会的需求、促进社会的进步和发展为己任。当企业文化的价值观与社会文化提供的环境相适应时，企业文化的作用就得以充分发挥，企业员工就会自觉地、积极地按企业精神、价值目标去完成自己的工作。同时，具有优秀企业文化的企业通过其优质的产品、良好的服务，对公益事业的热心，带动和优化社会风尚，与社会各界保持良好的公共关系，使企业与社会处于和谐的环境之中。

5. 稳定性

任何一个企业的文化总是与企业长期发展相联系的。要形成一种共同的价值观念，使之潜移默化地影响人，并形成相对的定势左右人的行动，要经过长时期的努力才能达到。共同的价值观念要经过长期的培养和积累才能形成，而一旦形成就会相对稳定。

6. 动态性

随着时代的前进、社会的发展，企业的管理经验也在不断地丰富和变更，企业文化也必然要跟上时代和社会前进的步伐，反映时代和社会发展的风貌，体现时代和社会进步的要求。因此，企业文化既要相对的稳定性，又有绝对的变动性；既要反映不同管理制度和社会环境下的不同文化，在不同历史时期又有不同的内容。这样的企业文化是充满活力的文化，而不是僵硬死板的文化。当然，这种文化是循序发展的过程，它既要反映现实，又要继承历史；既要注重延续性，又要注重可塑性。在塑造企业文化时必须以创新精神和创新活动来适应变化着的社会需求。优秀的企业文化具有随着企业环境和国内外市场的变化而自我更新的强大能力。它以无形的魅力推动和引导员工发挥他们的创新潜能。这种创新不仅包括物质产品和服务的创新，而且涉及企业观念的更新，在这些创新活动中，企业的社会责任将得到更充分的体现。

7. 独特性

每个企业都有自身的企业文化，他们都是根据自己的传统习惯及企业所处的外部环境与内部条件来建设和发展的。显然，什么样的土壤适合培育什么样的企业文化。这种具有鲜明个性的企业文化，正是每个企业文化的精华，它产生着神奇的力量，激励员工的劳动热情，集结各种力量，增强企业的竞争力，提高企业的知名度，使企业在激烈的市场竞争中求得生存和发展。

二、企业文化的功能

企业文化的功能，就是企业文化所起的作用。每一个对象，每一个系统，都有自己的功能。对于一个有机系统，其整体功能不等于各个部分功能的累加之和，这一点表现在功能上最为突出。整体功能是整体结构的作用机制，任何一个系统的功能都是由其系统的整体结构决定的。企业文化的功能，就是企业这一系统整体以“人”为中心，以“人本”文化为导向，进行生产经营和管理的功能。这种功能具体表现在：

(一) 导向功能

导向功能是指企业文化对企业领导和员工的导向作用。企业行为实质上就是企业主体的行为，而企业的主体就是企业的领导和广大员工。这种导向作用主要体现在：

(1) 规范企业行为的价值取向。企业文化包括企业价值观。这就是说，企业价值观作为企业文化的一部分，它本身就具有价值取向的功能。这如同一个人的价值观引导着他的价值取向一样，企业价值观同样也引导着企业的价值取向。美国和日本等国的优秀企业都具有卓越的价值观，如向顾客提供一流的产品和服务；强调充分发挥人的主动性、创造性；重视员工相互沟通与协作；提倡冒险，允许失败，以开创发展机会，增长才干等。在价值观方面，我国有许多企业不仅强调向顾客提供优质的产品和服务，发挥员工的主动作用，发扬团结协作的精神，还特别重视对热爱国家和集体，热爱本职工作的精神培养。这种价值观就从总体上规定了企业领导应从哪些方面领导全体员工努力工作；作为企业领导又应从哪些方面加强经营和改善管理。

(2) 规定企业的行为目标。企业目标是企业在一定时期内所要预期实现的经营成果。企业目标是企业行为的航标，是企业行为的动力源泉。企业行为实质上就是企业在外部环境和内部结构的交互作用下为实现一定的经营目标，而作出的现实反映。企业文化的导向功能正是表现在它规定了企业行为的直接的、具体的目标，由此引导企业不断前进。

(3) 规定企业的规章制度。这一导向功能表现在它以企业规章制度的形式为企业领导和员工的日常行为指引方向。人的行为就像一股水流，人们可以采取一定的制约手段左右它的流向。各种规章制度正是约束企业员工行为的制约手段。企业文化的最高目标、价值观和作用等往往较为抽象。为了使它们在企业员工日常行为中得到体现和贯彻，必须有一些系统化和程序化的行为规范和制度，如厂规、节庆和仪式等。

(二) 凝聚功能

这是把企业员工紧紧地联系在一起，同心协力，为了实现共同的目标和理想，为了共同的事业而奋勇拼搏、开拓进取的一种观念、行为和文化氛围。这种凝聚作用主要体现在：

(1) 企业目标为企业确立了凝聚焦点。事物凝聚要有一个核心，凝聚企业的焦点直接体现企业目标。在企业目标体系中，无论是哪个目标都是凝聚企业员工的一种力量。当然，企业目标的制订只有得到全体员工的认同，才能产生凝聚作用。因此，目标凝聚作用要求目标具有科学性、实践性，并为广大员工所认同。

（2）团体意识的不断强化为企业提供了凝聚力。企业的价值观是企业在长期生产经营和管理实践中生成和发育起来的，它是广大员工所认同的一种团体意识。因此，企业共同的价值观是企业群体观念与行为凝聚化、一体化的基础。共同的价值观反映了企业内部主体之间的共同目的和共同利益。这就必然使企业员工的行为发生趋同，从而产生凝聚力。

（3）共同理想的不断强化为企业提供凝聚媒体。每个人都有理想，有了明确的理想，才会有前进的方向和奋斗的目标，才会有坚强的意志和奋发向上的精神。而个人理想的实现必须经过自己的努力拼搏，同时也要受到集体理想的制约。特别是企业的员工，企业的共同理想直接制约着他们个人理想的实现，个人理想应该融于企业理想之中。因此，企业的共同理想就成为企业员工的精神支柱，使他们为实现共同理想而聚合在一起。因此，共同理想是企业的凝聚媒介，把企业理想与个人理想有机地结合起来，会形成强大的凝聚力量。

（三）激励功能

企业文化的核心内容是关心人、尊重人和信任人，强调感情因素在企业管理中的重要作用，并以此为出发点来协调和控制人的行为，因而能最大限度地激发企业员工的积极性和创新精神，使其为实现企业目标而努力奋斗。实质上，企业文化的建设过程就是其发挥激励作用的过程。这种激励作用主要体现在以下几个方面：

（1）信任激励。只有让员工感到上级领导对他们的信任，员工才会尽最大可能发挥聪明才智和积极性，为本企业的兴旺发达以及为在市场竞争中获胜贡献自己的力量。为此，要采取一定的方法：其一，要让企业员工直接了解领导的意图，明确本单位的经营目标和整个经营计划。管理者要深入员工，征求意见，把企业的目标变成员工的行为。其二，要让员工自己管理自己，变“硬管”为“自管”。员工的自我管理是企业民主管理的具体形式，因此，要充分调动广大群众的积极性、创造性，增强他们的使命感和主人翁责任意识。其三，要能容人之过。任何人都不可能完美无缺，管理者应具有知人善任的能力，使每个人的长处都能发挥出来，即使员工在工作中出现漏洞，也必须以饱满的热情去帮助他，切忌简单粗暴。否则不仅会有损于员工的自尊心，也有损于自身的形象，从而使企业的形象遭到破坏，结果适得其反。

（2）关心激励。管理者要富有同情心、人情味，要了解下属的思想状况，有的放矢地工作，形成“雪中送炭”的领导方式。主动关心群众的疾苦，要能够及时表扬先进、鞭策落后、纠正错误，避免更大的损失。要通过各种行之有效的方式，使员工感到温暖，激发员工的工作热情，为企业贡献自己的聪明才智。对员工的关心是管理艺术的重要内容之一。

(3) 宣泄激励。企业管理者和被管理者之间不可避免地会经常发生矛盾。而缓解矛盾的方法之一就是宣泄法。宣泄法本身是一种疏导，通过对某种情绪的发泄，融洽管理双方的关系。其一，出气宣泄。即当管理双方发生矛盾时，让被管理者在一定场合适时、适当地宣泄自己的不满情绪。这样可以有效地避免矛盾的激化，防止对立情绪的产生。当然对这种宣泄必须加以正确地引导，以防产生消极情绪。其二，娱乐宣泄。即运用各种文体娱乐活动转移双方的注意力。如唱歌、体育比赛等。这种形式灵活多样，能够有效地避免宣泄中的消极影响，取得事半功倍的效果。其三，满足愿望宣泄。通过个人愿望的满足可以使人感到自我价值的实现，激励人们追求更高的价值目标。当然，这种愿望必须是正当的和健康的，满足个人愿望不得损害整体利益。此外，还有表扬鼓励法、树立标兵典型法。

(四) 调适功能

这是指它具有为员工创造一种良好的环境和氛围的功能和能力。这种调适作用主要体现在以下几个方面：

(1) 心理调适。促使员工及时有效地适应企业经营发展，通过企业文化对新东西进行宣传和动员，解释并紧密结合本企业体制改革的实践，具体、生动、有效地进行心理、文化等多方面的调适，尽快使人们了解这些新东西，接受它们、适应它们。

(2) 人际调适。也就是人际关系调适，即人和人之间直接联系或互动关系，包括个人关系和群体关系。个人关系是个人与个人之间的直接关联、互动，是一种较低且最直接层次的社会关系。如同事关系、上下级关系、朋友关系。群体关系是指在社会群体或企业的层次上所发生的社会关系，如车间与车间、小组与小组等。企业文化的人际调适功能的特点，是以企业精神和价值观为核心，充满了人情味，将个人和群体调适成目标一致化、认识接近化、动作协调化，彼此之间相互信任。

(3) 氛围调适。氛围即周围的气氛和情调。心理学指出，人都喜欢生活在友好的气氛和高尚的情调中，企业应创造友好的氛围和高尚的情调。如开展旅游活动，举行文艺晚会，进行演讲、摄影及绘画比赛等。

(五) 辐射功能

企业是社会的细胞，通过企业文化建设，不仅可以培养出企业自身“有理想、有道德、有礼貌”的员工队伍，而且还可以通过企业员工与外界的交往，把企业的优良作风、良好的精神风貌辐射到社会中去，社会的精神文明和社会风气的根本好转，将产生积极的影响和促进作用。这种辐射作用主要体现在以下几个方面：

(1) 商品的辐射。任何一个商品，既是企业员工的体力劳动和脑力劳动的结晶，同时又是企业精神、企业文化的体现和最基本的输出载体。优质的产品，可以有效地传递企业创新、拼搏、艰苦创业等精神，并将文化和精神传播到社会和企业中去，促进各企业间文化的渗透和交流。

(2) 服务的辐射。优质的服务，不仅使服务对象得到了服务需求本身的满足，而且还得到了一个心情舒畅的“文化满足”。

(3) 人员的辐射。企业员工向自己的家属、亲属朋友等人宣传企业及其产品和服务，就是在传播本企业的文化。有魄力、有胆识的企业领导正是据此做大量工作，使之形成以企业为中心，通过自己员工的努力形成一个面向社会的企业文化辐射网络。

(4) 宣传的辐射。这是直接进行企业文化的传播，即通过各种具体的宣传媒体，如广告、广播、电视、电影等进行本企业文化扩散和传播，进而扩大企业的影响，提高企业的知名度。

(六) 组织功能

企业文化的一个非常重要的特性，就要它使企业群体具有同一文化意识和文化模式。这同一文化意识和文化模式影响着每个成员的认识、感觉、思绪、情绪、伦理和道德等心理机制与心理过程，而且还从整体上影响企业群体成员的价值取向和行为取向，从而使企业成员的行为、活动及其互动关系稳定在某种规范之内，起到自我调控的组织功能。

企业文化强调相信人、尊重人，强调非计划、非物质的感情因素在企业管理中的作用，主张以此为出发点来调节、协同和控制人的行为，因而能最大限度地、全面地激发企业员工的积极性和首创精神。在此基础上通过价值观念的作用，把共同价值观转化到每个员工中去，使员工产生理应如此的感觉和意识，自觉地按照这种观念办事。而一旦违反这种价值观，即使他人不知或不加以指责，本人也会感到内疚和不安，失去心理上的平衡。价值观体系这只“看不见的手”全方位地操纵和调节着企业的经营管理活动。

(七) 互益功能

优秀的企业文化可以促使企业在社会责任与企业利润目标，长期利益与短期利益之间作出正确选择。企业的生存取决于社会的需要，企业只有完成社会赋予它的使命和责任，为社会提供所需要的产品与服务，才能获得生存的权利。利润无非是企业为社会贡献后所获得的奖赏而已。

出色的企业文化能够引导企业的经营管理者把眼光由企业转向社会，转向更高的目标。它强调企业经营必须以顾客为导向，把不断满足顾客的要求、提供新的优质产品和服务作为自己不可推卸的责任；把塑造好的企业形象和信誉，视为企业的长期利益之所在。当企业的社会责任与利润目标，长期利益和短期利益发生冲突时，它便会毫不犹豫地选择社会责任或企业的长期利益。实践证明，这种选择最终会给企业带来丰厚的利润。正如美国管理学家彼得斯所说："从长远的角度看，只有两个途径可以创造和维持良好的业绩：一是通过优质服务和优质产品来特别关心顾客；二是不断创新。"

三、企业文化的层次结构及关系

（一）企业文化层次结构的内容

层次结构就是各个组成部分的搭配和排列。研究企业文化的结构就是把企业文化作为一种独特的文化，找出各个组成部分的关系及相互影响，以此帮助我们认识企业文化各个部分之间的关系。从这个意义上说，企业文化不仅包括企业的精神文化，而且包括精神文化的外化。企业文化的层次结构分为以下三个部分：

1. 物质层

物质层即外显层文化，它是企业中凝聚本企业精神文化的生产经营过程和产品的总和，还包括实体性的文化设施。如某企业的厂容厂貌、厂旗厂歌、产品形象、员工风貌等。也就是见之于形、闻之于声、触之有觉的文化形象。物质层是企业文化结构中表层的部分，是人们可以直接感受到的，是从直观上把握不同企业文化的依据。这个层面从外观上体现着企业的管理水平。

2. 制度层

制度层即中层文化，它是介于表层和深层之间的那部分文化，即经营文化和管理文化。它表露在企业群体行为的规范制度上，如企业的组织形式、规章制度、生产方式、交往方式和道德规范等。它较表层文化附着更深的色彩，它制约着员工的行为举止及表层文化的状况。

3. 精神层

精神层即内隐文化，是企业内部为达到企业总体目标而一贯倡导、逐步形成、不断充实并为全体员工所自觉遵循的或沉淀于企业及员工心灵中的意识形态。它包括企业的理想信念、目标追求、价值取向、行为准则等。这个层次是企业的无形财富，是企业文化的核心，是支撑企业健康成长的脊梁，是企业生命赖以存在的灵魂。塑造企业文化要注重加强这个文化层次的建设。

（二）企业文化层次结构的关系

物质层、制度层和精神层由外到内的分布形成了企业文化的结构，这种结构不是静止不动的，而是存在着相互的联系和作用。

1. 精神层决定了制度层和物质层

精神层是企业文化中相对稳定的层次，它的形成受社会、政治、经济、文化以及本企业的实际情况所影响，如社会经济状况的影响、企业管理理论的影响等。精神层一经形成，一般就处于比较稳定的状态。精神层是企业文化的决定因素，有什么样的精神层就有什么样的物质层。如美国的埃克森公司的价值观是：高度尊重个人的创造性，相信个人的责任感，但同时在作出一项重要决定前达成一致。这就决定在制度层方面表现为随便的衣着，没有等级标志，相互之间可以展开争论等。而另一家总部设在欧洲的麦迪公司，它的价值观是尊重资历、学识和经验，注重通过服务时间的长短，整体工作情况和个人的教育背景来评价员工。因此，在制度层和物质层就表现为：一切都是规范化和正式的，大楼中各办公室都有正式标志，大厅中的静默气氛，人们在大厅中见面时周全的礼节，专门的高级经理人员餐厅，文件中使用正式的学术术语，以及注意计划、程序和正式的会议文件等。埃克森公司和麦迪公司精神层的不同，使他们的制度层和物质层表现为完全不同的内容。

2. 制度层是精神层和物质层的中介

精神层直接影响制度层，并通过制度层来影响物质层，所以，制度层是精神层和物质层的中介。根据领导者和员工的企业哲学、价值规范等，使他们形成和制订一系列的规章制度、行为准则来实现他们的目的，来体现他们特有的精神层内容。由此可见，精神层对制度层的影响是最直接的。在推行和实现这些规章制度和行为准则的过程中，企业的领导和员工又会创造出一定的工作环境、文化设施等，从而形成独特的物质层。由此看来，精神层对物质层的影响一般是间接的。制度层的中介作用，使得许多卓越的企业家都非常重视制度层的建设，使它成为本企业的重要特色。

3. 物质层和制度层是精神层的体现

精神层虽然决定着物质层和制度层，但精神层具有隐性特征，它隐藏在显性内容的后面，它必须通过一定的表现形式来体现。对企业领导者和全体员工来说，他们的精神活动也必须付诸实践。因此，企业文化的物质层和制度层就是精神层的体现与实践。物质层和制度层以其外在的形式体现了企业文化的水平、规模和特色，体现了企业特有的企业哲学、价值观念和道德规范等方面的内容。因此，当人们看到一个企业的工作环境、文化设施、规章制度，就可以想象出该企业的文化精髓。企业文化的物质层和制度层除了体现精神层的作用以外，还可以直接影响员工的工作情绪，直接促进企业哲学、价值观念和道德规范的进一步成熟。大量实践表明，成功企业大都十分重视企业的物质层和制度层的建设，明确企业的特征和标志，完善企业的制度建设和规范的形成，从而以文化的手段激发员工的自觉性，实现企业的目标。

总之，企业文化的物质层、制度层和精神层是紧密相连、密不可分的。它们之间相互影响、相互作用，共同构成了企业文化的完整体系。其中，企业的精神层是最根本的，它决定着企业文化的其他两个方面。因此，我们在研究企业文化的时候，只要紧紧抓住精神层内容，企业文化的其他内容就可以容易地揭示出来。这就是为什么许多人对企业文化的研究重点都放在企业哲学、企业精神、价值观念和道德规范上的原因。

四、企业文化的内容

任何一种理论都是以其特有的内涵与外延，特有的研究对象而出现的。企业文化理论也是如此，虽然它还在不断发展，不断完善，但它拥有自己特定的内容。一般来说，企业文化的内容主要包括以下几个部分：

（一）企业哲学

企业哲学是指导企业生产经营活动，使其符合既定目标的微观世界观和方法论。企业的兴衰成败，关键取决于企业行为的正确与否。而在任何一个企业中，企业行为有一个根本的指导思想，这个指导思想不是企业领导人随意决定的，而是企业在各自的生产经营实践中形成的世界观和方法论，即企业哲学。一个企业制订什么样的目标，培养什么样的企业精神，弘扬什么样的道德规范，坚持什么样的价值标准，这些都必须以企业哲学为指导、为方法论准则。严格地说，企业哲学就是企业在创造物质财富和精神财富的实践中，从管理的内在规律出发，通过对世界观和方法论的概括性总结，所揭示的企业本质和企业辩证发展的观念体系。

一般来说，任何一个企业在创造其具有本企业特色的企业哲学时都应体现下面一些哲学观念：

（1）系统观念。企业应将自己置身于社会这个大系统之中考虑问题，处理好整体与局部的关系。分析解决问题必须从社会这个大系统的整体出发，使企业在这个大系统中的功能最优化。

（2）物质观念。世界是物质的，企业的经济活动是物质实践活动。因此，企业的行为必然受到客观条件的制约。这就要求我们从实际出发，按照企业发展的客观规律办事。

（3）动态观念。企业是一个动态系统，物流、资金流、人流、信息流，都处在这个动态系统的运动变化之中。这个系统应时时与外界交换物质、能量与信息，以保持本企业的平衡与发展。

（4）市场观念。企业的产品和服务必须满足社会需求，并紧紧围绕市场进行生产经营活动。

（5）人才观念。什么事情都要人来做。一个企业经营好坏的决定因素是企业各类人员的素质，关键是领导者的素质。市场竞争是企业的竞争，企业的竞争是人才的竞争，在科技高度发展的当今社会，必须更加依靠劳动者的素质和劳动积极性。

（6）效益和效率的观念。企业要讲求经济效益和社会效益，使企业经济状况最优化。

(7) 风险和竞争观念。在市场经济条件下，企业要敢于开拓新的竞争领域，敢于承担风险，不怕失败，敢于在市场竞争中搏击风浪，不断创新和进取。

(8) 信息观念。充分确凿的信息是作出正确决策的依据。当今社会是信息化社会，企业没有可靠充分的信息，就等于失去了耳目，变成了聋子和瞎子。这对于一个要发展的企业来说，简直是不可想象的。一个企业要立于不败之地，管理者一定要重视信息：一是要建立通畅的信息渠道；二是要不断捕捉搜索信息，充分发挥信息的“参政议政”作用，并维护信息的权威性。一些发达国家将高科技应用于信息领域，使信息处理现代化，为企业经营带来了极大的便利，创造了显著的经济效益。

（二）企业精神

企业精神是企业文化的核心。它是一个企业在长期的生产经营活动中，经过精心设计、精心培育而逐步形成的能激发全体员工的群体意识的信念。企业精神是它在追求经济效益的过程中逐步形成和确立起来的思想成果和精神力量，是全体员工所共同拥有的经营信条、价值准则以及他们对企业的依赖意识、责任感和荣誉感、自豪感等。这一内涵包括以下几层含义：①企业精神所反映的企业群体的理想和目标，显示了企业的发展方向和经营宗旨；企业的价值观反映了企业劳动者的人生观和世界观；企业的行为准则反映了企业劳动者在生产技术经营活动中的价值取向，并给企业员工以心理的约束和行为的规范；②企业精神是企业长期生产经营活动中自觉培育形成的，不是企业偶然行为的反映；③企业精神体现了企业全体劳动者的意志和愿望，是经过企业全体员工认同的。可以说，它是把企业先进的、具有代表性的思想和信念转变成为企业的一种群体意识。

企业精神作为企业有意识培养的一种员工群体精神风貌，是对企业全部观念意识、风俗习惯、行为方式等积极因素进行总结和倡导的结果。企业精神要通过全体员工有意识的实践才能体现出来。因此，企业精神是企业文化发展到一定阶段的产物。不同企业的企业精神的内容是不同的。各个企业塑造或提炼自己企业精神时，都要从自己的实际出发，实事求是，体现出自己的特色。但这并不是说各个企业的企业精神就没有共性。

从实践看，虽然各个企业的企业精神在文字表述上千差万别，但按其内涵的规定性可归纳出如下一些精神：

(1) 爱国主义精神，包括社会责任感、民族自豪感。如日本松下公司和丰田公司的“工业报国”，长虹集团的以“产业报国为己任”。

(2) 集体主义精神，包括爱厂、团结、互助、友爱、协作、同心同德等。如日本日立公司的“和”，美国旦达航空公司的“旦达为家的感情”，荣氏纺织集团的“和衷共济”。

(3) 主人翁精神，如大庆的“铁人精神”，鞍钢的“孟泰精神”。

（4）奉献精神，包括忘我献身、大公无私、讲奉献、不为名利等。如上海石化的“忘我献身”。

（5）科学精神，包括求实、实干、实事求是、认真负责、严格细致，以质量求生存，以效益求发展等。

（6）创新精神，包括开拓、进取、改革、探索等。如日立公司的“开拓者精神”，澳柯玛集团的“没有最好，只有更好”。

（7）竞争精神，包括拼搏、夺魁、力争上游、求胜等。

（8）民主精神，包括民主、参预、议政、平等等。如松下公司的“光明正大”，IBM 公司的“尊重个人”，日本佳能公司的“自发、自治、自觉”。

此外，还有诸如创业精神、服务精神、质量精神等。

（三）企业价值观

价值观念是人们对客观事物和个人进行评价活动在头脑中的反映，是对客观事物和个人是否具有价值及价值大小的总的看法和根本观点。企业价值观念就是企业领导者和全体员工对企业生产经营活动和企业中人的行为是否有价值以及价值大小的总的看法和根本观点。包括企业存在的意义和目的，企业各项规章制度的价值和作用，企业中人的各种行为和企业利益的关系等。价值观念是企业文化的重要组成部分，它为企业的生存和发展提供了基本方向和行动指南，为员工形成共同的行为准则奠定了基础。企业哲学的不同，导致了企业价值观念的不同，以物为本的企业哲学，就会形成一切以有利于物的发展为标准的评价体系；而以人为本的企业哲学，就会形成一切有利于人的自觉性发挥的评价体系。这种评价体系的不同就是价值观念的不同，它又会导致企业管理行为的不同。前者往往只注重通过硬性的管理手段，迫使员工高效率地工作，而后者则注重通过文化的手段激发员工的自觉性，从而提高效率。因此，价值观念对员工的行为起着直接的支配作用，员工在共同的价值观念支配下，就能自觉地从事生产经营活动，这是硬性管理所达不到的。

（四）企业道德

企业道德是企业行为的规范，是企业价值观功能发挥作用的必然结果。它是指从伦理上调整企业单位相互之间、企业与消费者之间、企业与员工之间行为规范的总和。企业道德是一种特殊的行为规范，它的功能、机制是从伦理关系角度出发的。因此，它同法律法规是一种互补关系，企业道德不具有法律法规那样的强制约束力，但它具有法律法规所不具有的积极的示范效应、强烈的感染力量等。所以，它有着更为广泛的适应面，是约束企业、员工和广大消费者行为不可缺少的手段。企业道德的作用主要体现在以下几个方面：一是可以调整企业与企业之间的关系，使企业行为成为一种道德行为，符合道德规范的要求。例如，企业的销售行为必须讲究公正、诚实、信用、维护消费者利益；企业的生产活动必须保证产品质量，反对假冒伪劣，必须给企业带来良好的信誉。二是调整企业与员工之间的关系。企业必须尽力改善生产经营条件，实现环境和劳动保护，不断提高员工的物质生活和科学文化水平，保证员工的利益；而每个员工必须尽自己的道德义务，忠于职守、爱厂如家、保护公物、坚守岗位，保质保量地完成各项任务，努力增进国家利益和企业利益。三是调整企业内部员工之间的关系，使领导与被领导之间、员工与员工之间，以诚相待、团结互助、平等友爱、亲如一家、发扬风格、不损人利己等。

企业道德是社会主义道德体系、道德原则、道德信念、道德理想、道德规范等在企业的特殊表现。也是社会功德、职业道德和家庭、爱情、婚姻道德在企业员工中的具体表现。企业道德是一系列规章制度、业务规定、技术章程等不能代替的管理准则。在国外，有的也叫做“管理伦理学”。

企业道德的具体表现形式是：

（1）职业道德。这是企业的团体道德，企业的每位员工都必须在这一道德约束下工作。如制药厂不能制造假药伤害病人，电器厂不能制造漏电产品危及用户的生命，食品厂不能不讲卫生坑害消费者。当然，这些都是最一般的道德准则。如果具体到哪家食品厂、哪家药厂都还会有若干更为具体的职业道德准则需要贯彻执行。

（2）企业领导道德。①领导者必须能够比较公正地对待和处理它所负责的工作。即要有好的品德，不对与自己意见不一致的人打击报复、不拉帮结派、排斥异己。②要宽以待人、严以律己。对同事和员工要以诚相待，对自己要严格要求，树立以身作则的典范。③要充分发扬民主。一个人的精力毕竟是有限的，民主决策是十分必要的。国内外企业的实践表明，在民主型、集中型、放任型的几种领导方式的比较中，民主型领导方式是最佳的领导方式。

（3）员工道德。员工不仅要以企业的道德准则规范自己的言行，还要遵守社会公德，要能够与人为善，互帮互助。总之，良好的企业道德主要表现在：尊重知识、尊重人才、友好相处、自觉工作、与企业共命运等，其核心作用是激发员工的自觉性。企业文化以企业道德规范为重要内容，主要以此区别于其他管理理论。

（五）企业目标

企业目标是以企业经营目标形式表达的一种企业观念形态文化。即企业目标是企业要达到的目的和标准，是企业员工努力争取的期望值。它体现了企业的执著追求，同时又是企业员工的理想和信念的具体化。企业目标是企业文化追求的动力源。一个科学的、合理的企业目标可以激励人们不懈努力，创造卓越的业绩，有利于塑造优秀的企业文化。一个企业若没有长远的发展目标，企业必然先天不足。企业目标具有如下特点：经营目标数量化，全部内容集中化，战略指向成果化，发展指标观念化。例如，中日合资上海三菱电梯有限公司的企业目标是："开发先进技术、采用现代管理；造就一流人才，创出优质产品；提供优良服务，争当合资模范"。

企业目标的主要功能是引导企业的生产经营行为，具体体现在以下几个方面：①企业目标是作为企业经营战略的第一个目标被提出来的；②只要企业目标经由管理者转达给全体员工，便成为人们心目中的共同目标，它促使人们相互配合、协调，造成人际关系的向心力；③企业目标给人以鼓舞和信心。在人们行动遇到困难和阻碍时，目标会激发人们产生克服困难的勇气；当行动一步步接近目标时，它又给人以鼓舞。当目标实现后，它又给人以满足感、荣誉感、自信心，推动人们和企业向着新的目标前进。

（六）企业形象

企业形象是企业外在形象与内在精神在社会公众心目中的总体印象和感知。外在形象包括：企业服务特色、产品质量、经营规模、推销方式、公共关系、销售点的格调、商品的外包装、广告以及企业标志、图案、造型等。内在精神包括：企业宗旨、经营管理特色、管理者和员工的素质、人才、技术力量、产品的研制力以及创新和开拓精神等。

企业形象是企业对社会的贡献，是企业通过经营给社会公众带来的利益状况，是企业的社会责任感和法律道德观念的综合反映。企业形象体现着企业的声誉，反映着社会对企业的承认程度，是企业文化的重要表现形式。

1. 企业形象的特征

企业形象的特征主要体现在以下几方面：

（1）整体完备性。企业形象是企业内部诸多因素构成的统一体和集中表现，是一个完整的有机系列，这些因素之间具有内在的必然联系。因此，在制定和实施企业形象战略活动时，要把企业形象贯穿和体现在经营管理思想和经济管理活动之中，从企业的外在形象和内在精神的方方面面体现出来，依靠全体员工的共同努力，塑造企业的形象。

（2）客观规律性。任何企业都有自己的客观因素。企业形象是由企业的社会存在决定的，它存在于社会公认的客观事实。企业在自身现有条件下，在一定目标导向和外部经济条件约束下，塑造企业形象，也有规律可循，而不是无规则的随机行为。

（3）长期动态性。企业形象的塑造绝不是短暂的过程，企业形象一经形成就具有一定的稳定性，但这只是相对的，随着企业内部因素和外部环境的改变，企业形象也要随之发生变化。

（4）独特的创新性。凡是企业在长期发展过程中形成的完整形象并能得到社会公众的承认，都必然有其独特之处，随着消费者的价值观和消费需求不断更新，对企业形象战略也提出了创新性的要求。创新就是把新形势下的生产经营要素和生产经营条件进行有效的“新组合”。企业形象具有把创新、继承、延续有机地结合起来的性质。

(5) 不可定量性。人们可以用产量准确无误地核定一部机器的产出效益，但却无法精确地测定一次成功的服务能增加多少销售，一个不成功的广告能减少多少利润。因此，要想准确地衡量出企业形象产生的效果几乎是不可能的。

2. 塑造企业形象的途径

企业可以通过各种途径塑造自身的形象：

(1) 塑造企业形象时一定要聚焦生活，着眼现实。特别要注重营销手段的更新和营销技艺的正确运用，在市场调查和提供优质产品的基础上，以周密的策划为前提，以最新的创意为目标，辅之以产品策略、价格策略、渠道策略的配合，运用现代“人情味”的经营方式取代传统“理性化”的经营方式，以联络消费者的感情，建立和谐融洽的关系。

(2) 塑造企业形象时一定要讲求实效，要有一系列实实在在的设计和塑造活动。热心参与社区服务，赞助公益事业是塑造企业形象的一个重要方式。

(3) 塑造企业形象时一定要有长远打算。企业形象的塑造并非朝夕之功，也不是靠一两次成功的活动就能一劳永逸，它是一个长期的、有步骤的过程。但凡一个企业，要在激烈的市场竞争中立于不败之地，都离不开“人”这个决定性因素。因此，企业要把对职工进行严格培训、聘请有经验的专职人员施教放在重要位置。有的放矢地进行礼仪、业务、语言等全方位的训练，持之以恒，奖惩结合。同时，要注意培养全员的公共意识，使企业的每一个成员都具有强烈的参与感，以树立企业良好的形象为准绳，并成为贯穿于经营管理全过程的自觉行为。

(4) 塑造企业形象时一定要以确保消费者利益，重视信誉为宗旨，强调民意和舆论对企业决策的重要意义。“水能载舟，亦能覆舟”。现代经营者要牢固树立“顾客就是上帝”的观念，使企业的一切行为都以消费者的利益和要求为导向，重视信誉，使消费者的利益不受损失。一是质量信誉，要有过得硬的商品使消费者称心如意。二是售后服务信誉，要通过改善服务方式，消除消费者的顾虑来促进商品销售。

(七) 企业风尚

企业风尚就是企业及员工在其经营活动中逐渐形成的一种精神现象，它综合反映企业及员工在价值观念、管理特色、道德风尚、传统习惯、企业精神、生活方式等方面的精神状况。作为一种精神现象和精神状况，它属于企业文化的内容。也就是说，企业风尚在很大程度上取决于企业文化的特点，是企业文化的一种综合反映。良好的厂风是企业成功的重要因素。作为企业风尚，所包含的内容是广泛的，其中传统习惯、伦理道德等反映了企业及员工的风尚；价值观念、精神状态等表现了企业及职工的风骨；工作方式、管理特点等表现了企业及职工的风格；厂容、厂貌、工厂环境及形象等表现了企业及员工的风度。这风尚、风骨、风格、风度的结合，就可反映整个企业的风尚是否良好。

（八）企业民主

企业民主是一种企业制度形式，内涵包括民主意识、民主权力、民主义务等方面。企业民主受社会制度和社会民主的影响。但一般来说，企业民主是一种“以人为主”的价值观念和行为规范，企业的每个成员都能深深感到这种精神支柱的存在。这种文化、民主的气氛存在，从而在思想上归属于这个企业，为企业作出自己最大的贡献。企业民主的形成是一个复杂的过程，需要企业各级员工的共同努力才能形成。建立企业民主必须从以下三个方面入手：①培养民主意识及员工的参与观念；②明确企业员工的民主权利和义务；③形成良好的企业民主气氛和环境。

五、塑造企业文化的目标和主要途径

（一）塑造企业文化的目标

我国企业文化的建设，应从我国实际情况出发，建立具有中国民族文化优良传统和中国特色的社会主义的企业文化。按照这个要求，应明确以下基本目标：

1. 建立为用户提供优质产品和服务的价值观

企业的目标是什么，员工为什么而奋斗？这集中反映了企业管理人员及员工的价值观，也是企业文化的核心内容。在社会主义市场经济体制下，现代企业必须建立为用户提供优质产品和优质服务的价值观。因为向用户提供优质产品和服务，是社会主义企业生产目的的要求，也是社会经济效益的首要内容。人们常说的社会经济效益差，主要是指产品不符合社会需要或产品质量低劣，从而浪费了大量的社会劳动和自然资源。而提高社会经济效益，首要的任务就是提高产品及服务的质量。

2. 建立以人为本的信念

实现企业的目标靠什么，企业管理的重心应放在哪里？这既是一个价值观问题，更是一个信念问题。为什么要建立以人为本的信念？这是因为人是生产力中最重要的因素。在生产力的诸多因素中，资金、技术、自然资源等都很重要，但人是最重要的因素。因为唯有人才能将上述要素结合起来，转化为现实的生产力。这是人人皆知的道理。教育经济学的一个重要结论是：国民素质是经济发展的决定因素，智力投资是最合算的投资。世界上有些国家的自然资源很丰富，但经济发展缓慢，原因就是国民素质较低。我们知道，日本资源贫乏，但日本却成为世界经济强国，主要原因就是重视国民教育。当今企业界都认为，企业的竞争表现为产品的竞争，产品的竞争实质上是技术的竞争，而技术的竞争最终是人才的竞争。因此，有远见、有魄力的企业家，无不视人才为珍宝，互相争夺。人才的作用，将随着我国社会主义市场经济的发展和完善而变得日益重要。

3. 发扬集体主义精神

在我国，应当倡导集体主义精神。因为社会主义的伦理原则是集体主义、共同富裕、共同幸福。因此，我们在发展社会主义市场经济，鼓励和促进竞争的同时，也要发扬集体主义精神。增强企业内部凝聚力，顾全大局，正确处理国家、企业、员工之间的关系，充分调动各方面的积极性，这是推动经济发展的正确道路。

4. 培养紧张、认真、务实、文明的工作作风

军有军风、校有校风、家有家风、厂有厂风。员工工作作风是人们行为模式的具体表现，是人们精神风貌的反映，也是企业经济效益和竞争力的重要影响因素。各个企业之间，工作作风相差很大，有的紧张严肃，注重信誉，一丝不苟；有的松松垮垮；有的秩序井然，有条不紊；有的杂乱无章，事故频繁。不同的厂风和作风，必然带来不同的效果。现代企业应当培养紧张、认真、务实、文明的工作作风。因为，社会化大生产的特点是广泛采用机器和机器体系进行生产，并广泛应用科学技术成果，大规模地分工协作。这些都要求员工有紧张、认真的工作作风。机器的运行速度快、生产的效率高，但是，必然要求人们较快地工作，密切配合，环环相扣。否则，机器的效能难以发挥。机器的力量是巨大的，科学技术是严肃的，来不得半点含糊。作风疲沓、态度不认真，都容易造成严重的后果和巨大的损失。少数人作风不硬，会给整个生产造成严重后果。社会主义精神文明建设，要求把员工培养成有理想、有道德、有文化、有纪律的新型劳动者，要求建立人与人之间新型的互助合作关系。紧张、认真、文明生产，正是劳动纪律、职业道德、文化修养和精神文明建设的重要内容。

（二）塑造企业文化的基本途径

1. 回顾历史，总结经验

在企业文化塑造之前，要广泛地搜集、整理有关企业历史和现实的资料，进行调查研究和分析加工，尽可能掌握充分、详实的有关企业文化的材料。企业要指派专人负责此项工作，没有文字资料的，要进行走访调查。然后，把这些材料按企业文化的内容进行分类，对企业文化的历史和现状给予科学的分析和评价。正确的予以弘扬，错误的予以纠正。特别是对企业原有的价值观、企业哲学、企业精神、企业道德等要进行系统的分析，对其形成的环境、特点、影响因素等，都要给予科学的分析和评价，这是企业文化建设的前提。如果我们不能对企业的传统文化给予科学的评价，就很难做到发扬优良传统，摒弃错误观念，就会给企业文化建设带来不良影响。

2. 塑造企业文化的框架

根据企业的历史传统、企业性质、经营特色、发展状况和外部环境等因素，

对企业文化的塑造设定一个大致的框架，制订出企业文化建设的纲要。然后再把这个总体设计和纲要传播给企业员工，引导员工积极认真地讨论和分析，使其能给企业文化的总体设计和建设纲要提出宝贵意见，而且也能使新的企业文化框架深入人心。最后，要根据员工的意见，企业管理学者和管理者进行认真研究，提出塑造企业文化的运行方案，并在实际工作中试行。

3. 确立新的价值观和企业精神

企业价值观、企业精神是企业文化的核心，它在企业文化建设中占有重要地位。因此，应引起企业领导者的充分重视。企业价值观、企业精神的培育，是一个循序渐进、不断强化的过程。需要相当长的时间，不是一朝一夕、短时间所能办到的。由于企业价值观、企业精神对企业文化各项内容的主导作用，需要我们及时进行科学的概括和总结，用简明、扼要、精练、准确的语言表述出来，形成系统的文化理论。

4. 大力推进企业文化建设

通过前三个程序，企业文化已经初具规模，特别是企业价值观和企业精神的形成与传播，为全面推进企业文化建设创造了良好的条件。这时，企业文化建设的重点应放在以下几个方面：①赋予企业文化以更丰富的内容，使企业文化更具特色；②建立完整的企业文化体系；③将企业文化与现代科学管理方法结合起来，促进企业的发展和经济效益的提高；④充分利用传播媒介，宣传企业文化。

5. 科学、稳妥地调整企业文化

在大力推进企业文化的过程中，要对企业文化建设进行总结和评价。可行的办法是，邀请一些专家、学者、企业员工代表对企业文化建设和作用进行评估，肯定成绩，指出不足。当发现企业文化建设中存在明显缺陷和不足时，要进一步研究改进方法和策略，对整个规划方案进行部分或总体上的调整和补充，对企业文化进行再建。同时，由于社会的发展，宏观环境和微观环境的变化，原来企业文化建设中的一些因素已经不再适应新的形势，这时，也需要对企业文化进行再建。企业文化的发展以及由此而引起的企业根本素质的提高，对企业经营管理产生明显的推动作用，促进企业更大规模的发展。但是，企业发展也要求企业文化与之相适应，这时，也必须适当调整企业文化，使企业文化更上一个台阶。

案例分析

宝洁公司原则与理念的一致性

创始于1873年的宝洁公司已经成功地守业100多年了。全世界几乎没有一个公司能够像宝洁一样，能通过理解和把握消费者价值，将食品、纸品、洗涤用品、药品、肥皂、护肤、护发产品以及化妆品等300个品牌，如此成功地畅销于

160 多个国家或地区。

当我们关注宝洁公司这 100 多年独特的“守业”历程时，实际上是想回答三个基本问题：第一，宝洁公司如此成功，它的经营之道是什么？第二，宝洁公司为什么能够拥有如此强大的品牌？宝洁品牌管理有什么秘密？第三，中国的企业家，特别是消费品行业的企业家如何从宝洁公司的经验中，学到做大做强的本领？

宝洁公司为什么如此成功？其前董事长艾德·哈尼斯的解释是：“虽然我们最大的资产是我们的员工，但指引我们方向的却是原则及理念的一致性。”这个原则及理念就是著名的“宝洁之道”。

(1) 强调内部高度统一的价值观。为了保证价值观的统一，宝洁公司甚至做到了中高层只从内部选拔，从 CEO 到一般管理人员，宝洁公司基本上没有“空降兵”。

(2) 领导消费趋势的经营理念。宝洁公司的市场理念是“尽早发现一个发展趋势，然后领导这种发展趋势”。宝洁公司拒绝接受传统的产品生命周期观念，相信只要不断地进行品牌管理与创新，就能保持消费者对其的忠诚度。如象牙香皂有 100 多年的历史，汰渍洗衣粉也已经近 50 年，但每个产品都仍然是行业中的领先者。

(3) 建立在对消费者负责之上的业务管理系统。全球第一个品牌经理就出自宝洁公司，著名的产品经理管理体制也是宝洁公司的发明。在宝洁公司，高层管理者会亲自参与许多重大决策，如所有新产品的启动，投资 10 万美元以上的项目，三层级别内的任命及提升等。

在“宝洁之道”中，它的核心内容是对消费者价值的独特理解与把握．宝洁资深公共事务副总经理夏洛特·奥图说得好：“顾客关系是宝洁最有力的竞争优势来源，因为我们的品牌是针对消费者需求‘精耕细作’建立起来的。”在宝洁，消费者价值已经上升到了企业信念的高度(宝洁公司的宗旨为：生产和提供世界一流的产品和服务，以美化消费者的生活)。为此，宝洁公司甚至给自己立下一个规定：在世界各地开展业务前，必须先对消费者、市场进行调研。

也就是说，宝洁针对消费者需求采取的是“精耕细作”，并通过独特的产品经理体制与产品细分策略，成功做到了将消费者价值清晰地“量化”。在这一基础上，宝洁才能成功地实施它著名的多品牌战略：如果某一个种类的市场还有空间，那么最好那些“其他品牌”也是宝洁的品牌。

讨论题：

1. 宝洁公司是怎样做到原则与理念一致性的？

2. 宝洁公司成功之道的核心内容是什么？从宝洁公司上百年的经验中，你获得了哪些启示？

（资料来源：余来文，《战略决定成败》，蓝天出版社，2005年版，第205～206页）

思考题

1. 企业制度和现代企业制度的内涵和特征是怎样的？
2. 现代企业制度的主要内容包括哪些？
3. 为什么公司制是现代企业制度的主要企业形式？
4. 你如何理解公司的法人治理结构？
5. 企业文化的内涵和特点是什么？
6. 企业文化的功能主要表现在哪些方面？
7. 企业文化的层次结构是怎样的？
8. 企业文化的主要内容是什么？
9. 塑造企业文化有哪些基本途径？请你为一个通信企业设计一套企业文化建设方案。

作业题

一、判断题

1. 在公司制企业中，出资者按投入企业的资本享有所有者权益，公司破产时，出资者只以投入公司的资本额对公司债务承担责任。（ ）
2. 在公司制企业中，公司法人对公司的全部资产具有占有和使用的权利，但不具有处分公司财产的权利。（ ）
3. 出资者依法向公司注入资本金后，出资者不能再直接支配这部分财产，也不得从企业中抽还或转让。（ ）
4. 在公司法人治理结构中，股东大会与董事会的关系是委托代理关系。（ ）
5. 董事会是公司制企业的法人代表。（ ）
6. 企业文化的层次结构是由物质层和精神层构成的。（ ）
7. 企业文化的首要功能是导向功能。（ ）
8. 企业文化的核心内容是企业精神。（ ）
9. 企业道德是企业行为的规范，是企业价值观功能发挥作用的必然结果。为此，它属于精神层文化。（ ）
10. 企业形象是企业文化的表现形式。（ ）

二、单项选择题

1. 公司财产的终极所有权应归属于（ ）。

A. 股东 B. 公司法人 C. 董事长 D. 总经理

2. 公司法人财产权集中在（ ）。

A. 董事会 B. 股东大会 C. 董事长 D. 总经理

3. 公司法人治理结构中董事会与经理的制衡关系是（ ）。

A. 信任托管关系 B. 委托代理关系 C. 多重制衡关系 D. 没有关系

4. 在公司法人治理结构中，作为公司最高权力机关的是（ ）。

A. 董事会 B. 监事会 C. 股东大会 D. 经理班子

5. 企业文化的核心内容是（ ）。

A. 企业哲学 B. 企业作风 C. 企业道德 D. 企业精神

6. 制度层文化是精神层文化和物质层文化的（ ）。

A. 基础 B. 表现 C. 中介 D. 核心

7. 关于企业文化，正确的说法是（ ）。

A. 变化较慢，一旦形成便日趋加强

B. 变化较快，随时补充新的内容

C. 变化较慢，但每年都会抛弃一些过时的内容

D. 变化较快，特别是在企业管理人员变更时

8. 一家企业的企业精神是：团结、守纪、高效、创新，严格管理和团结协作是该厂两大特色，该厂规定，迟到一次罚款 20 元。一天，全市普降历史上罕见的大雪，公交车像牛车一样在公路上爬行，结果当天全厂有 85%的职工迟到，遇到这种情况，你认为以下四种方案中哪一种是对企业最有利的（ ）?

A. 一律扣罚 20 元，以维持厂规厂纪的严肃性

B. 一律免罚 20 元，并宣布当天早下班 2 小时，以方便职工

C. 一律免罚 20 元，以体现企业对职工的关怀

D. 考虑情况特殊，每人少扣 10 元，即迟到者每人扣罚 10 元。

9. 企业精神（ ）。

A. 一般是在企业的发展历程中自发形成的

B. 其表述必须详细具体，保证每个人都充分理解

C. 折射出一个企业的整体素质和精神风貌

D. 是企业文化的核心

三、多项选择题

1. 现代企业制度下，企业的产权可分解为（ ）。

A. 所有权 B. 使用权 C. 收益权 D. 分配权 E. 处分权

2. 公司法人财产权的分离是以公司法人为中介的（ ）与（ ）的分离。

A. 所有权 B. 经营权 C. 收益权 D. 处分权

3. 公司治理结构包括以下机构（ ）。

A. 股东大会 B. 监事会 C. 董事会 D. 经理机构

4. 现代企业制度的主要内容包括（ ）。

A. 企业人事制度 B. 企业产权制度 C. 企业组织制度 D. 企业管理制度

4. 董事会的主要权力包括（ ）。

A. 执行股东大会的决议 B. 执行公司的投资计划 C. 任免公司的董事和监事

D. 任免公司经理 E. 制订公司的利润分配方案

5. 监事会的主要权力包括（ ）。

A. 检查公司财务

B. 对公司董事、经理违反法律或者公司章程的行为进行监督

C. 当董事和经理的行为损害公司利益时，要求董事和经理予以纠正

D. 提议召开临时股东大会

E. 任免公司经理

6. 企业文化的层次包括（　　）。

A. 物质文化　B. 制度文化　C. 观念文化　D. 精神文化

7. 企业文化的特性不包括（　　）。

A. 人本性　B. 凝聚性　C. 绝对性　D. 时效性

8. 企业文化的主要功能是（　　）。

A. 导向功能　B. 凝聚功能　C. 激励功能　D. 辐射功能　E. 强制功能

9. 企业道德的具体表现形式是（　　）。

A. 工作道德　B. 职业道德　C. 企业领导道德　D. 员工道德

10. 企业文化的主要内容包括（　　）。

A. 企业哲学和企业精神　　B. 企业价值观和企业道德

C. 企业目标和企业形象　　D. 企业战略和企业民主

E. 企业风尚和企业民主

第三章　决策与战略

引　　言

在企业咨询中，人们发现导致公司经营失败的原因常常是对缓慢而来的威胁习以为常毫无察觉。煮青蛙的故事就可以说明以上情况。如果你把一只青蛙放入较烫的水中，它会立即试着跳出。但如果你把一只青蛙放入温水中，不去惊吓它，它将呆着不动。现在，如果慢慢加热使水温升高。当温度缓慢上升时，从25℃上升到30℃，青蛙仍显得若无其事，甚至自得其乐。可悲的是，青蛙随温度的上升变得越来越虚弱，当他发现水较烫要立即逃生时，已无法动弹。虽然没有什么限制它脱离困境，但是青蛙仍留在那里被煮熟。为什么会这样？因为青蛙的每个适应生存威胁的器官，只能感应出环境激烈的变化，而无法感知缓慢渐进的变化。人们也应该在日常的管理活动中制订出长远的战略性计划，监测环境的变化以防当环境发生剧烈变化时措手不及。而有效的战略性计划的制订又取决于周密的环境调查、预测和正确的决策。

第一节　经营环境调查

一、经营环境调查的概念和作用

(一) 经营环境调查的概念

经营环境调查（简称环境调查）是指根据环境研究的目的，采用科学的调查方法，有目的、有计划、有步骤、系统地收集、记录、整理和分析与企业活动有关的各种资料，为企业运行与发展提供预测和决策依据的一种活动。环境调查既是企业整体活动的起点，又贯穿于整体活动的始终。环境调查包括对企业外部环境和企业内部环境的调查。企业外部环境包括政治、法律、经济、社会文化、科技、市场需求和竞争等因素；企业内部环境包括员工的价值观、企业自身拥有的能力和资源等因素。

科学的环境调查在20世纪初起源于美国。1911年，美国柯帝斯出版公司设立了第一个环境调查组织，环境调查部经理派林通过对100多个大城市的调查研究，编写了一本名为《销售机会》的书，该书全面分析了市场调查的主要方法，被管理界推崇为科学调查的先驱。

（二）调查的作用

企业要搞好生产和经营工作，首先要进行环境调查。环境调查的重要作用主要体现在以下几个方面：

1. 环境调查是企业进行环境预测和决策的依据

现代企业的一项重要工作就是对各种环境的现状进行分析研究，对未来的环境发展趋势作出正确的判断和预见，能在环境变化之前采取相应的措施，使企业及时捕捉环境机会，规避环境风险，在激烈的市场竞争中立于不败之地。而要对环境有准确的预测和由此进行正确的决策，首先要了解环境的运行状况，掌握各种环境的变化规律；而企业要掌握环境运行的状况和环境变化的规律，又取决于对环境调查的深入程度。企业只有通过系统全面的环境调查，掌握环境变化的动向，并进而预测环境变化的趋势，才能确定适应环境需求的新策略。如果企业对环境情况一无所知或知之甚少，就无法对变化的环境作出准确的预测和判断，也就无法对企业的经营目标、发展方向、经营战略作出正确的决策。因此，做好环境调查是企业进行科学的预测和决策的依据和基础。

2. 环境调查是企业提高竞争力的有效手段

环境经济是竞争经济，竞争的基本法则是优胜劣汰，企业要想在强手如林的市场竞争中求得生存和发展，关键是要掌握环境动态，把握环境需求的状况和变化趋势，以做到知己知彼，采取正确的竞争策略。而要做到这一点，企业必须通过环境调查，确切地掌握企业自身产品的竞争能力和竞争地位，把握竞争对手的强项和弱点，以作出正确的决策。如果企业不注重环境调查，就会对市场竞争态势反应迟钝，不能及时采取切实有效的竞争策略，在竞争中就会处于不利地位。所以，加强环境调查可以有效地增强企业的市场竞争力。

3. 环境调查是企业了解消费者需求的有效方法

随着环境经济的发展和人民生活水平的不断提高，消费者的需求更加丰富多彩；同时，科学技术的飞速发展又为满足消费者需求的多样化提供了可能，使新产品不断涌现，产品更新换代的速度越来越快。企业只有通过广泛的环境调查，才能及时了解消费者对产品的需求信息，发现潜在需求；同时，通过对科学技术进步的信息的搜集，对产品销售数量、销售增长变化及产品普及率的分析，判断产品的生命周期。这样既为改进产品性能和提高产品质量提供依据，也为满足消费者需求、开发适销对路的新产品提供了思路。

4. 环境调查是企业提高整体经营管理水平的助推器

企业经营管理水平的高低，直接影响着企业的决策、生产和营销等各方面的状况和水平，并最终影响企业的生存和发展。企业通过环境调查，通过对竞争对手各方面情况的了解和掌握，有利于发现自身管理方式的不足，学习和借鉴竞争对手的成功经验和有效方法，不断提高自身的管理水平和管理素质，从而提高企业的整体水平。

二、环境调查的类型和步骤

（一）环境调查的类型

根据环境调查的目的，环境调查一般分为以下四种类型：

1. 探索性调查

探索性调查就是企业对环境情况不甚了解或不知从何处寻找问题的突破口时所采用的一种方法。例如，某企业最近一段时间产品销售量下降，原因不明，是产品质量出了问题，还是价格过高？是服务不好，还是环境上出现了新的竞争性产品？对上述问题，企业可以通过对一些用户、中间商或企业营销人员进行试探性调查，从中发现问题的症结所在，并给予明确的提示，以便确定调查的重点。探索性调查常常是对企业扩展方向和规模所进行的调查研究，或者为了弄清楚某一问题及其范围、情况和原因等进行的调查研究。

2. 描述性调查

描述性调查就是对已提示出的问题作如实的反映和具体的答复。大多数环境调查都属于描述性调查，如对环境需求潜力、市场占有率、分销渠道、促销方式等所进行的调查研究。根据了解和掌握的资料，可以从中找出相关因素和各因素之间的关系，为进一步进行因果性调研和预测性调研提供资料和依据。与探索性调查比较而言，描述性调查需要事先拟订一个调查研究计划以及准备收集资料的步骤。由于描述性调查的任务是对某个环境问题找出答案，因此，调查计划要周密，对资料可靠性的要求较高。

3. 因果性调查

因果性调查就是在描述性调查的基础上，通过深入分析，寻找出问题发生的深层原因或根本原因，并弄清楚原因与结果之间存在的数量比例关系。例如，消费者为什么喜欢某一种产品，为什么销售量增加等。因果性调查是一种最关键、最重要的调查方式。

4. 预测性调查

预测性调查就是对未来需求变化及其趋势进行估计。预测性调查是否科学、准确，关系到企业生产经营方向的正确与否，关系到企业是否能掌握环境的主动权。

从上述分析可知，探索性调查主要是发现问题并提出问题；描述性调查主要是说明问题；因果性调查主要是分析问题产生的原因；预测性调查主要是预测未来发展的趋势。这四种调查类型是相互联系、逐步深入的关系。应该说，任何企业的环境调查都离不开这四种类型，只不过是侧重点有所不同。

（二）环境调查的步骤

各种环境调查由于其目的、范围和内容不同，环境调查的步骤也不尽相同。

但归纳起来，环境调查可分为以下几个步骤：

1. 调查准备阶段

这是环境调查工作的第一个步骤，为了保证环境调查的顺利进行，企业必须充分作好准备工作。在这个阶段要做以下工作：

(1) 初步情况分析。调查人员通过对企业内部的各种报表、统计资料和用户来函等资料的分析以及对企业外部等资料的分析，研究企业的环境营销状况，为确定调查主题提供依据。

(2) 非正式调查。非正式调查也叫做试探性调查，调查人员根据初步情况分析所发现的问题，在小范围内作一些试探性调查，以寻找问题的关键所在。非正式调查通常采取访问有关专家、中间商，征求用户和销售人员的意见等小范围的典型调查、重点调查来进行。

(3) 确定调查主题。通过初步情况分析和非正式调查，就可以针对本企业的具体情况确定调查主题，为下一阶段的调查打下基础。如果调查主题不准确，则整个调查将成为无效劳动。

2. 正式调查阶段

正式调查阶段是环境调查的主要阶段，它应以全面、系统和及时地收集各种信息和资料为目的。其工作内容为：

(1) 制订调查计划。调查计划主要包括：①调查目的。调查总是为一定的研究目的服务的，这种目的可以是“为什么要进行这项调查”，“要知道什么结果”，“知道结果后怎么办”等问题。不同的目的，决定着不同的调查内容和范围。②调查对象。就是在某种环境因素调查中需要进行调查研究现象的全体。例如，现在要调查市场上同类产品的市场价格，则调查对象就是市场上所有这类产品。调查对象确定后，调查对象中的每一个单位就是调查单位。它是调查项目的承担者。然后要确定向谁收集资料，是通过实地调查收集第一手资料即原始资料，还是收集已经加工、整理过的第二手资料即次级资料。③调查项目。根据调查目的，决定所要收集资料类型以及调查途径。④调查方法。决定调查样本数及抽样方式和调查方式等，如果收集原始资料，采用什么组织方式和具体调查方式（是观察法、询问法，还是实验法）；如收集次级资料，是直接查阅、购买、交换，还是索取或通过情报网收集和复制等；如采用抽样方式，是随机抽样、分层抽样，还是整群抽样等。⑤调查时间和地点。确定什么时间收集资料，包括调查资料所属的时间，调查工作进行的时间以及调查期限，即收集资料、整理资料和报送资料的整个调查工作的时限。⑥调查日程安排。根据调查过程中所要做的各项工作，所需要的时间以及各项工作间的相互关系，作出调查日程安排。一般来说，能同时进行的工作应尽量安排同时进行，以尽可能节约时间。

(2) 设计调查表格。调查表格是整个调查工作的一个重要工具。调查表格设计的好坏，直接影响着信息和资料收集的准确性和全面性。调查表应由经验丰富的调查人员在广泛调查的基础上设计。根据调查内容不同，调查表格应有不同的设计形式。调查表格总的要求是既具有科学性又具有艺术性。调查表的提问要具体，文字要简洁。一般来讲，较好的调查提问应具备两个功能：一是能将要问的问题传达给被问的人；二是能使被问者愿意回答问题，并将问题的答案反映上来。

（3）收集各种资料。这是根据调查方案进行具体资料收集。①原始资料的收集，也叫做第一手资料或实地调查资料收集，是通过实地调查，由调查现场取得的资料。其来源一是消费者，如调查消费者的购买动机和购买习惯、消费者对商品的需求量和消费心理变化等；二是各有关部门，如通过竞争者、供货商、销售商、信息网等；三是公共场所。企业调查人员、采购员、销售员等到供销现场、机场、码头、车站和社交场所等收集所需要的信息；还可以通过展销会、订货会获取有关信息。原始资料的调查方法主要有：询问法、观察法和实验法。②现有资料的收集，也叫第二手资料收集，是由他人收集并整理的资料。其来源是：一是企业内部资料，如企业内部的各种记录、统计表、报告、来函等。二是政府机关，如政府发布的有关经济政策和法令法规等文件；财政、银行、统计、商业等部门公布的统计资料。三是公开出版的期刊、文献、书籍和研究报告；各种内部调研资料、交流资料、会议论文等。现有资料的收集方法有：直接查阅、购买、交换、索取以及通过环境情报网收集和复制等。资料的充分性和可靠程度直接影响环境调查的质量，因此，必须作好资料的收集工作。

3. 资料处理阶段

调查所收集到的信息资料是分散的、零乱的，难以真正反映现象的本质和内在规律，因此，需要进行整理、分组、计算、归纳和对比等加工处理，以便得出科学的判断和结论。

（1）资料整理。对调查所获得的资料，特别是实地调查所获得的第一手资料进行筛选，去粗取精、去伪存真，以保证资料的系统、完整和真实可靠。

（2）资料分类。为了便于查找、归档、统计和分析，必须将经过整理的资料进行分类编号。如果资料需用计算机处理，分类编号更显重要。

（3）资料统计计算。将已经分类的资料进行统计计算，如计算百分比、平均数和标准差等，以利于分析。

（4）资料分析。根据整理好的调查资料，进一步加以分析，以掌握环境发展动态。常用的分析方法有：①描述性分析，即对调查需要解决的问题做出如实、具体和确切的回答；②因果性分析，即根据对调查资料中相关因素的分析，揭示出这些因素之间的因果关系，探明自变量对因变量的影响程度及其规律性；③预测性分析。根据调查资料所呈现的变化趋势，采用一定的预测方法，对未来一定时期环境状况的发展变化动态作出推测。

(5) 提出调查报告。这一阶段是提供调查结果的阶段。调查报告可以是口头汇报，也可以是书面汇报，应视问题的范围、复杂程度和重要性而定。对于比较重要的问题，因其对企业今后的经营方针和决策有重大的参考价值，涉及面广，时效较长，故应作出书面报告，以便存档备查。无论是采取哪种报告形式，都应做到具体和简洁。调查报告一般应包括以下内容。①导言。对调查的原因、背景、目的和任务等予以简要说明，对报告要说明的问题予以简要介绍。②正文。包括介绍调查的时间、地点、对象、范围、过程和基本方法及程序。③结论。依据所分析的资料和数据，运用科学方法，提出主要理论观点，作出结论。④附录。包括样本分析、统计图表和参考资料等。

整个调查报告力求文字简明扼要，通俗易动；所用统计数据要真实、准确；整个调查报告的论证要科学、分析有据、推理严谨并紧扣环境调查的目的。

三、环境调查的方法

环境调查的方法很多，具体采用哪一种方法应根据环境调查的目的、内容和环境调查对象的特点来确定。一般来说，采用的调查方法不同，得出的结论往往也有所不同。环境调查的方法包括确定调查对象和实地调查两部分。

(一) 确定调查对象的方法

从理论上说，对需要调查环境某一方面的全部单位做调查是最可靠的方法，但由于环境范围既复杂又广大，经常进行全面调查是不可能的，所以除特殊情况外，一般是从环境因素的某一方面选取一部分作为调查对象，然后以点带面，以部分推断出总体的情况。在这里，适当地确定样本的大小，确定调查对象，就成为搞好环境调查的关键因素之一。常用的抽样方法主要有：

1. 随机抽样调查

这种方法在调查中经常采用。在随机抽样中，样本的确定不受人们主观意志的支配，而是采取一定的统计方法进行抽取，总体中的个体都有被抽取的机会。它主要包括以下几种方法。

(1) 单纯随机抽样。这是对总体中的所有个体按完全符合随机原则的方法（随机数表）抽取样本。单纯随机抽样是最基本的抽样方法。它适用于所有个体差别不大的总体。其具体方法是，将要调查的每个单位编号，制成规范化的卡片或纸条，打乱后随意抽取，取中者即作为调查对象。例如，居民家庭生活收入调查、农作物产量调查、产品质量跟踪调查等，都可以采用这种方法。这种方法简单、方便，但随机性较强，有时选取的样本代表性差。

(2) 分层抽样。这是将总体按照某种特征划分为层；然后，再从各层中按单纯随机抽样的方法确定样本的大小，并依据各层的单位数占整个调查对象总数的比例抽取样本，由各层的样本组成一个总的样本。例如，在研究个体商业经营者的季度零售额时，可以按资金大小将这些个体商业户规模分为大、中、小三类，在每类中随机抽取若干单位，组成一个样本。这种方法的优点是可以保证样本的均匀性和具有充分的代表性。按样本在各层中的分配比例与总体单位在各层的比例是否相等，分层抽样分为等比例抽样和不等比例抽样。

（3）等距抽样。这是将调查总体按一定的顺序排列，每隔一定的间隔抽取一个或若干个单位，并把这些抽取的单位组成样本进行观察的一种抽样方法。等距抽样介于随机抽样和非随机抽样之间。其关键在于抽取第一个单位时采取的方法。如果按随机原则抽取第一个单位，则属于随机抽样；如果是有意识地选取第一个单位，则属于非随机抽样。

（4）整群抽样。它是在当总体的所在基本单位自然组合为或被划分为若干个群后，从中抽取部分群并对抽中群内全部基本单位进行调查的一种抽样组合形式。例如，我们要对北京市居民家用电器的拥有情况进行调查，采用整群抽样方法，就是在北京市 4 000 个居民委员会中随机抽取 20 个居民委员会，这 20 个居民委员会中的所有户数就成为我们的调查样本。为了减少抽样误差，在分群时，要求群与群之间差异要尽可能小。

2. 典型调查

典型调查就是根据调查的目的，从环境总体中按照主观分类原则选取一些具有典型意义的、有代表性的单位作为调查对象。这种方法的特点：一是调查单位根据调查目的有意识地选取出少数具有代表性的单位，调查方法可以灵活机动，达到节省时间和人力、提高调查效果的目的；二是它是一种深入和细致的调查，通过典型深入实际，对具体事物进行具体和细致的研究，详细观察事物的发展过程，具体了解现象发生的原因，同时掌握现象各方面的因果关系。在典型调查中，正确选择典型是作好典型调查，保证调查质量的关键问题。这里可以选择中等或平均水平的单位进行调查。选择的数量，应根据总体的情况确定，如果总体发展条件基本一致，则选择一个或几个有足够代表性的典型进行调查；如果总体比较复杂，总体中各个单位发展水平差异较大时，则需要将总体按研究问题的有关标志分成若干类型，然后按每个类型在总体中所占比例的大小，选出若干典型调查单位进行调查。典型调查适用于调查总体庞大，调查人员对总体情况非常了解，能准确地选择有代表性的单位作为调查对象的情况。

（二）实地调查方法

除了制订调查计划，设计调查表格，确定调查对象之外，还要由调查人员采用适当的调查方法，按照调查表格的内容去向调查对象提出问题，以获得各种信息资料。调查的方法主要包括以下几种：

1. 询问法

它是通过询问的方式收集信息资料的一种方法。根据调查者与被调查者接触方式的不同，询问法又可分为三种。①走访。这是一种调查人员当面向被调查者提出问题，由被调查者回答，从而获取所需要的情报和资料的调查方法。这种调查方式可以是个别访问，也可以是小组访问；可以是一次访问，也可以是多次访问。其优点是：能够与被调查者进行深入细致的面谈，调查的内容可以完全放开，并灵活掌握，对不清楚的问题可以当面解释清楚并进行补充，所获得的调查资料比较准确。其缺点是：费用高、周期长，调查结果受调查人员政治和业务水平影响较大。②电话调查。这是一种用电话询问被调查者，从而获取所需要的情报和资料的调查方法。其优点是获取信息快、效率高、成本低，并能用统一格式进行访问，所得资料便于统计处理。其缺点是询问时间短，情况不具体。③邮寄调查。这是一种通过信函、邮寄询问表（或调查表）给被调查者，由被调查者填好调查表后再寄回的调查方法。其优点是调查的区域广泛，被调查者有足够的时间来考虑答案，调查费用低。其缺点是调查表的回收率低，回收时间也比较长。

2. 观察法

观察法是调查人员在现场直接观察被调查者的行为、态度和反应等的一种方法。其特点是调查人员在现场从旁观察、记录，被调查者并未感到自己正在被调查，因而收集的情况比较自然和真实。但观察法的经费开支较大，花费时间较长，只能报告事实的发生，不能说明其原因。

3. 实验法

实验法是从影响调查问题的若干因素中，有目的地选择一个或几个关键因素，在小范围内进行实验，观察其结果，进而决定其是否值得大规模推广的一种方法。它起源于自然科学中的实验求证，这里的“实验”是先试点，通过试点取得经验，再由点到面进行推广的方法。如当企业要推出一种新产品或新营销策略时，按事先确定的调查项目选择一定的地点、对象和规模，开展小范围的实验，对实验结果进行全面分析、评价，看看消费者有什么新的建议，有没有大的推广价值，怎样改进才能更好地满足消费者的需求等。这种调查方法的优点是方法科学，通过实验可以观察和分析某些经济现象之间是否具有相关关系以及相关关系的密切程度；根据实验数据和结果，可以为预测和决策提供依据。其缺点是相同的实验条件不容易选择，变动的因素不易掌握。实验法主要有实验室实验法和试销实验法。

第二节 经营环境预测

一、预测的概念和作用

（一）预测的概念

预测就是根据过去和现在的已知因素，运用已有的知识、经验和科学方法，推测与人们切身利益有关的事物今后可能的发展趋势，并对这种发展趋势作出定量化的估计和判断，以便调节人们的行动方向，使人们的实践活动自觉地按照客观规律向预期的目标前进。简言之，预测就是对事物的未来发展作出的科学判断。在现代社会，预测有科学的理论指导和科学的手段与方法，预测已经发展成为一门科学。

环境预测是预测科学的一个重要组成部分。所谓环境预测，就是运用科学的手段和方法，在环境调查的基础上，根据所获得的环境信息，对环境未来的发展趋势作出估计和判断的过程。要准确和全面地理解环境预测，应把握以下要点。

(1) 环境预测是探索环境未来发展趋势的行为。

(2) 环境预测要有充分的依据，它是根据环境的过去和现在，来预测和推断环境的未来。也就是说，探索的过程是依据充分的客观资料和环境条件进行的，因此，环境预测要在掌握系统和准确的环境信息的基础上来进行。

(3) 环境预测必须运用科学的方法。其中不仅包括科学的逻辑推断和数学计量方法，还包括实践中积累起来的经验和主观判断能力。

环境预测一般要经历三个阶段：第一个阶段是广泛收集有关环境的信息资料，拥有详细的资料，并进行去粗取精、去伪存真的加工整理；第二个阶段是根据已知因素，运用主观经验和判断能力，运用科学的方法和手段，进行一系列的加工计算和科学分析，寻找环境发展的客观规律，并力图用一定的模式来表述这种规律；第三个阶段是利用已经找到的反映环境发展的客观规律，运用定性和定量的方法来预测未来。

预测技术是随着科学技术的迅速发展，日益丰富和发展起来的。自 1950 年以来，据不完全统计，有关预测技术的著作已经超过 1 500 多种，预测已逐步发展成为一门独立的综合性学科。

(二) 预测的作用

1. 预测是决策的基础

预测和决策是企业生产经营过程中紧密相连的两个环节。环境预测是对环境形势发展的科学分析，而决策则是对企业目标、方针和任务的筹划，只有情况明确，决策才好制定。决策正确与否直接关系到企业的兴衰存亡。通过环境预测可以为企业的决策提供大量有益的数据和资料，特别是有关企业所处环境及其发展变化趋势的资料，是企业领导经营决策时的依据。

2. 预测是编制计划的依据

计划是决策的具体化、条理化、系统化和指令化。企业编制生产经营计划离不开环境预测；不进行环境预测或者环境预测不准确，就会使企业计划与环境实际相脱离，使计划脱离现实，使计划失去预见性和指导性，从而给企业生产经营造成不应有的损失。所以，环境预测是企业编制计划的基础和依据。

3. 预测有利于提高企业的竞争力

市场需求是处在不断变化之中的，谁能把握市场需求变化的脉搏谁就能在市场竞争中领先一步，占据上风，获得好的经济效果。企业通过市场预测，可以了解到不同企业的同类产品在市场竞争中对本企业产品的影响与冲击程度，以及产品的开发方向和发展趋势。当同一类产品有较多厂家生产时，企业要按照市场预测结果正确判断本企业所面临的形势以及应采取的措施，有针对性地提高产品的内在质量、价格、服务和交货期等方面的竞争力，更好地争取用户和市场。

二、预测的基本原理

预测原理是关于人们为什么能够运用各种方法，对未来环境的发展趋势作出预测的道理。它包括以下几个方面。

（一）连贯性原理

事物的发展，一般都具有一定的连贯性。所谓连贯性原理，就是从时间上考虑事物的发展，在各个阶段具有连续性。例如，今天的事情是由昨天演变来的，今天的事情又会影响到明天的结果。这充分说明，任何事物的发展变化都是连续的。人们经常说的“知其过去，就可知其现在；知其现在，就可知其将来”说的就是这个道理。环境预测就是根据环境变化的连续性原理，用环境调查所获取的环境过去和现在的资料，找出或发现环境未来的发展趋势。因此，环境调查是环境预测的前提和基础，环境预测的连贯性原理是后面介绍的时间序列分析预测法的主要理论基础。

（二）类推性原理

类推性原理就是根据经济过程的结构变化所具有的模式和规律，推测出将来经济发展变化的情况。人们常说的“举一反三，以此类推”，就是利用了类推性原理，利用了某些事物具有相似的规律性。具体到环境预测中的应用，我们可以根据已知环境的变化规律，来预测类似环境即将出现的变化。例如，单缸洗衣机、双缸洗衣机和全自动洗衣机在功能和市场发展过程上是相似的，根据已知的单缸洗衣机和双缸洗衣机的市场发展过程，我们可以类推出全自动洗衣机未来的发展趋势。再例如，我们可以根据国外与中国情况相近，用经济比较发达的国家和地区轿车的普及情况，来预测中国未来私人轿车的普及情况。类推性原理特别适用于对历史资料掌握不多的产品和新产品的市场发展预测上。

（三）相关性原理

相关性原理就是根据某一事物原因的变化，预测另一事物可能产生的结果。我们知道，各种事物之间都存在着直接或间接的联系，事物之间或构成一种事物的各种因素之间，存在着或大或小的相互影响、相互制约、相互促进的关系。在经济领域中，事物之间这种相互联系、相互制约、相互促进的关系普遍存在。经济领域中某些原因就是环境变化的某种结果。如价格上升，刺激供给增加，抑制需求减少；居民收入增加，消费结构就会发生一定的变化。利用事物之间的这种相互联系，就可以根据观察到的某些经济现象，预测到将要发生的变化。回归预测中的因果分析法，就是根据相关性原理进行预测的。

三、预测的程序

预测的程序就是对各种调查资料按预测目的和要求进行整理、计算和分析的过程。预测一般按以下五个步骤进行。

（一）确定预测目标

确定预测的目标是开展预测工作的第一步，也是最重要的一步。预测的目标不同，预测的项目、内容、需要的资料和采用的方法都会有所不同。确定预测目标，就是确定预测的内容以及要达到的目的，它根据各个时期的任务和所要解决的问题来确定。目标准、方向明，预测才会达到应有的效果。预测目标是环境预测其他步骤的依据和方向。

（二）收集调查资料

收集有关资料是预测的基础性工作，收集资料的多少及资料的相关性、可靠程度对预测结果的准确性会产生直接影响。环境调查的资料和企业内部会计系统的信息是重要的信息来源。对收集来的资料要进行归纳、分类和整理。

（三）选择预测方法

预测需要运用一定的科学方法进行。预测的方法很多，但并不是对每一个预测对象和每项预测内容都完全适用，企业要根据预测问题的性质、要求以及占有资料的多少、收集数据的可靠性和预测成本的大小进行选择。常用的预测方法有：调研预测法、经验判断预测法、时间序列预测法和回归分析预测法。

（四）进行预测，得出结论

当所需资料收集齐全，预测方法选定之后，企业就可以按照选定的预测方法，对预测对象进行综合预测，得出初步预测结果。然后，根据过去和现在的状况，对预测结果进行分析和比较，检验初步预测结果是否正确，估计预测误差范围，研究是否有进一步缩小误差的方法。检验初步结果，通常有理论检验、资料检验和专家检验法。理论检验是运用经济学、管理学的理论和知识，采用逻辑分析的方法，检验预测结果的可靠程度。资料检验是重新验证、核对预测所依据的数据，将新补充的数据和预测初步结果与历史数据进行对比分析，检查初步结果是否符合环境发展情况。专家检验是邀请有关专家，对初步结果作出检验和评估，综合专家意见，对预测结果进行充分论证。经过检查分析，对初步预测结果比较满意，就应准确地描述和记录预测的结果。如果对预测结果不满意，则应补充数据或选择新的预测方法，重复上述步骤。

（五）编写预测报告

对预测结果进行检验之后，就可以着手准备编写预测报告。报告要把历史和现状结合起来进行比较分析，既要有定性分析，又要有定量分析，并尽可能利用统计图表及数学方法予以精确表述。预测报告要求数据真实准确，论证充实可靠，建议切实可行；还要对预测的指标、预测资料、预测的过程等作出简要的说明，对预测结果及其误差应有一定的分析和说明。

四、环境预测的方法

环境预测的方法很多，但归纳起来，主要有定性预测法和定量预测法两类。

（一）定性预测法

定性预测法，也叫经验判断法或直观判断法。它是根据预测人员自己所掌握的信息情况、资料和数据，凭借自己的知识、经验和智慧，对环境的未来发展趋势作出判断和估计。其优点是时间短、费用少、简便易行，能综合多种因素；不足之处是预测结果在很大程度上取决于预测人员的经验，不容易提供准确的数据。在预测对象受非定量因素影响较大而又缺乏详细可靠统计数据的情况下，常常采用这种方法。常用的定性预测方法有以下几种。

1. 综合意见法

这种方法是将若干了解环境情况的人员召集起来，要求他们根据对客观情况的分析和自己的经验对未来环境变化趋势或某一重大问题提供情况、发表意见并作出预测和判断；然后，企业领导或有关专业人士将各种意见归纳汇总，进行分析研究、综合处理，最后得出预测结果。这种方法的优点是：①简单、迅速、及时和经济，不需要进行复杂的计算，也不需要多少预测费用，就可以及时得到预测结果；②由于这种方法集中了各个方面熟悉环境情况人员的意见，因此，能充分发挥管理层集体的智慧，预测结果有一定的可靠性；③使用这种方法不需要有大量的统计资料，特别适合于那些不可控因素较多的环境的预测。这种方法的缺点：①预测结果容易受主观因素的影响，尤其是权威人士意见的影响；②对环境变化和顾客的要求等问题不能了解很深，所以预测结果比较一般化。

2. 顾客意见法

这种方法是直接听取顾客意见后再进行预测。有些企业其服务对象有限，或规模较大，因此数量不多。这时，可通过对这些顾客的调查，了解他们的需求，征求他们的意见，并以此为基础进行预测。这种方法的优点：能够加强企业与顾客的关系，充分征求顾客的意见。这种方法的缺点：所需费用较高，时间也较长，如果顾客不给予充分合作，或调查对象没有足够的能力清楚、准确地表达自己的意见，预测结果的可靠性就会受到较大影响。

3. 专家意见法

专家意见法也叫德尔菲法，是根据预测目的和要求，向有关专家提供一定的背景资料，邀请他们对有关问题作出预测。这种方法是国内外广泛采用的方法，常用来做技术预测、经济政治预测、经济结构预测，同时也适用于市场预测。它是美国兰德公司于20世纪40年代首创和使用的，50年代以后在西方盛行起来。德尔菲，是希腊的地名。相传希腊神在此降服妖龙，后人用德尔菲比喻神的高超预见能力，后来不少预言家，都曾在此地发表演说，提出种种预言。从此，德尔菲就成为专家提出预言的代名词。

(1) 德尔菲法的预测程序。其具体做法大致可分为三个阶段。

第一，准备阶段。其主要工作有：成立预测小组，确定预测的课题，准备好调查所得的资料，选择好参与预测的人员（主要是熟悉该行业的专家，有着丰富经验的管理人员和技术人员）。人数多少要根据预测问题的深度及其广度而定，一般以10～15人为宜。此外，要设计好咨询表。咨询表以表格的形式提出若干有针对性的问题，力求简明扼要，让人明确预测意图，不带附加条件。

第二，征询阶段，主要是轮番向参加预测的人员征求意见。首先向他们寄发咨询表及附带的背景资料，在规定时间内收回，由预测的主持者对各个问题进行汇总，统计归纳；然后将汇总的意见以及预测主持人对下一轮预测的要求，再邮寄发回给参加预测的人员。对那些意见差别较大的人员，要求其作出补充说明，陈述理由。如此这样，反复几轮征询预测，使意见逐渐明朗，或者得到协调统一。

第三，统计结果最终处理阶段。预测的主持人在意见已趋于协调一致或分歧意见明朗化以后，就应对他们的意见进行统计分析，作出判断，得出预测结果。在这个时候，是否能得出合乎实际的结果，往往是有赖于主持人的工作作风、性格、心理因素、经验和能力。

(2) 德尔菲法的优缺点。这种预测方法的优点是：①匿名性，指预测人员背靠背，互不见面，因而可以避免某些人害怕权威的心理，保证了他们能够充分独立思考，自由发表意见，也避免了个别领导或权威在会上左右意见的可能性；②反馈性，指通过轮番多次反复征询意见，使预测人员能从反馈的咨询表中，得到各种启发，逐渐修正个人认识的某些片面观点，作出新的判断，从而避免某些人不肯公开修正观点的缺点；③收敛性，指通过反复咨询，预测人员的意见能得到统计归纳，使意见趋于集中，分散程度缩小，便于决策。这种预测方法的缺点是：①轮番咨询时间长，而正确意见如果在个别人或少数人手中时，则有可能被预测者忽视；②受主观因素的影响比较大，责任比较分散。

（二）定量预测法

定量预测法又叫数量预测法，它是根据环境调查所获得的数据资料，运用数学或统计方法进行推算，得到数量预测结果的一种预测方法。定量预测法根据环境变化的量的规定性，借鉴统计学和数学等学科的研究方法，同时借助电子计算机等工具进行预测，使预测结果具有科学性、严密性和一定的准确性。但是，定量预测法只依据环境的量的变化规律来进行预测，分析某些可控制的因素间的数量关系，没有考虑错综复杂的非可控环境因素的影响，因此，组织在实际预测中，应该将定量预测法与定性预测法结合起来进行综合预测。常用的定量预测法有时间序列预测法和因果关系预测法。

1. 时间序列预测法

时间序列预测法就是根据过去的历史资料和数据来推算未来的发展趋势。其特点是把预测变量看做是时间的函数，假定未来一定时期内影响预测的各种因素不变，将时间序列延伸，就可以得到预测值。例如，某企业要预测某种产品的市场销售趋势，可以将过去的实际销售按时间先后顺序进行排列，这样就形成了时间序列数列。通过分析这个数列，从中找出变化规律，并假定未来时间市场发展按照这个规律进行，就可以用它来推测未来的产品销售趋势。因此，时间序列预测法就是研究事物是如何从昨天演变到今天，找出事物随时间变化的规律，然后据此预测事物的未来发展趋势。这种预测方法比较适合客观情况变化不大的定量分析和预测。常用的方法有以下几种：

(1) 简单平均法，即算术平均法。这种方法假设事物在历史上各个时期的状况对未来的影响程度是相同的，所以预测时，将反映事物在历史上各个时期状况的数据看得同样重要，用它们的简单算术平均值作为下一时期的预测值。这种方法简便易行，但准确程度较低。其计算公式为：

$$Y_t = \frac{X_1 + X_2 + \cdots + X_n}{n} = \frac{\sum_{i=1}^{n} X_i}{n}$$

式中 Y_t——第 t 期的预测值；

X_i——第 i 期的实际值；

n——资料期数。

(2) 移动平均法。这种方法假设事物在历史上比较远的时期的状况，对未来状况没有影响，对未来影响较大的是靠近预测期的状况，所以在利用历史数据时，采用分段平均、逐步推移的方式来分析时间序列的趋势，取预测期最近的平均值作为预测值。其计算公式为：

$$Y_t = \frac{X_{t-i} + X_{t-2} + \cdots + X_{t-m}}{m} = \frac{\sum_{i=1}^{m} x_{t-i}}{m}$$

式中 X_{t-i}——第 $t-i$ 期的实际数据；($i=1, 2, \cdots, m$)；

m——移动资料期。

(3) 加权移动平均法。这种方法是在移动平均法的基础上，对移动计算期中各期的资料分别给予不同的权数。一般对预测期影响大的，可以给予较大的权数；而对预测期影响较小的，可以给予较小的权数。其计算公式为：

$$Y_t = \frac{W_{t-1}X_{t-1} + W_{t-2}X_{t-2} + \cdots + W_{t-m}X_{t-m}}{W_{t-1} + W_{t-2} + \cdots + W_{t-m}} = \frac{\sum_{i=1}^{m} W_{t-i}X_{t-i}}{\sum_{i=1}^{m} W_{t-i}}$$

式中　W_{t-i}——第 $t-i$ 期的权数（$i=1, 2, \cdots, m$）。

（4）指数平滑法。这种方法是将上期的实际值用平滑系数加以调整，来求得预测期的预测值。平滑系数就是指上期预测值趋近于实际值的程度。其计算公式为：

$$Y_t = \alpha X_{t-1} + (1-\alpha)Y_{t-1}$$

式中　α——平滑系数（$0 \leqslant \alpha \leqslant 1$）；

Y_{t-1}——第 $t-1$ 期的预测值；

X_{t-1}——第 $t-1$ 期的实际值。

平滑系数 α 的大小可以根据过去的预测值与实际值的比较来确定。差额大，α 的值应取得大些；差额小，则 α 的值应取得小些。

2. 因果关系预测法

因果关系预测法就是根据事物之间的因果关系对变量的未来进行预测。许多社会经济现象是相互联系、相互影响的，其中某些因素发生变化后，另一些因素就会随之发生变化。例如，消费者收入水平的提高，市场上会增加对耐用消费品的需求，从而促进这些企业的生产和经营；房屋的竣工面积多少，会影响玻璃的销售量；降雨量会影响粮食的产量等。通常情况下，影响结果的原因不止一种，这就使得主要原因与结果之间的关系存在着一定的不确定性。对这种包含不确定性的因果关系进行模型描述，并利用其进行预测的方法有回归分析法、计量经济学法和投入产出法。下面介绍其中的一元线性回归分析法。

一元线性回归分析假设组织活动主要受到一种因素的影响，因此只需要了解该种因素在未来的情况，就可以预测环境的发展趋势。

一元线性回归的基本公式：

$$Y = a + bX$$

式中，Y 表示因变量；X 表示自变量；a 表示截距；b 表示斜率。

a 与 b 可以通过下式求出：

$$\bar{a} = \bar{Y} - b\bar{X}$$

$$b = \frac{\sum_{i=1}^{n} X_i Y_i - n\bar{X}\bar{Y}}{\sum_{i=1}^{n} X_i^2 - n\bar{X}^2}$$

上式中 $\bar{X}$ 与 $\bar{Y}$ 分别为自变量 X 和因变量 Y 在各期观测值 X_i 与 Y_i 的平均值，

也就是：

$$\bar{X}=\frac{\sum_{i=1}^{n}X_i}{n}$$

$$\bar{Y}=\frac{\sum_{i=1}^{n}Y_i}{n}$$

第三节 决 策

一、决策的概念与特点

（一）决策的概念

决策是指企业或个人为了实现某种目标而提出若干方案，并对其进行选择的过程。换言之，决策是决策者经过各种考虑和比较之后，对应该做什么和应该怎么做所进行的抉择。在计划职能中，决策最为重要、最为关键。美国著名管理学家赫伯特 A. 西蒙认为："管理就是决策"，任何组织的管理工作，都存在着各种各样的问题，需要研究对策并决定采取适当的措施加以解决，这个过程就是决策的过程。

决策不仅是一个过程，还是一个系统。决策系统包括：①决策主体，即决策者，是决策之中体现主观能动性的要素，可以是个人、群体或组织；②决策客体，是人的行为可以对其施加影响的客体系统，是决策的行动指向；③决策工具，包括决策系统所必需的决策信息、决策方法和决策手段。

决策是企业管理工作中最重要的工作，是企业运行成败的关键。著名管理学家西蒙提出："管理就是决策，决策贯穿于管理的始终"。决策正确，就能提高企业的竞争能力和适应外部的能力，取得良好的经济效益，为社会作出更大的贡献；反之，决策失误，会给企业带来巨大的损失。因此，要求每一个企业都要对内外环境变化作出灵敏的反应，高瞻远瞩，运用科学的方法，预测未来环境变化的趋势，作出正确的决策。

（二）决策的特点

1. 目标性

任何决策都是为了达到一定的目标。目标是决策的基础，是企业在未来特定时期内完成任务的程度和标志。决策者根据企业目标，拟订未来的活动方案，以目标为标准评价和比较这些方案，并且对未来活动效果进行检查。

2. 可行性

企业的任何活动都需要利用一定的资源，包括人力、物力、财力、技术和信息等。缺乏必要的资源条件，任何好的决策方案都难以实现。因此，决策方案的选择，不仅要考虑采取某种行动的必要性，而且要注意实施条件的限制。合理的决策应该是在外部环境和内部条件有机结合并求得动态平衡的基础上制定的。

3. 选择性

决策的过程就是选择的过程，决策必须面对两个以上的备选方案。企业决策时不仅要提出多个备选方案，而且还要提供选择的标准和准则。

4. 过程性

决策不是选择与决定方案的行动，而是一个提出问题、分析问题和解决问题的过程。决策过程在大的方面至少应包括：①收集信息，提出决策目标；②探索实现决策目标的可行方案；③对各种方案进行评价；④在各行动方案中进行抉择，选出满意的方案。这几个阶段都包含丰富的内容，并且各个阶段有可能相互交错，因此决策是一个复杂的过程。

5. 满意性

选择企业活动的方案，通常根据的是满意原则，而不是最优化原则。这主要是因为企业处于不断变化的外界环境影响之下，收集到抉择所需要的全部信息是困难的，而要列举出所有可能行动方案就更加困难，况且人的知识和能力也是有限的，所以在进行决策时，很难求得最佳方案，而是根据令人满意的准则进行决策。也就是说，要制定出一套令人满意的标准，只要达到或超过这个标准，就是可行方案。

6. 动态性

决策不仅是个过程，而且是一个不断循环的过程；决策是动态的，没有真正的起点，也没有真正的终点。因为决策的目的之一就是使企业适应内外环境变化的需要，而内外环境是在不断变化之中的，因此，决策必须保持动态性，从而更好地实现企业与环境的动态平衡。

二、决策的类型

（一）按决策的主体不同划分

1. 群体决策

群体决策是指群体的整体或群体的某个部分对未来一定时期的活动所作的选择和调整。例如，董事会决策、职工代表大会决策、某一职能部门决策等。群体决策是在环境研究的基础上进行的，通过环境调查和分析，了解环境的变化对企业的生存和发展所带来的某种机会或某种威胁，掌握自己在资源拥有和应用能力上所拥有的优势或劣势，就可以据此通过集体协商调整企业活动的方向、内容和方式。这种决策方式的优点是：决策的质量较高，决策方案的接受性比较强。由群体来制定决策有利于提供更完整的信息，能够产生更多的备选方案，并能从更广泛的角度对方案进行评价和论证，从而作出更准确和更有创建性的决策。其缺点是：决策效果起伏大，效率较低。其原因是群体决策的效果容易受到群体大小、成员从众现象等方面的影响，如果决策群体成员都以一种声音说话，则决策的质量就难以保证。群体决策比较适用于需要收集确切全面的信息，提出许多想法或独特见解的场合；虽然判断和评价不够确切而又要作出决定的场合和成员互相依赖并需要协作才能完成任务的场合。

2. 个人决策

个人决策是指个人在参与群体活动中所作的各种决策。每一个人在参与群体活动的过程中都要进行一系列的决策。例如，我是否进入该企业；是否接受领导交给我的某一项工作；工作一段时间后，我是否需要继续留在该企业等。这种决策方式的优点是：决策快速果断，可以避免意见分歧、时间延误和前后脱节，决策效率高；素质高的决策者作出的决策质量也高。其缺点是：决策质量受决策者能力的影响，有时候决策方案不易被接受。个人决策比较适用于执行某些预先设计好的计划、规章、指示，并且执行者们能独立工作的场合；在需要经过仔细考虑作出一系列相互衔接的决策的场合以及在需要快速果断及时作出决定的场合。

（二）按决策需要解决的问题划分

1. 初始决策

初始决策是指企业对从事某种活动或从事该种活动的方案所进行的初次选择。例如，新产品的开发决策、企业结构的最初设计等。

2. 追踪决策

追踪决策是指在初始决策的基础上对企业活动方向、内容或方式的重新调整。与初始决策相比，其特点是：①回溯分析就是对初始决策的形成机制与环境进行客观分析，列出失误的原因，以便有针对性地采取调整措施。②非零起点。初始决策是在有关活动尚未进行，对环境还没有产生影响的前提下进行的。追踪决策则是随着初始决策的实施，企业已经消耗了一定的人、财、物等资源，环境状况已发生变化的情况下进行的。③双重优化。即初始决策所选的方案不仅要优而且要在能够改善初始决策实施效果中的各种可行方案中，选择最优或最满意者。

（三）按决策的地位不同划分

1. 战略决策

战略决策是指直接关系到企业生存发展的全局性、长远性问题的决策。如企业中的经营方针、企业规模、产品更新换代、新技术的采用、企业主要领导人员的选择和企业结构的调整等都属于战略决策，它解决的是“如何做”的问题。战略决策决定着企业的生死存亡，关系到企业的发展方向、发展规模和发展速度，一般由企业内最高管理层负责制定。

2. 战术决策

战术决策是指局部的、短期的和执行性的决策，或执行战略决策过程中的基本战术决策。如企业生产计划、销售计划的确定，新产品设计方案的选择，产品的定价等都属于此类决策。战术决策是为了保证战略决策的实施而作的决策，所面临的大都是实施方案的选择、资源的分配、实际业绩的评估等方面的问题，比较具体，带有局部性并且灵活性较大。这种决策的目的是提高企业的管理效能，以实现企业内部各环节的高度协调平衡及资源的充分利用，一般是由企业内的中间管理层负责制订的。

3. 业务决策

业务决策是指在日常业务活动中为了提高效率而作的决策。如生产任务的日常安排、工作定额的制订、成本和库存控制、各业务部门的协调等都属于此类决策。这类决策所要解决的问题常常很明确，决策者知道要求达到的目标、可以利用的资源以及有哪些实现的途径。进行业务决策时，可以采用分析工具进行选择，一般是由企业内初级管理层负责制订的。

战略决策、战术决策和业务决策是不同层次的决策体系中具有从属关系的三种不同的决策。它们相互作用、相互影响，上下两个层次之间没有绝对清晰的界限；三种不同的决策在企业管理的三个不同的层次上可作适当的交叉，其结构和关系如图 3-1 所示。

管理层次	决策类型
最高管理层	战略决策
中间管理层	战术决策
初级管理层	业务决策

图 3-1 不同决策层在管理中的关系与作用

（四）按决策的时间跨度长短不同划分

1. 长期决策

它一般是一年以上，三年、五年或更长时期的决策。它关系到企业的发展前途和方向，属于长期的、全面的战略决策，如企业的投资方向、技术改造和人力资源开发决策等。

2. 短期决策

它一般是一年或一年以内的战术性决策，如生产过程的控制，材料采购、资金控制和日常的营销策略等决策。

（五）按决策重复程度不同划分

1. 程序化决策

程序化决策也叫常规决策。它是指经常发生的能按规定的程序和标准进行的决策。由于这类决策问题产生的背景和特点较为相似，并且容易被决策者所掌握，而且经常重复出现，所以可以把决策过程标准化、程序化，可通过惯例、标准工作程序和业务常规予以解决。如物资订货、生产技术管理、退货的处理。

2. 非程序化决策

非程序化决策也叫非常规决策。它是指由于大量随机因素的影响，很少重复出现，常常无先例可循的决策。这种决策由于情况复杂，缺乏准确可靠的统计数据和信息资料，决策者大都无先例可循，主要依靠决策者自身的经验、知识和思维判断能力。如新产品的开发、经营目标的确定、企业间合并和分立等均属此类决策。

（六）按决策可靠程度不同划分

1. 确定型决策

确定型决策是指可供选择的方案只有一种自然状态时的决策；即各备选方案所需要的条件是已知的，能预先了解各方案的必然后果的决策。这种决策，由于各方案的条件和后果已知，所以，只需要比较一下各备选方案，就可作出最佳决策。例如，企业去贷款，四家银行的利率分别是8%、7%、9%和10%，在其他条件相同的情况下，当然是从利率7%的银行贷款。

2. 风险型决策

风险型决策是指可供选择的方案存在着两种以上的自然状态，哪种状态可能发生是不确定的，但可估计其发生的客观概率的决策。在这种决策下，每种方案的实施可能会出现几种不同的情况（自然状态），但每种情况下的结果是可以确定的，所不能确定的是最终将出现哪一种情况。如生产某产品，未来的销售可能出现好、一般、不好等几种状态，最终究竟哪种状态将出现，谁也无法作出准确的判断，所以面临着决策的不确定性。但根据历史统计资料或以往的经验可以推断出各种自然状态出现的可能性（概率），在这种情况下所作的决策就是风险型决策。

3. 非确定型决策

非确定型决策是指每个方案都有两个以上可能的结果，但无法估计每种结果出现概率的决策。这种决策由于缺乏历史资料和统计数据，只能凭决策者的经验、感觉和估计作出。所以，不同的决策者可能对同一决策问题作出不同的选择。

三、决策的过程和影响因素

（一）决策的过程

决策作为管理的一种活动，包含了一定的步骤和程序。虽然每一项具体决策的过程有所不同，但从一般性上看，决策主要包括以下步骤。

1. 提出问题

决策是为了解决一定问题而进行的管理活动，所以决策必须围绕一定的问题展开。这里的问题，就是企业活动的实际状态与理想状态的差距。如果这个差距已经超出了允许的程度，或现在虽然没有超过，但有发展扩大的趋势，将来很可能产生不良的后果，那么，决策者就必须不断地对企业与环境状况进行深入的调查研究，以发现现实和理想之间的差距。发现问题后，还必须对问题进行分析，包括弄清问题的性质、程度、后果和原因等各个方面，为决策的下一步骤作准备。

2. 确定目标

发现问题后，是否采取决策行动及采取什么行动，就取决于决策目标的确定。决策目标实际是管理者所期望达到问题的解决程度，它是决策的基本前提，是探索和拟订决策方案以及最后衡量和检验决策正确与否的依据。决策目标的内容应当具体、明确，不能含糊不清，而且还要具有可操作性。在确定目标时，还要求决策者在需要与可能的基础上，分清主要目标和次要目标、战略目标与具体目标。在满足决策需要的前提下，应尽量减少目标，而且应先解决重要的，再考虑次要的，以确保战略目标的实现。

3. 拟订方案

决策目标确定后，就要拟订为实现决策目标可供选择的各种可行方案。不同的方案实现目标的效率不一样。决策要求以费用最少、效率最高、收益最大的方式实现目标，这就要求对多种方案进行比较和选择。这一步拟订的方案越多，可供选择的余地就越大。在拟订方案时，既要注意科学性，又要注意艺术性。拟订的方案应符合下列条件：①能保证决策目标的实现；②企业内外环境具有可行性；③方案间具有差异性。拟订方案的过程就是发现和探索的过程，也是补充、修订和选取的过程。决策者在这一步既要大胆设想，勇于创新，又要反复思考，精心设计，以确保方案的质量。西方国家常采用的拟订方案的方法有：头脑风暴法、戈顿法和专家意见法等。

4. 评价和选择方案

评价和选择方案即根据当前情况和对未来发展趋势的预测，对各种可供选择的方案进行比较、分析、评价和选择，是决策的关键。为此，应做好两项工作。一是确定合理的评价标准。从总体上说，评价标准应具有技术先进性、经济合理性和实现的可能性及风险低、副作用小等方面的综合要求；此外，还应有时效性，即决策者要不失时机地进行决策。二是选用科学的评选方法。方案评选的方法通常有三种。①经验判断法，即依靠决策者的经验来对方案进行评选。这时决策者的个人素质、知识和分析判断问题的能力起着决定性的作用。②数学分析法，即通过建立各种数学模型和采取数学分析手段，求出最优解，从而对方案进行评选。③试验法，即在缺乏资料和经验，没有办法进行定量分析时，通过典型试验取得经验和数据，然后依此对方案进行评选。上述三种方法各有优缺点，需要决策者根据具体情况灵活运用，才能对决策方案作出尽可能合理的评价和最好的选择。

5. 方案的实施

决策方案选出后，决策过程并没有结束，因为决策的正确与否要以实施的结果来判断。决策的实施应做到以下几点。①要有企业成员的积极参与。为了有效地实施企业决策，决策者应通过各种渠道将决策方案向企业成员通报，争取成员的认同。②要对成员给予支持和具体的指导，调动成员的积极性。当然，最有效的办法是设计出一种决策模式，能吸引成员参与决策、了解决策，以便更好地执行决策方案。在方案实施的过程中，还要对新出现的问题及时进行协调和解决。

6. 信息反馈及决策方案的修订

决策是一种事前的设想和安排，在实际实施过程中，在一些不可控因素的作用下，实施条件和环境会发生各种变化，使得实际执行情况同设想的方案可能出现偏差。决策者应通过追踪检查与评价，及时了解决策实施中的各种信息，及时发现各种问题，并采取相应的措施纠正偏差，或对原来的决策进行必要的修订、补充和完善，使之不断适应变化了的环境和条件。

以上是决策的基本步骤，其中每一个步骤都是决策程序中必不可少的。决策的基本过程与每一步骤所要回答的问题如图 3-2 所示。

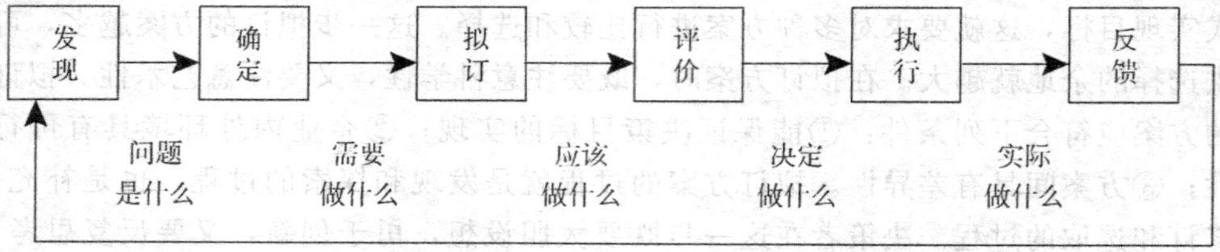

图 3-2 决策的基本过程

（二）决策的影响因素

1. 环境

（1）环境的特点影响企业决策的选择和频率。例如，在一个相对稳定的市场环境中，企业的决策相对简单，大多数决策可以在过去决策的基础上作出，并且决策的时间间隔较长；如果面临急剧变化的市场环境，则企业就可能要经常面对许多复杂的、过去没有遇到的决策问题，从而会需要经常性地对其经营活动作重大调整。例如，我国的家电市场竞争激烈，各类产品的商家需要经常采取促销措施，包括“价格战”、“广告战”等。

（2）环境的特点影响企业决策的内容。例如，在竞争性市场上经营的企业需要密切注视竞争对手的动向，不断推出新产品，努力改善对顾客的服务，建立和健全营销网络。如海尔、三洋等公司就针对这种情况在各地建立销售点和维修站。处于垄断市场中的企业，则经常将决策重点放在内部生产条件的改善、生产规模的扩大以及生产成本的降低上。例如，微软公司花大力气用于内部激励和扩大业务范围。

2. 企业文化

企业文化是企业的全体员工在长期的创业和发展过程中，培育形成的共同遵守的最高目标、价值标准、基本信念和行为规范。它是构成企业内部环境的重要因素，从根本上决定着企业领导者和企业成员对周围世界的看法及反应方式。

（1）企业文化制约着包括决策制定者在内的所有企业成员的思想和行为。有这样一个案例，1959 年索尼公司推出世界上第一台 8 英寸晶体管电视机，1962 年又推出更小的 5 英寸晶体管微型电视机，并将这两种产品拿到美国市场去销售。当时，美国无线电公司的高级主管和许多美国市场专家都认为，这种小型电视机根本就卖不出去，索尼这样做等于自杀。但是索尼公司以其独特的“从事商业活动，绝不仅仅是寻找买主，而是要创造顾客”的思维方式，在纽约建立了新产品陈列室，实地向公众演示新产品的用途，又通过妙趣横生的广告，宣传微型机的优越性。就这样，索尼公司在美国创造了销售微型电视机的市场。

（2）企业文化通过影响人们的态度而对决策起影响和限制作用。在偏向保守、怀旧、维持型的企业中，企业成员对新事物、新变化持有的怀疑、害怕和抵制态度，不利于新决策的实施；在具有开拓、创新、进取气氛的企业中，企业成员对新事物、新变化持有欢迎和支持的态度，其企业文化就有利于新决策的提出和实施。

3. 过去的决策

在大多数情况下，企业决策不是在一张白纸上进行初始决策，而大量的是对初始决策的完善、调整和改革。

（1）企业过去的决策是当前决策的起点。据调查，在企业中将近 80%的决策属于追踪决策。过去决策所选定的方案在实施中，不仅伴随着大量企业人力、物力和财力等资源的消耗，而且还伴随着内部条件的改善，这样必然影响现在的决策。例如，企业在考虑停止生产某种产品时，会考虑到人员的重新安置费用和已经销售产品的维修费用。

（2）企业过去的决策对当前决策的影响程度，主要受到它们与现任决策者关系的影响。如果过去的决策是由现任决策者制定的，由于决策者通常要对自己的选择及其后果负责，同时也为了保持决策的连续性，现任决策者一般不愿意对企业的活动进行大的改动；反之，如果过去的决策不是现任决策者制定的，则现任决策者更倾向于对企业进行重大调整。

4. 决策者对待风险的态度

风险是指失败的可能性。由于决策是对未来的活动所确定的方案，而人们对未来的认识能力又是有限的，所以预测的未来状况与未来的实际状况不一定完全相符。这说明，任何决策都存在一定风险，它有可能成功，也有可能失败。这样一来，企业及其决策者对待风险的不同态度必会影响决策方案的选择。如果决策者愿意承担风险，通常会采取进攻性的行动，在多种方案选择中趋向于选择风险大的方案；而若决策者不愿意承担风险，通常只会对环境作出被动反应，并在多种方案选择中趋向于选择风险小的。

5. 时间限制

美国学者威廉 R. 金和大卫 I. 克里兰把决策划分为时间敏感型决策和知识敏感型决策两种类型。

(1) 时间敏感型决策就是要求必须迅速而准确地作出的决策。这种决策对速度的要求远高于对质量的要求。战争中军事指挥家的决策大多属于这种类型的决策，因为战场上的时间非常紧迫。这种决策对速度的要求较高。

(2) 知识敏感型决策就是要求人们充分利用知识，作出尽可能正确的选择。这类决策的效果主要取决于决策质量，而非决策速度。战略决策基本属于这种类型的决策。这类决策注重抓住可以加以利用的机会而不是避开威胁，注重长期效果而不是短期效果，因此，在评价和选择方案时有比较宽裕的时间进行充分的酝酿和探索方案。但是，当出现了突发的外界环境的变化时，对企业正常运行带来了威胁时，也要求决策者迅速作出反应，调整或改变企业战略方案；否则，就可能使企业陷入危机。

四、决策方法

常见的决策方法一般可分为两类：一是关于企业活动方向和内容的决策方法；二是在既定方向下从事一定活动的不同方案选择的决策方法。

(一) 有关企业活动方向的决策方法

1. 经营单位组合法

这种方法是由美国波士顿咨询公司（Boston Consultant Group）首先提出的，一般简称 BCG 模型。其主要思想是：大部分公司都由两个以上的经营单位组成，每个经营单位都有互相区别的产品——市场片，在一个公司范围内的这些经营单位合称为企业的经营组合。公司应该为经营组合中的每个独立经营单位分别确定经营方向。这种分析方法认为，在确定各个经营单位的活动方向时，应考虑到企业（或该经营单位）在市场上的相对竞争地位和市场增长情况。

相对竞争地位以企业在该项业务经营中所拥有的市场占有率与该市场上竞争对手的市场占有率的比值（相对市场份额）表示。它决定了企业在该项经营中获得现金的回笼能力和速度。较高的市场占有率可以带来较大的销售量和利润，使企业得到较多的现金流量。

经营业务的市场增长情况，反映该业务所属市场的吸引力，通过整个行业最近两年平均的市场销售增长率来表示。平均生产销售增长率在10%以上的为高增长业务，10%以下的为低增长业务。它对经营方向选择的影响是双重的：一是有利于市场占有率的扩大，因为在稳定的行业中，企业产品销售量的增加往往来自竞争对手市场份额的缩小；二是它决定投资机会的大小，因为业务增长迅速可以使企业迅速收回投资，并为取得投资报酬提供了有利机会。

根据两种标准，可以把企业的经营单位分成四种不同类型，如图3-3所示。

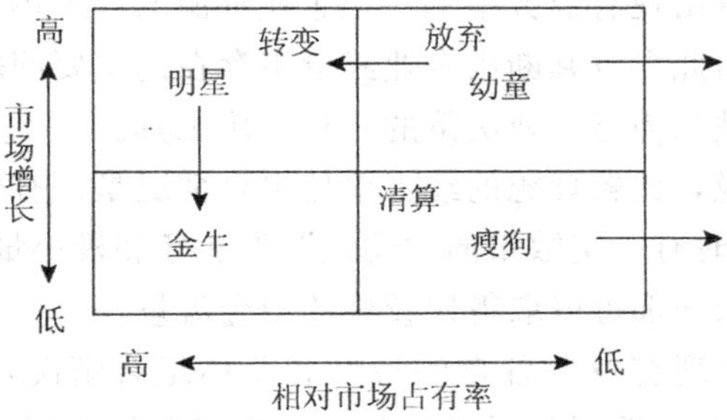

图3-3 企业经营单位分类组合图

一个企业所有经营单位都可列入任一象限中，企业可以根据各种类型的不同特征，选择相应的经营方向和活动方案。

(1) 金牛经营单位。这类单位有较高的相对市场占有率和较低的市场增长率。较高的相对市场占有率能够带来高额利润和现金，而较低的市场增长率不需投入大量现金。因此，金牛通常能产生出大量的现金余额。这样一来，金牛经营单位就可以提供大量现金去满足整个企业的经营需要，支持其他需要现金的经营单位。对金牛经营单位，应采取维护现有市场占有率，保持经营单位的地位的维护战略；或采取收获战略，以获得更多的现金收入。

(2) 明星经营单位。这类单位市场占有率和市场增长率都较高，因而所需要和产生的现金数量都很大。这种经营单位代表着最高利润增长率和最佳投资机会，因此，应该增加必要的投资，扩大生产规模，以维持其有利的市场地位。

(3) 幼童经营单位。这类单位市场增长率较高，而目前的市场占有率很低，这可能是企业刚刚开发的很有前途的经营领域。由于高速的市场增长速度需要大量投资，而较低的相对市场占有率只能提供少量的现金，因此，企业应作出的选择是投入必要的资金，以提高市场份额，扩大销售量，从而转变成明星；否则应及时采取放弃战略。

(4) 瘦狗经营单位。这类单位市场份额和市场增长率都比较低。较低的相对市场占有率一般意味着少量的利润；此外，由于增长率较低，用追加投资来扩大市场占有率的办法往往是不可取的。因为，用于维持生产能力和竞争地位所需要的资金经常超过它们提供的现金收入，从而可能成为资金的陷阱。这种不景气的经营单位应缩小规模或放弃。

利用经营单位组合分析法进行决策，是以“企业的目标是追求市场增长和利润”这一基本假设为前提的。拥有多个经营单位的企业具有这样的优势：它可以将获利较高而潜在增长率不高的经营单位所创造的利润投向那些市场增长率和潜在利润都很高的经营单位，从而使资金在企业内部得到最有效的利用。

经营业务组合分析法通过将企业经营业务综合在一个平面矩阵图中，使决策者可以一目了然地看出现有业务中哪些是企业资源的产生单位，哪些是企业资源的最佳使用单位，由此可以判断出企业经营中存在的主要问题及未来的发展方向和发展战略，所以被认为是企业决策的一种有用工具。

对一个企业来说，比较理想的经营单位组合情况是：有较多的“明星”类和“金牛”类业务，同时有一定数量的“幼童”类业务和极小量的“瘦狗”类业务。这样企业在现在和未来都可以取得比较好的现金流量。

由此，根据企业现有业务各自的特性和总体组合情况，决策者可以：①把“金牛”类业务作为企业近期利润和资金的主要来源加以保护，但不作为重点投资对象；②本着有选择和集中地运用企业有限资源的原则，将资金重点投放到将来有希望的“明星”或“幼童”类业务上；③有选择地抛弃“瘦狗”类业务和无望的“幼童”类业务。

2. 政策指导矩阵法

这是由荷兰皇家壳牌公司创立的。它根据行业的市场前景和经营单位相对竞争地位来确定企业不同经营单位的现状和特征。

行业市场前景由盈利能力、市场增长率、市场质量和法规限制等因素决定。分为强、中、弱三类。

经营单位相对竞争能力受企业在市场上的地位、生产能力、产品研究和开发等因素的影响，分为强、中和弱三类。

这两种标准、三个等级的组合，可以把企业的经营单位分成九种不同类型，如图 3-4 所示。

根据经营单位所处的位置，可以采用不同的活动方向。

(1) 区域 1 和 4 的经营单位竞争力较强，也有较好的市场前景，都应优先发展，保证这些区域经营单位所需要的一些资源，以维持他们有利的市场地位。

(2) 区域 2 的经营单位，虽然市场前景很好，但企业未能充分利用；竞争力已有一定基础，但还不够充分。因此，应不断强化，通过分配更多的资源努力使该区域经营单位的竞争力向领先地位移动，以加强竞争力。

(3) 区域 3 的经营单位，可采取两种不同的决策，即加速发展或放弃。由于

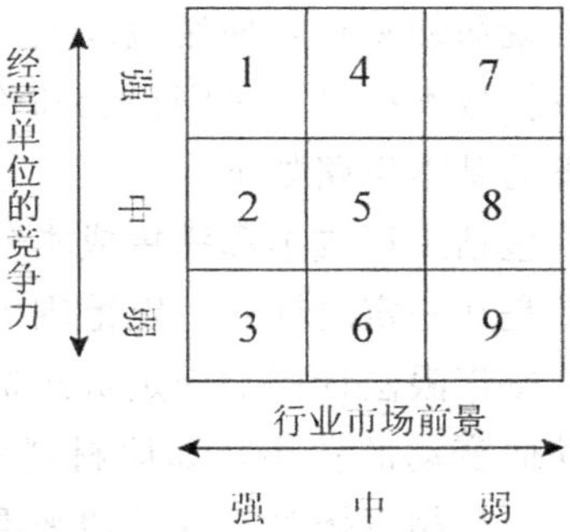

图 3-4　政策指导矩阵

企业在一定时期内的资金能力有限，只能选择少数最有前途的产品加速发展，而对其余产品则逐步放弃。

（4）区域 5 的经营单位一般在市场上有 2～4 个强有力的竞争对手，因此没有一个公司处于领先地位，可行的决策是分配足够的资源，使之能随着市场的发展而发展。

（5）区域 6 和 8 的经营单位，由于吸引力不大，且竞争力较弱；或虽有一定的竞争力，但市场吸引力很小，因此应缓慢从这些领域退出，以收回尽可能多的资金，投入到盈利更大的经营部门。

（6）区域 7 经营单位可利用自己较强的竞争实力，充分开发有限的市场，为其他快速发展的部门提供资金来源，但该部门本身不能继续发展。

（7）区域 9 的经营单位因市场前景暗淡，企业本身实力又很小，所以应尽快放弃，抽出资金转移到更有利的经营部门。

（二）有关选择活动方案的选择方法

确定了经营活动的方向和目标后，还应对可以实现经营活动方向的多种方案进行选择。由于每一种活动方案都需要在未来实施，而人们对未来的认识程度也会因所拥有的知识和能力的不同而出现差别，因而人们对这些方案未来经济效果的评价和选择方式也不同。一般来说，选择活动方案的方法可以分为以下三类：

1. 确定型决策方法

确定型决策的基本特征是行动方案的未来自然状态是肯定的、明确的，经过分析计算可以得到各方案的明确结果。在进行这类决策时，对未来已经掌握了比较多的资料，没有不确定的因素，决策时有一定的规律可循。属于这类决策的方法包括量—本—利分析法、投资回报率评价法和现金流量分析法等。这里主要介绍量—本—利分析法。

量—本—利分析法，也叫保本点分析法或盈亏平衡分析法。它是根据企业生产产品的产量、成本和利润之间的关系，建立数学模型，通过计算，分析和选择决策方案的方法。这是一种既简便易行，使用范围又广泛的定量决策方法，可以应用在生产方案的选择、目标成本控制、利润预测和价格确定等决策问题上。用量—本—利分析法进行决策的基本思路如下。

（1）企业的生产成本（包括工厂成本和销售成本）可分为固定成本和变动成本两部分。所谓固定成本就是在一定时期、一定范围内不随产量的变动而变动的费用。如管理人员的工资、按年限法计提的固定资产折旧费、租赁费等。所谓变动成本就是随着产量的变动而变动的费用，如原材料费用、计件工资等。当然，这里的“固定”和“变动”只是相对概念。从长期来看，由于企业的生产能力和规模是不断变化的，所以各种费用都是会发生变化的；从短期来看，单位产品的变动费用是固定的，而单位产品的固定费用则随着产量的增加而减小。

（2）研究产（销）量、成本和利润之间的关系。图 3-5 描述了特定时期企业利润、销售收入（价格与销售量的乘积）和生产成本（固定成本和变动成本）之间的关系。

企业利润＝销售收入－产品成本

＝产（销）量×产品单价－（固定成本＋变动成本）

＝产（销）量×产品单价－固定成本－单位产品变动成本×产（销）量

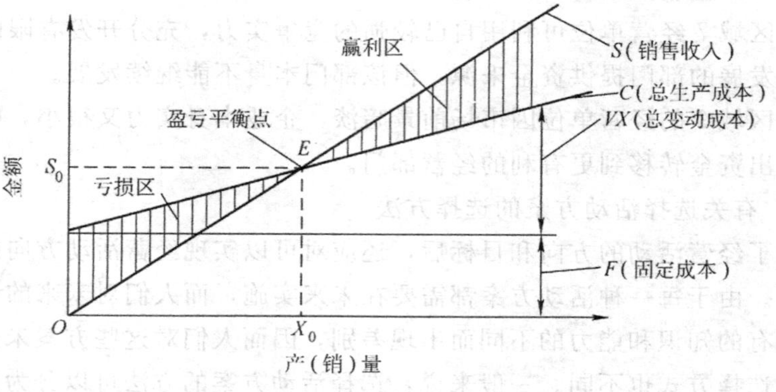

图 3-5 量—本—利分析图

从图 3-5 中可知，企业获利的前提是生产经营过程中的各种消耗均能从销售收入中得到补偿，即销售收入大于或等于生产成本（$S\geqslant C$）。因此，要求企业的生产经营规模必须足够大，即大于或等于盈亏平衡点产量水平。

（3）确定盈亏平衡点产量或收入。盈亏平衡就是企业的收入等于支出时的状态。确定盈亏平衡点产（销）量有两种方法：

第一，图上作业法。根据已知的成本和价格资料，可以绘制出图 3-5 所示的量—本—利关系图，图上销售收入线 S 与总生产成本线 C 的交点 E 就是盈亏平衡点，该点所对应的产（销）量（X_0）即为盈亏平衡点产（销）量。E 点相对应的销售收入（S_0）则为盈亏平衡收入。

第二，公式计算法。盈亏平衡点的计算公式为：

销售收入＝固定成本＋变动成本

$$X_0 \times P = F + VX_0 \tag{3-1}$$

$$X_0 = \frac{F}{P-V} \tag{3-2}$$

此公式为计算盈亏平衡点产量的基本公式。

式中，P 为产品单价；V 为单位产品变动成本。当（3－2）式的两边同时乘以 P，即可得到计算保本收入或盈亏平衡收入的基本公式：

$$X_0 \times P = \frac{F}{P-V} \times P \tag{3-3}$$

整理上式，可得到：

$$S_0 = \frac{F}{1-\frac{V}{P}} \tag{3-4}$$

式（3－2）中的 $P-V$ 表示企业每生产单位产品所得到的销售收入在扣除变动成本后的剩余，所以叫做边际贡献；（3－4）式中的 S_0 表示单位销售收入可以帮助企业吸收固定费用或实现企业利润的系数，叫做边际贡献率。如果边际贡献或边际贡献率大于零，则表示企业生产该种产品除了可以收回变动费用外，还有一部分收入可以用来补偿已经支付的固定费用。因此，产品单价即使低于成本，但只要大于变动费用，企业生产这种产品就有好处。

（4）分析产（销）量、成本和利润之间的变动规律。这些因素的变动规律可以归纳为以下几点：

1）盈亏平衡点不变，销售量越大，可实现的利润就越多，或亏损越少；反之，销售量越少，可实现的利润就越少，或亏损越多。前一种情况在图 3－5 中表现为盈利区扩大或亏损区缩小，后一种情况表现为盈利区缩小或亏损区扩大。

2）产（销）量不变，盈亏平衡点越低，可实现的利润就越多，或亏损越少；反之，盈亏平衡点越高，可实现的利润就越少，或亏损越多。这两种情况在图中的反映与上述情形相同。

3）销售收入不变，盈亏平衡点的高低取决于总生产成本线的变化，也就是取决于单位产品的变动成本和总固定成本的高低。单位变动成本越高或总固定成本越高，盈亏平衡点就越高；反之则越低。前一种情况在图中的反映是总生产成本线的斜率增大（单位变动成本增加），或总生产成本线的位置升高（总固定成本增加），致使盈亏平衡点上升；后一种情况则相反。

掌握了以上各因素之间的关系及其变化规律，决策者就可以根据具体经营情况和客观条件，选择有针对性的方案和措施，以实现决策目标。

例 3-1 某企业现生产某种产品，上半年销售量为1万件，每件售价20元，单位产品变动成本15元，全年固定成本5 000元，销售税税率5%。试计算下半年的盈亏平衡点，并测算如在上半年基础上使利润提高10%，企业应采取哪些措施？

解 （1）下半年盈亏平衡点产量（X_0）：

$$X_0=\frac{F}{P-V}=\frac{5\ 000}{20-15}\text{件}=1\ 000\text{件}$$

（2）下半年计划实现利润（E）：

$$\begin{aligned}E&=\text{销售量}\times\text{单价}-\text{固定成本}-\text{变动成本}\\&=\{[10\ 000\times(20\times95\%)-5\ 000-15\times10\ 000]\times\\&\quad(1+10\%)\}\text{元}=38\ 500\text{元}\end{aligned}$$

（3）为实现38 500元的目标利润，可以从以下几个方面采取措施（假设采取某项措施时，其他条件不变）：

第一，减少固定成本，设减少额为F_1，则：

$$F_1=10\ 000\times(20\times95\%)\text{元}-38\ 500\text{元}-15\times10\ 000\text{元}=1\ 500\text{元}$$

如果其他条件不变，固定成本由5 000元减少到1 500元，可实现目标利润。

第二，降低单位变动成本，设降低额为V_1，则：

$$V_1=\frac{10\ 000(20\times95\%)-5\ 000-38\ 500}{10\ 000}\text{元}=14.65\text{元}$$

如果其他条件不变，单位变动成本由15元降低到14.65元，可实现目标利润。

第三，扩大商品销售量，设增加的销售量为X_1，则：

$$X_1=\frac{5\ 000+38\ 500}{(20\times95\%)-15}\text{件}=10\ 875\text{件}$$

如果其他条件不变，销售量由10 000件增加到10 875件，可实现目标利润。

第四，提高商品价格，设提高商品售价为P_1，则：

$$P_1=\frac{5\ 000+15\times10\ 000+38\ 500}{10\ 000\times95\%}\text{元}=20.37\text{元}$$

如果其他条件不变，价格20元提高到20.37元，可实现目标利润。

应该指出的是，上述各项措施不是绝对和孤立的。不是绝对的是指采取某项措施时，还应考虑其可行性，如降低费用是否能保证出售商品的质量；增加销售量是否能有货源和销路；提高售价更要慎重。不是孤立的是指采取某项措施时，会直接或间接地影响其他方面，如提高价格会影响销售量；扩大销售量会增加管理费用等，所以在作决策时，要综合考虑各种因素。

2. 风险型决策方法

风险型决策方法的基本特征是决策者有明确的决策目标，如利润最大或成本最低，实施的方案在未来可能会有几种不同的自然状态，每种自然状态都有可能出现，决策者虽然不能准确地知道每种决策的后果如何，但可以根据以前的资料来推断每一种自然状态出现的概率。知道了概率和各种条件值，就可以确定每种方案的期望值。概率是指该方案成功的可能性，条件值是指该方案成功时企业可能获得的利益，期望值是条件值与概率的乘积。决策者可以根据各个方案最终期望值的大小来决定其方案的选择。风险型决策的评价方法很多，这里主要介绍决策树法。

（1）决策树分析法的含义。它是指将构成决策方案的有关因素，以树状图形的方式表现出来，并据以分析和选择决策方案的一种系统分析法。它是风险型决策最常用的方法之一，适合于分析比较复杂的问题。决策树法的最大特点是能够形象地显示出整个决策问题在不同时间和阶段上的决策过程，逻辑思维清晰，层次分明，非常直观。

（2）决策树的结构。决策树由决策点、方案分枝、自然状态点和概率分枝组成，决策树的基本形状如图 3 - 6 所示。

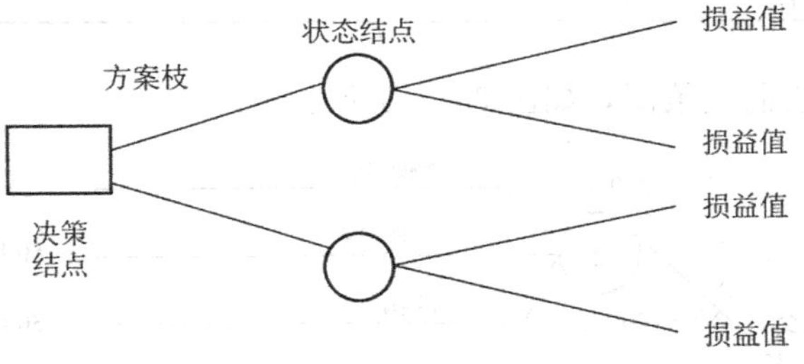

图 3 - 6　决策树

决策树由方块和圆圈作为结点，并由直线连接而形成一种树状结构。方块结点是决策结点，由决策结点引出若干条树枝，每条树枝代表一种方案，所以称为方案枝。圆圈结点是状态结点，由状态结点引出若干条树枝，表示不同的自然状态，这些树枝称为状态分枝，在状态分枝标有各种状态的概率值，所以又称概率分枝。在它的末端列出不同状态下损益值。一般决策问题具有多种方案，每种方案可能有多种自然状态，因此，图形由左向右，由简到繁构成一个树状图。

（3）决策树法的程序。应用决策树法进行决策的主要步骤如下。

第一步，绘制决策树图形，按上述要求从左到右顺序展开。

第二步，计算每个结点的期望值。其计算公式为：

状态结点的期望值＝Σ（损益值×概率值）×经营年限

第三步，剪枝决策，即进行方案的优选。计算各方案在整个经营有效期的净效果，即最终期望值。其计算公式为：

方案净效果＝该方案状态结点的期望值－该方案投资额

接着，比较各方案的净效果，选其中最大者，同时将其数值作为决策结点的期望值，标在决策结点的上方；将其余方案枝剪掉，即在落选的方案枝上画上“\\”符号，表示舍弃不用。

（4）决策树法应用举列。决策树根据问题的不同可分为单级决策树和多级决策树。

1）单级决策树。

例 3－2 某企业准备投产一种新产品，现有新建和改建两个方案，分别需要投资 140 万元和 80 万元。未来五年的市场状态和年度收益情况如表 3－1 所示。试用决策树法进行决策。

表 3－1 未来五年的市场状态和年度收益情况 （单位：万元）

	畅销	一般	滞销
	0.4	0.4	0.2
新建	120	50	－30
改建	100	30	10

解 首先，绘制决策图，如图 3－7 所示。

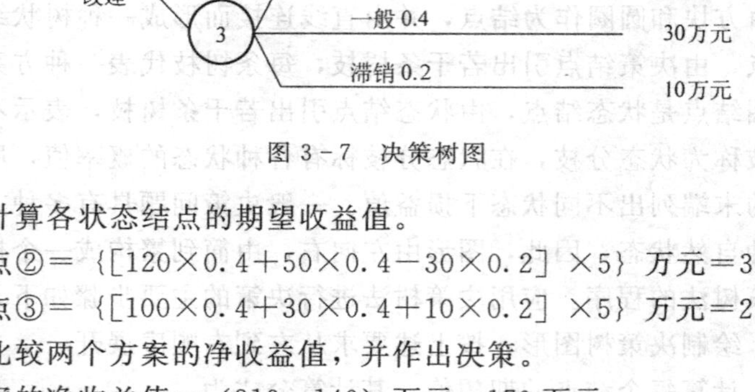

图 3－7 决策树图

其次，计算各状态结点的期望收益值。

结点②＝｛[120×0.4＋50×0.4－30×0.2] ×5｝万元＝310 万元

结点③＝｛[100×0.4＋30×0.4＋10×0.2] ×5｝万元＝270 万元

最后，比较两个方案的净收益值，并作出决策。

新建方案的净收益值＝（310－140）万元＝170 万元

改建方案的净收益值＝（270－80）万元＝190 万元

经过比较，应选择改建方案，所以将新建方案枝剪去。

2）多级决策树。

例 3-3 某厂为生产某产品设计了三种方案。

方案 1：新建一个大车间，需要投资 300 万元。

方案 2：新建一个小车间，需要投资 160 万元。

这两种车间的使用年限都是 10 年。根据市场调查的资料预测，前三年销路好的概率为 0.7；如果前三年销路好，则后七年销路好的概率可提高到 0.9；如果前三年销路差，则后 7 年销路一定差。

方案 3：先建一个小车间，如果销路好，则三年以后再扩建，其扩建投资需要 140 万元，假定扩建后可使用 7 年。问应该如何决策？三个方案的年度收益值如表 3-2 所示。

表 3-2 三个方案的年度收益值 （单位：万元）

自然状态	概率	方案 1	方案 2	方案 3	
				前 3 年	后 7 年
销路好	0.7	100	40	40	100
销路差	0.3	−20	10	10	−20
投资		300	160	160	140

解 这是一个多级决策问题，先画出决策树，如图 3-8 所示。

根据决策树，计算各点的期望收益值：

结点④＝{[100×0.9＋（−20）×0.1]×7} 万元＝616 万元

结点⑤＝[（−20）×1.0×7] 万元＝−140 万元

结点②＝{[100×0.7×3＋616×0.7＋（−20）×0.3×3＋（−140）×0.3−300]} 万元＝281.2 万元

结点⑧＝{[100×0.9＋（−20）×0.1]×7} 万元−140 万元＝476 万元

结点⑨＝[（40×0.9＋10×0.1）×7] 万元＝259 万元

比较结点⑧和结点⑨的期望收益值，因为扩建的期望值大于不扩建的期望值，所以应舍去不扩建方案，将结点⑧的期望值移至结点⑥。

结点⑦＝（10×1.0×7）万元＝70 万元

结点③＝（40×0.7×3）万元＋（476×0.7）万元＋（10×0.3×3）万元＋（70×0.3）万元−160 万元＝287.2 万元

由于结点③的期望收益值大于结点②的期望收益值，因此，合理的决策应该是先建小车间，如果销路好，则以后再扩建。在实际工作中，还要把不同时期的投资和损益值都按照上述进行计算。这时，这种决策法的优越性就更加明显了。

3. 非确定型决策方法

这种决策方法是在决策的结果无法预料和各种自然状态发生的概率无法预测

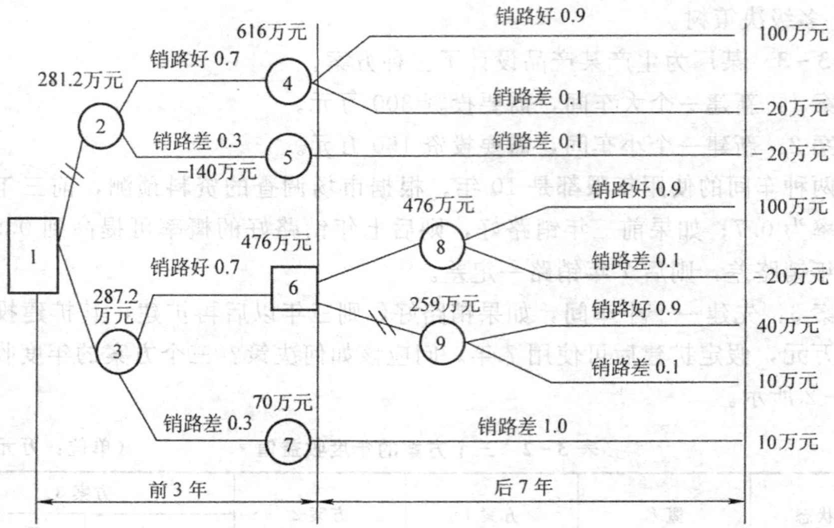

图 3-8 多级决策树图

的条件下所作的决策。由于有些因素难以确定，在进行非确定型决策的过程中，决策者的主观意识和经验判断处于主导地位，面对同一数据可能有完全不同的选择。

例如，某企业准备生产一种新产品，对未来的销售前景估计为需求较大、需求较低和需求一般等三种情况。对此，该企业管理者考虑了三种方案：A方案，改建原有生产线；B方案，新建车间；C方案，扩建车间。每种方案在不同自然状态下的收益值如表3-3所示。试从A、B、C三个方案中选取最优方案？

表3-3 决策方案收益值表 （单位：万元）

需求状态	需求最大	需求一般	需求较低
方案A	50	30	−10
方案B	70	20	−20
方案C	40	10	5

表3-3中每个方案都有三个条件收益值，特点是收益大的方案，损失的可能性也大。由于决策者素质不同，对方案的选择也不相同。通常有以下几种选择方法：

(1) 悲观决策法，也叫小中取大法。如果决策者对未来比较悲观，认为未来会出现最差的自然状态，因此企业不论采取什么方案，都只能取得该方案的最小收益值。应用这种方法进行决策时，先在每个方案中选取一个最小收益值，再对各个方案进行比较，选取最小值中的最大值方案为最优方案。从表3-3中最小收益值（−10，−20，5）中取最大者，故选C方案（扩建车间）为最优方案。

(2) 乐观决策法，也叫大中取大法。如果决策者比较乐观，认为未来会出现最好的自然状态，所以不论采取什么方案都可以取得该方案的最好效果。应用这种方法进行决策时，先在每个方案中选择一个最大值，然后将这个方案的最大值进行比较，选择最大值的方案为最优方案。从表 3-3 中最大值（50，70，40）中取最大者，故选择 B 方案（新建）为最优方案。

(3) 最小后悔值法，也叫机会损失分析法、大中取小法。由于不确定型问题中各方案的各种自然状态出现的概率无法估计，而在不同自然状态下，理想方案也常常不同，因此，在决策者选择了某一自然状态下的理想方案并被企业实施后，如果出现另一种自然状态时，企业在无形中遭受了机会损失，这时决策者就会产生"后悔"的感觉。最小后悔值法就是一种力求使后悔值尽量小的原则。根据这个原则，决策者应先计算出同一自然状态下各方案比较的后悔值。即后悔值=该自然状态下最优方案的收益值－该自然状态下其他方案的收益值。然后，取出每一个方案的最大后悔值。最后，从这些最大后悔值中找出最小的方案作为最优方案。本例各方案的后悔值的计算如表 3-4 所示。

表 3-4 后悔值表 （单位：万元）

需求状态	需求最大	需求一般	需求较低	最大后悔值
方案 A	20	0	15	20
方案 B	0	10	25	25
方案 C	30	20	0	30

表 3-4 中的最大后悔值（20，25，30），其中最小的值为 20 万元，这个值对应的方案是 A 方案（改建）。因此，该企业采用改建原有生产线这一方案较好。

(4) 折中法。持有这种观点的决策者认为，要在乐观和悲观两种极端中求得平衡，也就是决策时，既不把未来想象得非常光明，也不将未来看得过于黑暗，而认为最好和最差的自然状态都有可能出现。因此，可以根据决策者本人的估计，给最好的自然状态定一个乐观系数（α），给最差的自然状态定一个悲观系数（β），使两者之和等于 1（即 $\alpha+\beta=1$）；然后，将各方案在最好的自然状态下的收益值和乐观系数的乘积相加，与各方案在最差自然状态下的收益值和悲观系数的乘积相加，由此求得各方案的期望收益值，经过该值的比较后，从中选出期望收益值最大的方案。

本例中乐观系数 $\alpha=0.3$；$\beta=0.7$，则：

A 方案期望收益值＝（0.3×50）万元＋［0.7×（－10）］万元＝8 万元

B 方案期望收益值＝（0.3×70）万元＋［0.7×（－20）］万元＝7 万元

C 方案期望收益值＝（0.3×40）万元＋（0.7×5）万元＝15.5 万元

根据比较，选择C方案为最优方案。

第四节 企业战略

一、企业战略的概念和特点

企业战略是指为实现企业目标，通过对外部环境和内部条件的全面估量和分析，从企业全局出发作出的较长时期的总体性的谋划和活动纲领。它是对外部环境和内部条件进行预测和把握的结果。它涉及企业发展中带有全局性、长远性和根本性的问题，是企业管理思想、管理方针的集中表现，是确定规划、计划的基础。一般来说，企业战略具有以下几个特点。

（一）全局性

企业战略是以企业的全局为对象，根据总体发展的需要而制订的行动方案。它所追求的是企业的总体目标，要实现的是企业的总体结果。

（二）长远性

企业战略的长远性可以从两个方面来考虑：一是企业战略性环境着眼于未来，是从企业的长远生存和发展来考虑问题；二是企业战略的实施要经过一定时间过程，不是在短期内通过一招一式来完成的。

（三）纲领性

企业战略是企业管理思想的综合体现，更是企业的行动指南，它的内容一般要包括企业发展的长远目标、发展方向和重点、前进道路以及采取的基本行动方针、重大的措施和步骤。

二、企业战略的内容

一般来说，一个好的企业战略包含以下四个方面的内容。

（一）战略范围

它详细规定了本企业与社会环境因素之间发生作用的范围，说明了要达到哪一方面的目标。例如，得克萨斯州仪器公司发展的重点放在电子工业方面，而它的经营战略范围又具体包括半导体和商用电气等，而不是生产轿车或其他产品。

（二）资源部署

凡是企业战略都应有相应的资源部署方案，要阐明如何部署本身的资源。美国通用电气公司要求它所属部门都能在同行业中处于领先地位，如果某个部门未能实现目标将会受到惩罚。换句话说，通用电气公司将决定把资源分配给成功的部门，而减少或停止对失败部门配给资源。

（三）有利的竞争条件

企业战略应该说明在战略范围和资源部署情况下所决定的可能带来的有利竞争条件。例如，沃尔特·迪斯尼公司把它的范围定为游乐产业，它把主要资源都部署在游乐场和电影部门。该公司近年来又在佛罗里达州和日本开辟了“迪斯尼”游乐场，这些都形成了竞争的有利条件，使它能在与对手竞争中处于有利的地位。

（四）最佳协同作用

在规定的战略范围内，要使资源部署和竞争的有利条件达到最佳的协调，发挥最佳的协同作用。例如，佛罗里达州的迪斯尼乐园的成功能促进处于萧条状态中的该公司下属电影部门。只有发挥最佳的协调作用，才能获得全局性的更大的利益。

三、企业战略的制定过程

（一）确定企业使命

企业的使命包括两个方面的内容。

1. 企业哲学

企业哲学是一个企业为其经营活动方式所确定的价值观、信念和行为准则。国际商用机器公司前董事长沃森表述了企业哲学对一个企业的重要性：“首先，我坚信任何企业为了生存并获得成功，必须树立一套正确的信念，作为它们一切方针和行动的前提；其次，我相信一个企业的最主要因素是其成员忠诚地坚持哪些信念；最后，我认为如果一个企业在不断变动的世界中遇到挑战，它必须在整个生命周期内准备变革它的一切，唯有信念永远不变。”

2. 企业宗旨

企业宗旨规定了一个企业要去执行或打算执行的活动以及现在的或将来期望的企业类型。企业宗旨在企业活动中起着关键性的作用。要制订清晰的目标和战略，没有具体的宗旨是不行的。此外，一个企业的宗旨不仅要在创业之初加以明确，而且在遇到困境或繁荣昌盛之时，也必须经常加以确认。例如，假定铁路公司过去就明确其宗旨是在运输业中建立稳定的地位。又例如，艾维斯汽车租赁公司的宗旨是：“我们希望成为汽车租赁业发展最快、利润最多的公司。”

（二）环境调查与分析

企业的环境因素对企业战略的制定起着关键性的影响作用，任何一个企业的高级管理人员，要想制订一个能引导企业走向成功的战略计划，必须全面地调查和分析企业的环境因素。环境因素主要包括两类。

1. 企业的外部环境

企业的外部环境包括两类。一是对企业生产和经营有直接影响的环境因素，如行业的性质、环境状况、竞争者状况、供应者状况、替代品状况等。这些环境称为直接环境因素或微观环境。另一类是对任何企业都有广泛影响的环境因素，如国家的政治环境、经济环境、技术环境、社会文化环境等，这些环境称为一般环境、间接环境或宏观环境。

2. 企业的内部条件

企业的内部条件包括企业结构、企业文化、资源条件等的战略性因素。

环境分析可以使管理者对环境信息进行分析和鉴别，评估哪些机会可以发掘和利用，企业中可能面临哪些威胁，从而有助于管理者捕捉良机，作出正确的决策。

（三）战略选择

战略选择的实质就是确定企业应采取的战略类型，从而扬长避短、趋利避害和满足顾客。从根本上说，企业战略多种多样，但是，从竞争因素来分析，其基本形态主要是五种：

1. 总成本领先战略

总成本领先战略是指以低成本取得行业中的领先地位。按照这一基本方针，要建立起大规模的高效生产设施，利用经验曲线不断地降低成本，尽量降低各项管理费用。

2. 产品差别化战略

产品差别化战略是指使企业在行业中别具一格，具有独特性，并利用有意识形成的差别化，建立起差别竞争优势，以形成行业壁垒，应对新进入者，并利用差别化带来的较高边际利润补偿因追求差别化而增加的成本。

3. 专一化战略

专一化战略是指主攻某一特殊的细分环境或某一特殊的产品，从而集中资源优势在某一方面或某一点上超过那些有较宽业务范围的竞争对手。

4. 扩张战略

扩张战略是指在现有企业积极扩大经营规模，或在原有企业范围内增加生产能力与产品供应量，投资新的事业领域，或者通过竞争推动企业之间的联合与兼并，以促进企业不断发展的一种战略。

（1）密集型发展战略，即企业现有产品与环境还有发展潜力，于是挖掘自身的潜力，实现自我发展的战略。它包括环境渗透，即利用自己在原有环境的优势，积极扩大经营规模和生产能力，不断提高环境占有率和销售增长率，促进企业发展；产品发展，改进产品，开发新产品；环境发展，寻找和开拓新环境；利用缺口，包括产品缺口、销售缺口、竞争缺口。

（2）一体化战略。企业向前后两个方向扩展目前业务的增长战略。前向一体化，如纺织厂兴办服装厂；后向一体化，如自己生产零配件；水平一体化，如收购竞争对手。

5. 多样化发展战略

多样化发展战略是指企业向环境提供产品或服务的异质性增大或企业向异质环境提供产品或服务。

（1）圆心多样化。以某一项主要产品为圆心，积极生产工艺技术相近的不同产品，使企业的产品种类不断向外扩展，向多品种发展。如家电企业，以冰箱为圆心，发展工艺相近的电器。

（2）水平多样化。利用自己在环境上的优势及较高的社会声誉，根据用户的需要生产不同技术的产品。

（3）混合多样化。例如，杜邦公司，经营炸药、燃料、重化工产品、制冷剂、塑料、磁带；强生公司，生产急救带、婴儿护肤品、粘合剂、纺织品、弹性纤维、牙刷等。

（四）战略规划

战略规划的任务是将战略分析和战略选择的结果进一步体现在产品组合、功能战略和资源分配上。它主要包括如下内容。

1. 产品组合

产品组合是指一个企业向环境提供全部产品线和产品项目的组合或结构，即企业的经营范围包括产品组合的深度、产品组合的广度、产品组合的关联性。

2. 功能战略

功能战略主要是针对行业中成功的关键因素强化企业在开发、制造、采购、销售、服务等方面的关键环节。实践表明，不同的行业，成功的关键因素是不同的，而行业成功的关键因素是随着行业的成熟逐渐演变的。

3. 资源分配

任何企业其资源总是有限的，要使有限的资源发挥最大的效益，就必须集中使用，因此，在战略规划中，要确定按何种优先顺序来分配资源。

（五）战略实施

战略实施要解决的首要问题是企业保证。企业是手段，是实现战略和目标的手段，因此在战略实施中，一是设计与战略相适应的企业机构；二是保证企业文化与战略的匹配；三是发挥领导作用；四是处理各种矛盾和冲突。

（六）战略控制

在实施战略方案过程中，要选择恰当的方式和手段，将实际情况与战略方案加以比较，发现偏差，分析原因，采取纠正措施，保证战略方案的准确、及时地实现。战略控制的基本程序是：①制定效益标准；②衡量实际效益；③评价实际效益；④制定纠正措施。

案例分析

奔驰公司的理性决策

一个年轻人来到奔驰公司，他说："我想要买一辆小轿车。"销售员领着年轻人参观了陈列厅里100多种型号的小轿车，然后征求他的意见。年轻人问："还有没有其他颜色的车?"销售员吃了一惊："先生，这几十种颜色都没有您中意的吗?"年轻人失望地点了点头："我想要一辆灰底黑边的轿车。"销售员不得不失望地告诉他，现在没有这种车。销售人员心里想：这个年轻人也太挑剔了！没想到，这件事被老板卡尔·本茨知道了，他生气地说："像这样做生意，只会让公司关门停业。"他要求必须找到那个年轻人，让他两天以后再来取车。年轻人再次来到奔驰公司时，果然见到了他希望见到的那种颜色的车。不过，他还是不满意："这辆车不是我想要的规格。"这次接待他的是公司销售部主任，他的阅历要比上次那位销售员丰富得多，但也没见过如此挑剔的顾客，暗想，这人怎么这么不近人情，偌大的一个奔驰公司，专门为他生产出一辆车来，他竟然还不满意！不过，他没有将心里的不快表露出来，而是耐心地问："先生想要什么规格的，我们一定满足您的要求。"年轻人说出了他想要的规格，还把车型、式样都详细描述了一遍。销售主任一一记录下来，然后告诉年轻人，三天之后到公司取车。三天之后，年轻人来了，看到自己想要的车已经摆在眼前，自然十分高兴。不过，开着车试跑了一圈后，他对销售主任说："要是给汽车安个收音机就好了，那样一边开车一边还能欣赏到动听的音乐。"销售主任十分吃惊，因为当时汽车收音机刚刚问世，应用不多，而且很多人反对车内安装收音机，认为那会分散司机的注意力，导致车祸发生。不过，销售部主任还是没有生气，问："先生你想安一个吗?"年轻人点头。销售主任犹豫了一下立刻说："那你下午来取吧。"这时年轻人显得有点不安了，毕竟要求大过分了。但是奔驰公司果真为他的轿车安了收音机，这使他十分满意。自此之后，奔驰公司建立了订购制度，顾客需要什么样色彩、规格、座椅、音响、空调、保险门等，都可以提出来。这些要求由电子计算机向生产线发出指令，进行生产，很快一辆完全按顾客要求生产的车就会出现在顾客面前。

讨论题：

1. 奔驰公司面对挑剔的顾客，采取的理性决策是什么?

2. 从这一事件当中，奔驰公司的最大收益是什么?

资料来源：崔卫国，刘学虎，《管理学故事会》，中华工商联合出版社，2005年版，第51页。

思考题

1. 经营环境调查的程序是什么？经营环境调查的方法有哪些？

2. 经营环境预测的内涵、原理和方法是什么？

3. 决策的内涵和特征是什么？

4. 决策不好，往往会酿成“一招失误，全盘皆输”的恶果。你如何预测一项决策的质量？管理者应该怎样做，才能提高其决策的效率？

5. 决策有哪些常见的类型？

6. 决策的过程由哪几部分内容构成？影响决策的主要因素是什么？

7. 企业战略的内涵和特点是什么？

8. 企业战略的制定程序是什么？

作业题

一、判断题

1. 单位产品的变动成本随产量的增加而增加。（ ）

2. 某企业生产一种新产品，要了解效果后才能大量生产，需要进行市场调查，可采用观察法。（ ）

3. 决策树适合于非确定型的决策。（ ）

4. 非确定型决策与风险型决策的区别是没有未来可能发生的各种状态的概率。（ ）

5. 在预测过程中，如果缺乏或难以获取足够数据的资料，而主要运用个人的经验和知识进行判断，这时需要采用定量预测法。（ ）

6. 某企业试图改变其经营方向，需要企业高层领导作出决策，这种决策属于战略决策。（ ）

7. 当能够收集到足够可靠的数据资料时，运用时间序列法是可取的。（ ）

8. 企业战略制定的程序是由五个基本环节构成的，即确定企业使命、环境调查与分析、战略选择、战略规划和战略实施。（ ）

9. “市场增长率高，相对竞争地位强，能够从经营中获得高额利润和高额现金回笼”是明星业务类型。（ ）

10. 根据“经营单位组合分析法”，“幼童”和“瘦狗”类业务均可能被放弃。（ ）

二、单项选择题

1. 某企业要了解顾客的购买习惯、态度和行为，来改进产品的竞争能力，可采用（ ）。

A. 调查表询问法 B. 面谈法 C. 观察法 D. 实验法

2. 随着城乡人民收入的增长和住宅建设的加快，可以预测对家具的需求将会上升，这是依据预测原理中的（ ）。

A. 连贯性原理 B. 相关性原理 C. 类推性原理 D. 典型性原理

3. 该项决策具有极大偶然性和随机性，又无先例可循且有大量不确定因素，其方法和步骤也难以程序化和标准化，这项决策就是（ ）。

A. 风险型决策　B. 不确定型决策　C. 非程序化决策　D. 程序型决策

4. 有一种说法认为“管理就是决策”，这实际上意味着（　　）。

A. 对于管理者来说只要善于决策就一定能够获得成功

B. 管理的复杂性和挑战性都是由决策的复杂性导致的

C. 决策能力对于管理的成功具有特别重要的作用

D. 管理首先需要的就是面对复杂的环境作出决策

5. 在管理决策中，许多管理人员认为只要选取满意的方案即可，而无须刻意追求最优的方案。对于这种观点，你以为以下哪一种解释最有说服力（　　）。

A. 现实中不存在所谓的最优方案，所以选中的都只是满意方案

B. 现实管理决策中常常由于时间太仓促而来不及寻找最优方案

C. 由于管理者对什么是最优决策无法达成共识，只有退而求其次

D. 刻意追求最优方案，常常会由于代价太高而最终得不偿失

6. 有家奶牛公司最近推出了送奶上门的新服务项目。平均说来，每个服务人员每天要负责临近 10 个街区住户的送奶任务，交通工具目前仅有三轮车。为减轻送奶员不必要的负担，公司有关人员想预约为每位送奶员安排好最短的驱车路线。计划中发现，每个送奶员实际上平均有 128 条可行的路线可供选择。在这种情况下，送奶路线安排问题属于（　　）。

A. 不确定型决策　B. 确定性型决策

C. 风险型决策　D. 纯计划问题，与决策无关

7. 某公司生产某种产品的固定成本是 30 万元，除去固定成本外，该产品每单位成本为 4 元，市场售价为 10 元，若要达到 6 万元销售毛利的目标，该产品销量应为多少（　　）。

A. 30 000 件　B. 45 000 件　C. 60 000 件　D. 75 000 件

8. 人们常说的“雷声大、雨点小”、“光打雷、不下雨”是对“只决不行”状况的形象描述。如果用于对决策程序进行分析，则应加强决策的什么环节（　　）。

A. 发现问题和确定目标　B. 拟订方案和选择方案

C. 执行方案　D. 检查评价与反馈方案

9. 企业在战略方案的制订中，从竞争因素进行分析，可采取（　　）。

A. 总成本领先战略、产品差异化战略、专一化战略、扩张战略

B. 总成本领先战略、产品差异化战略、多样化战略、扩张战略

C. 稳定型战略、混合性战略、专一化战略、扩张战略

D. 产品差异化战略、专一化战略、扩张战略、混合战略

10. 如果要对事物发展变化的未来趋势作出描述，例如，对五年后技术变革方向进行预测，通常采用（　　）的方法。

A. 环境预测　B. 定性预测　C. 定量预测　D. 个人预测

三、多项选择题

1. 确定调查对象的方法主要包括（　　）。

A. 询问调查　B. 直接观察　C. 随机抽样调查　D. 典型调查

2. 询问调查法主要由以下几种方式构成（　　）。

A. 走访调查法　B. 电话调查法　C. 邮寄调查法　D. 留置调查法

3. 预测方法中的定性预测法有以下几种（　　）。

A. 因果关系预测法　B. 企业领导人员预测法　C. 销售人员预测法　D. 专家人员预测法

4. 采用德尔菲法进行预测的特点是（　　）。

A. 匿名性　B. 公开性　C. 反馈性　D. 收敛性

5. 决策系统的构成要素包括（　）。

A. 决策主体　B. 决策客体　C. 决策变量　D. 决策工具

6. 按照决策的可靠程度不同，决策可以分为（　　）。

A. 初始决策　B. 确定型决策　C. 风险型决策　D. 非确定型决策

7. 影响决策的主要因素有（　　）。

A. 环境与文化　　　　　　B. 过去的决策与时间限制

C. 决策者对待风险的态度　D. 企业的组织结构

8. 政策指导矩阵是从（　　）和（　　）来分析企业各个经营单位的现状和特征。

A. 产品销售量　B. 行业市场前景　C. 经营单位相对竞争能力　D. 现金流量

9. 下面哪些决策类型属于非确定型决策方法（　　）。

A. 乐观决策法　B. 悲观决策法　C. 量—本—利分析法　D. 最小后悔值法

10. 企业战略一般具有以下特点（　　）。

A. 全局性　B. 长远性　C. 纲领性　D. 区域性

四、计算题

1. 某企业生产 A 产品，单位产品售价为 400 元，2008 年销出 40 000 件，固定费用总额 600 万元，变动费用总额为 800 万元，试求：(1) A 产品盈亏平衡点产量是多少？(2) 销售量为 40 000 件时的盈利额是多少？(3) 盈利额达到 300 万元时的产量是多少？(4) 当产量限制在 42 000 件时，企业要实现 300 万元的目标利润，可在固定成本、可变成本、价格上采取哪些措施？

2. 企业可以分别生产 A、B、C 三种产品，每种产品需分别投资 2 万元、3 万元和 4 万元。未来五年，三种产品投放市场后的销售情况及出现的概率和收益情况见表 3-5，试用决策树法进行决策。

表 3-5　未来五年三种产品销售状况的概率及企业年收益

	各种销售状况的概率及企业年收益（万元）		
方案	好（0.5）	一般（0.3）	较差（0.2）
A	4	3	2
B	6	2	0
C	2	2	1

3. 某企业生产一种新产品，可进行大批生产、中批生产和小批生产，估计市场状况可能出现三种需求状况。有关情况见表 3-6。试用悲观决策法、乐观决策法、最小后悔值法和折中法进行决策（乐观系数 $\alpha=0.3$）。

表 3－6 各种生产方式的需求状况 （单位：万元）

	高需求	中需求	低需求
大批生产	1 000	800	－50
中批生产	800	750	0
小批生产	600	500	200

4. 某公司为生产某种产品，拟订了两个方案：一个是建大厂，一个是建小厂。建大厂需要投资 500 万元，两年建成，第三年投产当年可盈利。建小厂需投资 200 万元，一年建成，第二年可投产，当年可盈利。假定使用期都是 10 年（包括基建在内）。根据市场预测：在使用期的前五年内，销路好的概率为 0.7，销路差的概率为 0.3。后五年的销路情况要根据前五年的销路而定。若前五年销路好，则后五年销路好的概率为 0.9，销路差的概率为 0.1；若前 5 年销路差，则后 5 年销路肯定差（概率为 1）。在整个使用期内，当销路好时，大厂年可盈利 160 万元，小厂年可盈利 60 万元；当销路差时，大厂年亏损 30 万元，而小厂仍可年盈利 20 万元。试用决策树法进行决策。

第四章　企业技术创新和产品开发

引　言

中国确立了坚持走中国特色自主创新的道路，目的在于使中国经济更加强大、社会将进步更快、人民将更为富裕。胡锦涛总书记在全国科技大会上指出："要建设以企业为主体、市场为导向、产学研相结合的技术创新体系，使企业真正成为研究开发投入的主体、技术创新活动的主体和创新成果应用的主体，全面提升企业的自主创新能力。"增强创新能力的途径有：加强原始独创创新、合作集成创新和引进消化吸收再创新。尤其在现阶段，应该在继续加强原始创新的基础上，侧重合作创新和引进消化吸收再创新；在引进技术的过程中，要借鉴韩国、日本等国在这方面的经验，真正把别人的东西拿来，经过创新形成自己的核心技术，从而使中国制造成为中国创造。

海尔集团首席执行官张瑞敏说："我们要自主创新，也要拥有自主知识产权。自主创新和拥有自主知识产权的前提是自强的精神，目标是创世界名牌。离开了这个前提和目标，创新就可能失去方向!"

第一节　技术创新的概念及创新理论

一、技术创新的基本概念

1. 技术创新的理论起源

美籍奥地利经济学家熊彼特早在 1912 年就对创新、技术创新进行了深入的分析。熊彼特把创新定义为一种生产函数的转移，或是生产要素与生产条件的新组合，其目的在于获取潜在的超额利润。他把创新概括为以下五种形式：①生产新的产品；②引入新的生产方式；③开辟新的市场；④开拓并利用新的原材料或半成品的供给来源；⑤采用新的组织方法。技术创新相当于科技成果的商业化和产业化过程，熊彼特概括的五种创新形式中的前三种构成了技术创新的主要内容。

熊彼特认为决定经济周期运动的关键因素是技术创新。他把对当时的资本主义经济发展的三个周期与技术创新之间的关系进行了分析：一是 18 世纪 80 年代至 1842 年以纺织工业创新为代表的产业革命时期；二是 1842～1897 年以蒸汽机和钢铁工业创新为代表的发展时期；三是 1898 年以后以电气、化学和汽车工业创新为代表的发展时期。每一个发展周期与当时的技术创新高潮相一致，而经济发展的中、短周期也都与技术创新的集群式发生有密切的关系。

20 世纪 50 年代初期，继熊彼特之后，有人认为除技术创新外，企业的创新活动还应包括制度创新，认为技术创新和制度创新是经济发展和生产率增长的基本驱动力。近年来，许多理论和实业界的专家对管理创新也进行了研究与应用工作。当代管理大师彼得·杜拉克认为创新和企业家精神是人类进入“开拓进取型经济”阶段后的“正常的、稳定的和连续不断的需要”。杜拉克不仅把创新当做现代企业文化的一个重要支柱，而且认为创新是社会文化的一个重要部分。包括观念创新和行为规范创新的企业文化创新是企业创新的源泉。

2. 技术创新的涵义

技术创新是指从技术的新构想开始，经过研究开发或技术组合，到获得实际应用，并产生经济、社会效益的商业化全过程。通俗地讲，就是指科技成果变成商品，并在市场上销售、实现其经济价值进而获得经济效益的过程和行为。技术创新始于研究开发，完成于实现市场化。以技术为基础、以商业化为目标、创新方式方法及创新程度的灵活多样是技术创新的主要特征。

企业家及企业家精神是推动技术创新的原动力。从技术创新的整个过程看，“企业家以获取商业利益为目标抓住市场潜在机会”是技术创新的起始点，“重新组织生产条件和要素，建立起效能更强、效率更高和费用更低的生产经营系统，获得新的原材料、半成品供给来源或建立企业的新组织”是技术创新的必经途径，“推出新的产品、新的生产（工艺）方法并开辟新的市场实现预期利益”是技术创新的结果。这是一个包括科技、组织、商业和金融等一系列活动的综合过程。

技术创新不同于发明创造，前者是经济行为，后者是科技行为。发明创造只是一种新概念、新设想、试验品，技术创新则是把发明创造和其他科技成果引入生产之中，利用其原理制造出市场所需要的商品。推动发明创造的是发明家和革新者，推动技术创新的是企业家，而预期将获得潜在的超常规利润是企业家进行技术创新的根本动力。发明创造的商业化、产业化过程就是技术创新；对于获得成功的技术创新而言，发明创造则是诸阶段中的重要环节。发明、专利与创新的关系见图 4-1。

技术创新一旦出现，就会在社会上产生巨大的示范作用，那些认为可能实现超常规利润的企业便可能希望以相同或相似的创新方式分享其利，从而形成巨大的模仿与引进高潮以实现技术创新的扩散。技术创新的扩散是创新的社会经济效益的根本来源，不断的技术创新和模仿扩散是经济得以持续发展的动力所在。企

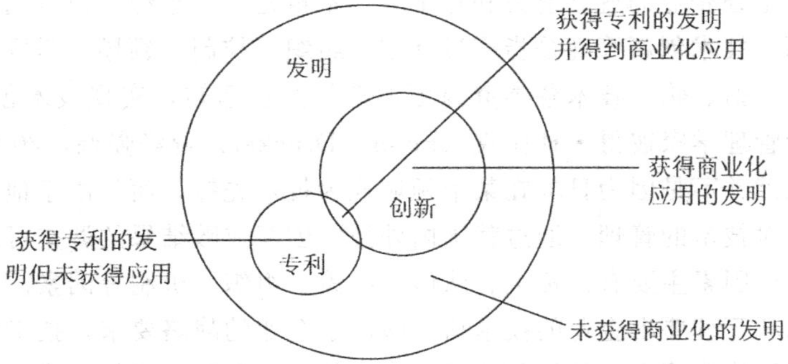

图 4-1　发明、专利与创新的关系

业必须在引进与技术创新两种方案中科学决策，形成有生命力的创新循环体系，既要避免大而全封闭的低水平重复创新，又要避免只引进不创新的“引进—落后—再引进的引进追赶陷阱”。

3. 技术创新的分类

按技术创新中技术变化的程度，可以将技术创新分为重大创新和渐进性创新两大类。重大创新是指在技术上有重大突破的根本性创新，渐进性创新是指对现有技术进行局部性改进的创新。按创新对象的不同，可以将技术创新分为产品创新和工艺创新两大类。产品创新是指对产品的原理、结构、用途、性能、原材料等方面进行的创新；工艺创新又被称为过程创新，是指在生产（服务）过程技术变革的基础上实现的创新。

如果在技术上有重大突破产品创新和工艺创新即为重大创新，如果仅是局部性改进或小改革则为渐进性创新。如数字式高清晰度彩色电视机就是电视机领域的一项重大产品创新，而对电视机进行改进生产出屏幕更大、操作更方便、收视频道更多的产品的创新属于渐进性产品创新；如炼钢用的纯氧顶吹转炉和钢铁生产中的连铸系统、早期福特公司采用的流水生产线及现代的集成制造系统（CIMS）均为重大的过程创新，而对生产过程进行某些改进以达到提高效率降低成本的措施则属于渐进式过程创新。

按照创新活动方式，技术创新可以分为独创创新和模仿创新两类。独创创新是指企业通过研发过程将以自创为主的科研成果用于创造经济价值的创新活动；模仿创新是指企业学习市场上其他企业的创新成果，为市场提供适销对路、创造收益的过程和活动。独创创新需要大量的投入并具有较大的风险，但可能获得首先进入市场的机会；模仿创新风险较小、成本较低，但模仿基础上的大幅度优化与创新也可能使企业后来居上。

二、技术创新管理

在市场经济条件下，企业的技术是否能成为企业内在的发展动力、是否能通过技术创新增强企业的盈利能力和竞争力，不再是一个单纯的技术问题，而是一个管理问题。技术创新管理是指通过计划、组织、控制、领导、激励、教育等职能过程使人、财、物、技术各类资源更加有效配置运转，实现技术创新的过程。著名的经验管理学家彼得·杜拉克（Peter·Drucker）曾经强调，20世纪日本经济强盛的原因并不是因为日本在某个领域成为技术先锋，而是由于他们在管理上的领先，即对技术的管理。通过就国内外技术创新成败结果的调查可知，影响技术创新的重要因素主要有：资金、队伍、决策、组织、机制等因素。

技术创新管理要求企业的技术路线服从于企业的战略要求，技术创新管理的重点首先在于战略管理。英特尔公司是企业创新的典范，近年来该公司不断推出创新产品，实现了多次技术跳跃，在计算机行业以最有力的竞争方式于世界范围内发挥着行业带头作用。英特尔公司成功的原因不仅在于其新产品制造能力方面的高额投资，首先决定于企业家推出并实施的“超越自己、向自己的成功过去攻击”的战略思路、能够创造独特的产品和技术及营销手段的创新体系。

企业技术创新战略解决的主要问题是：企业采取什么技术创新态势进入市场，是进攻型还是防卫型；研究确定开发技术创新的内容；技术创新方式的确定。技术创新的方式分为自主创新、模仿创新和合作创新三种基本战略类型。自主创新是指企业主要依靠自身的创新人力资源和技术资源进行研究开发，实现创新科技成果的商品化，并最终获得市场创新收益的创新方式。模仿创新是指在率先创新者的示范影响和利益机制驱动之下，企业通过合法手段（如购买专用技术或专用许可等方式）引进技术，并在率先创新者技术的基础上进行改进的创新模式。合作创新是指以企业为主，企业、高等院校或科研院所、政府相互或共同合作实现创新经济活动的创新方式。由于我国大部分企业目前在技术创新方面与国外同行相比具有较大的技术差距，同时在技术与经济能力方面又具备了一定的消化、吸收、模仿、创新的实力，因此我国企业要在潜心开发自我创新能力的基础上优先采取“引进、消化吸收并加以创新”和“模仿创新”、“合作开发”等战略，快速提升企业的技术创新能力。

企业应该积极成为技术创新的主体，在充分培养自身技术创新能力的基础上，善于发挥“外脑”的作用。技术创新过程中，企业的研究开发机构是实现技术创新的主要技术承担者，但是把技术创新活动渗透到战略决策、制造、营销、采购和外包等一切经营活动中则是技术创新实现的保证。企业高层领导重视技术决策、研究开发机构与其他机构是否能从研发的角度实现研发活动与经营活动的有效沟通、企业各环节是否积极参与技术创新活动对企业的技术创新发展具有重要作用。

对技术创新而言，战略管理、资金投入、人才保障与充分有效的激励措施、信息渠道的畅通与可靠性提高都是成功的必要条件。与以上因素同样重要的是制度环境、组织环境和文化环境。国有企业建立适应市场经济的企业体制、企业组织的渐进式调整、企业文化的再造，都是影响国有企业改善技术创新环境的重要因素。

三、技术创新理论

近 80 多年来，技术创新的理论一直处于不断发展的过程。技术创新理论主要包括：技术创新的要素、技术创新的过程、技术创新的动力等内容。

（一）技术创新的要素

影响技术创新的要素有：机会、环境、支持系统、创新者，四种要素相互作用、相互影响，如图 4－2 所示。创新者是指能够使创新结果商业化的企业家、科研单位负责人、政府计划管理人员等。这些创新者根据市场需求信息与技术进步信息，捕捉创新机会，通过把市场需求与技术上的可能性结合起来，产生新的思想。新的思想在合适的经营环境与创新政策的鼓励下（包括有吸引力的价格、公平的竞争、对技术创新的鼓励政策等），利用可得到的资源（包括资金、科技人员、信息等）和内部的组织功能（研究开发、试制、生产、营销），从而发展成技术创新。四种因素缺一不可，而其中创新者是最主要的。

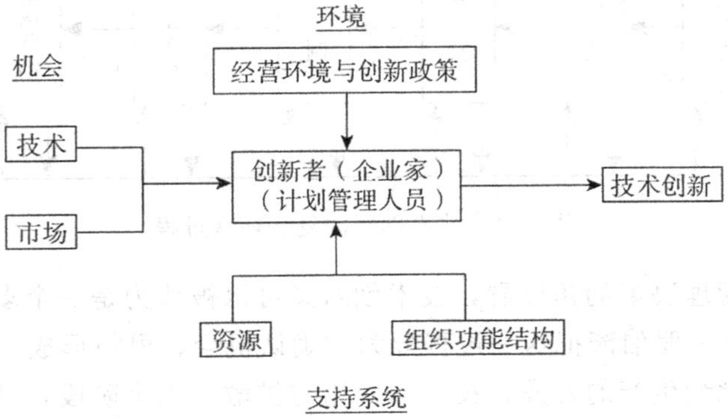

图 4－2 技术创新要素图

（二）技术创新过程

总体而言，技术创新是一个“在市场需求和技术发展推动下，将发明的新设想通过研究开发和生产，演变为具有商品价值的新产品、新技术”的过程。

1. 技术创新的链式过程

链状模式适于以技术推动为主、创新目标明确、市场需求和技术变化都不快的环境。链状模式的主要过程包括：首先，由科学研究开始，特别是基础研究与应用研究获得新的设想或思想；其次，经过研发开发出模型、样品及相关实验数据，并为小批试制提供参数；再次，经过小批试制为设计生产线提供依据；最后，将新产品投入市场或将新工艺投入使用，并将成果扩散，如图 4－3 所示。

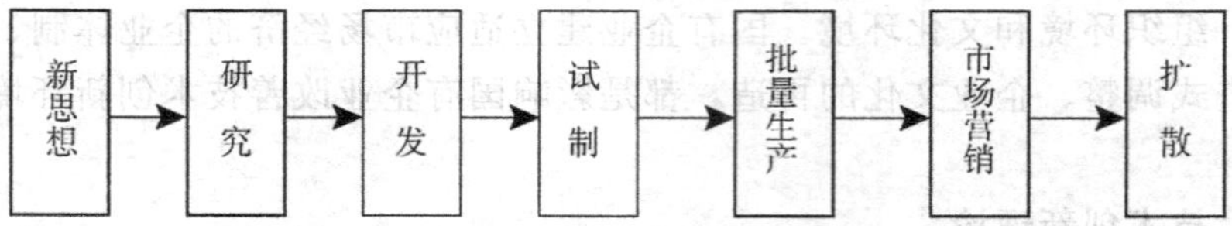

图 4－3　技术创新的链式过程

2. 技术创新的复合环状过程

技术创新的复合环状过程主要适应于技术发展速度、综合程度和复杂性日益提高、市场需求变化很快的环境。这种模式要求创新者在创新的每一个阶段都密切注意环境的变化，尤其是科技的进展和市场需求的变化，据此确定和修改工作目标，并与其他阶段相协调。组织结构和运行机制对该模式的效果具有重要的影响作用，该模式要求企业在具有较强的研发能力的基础上，管理、营销、生产的能力和财力也要具备一定的条件，如图 4－4 所示。

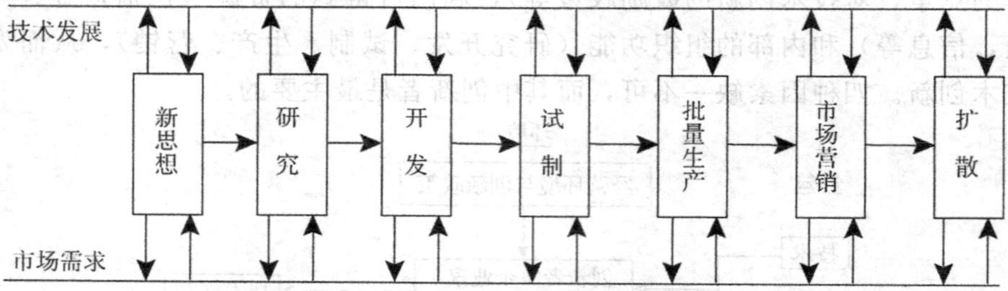

图 4－4　技术创新的复合环状过程

另外，从管理决策的角度看，技术创新又可以被认为是一个多阶段的决策过程。美国学者 E·罗伯茨把这一过程分为“确认机会、思想形成、问题求解、问题得以解决、批量生产的开发、技术的应用与扩散”六个阶段，其中每一个阶段都是根据不同的管理决策问题设计的。

（三）技术创新的动力

1. 技术推动模式

技术推动模式是最早的模式如图 4－5 所示，该模式认为技术创新是由科学发现和技术发明推动的，研究开发是创新的主要来源，市场是创新成果的被动接受者，研究开发产生的成果在寻求应用过程中推动创新的完成。无线电、晶体管、计算机的发明导致的大量创新均为此类创新。有效利用技术发展的成果及相应规律可以促进技术创新的成功。

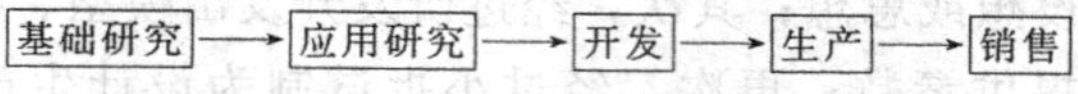

图 4－5　技术推动模式

2. 需求拉动模式

60年代中期，人们通过对大量技术创新的实际考察发现：大多数技术创新不是由技术推动引发的，需求拉动起了更重要的作用。需求拉动模式认为技术创新是由市场需求和生产需要激发产生的。研究表明，60%～80%的创新是由市场需求引发的。因此，对企业而言，研究需求、有效通过需求拉动技术创新更为重要，如图4－6所示。

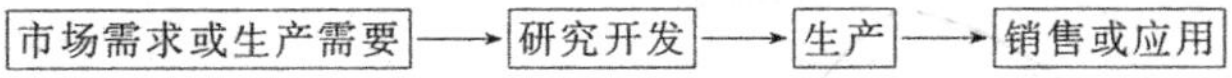

图4－6 需求拉动模式

3. 技术推动与需求拉动相结合的交互式模式

交互式模式是70年代末到80年代初在综合前两种模式的基础上提出的。该模式认为技术创新是由技术和市场共同作用引发的，同时强调研究开发与市场营销组织间的意见交流反馈具有重要的意义。各种研究与事实证明加强技术的推动和市场的拉动在创新决策中的结合作用更有利于创新的成功，如图4－7所示。

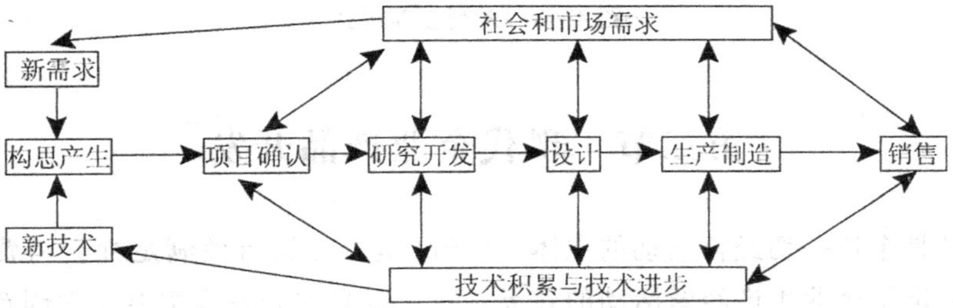

图4－7 技术创新过程的交互作用模式

近年来，技术创新的发展主要以“并行开发”、“注重与客户、供应商的密切联系”和“横向合作创新”为特点，技术创新的管理和组织更具有柔性，这些都为使产品更具有个性化创造了条件。

（四）系列技术创新过程

一项重大的技术创新往往会带动一系列后续的创新产生，这些创新可能对老产业产生重大的变革甚至引发新产业的出现与成长。美国哈佛大学的阿伯纳西（N. Abernathy）和麻省理工学院的厄特巴克（J. M. Utterback）将系列创新过程分为三个创新阶段：不稳定阶段、过渡阶段、稳定阶段，如图4－8所示。

不稳定阶段产品创新的频率较高，工艺创新较少，企业往往以潜在需求为市场目标，通过产品原理、结构等方式的改变使产品设计的相应功能不断完善。该阶段进入市场的产品类型、功能差异性大，制造工艺和生产组织不稳定，企业的R&D支出越多，经济效益往往不高。

过渡阶段产品的功能和基本结构经过市场和生产实践后已趋于成熟，产品的主导设计和标准已经确定，产品的创新频率大大下降。企业为了降低生产成本提高经济效益把创新的重点放在工艺创新，工艺创新的频率迅速上升。

稳定阶段产品和工艺技术均已成熟，创新频率都较低，市场需求稳定，企业创新的目标在于进一步降低成本、提高质量、满足各类用户的差异性需求。稳定阶段的创新大多为产品和工艺的渐进性创新。

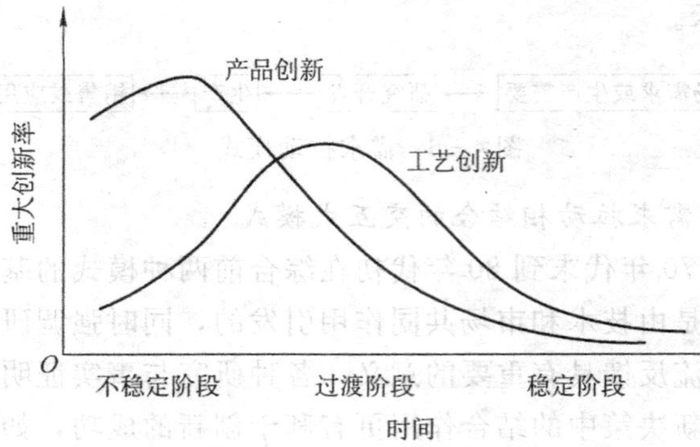

图 4-8　系列创新模式

第二节　现代企业产品开发

产品是企业一切经营活动的主体，“产品是否能够有效满足社会消费和生产需求”决定了企业生产经营活动的效果。对于以自主开发为主要技术创新战略的企业而言，产品开发是其重要的环节。新产品开发对企业的主要意义在于：改善现有产品，加速新技术、新材料和新工艺的应用，充分利用企业资源，激发企业的创新精神，促进企业成长，提高企业竞争优势和适应环境变化的能力。企业不断对产品进行开发还可以更好地满足消费和生产需求，促进人们生活水平的提高，从而推动社会生产力的不断进步。

一、新产品与产品生命周期

（一）新产品的概念

产品概念体现在时间序列上可以分为老产品和新产品，新产品是相对于老产品而言的。新产品的意义很广泛，目前尚没有统一的定义。美国著名市场学家希尔顿从市场对新产品的认知程度提出的新产品定义是：“任何产品，不管其投入市场的时间长短，只要有 75%的潜在用户还不知道它的名称，或还没有使用过，都可称做新产品”。新产品不一定就是全新的产品，也可以是改进了的产品或增添了新特色、新用途的产品。一般来说，新产品应在产品性能、材料性能和技术性能等方面（仅一方面）具有先进性或独创性，或优于老产品。先进性是指由新技术、新材料产生的先进性，或由原有技术、经验技术和改进技术综合产生的先进性。独创性一般是指产品由于采用新技术、新材料或引进技术所产生的全新产品或在某一市场范围内属于全新产品。

（二）新产品的分类

（1）全新产品即具有新原理、新技术、新结构、新工艺、新材料等特征，与现有任何产品毫无共同之处的产品。全新产品是科学技术上的新发明在生产中的新应用。

（2）改进新产品是指对现有产品改进性能，提高质量，或增加产品规格、型号、款式花色的变化而产生的新产品。

（3）换代新产品主要是指适合新用途、满足新需要、在原有产品的基础上，局部采用新技术、新材料、新元件而制造出来的产品。如从电熨斗到自动调温的电熨斗，又到无绳电熨斗。

（4）本企业新产品即指对本企业来说是新的，但对市场来说并不新的产品。但通常企业不会完全仿照市场上的已有产品，而是在造型、外观、零部件等方面作部分改动或改进后推向市场。

（三）新产品的特点

在当今的环境下，市场竞争日益激烈，顾客需求日益多样化，企业在选择新产品发展方向时必须更多地考虑市场对产品需求的变化。新产品的发展方向主要有以下几个方面：

（1）多能化，即扩大同一产品的功能和使用范围。例如，收录唱组合音响，多功能计算器等。在扩大产品功能时还应注意提高产品的效率和精度。

（2）复合化，即把功能上相互关联的不同单一产品发展为复合产品。例如，洗衣机和干燥机的一体化，集打字、计算、储存、印刷为一体的便携式文字处理机，集办公（文字处理、电话、传真）、计算、娱乐为一体的多媒体计算机等。

（3）小型化、轻便化，即改革产品的结构、减少产品的零部件从而缩小产品的体积，减轻其重量，使之便于操作、携带、运输以及安装。这样还可以大量节省资源和能源，降低成本。很多日本企业都采取这种新产品开发策略，取得了极大的成功，如丰田的节油小型车，本田的125cc摩托车，索尼、松下等电子企业的晶体管收音机、电视机、录音机、激光唱机、摄像机，一直到东芝的笔记本电脑，几乎欧美每生产出一种工业或家用大型产品，日本企业就能立即将其小型化、多功能化，选准市场缺口，确定市场位置。但还应该指出的是，产品的小型化、轻便化需要新技术、新材料的支持，例如，轻、薄、高强度的合金钛、合金钢、工程塑料等材料，电脑设计、精密机床、激光切割、亚微米刻蚀等技术。

（4）智能化、知识化，即把一般人需要长期学习才能掌握的知识和技术转化到产品中去，使产品功能“傻瓜化”。这可以使许多专业性产品发展成大众产品，从而大大扩大这些产品的市场。产品智能化、知识化的一个最好例子是“傻瓜”照相机，这种照相机把以往一个生手用手动照相机需要学习一两个月以上、并废掉几卷胶卷的照相技术应用于照相机，使任何一个不懂照相技术的人都能拿起来就用。

(5) 艺术化、品味化，即从产品的造型、色彩、质感和包装等方面使产品款式翻新、风格各异，体现独特的艺术品味。当今对产品艺术化、品味化的研究已经成了产品研究与开发中的重要组成部分，不仅汽车、电视、家具、服装等产品追求观赏功能，就连许多日用品如马桶、洗衣机、冰箱、盥洗用品等实用产品也在追求外形的尽善尽美。

(6) 产品的更新速度加快，生命周期缩短，用户对产品质量特性的要求更高，企业必须培养柔性生产能力以适应个性化需求和零配件互换性需求。

对于非制造业企业来说，同样面临着不断推出新服务项目的问题。随着国民收入水平的提高、自由时间的增多、价值观的多样化等影响人们消费因素的变化，人们的消费结构逐渐由以物质消费为主转向以精神和文化消费为主，这一变化趋势越来越要求社会提供广泛的多样化服务，企业必须通过大力发展新的服务项目、提供新的精神食粮和文化食粮来满足人们不断变化的物质和精神需求。

(四) 产品生命周期及其策略

产品在市场上的销售状况及获利能力随着时间的推移而变化。我们把产品从进入市场开始，直到最后在市场中被淘汰的过程称之为产品的生命周期（Product Life Cycle，PLC）。产品的这一规律性发展过程由四个阶段组成，即导入期、成长期、成熟期、衰退期。必须强调的是，产品生命周期不是指某一产品的使用寿命，而是指产品在市场上存在的时间，即市场寿命。在整个生命周期中，销售额及利润额的变化作为产品生命周期的主要特征值，其变化表现类似S型曲线，如图4-9所示。产品生命周期的变化与产品的定义有关，产品定义范围不同，表现出来的生命周期就会有所不同，但总体上都存在着从产品导入到产品衰亡的过程，只是各个时期的特性表现不同而已。产品处于不同的生命周期阶段，企业就必须考虑用不同的策略来开展技术创新和营销活动。

(1) 导入期。企业的产品处于导入期时，一般要经过试销阶段，这时产品处于发展初期，还存在着各方面的不足，产品的生产方法尚未定型，质量和性能不够稳定，制造成本高等。同时，消费者对这类产品的性能还不了解，对产品也不适应。从图4-9可以看出在该阶段销售量极为有限，利润为负值。因此在这一时期，企业应该在征询客户意见的基础上，通过进一步优化产品设计和工艺过程，优化产品并降低生产成本，使新产品在市场上能够站稳脚跟并具有一定的竞争力。在战略角度，该阶段主要突出一个“准”字和一个“快”字，即看准了该产品能打开销路，有市场发展前途，就要尽快定型、批量生产，及时投入市场。

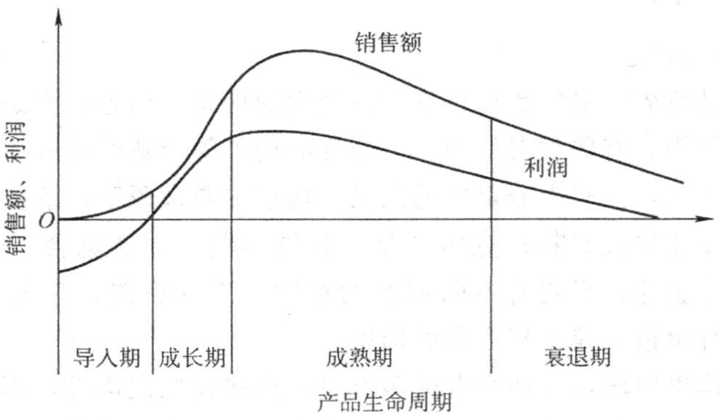

图 4-9 产品生命周期与销售额、利润的关系

(2) 成长期：新产品经过市场投入期后，经受住市场的检验、销路迅速打开，产品进入成长期。这时产品已定型，开始大批量生产，销售渠道也已疏通，销售量迅速上升，成本降低、利润增加。但这时竞争者也开始大量加入，竞争加剧。在成长期，企业应该注重工艺创新和产品的多样化，并实现高效率的生产过程；在战略上应突出一个“优”字，即保证产品质量，发展产品品种，以满足不同客户的需求。

(3) 成熟期：产品经过成长期的一段时间后，产品进入成熟期，销售量和利润都比较高，但增长速度减慢，市场趋于饱和，产品销量甚至开始呈现下降趋势，市场竞争激烈，各种品牌、各样款式的同类产品不断出现。而且，来自新产品或替代产品的竞争威胁也在加剧。在成熟期，企业的战略应体现一个“扩”字和一个“改”字，即要巩固原有市场并使其进一步扩大，同时，注意产品的改进，使产品生命周期出现再次循环，以此来延长成熟期。

(4) 衰退期：一种产品如果已失去对顾客的吸引力或被新产品替代，其销售量由缓慢下降变为急剧下降，利润减少，甚至会出现亏损，竞争减弱，顾客的需求已发生变化。这个时候，企业的战略意图应突出一个“转”字和一个“撤”字，在适当时间退出市场。

二、新产品的开发程序

美国一个全国性工业团体对新产品开发失败的原因进行统计分类研究的结果是：①市场分析不当，占 32%；②产品本身问题，占 23%；③成本超过预期值，占 14%；④投放时机不好，占 10%；⑤竞争阻力，占 8%；⑥销售组织不力，占 13%。由此可知，成功的新产品开发结果决定于产品开发的全过程的每一个环节。

新产品开发是一个复杂的过程，一般要顺序或平行经过的程序主要有：构思与设想、可行性分析、生产技术准备（产品设计、工艺准备、试制鉴定）、试生产与试销、投入市场。

（一）构思与设想

发展新产品首先需要广泛征集富于创造性的构思。构思，就是对满足一种新需求的产品的设想。有些学者认为，一个好的构思等于新产品成功的一半。因而新产品构思的产生，具有十分重要的意义。构思主要来源于：消费者和用户；商业部门；各种专业情报资料；竞争产品；各种博览会、展览会；企业内部职工等。总之，一个企业，只要有不断创新的精神，广开言路，甚至“异想天开”，就可以通过各种渠道，获得新产品的构思。

在新产品构思阶段，往往会有很多设想，这些设想或构思，哪些应保留，哪些应剔除，这就要通过筛选来解决。通过筛选，把没有必要或没有可能的设想剔除，留下适合本企业发展的新产品方案。筛选时企业要考虑：新产品潜在市场的大小；需要的投资和企业的财务能力；原材料和能源的供应状况；所需设备和人力资源状况；新产品的销售渠道和储运能力以及获利能力等。

产品设想来源于产品的构思之中，是在许多的产品构思中筛选出来，并把它用有意义的语言描述的产品构思，是对产品构思的具体化和形象化过程。

（二）可行性分析

可行性分析是对某一新产品方案从技术、经济、所处的生产条件、市场条件和社会环境等方面进行全面的调查研究和分析比较，最终判断是否开发这一新产品的过程。新产品可行性分析主要考虑如下方面：①产品技术先进性分析、产品功能实现程度分析、产品可靠性分析、产品社会性分析等技术因素的分析；②产品的生产成本和利润的分析以及投资收益的分析等经济因素的分析；③社会评价，即产品的开发是否符合国家和社会的法律道德标准，是否有利于企业、用户和国家的三方利益等。

（三）生产技术准备

企业选定最佳产品设想以后，就要创作样品，包括产品设计、工艺准备、样品试制和小批量试生产。这一阶段是以前抽象产品的具体化阶段。经过从设计到试验、再设计到再试验的反复过程，发展成技术上可行的产品，从而进一步成为市场上的可行产品。

（四）试生产与试销

新产品样品经过用户试用之后，通常要制造少量正式产品，投入到一定范围的市场进行试销，以检验在正式销售条件下的市场反应。但并非开发任何新产品都必须经过试销这一环节。企业对新产品的市场试销必须进行周密的筹划和精心的组织。

（五）投入市场

新产品经过试销，从获取的资料证明是成功的，就可以进行大批量生产，投入市场。新产品投入市场必须做到以下几点：①须对新设备进行投资，以便大量生产；②通过广告宣传等手段，建立顾客对新产品以及生产经销企业的强烈印象，唤起并刺激顾客对新产品的消费欲望；③可以利用企业原有的销售渠道，利用原产品的声望、信誉和知名度，把新产品推入市场；④把新产品向重要的市场与地区投入，当竞争对手将进入同一市场时，则可采取快速投放、抢占市场份额的措施。

新产品开发能力是企业竞争能力的重要组成部分，影响着企业经营活动的成败。同时，新产品开发又是一项艰巨而复杂的工作，它不仅要投入大量的资金，而且还要冒很大的风险。据有关调查资料显示，新产品的开发，从构思到投入市场，成功率大约只有1%左右。为了有效利用企业资源，抓住机会，企业必须加强对新产品开发的组织与管理。

三、企业的生产技术准备工作

发展新产品或改进老产品，都需要在生产前做好生产技术准备工作，这项准备工作的内容按照工作性质可以概括为：设计准备、工艺准备、试制鉴定。

（一）设计准备

设计准备阶段是生产技术准备工作的第一步，包括从明确设计任务开始到确定产品的具体结构为止的一系列工作。该阶段工作质量不仅直接影响产品质量和生产过程的经济性，而且也影响后续的其他准备工作。为了成功开发产品，首先要根据新产品开发目标，确定“对新产品的基本特征和开发条件进行必要说明”的新产品开发方案。其次，要编制设计任务书。设计任务书是指导产品设计的基础文件，要经过批准手续才能实施，设计任务书的主要内容包括：新开发产品的结构、特征、技术规格，新产品的用途和使用范围，与国内外同类产品的分析比较，开发产品的依据等。接着可以进行产品设计。

产品设计的要求：符合用户的明确或潜在的使用要求，保证产品具有良好的性能和质量，如性能好、实用、安全、寿命合理、可靠性高、美观、经济，要适应经济技术发展要求，保证使用的经济效益；符合我国自然条件、可持续发展的资源和环保要求、认真贯彻国家的技术政策；要满足制造要求，结构工艺性好，便于加工制造、工人操作与维护维修；设计的产品继承性好，即通用件、标准件比例及产品的系列化程度尽可能高，从而便于扩大批量并采用先进的生产组织形式；要通过设计尽量实现消耗少、成本低的制造经济效果等。产品设计工作要满足使用和制造两方面的要求，必须在广泛听取各环节意见与建议的基础上，进行深入系统的调查研究工作。

产品设计的程序一般分为初步设计、技术设计和工作图设计三个阶段。

（1）初步设计。它是技术设计准备阶段。其主要任务是：对新开发的产品结构方案、组成整机的零部件及与之相关的新原理、新工艺等方面进行专题试验研究，以取得设计时必要的参数；或通过试验证实某些方案实现的可能性，并为新产品的规范与计算方法的设计、允许应力及安全系数的合理选择提供科学依据。由于这些研究试验是在产品正式设计前进行的，在很大程度上决定着新产品的性能，所以也被称之为“先行开发阶段”。在初步设计中，还要画出产品结构草图，确定产品的轮廓尺寸及相关基本要求，确定产品各组成部件和组件以及它们的结合方式和尺寸。重要产品的初步设计还要进行必要的技术经济论证，在方案比较的基础上选择理想的方案。

(2) 技术设计。技术设计是新产品的定形阶段。它是在初步设计的基础上，确定新产品各个部件、组件的详细结构、尺寸及其配合关系和技术条件；画出产品总图、部件和组件的结构装配图、传动系统图、润滑系统图以及电气原理图等；计算产品主要技术参数，对新产品进行技术经济分析，并检查其性能、成本是否达到技术开发的要求。技术设计完成后，必须组织有关部门对产品结构的先进性、工艺性及使用操作性进行审查，改进设计。

(3) 工作图设计。它是产品设计的最后一步，其任务是提供试制和生产所需的全套图纸，提供试制、制造和使用所需的全部技术文件。其主要内容有：绘制零件工作图（包括详细尺寸、公差、材料、热处理及其技术要求）和部件图、总图；编制零部件、备件及附件明细表；提供通用件、标准件、外协件、自制件以及原材料、毛坯等综合明细表；编制产品说明书及使用、维护、保养和操作规程等。工作图设计完成后，须经有关部门和人员审核批准。

产品设计程序反映了设计工作内部的客观联系，严格遵循该程序的要求是设计质量的保证。当然，根据产品设计的种类，产品的复杂程度以及设计人员的水平，可以适当合并或简化。

（二）工艺准备

产品设计主要解决的是生产什么样的产品的问题，至于怎样生产出这个产品、包括确定使用什么样的设备和工具，采用什么样的加工顺序和方法，这就需要通过工艺准备来解决。工艺准备是保证新产品试制和正式生产达到设计要求，指导工人操作，保证产品质量，降低生产成本，提高劳动生产率，决定产品制造经济效果的重要环节。

工艺管理工作的内容：对产品图纸进行工艺性分析和审查；拟订工艺方案，编制工艺规程；设计、制造和调整工艺装备；制定工时定额和材料、工艺用燃料、动力、工具消耗定额；设计及采用合理的技术检查方法；设计先进的生产组织及劳动组织形式。这些工作内容分别在样品试制、小批试制和成批生产等阶段进行。

1. 产品设计的工艺性分析和审查

这是根据工艺技术上的要求、企业的设备能力以及外协的可靠性，来评定产品设计是否合理；是否能够保证企业在制造这种产品时获得良好的经济效果。产品设计工艺性分析与审查的内容包括：

（1）产品结构的继承性，其指标是继承性系数，即旧零件数量与全部零件数量之比。

（2）产品结构的标准化与规格化程度，其指标是标准化系数与规格化系数，即标准件（规格件）与全部零部件数量之比。

（3）产品结构的工艺性，零件的结构与几何形状是否合理，是否便于加工和保证质量。

（4）精度、光洁度及技术要求是否合适。

（5）工艺基准面的选择是否方便可靠。

（6）材料选择是否合适，是否经济，是否符合材料标准规格。

（7）是否适合本企业生产设备条件，是否便于采用高效率加工方法等。

工艺性分析与审查工作应当在设计工作阶段进行，所有的设计图纸都必须经过工艺性分析与审查，并经工艺师和标准化组同意签字后，才能成为工艺设计的依据，才能交付生产车间使用。

2. 工艺方案的编制

在工艺设计开始时，应首先编制工艺方案。工艺方案是新产品开发研制工作中组织工艺准备的总纲，是进行工艺设计工作的指导性文件。工艺方案的内容包括：新产品的性能，主要精度及其特点和特殊要求，产品的投入方式，试制中的各种关键问题，关键件及其解决措施，工艺路线（即产品零件加工车间的划分）的安排原则，工艺规程的制定原则、形式和繁简程度，装配与试车的要求，工艺装备系数及工艺装备的设计原则（采用联动、多位和万能组合夹具等），劳动总工时，以及经济效果的分析等。编制工艺方案的依据是：产品设计是创新还是复制，是系列基型还是变型，是通用还是专用，产品生产是大量、成批还是单件生产等。

编制工艺方案，一般由主任工艺师（产品工艺师）提出初稿。为此，他应参加新产品技术任务书的讨论审查，以及设计图纸的会审会签工作，从中了解产品性能、精度和技术条件等，预先摸清试制中的工艺关键，掌握编制工艺方案的主要依据。编制工艺方案，还要发扬民主，广泛听取工艺科工艺员、工装设计员、车间技术员（施工员）、检验员、老工人等的意见。

工艺方案编制的一个重要内容是正确确定工艺装备系数。工艺装备系数就是为制造某种产品而设计的专用工艺装备的种数与所制造产品的专用零件种数之比。工艺装备系数是用来控制专用工艺装备数量，以及确定设计和制造工艺装备工作量、安排准备计划的依据。专用工艺装备主要是用来保证产品制造质量及效率的。工艺装备系数大，专用工艺装备多，固然有利于保证质量，提高劳动生产率，降低消耗，但却要增加工艺装备的设计、制造和维修费用，延长技术准备周期。在产量不多的情况下，会提高产品成本。因此，确定工艺装备系数必须从全面提高企业经济效益出发，不能片面追求产品生产效率。一般来说，产品产量大，标准化、通用化程度低、工人技术水平低，工艺装备系数应大一些。反之，工艺装备系数应小一些。

3. 工艺文件的编制

工艺技术文件包括工艺规程、检验规程、工艺装备图、劳动定额表、原材料和工具消耗定额表，以及其他表格卡片等。在大量大批生产时，还包括设备负荷计算、设备布置设计、劳动组织和工作地设计、运输方案设计及其他服务于工艺过程的辅助设施的设计。

在工艺文件中，最主要的是工艺规程。工艺规程是一个总称，它包括产品及其各个部分的制造方法与顺序，设备的选择、切削用量的选择、工艺装备的确定，劳动量及工作物等级的确定，设备调整方法、产品装配与零件加工的技术条件等。工艺规程的主要形式有工艺路线卡（又称工艺过程卡）、工艺卡（又称零件卡）、操作卡（又称工序卡）及工艺守则。此外还有检查卡、调整卡等辅助性文件形式。

(1) 工艺路线卡。它是按产品的每个零件编制的，它规定这一零件经过的车间、小组、各道工序的名称，使用的设备和工艺装备等。它是编制其他工艺规程和进行车间分工以及生产调度的重要依据。

(2) 工艺卡。它是按每一零件的每一工艺阶段（车间）编制的一种工艺路线，它规定着加工对象在制造过程中在一个工艺阶段内所经过的各道工序，以及各道工序所有的设备、工艺装备、切削用量和工时定额，所用材料的材质规格等。它主要用来指导车间的生产活动。

(3) 工序卡。它是按产品或者零件的每道工序编制的工艺规程。它规定着这一道工序的详细操作方法、技术要求和注意事项等，是用来具体指导工人操作的一种工艺文件。

(4) 工艺守则。它规定操作要领和基本的注意事项；它根据同类工艺操作来制订，一般是对重要和关键工序制订工艺守则。

工艺规程是根据工艺方案和其他一些技术资料编制的。一个复杂的新产品往往由几十个、几百个，甚至成千上万个零件组成，经过上万道工序加工。因此，编制工艺规程的工作量是非常大的。为了加速工艺设计工作，应尽量地组织工艺规程的典型化，就是在对零件进行分类的基础上，为同类型零件编制通用的工艺规程。这不仅可以减少工艺工作量，缩短工艺准备周期和降低工艺准备的费用，简化工艺文件，而且可以把工艺人员从整天忙于编制工艺中解脱出来，研究改进现有工艺，提高工艺水平。

4. 工艺装备的设计

工艺装备一般可分为通用的和专用的两种。通用的工艺装备适用于制造各种产品，专用的工艺装备则仅适用于制造一定的产品或零件。通用的工艺装备有专业厂生产，企业可以订购。专用的工艺装备才需要本厂设计与制造。这也需要进行一系列生产技术准备工作，特别是二道工具（制造产品专用工艺装备所需要的工艺装备）还要进行设计和制造。

工艺装备设计是根据工艺规程要求进行的。但在实际工作中，早在编制工艺规程之前，主任工艺师在参加图样会审过程中，就要提出关键的专用工艺装备设计任务书，以便及早动手进行准备。一般的专用工艺装备设计任务书由产品零件工艺员在编制工艺规程过程中分批提出。工艺规程编制结束时，根据车间意见（增添一些工艺装备），再提出最后一批专用工艺装备设计任务书。工艺装备设计员根据工艺装备设计任务书进行设计。设计的先后次序应根据产品试制及生产要求的进度来安排，先用的和复杂的工艺装备应先设计，后用的和一般的工艺装备应后设计。工艺装备设计出之后，要经过使用部门（试制及生产车间）和工具制造部门（工具科及工具车间）会审会签。

各类工艺装备设计完成后，应根据工艺装备在试制和生产时的使用要求，列出工艺装备清单。在清单中注明零件名称、使用工序编号、工装名称、复杂等级、工艺装备设计出图日期和工艺装备需用日期。工艺装备清单是向工具科办理厂内订货的依据，也是工具制造部门安排生产计划的依据。

专用工艺装备制造，属于单件小批生产性质，做好生产前的准备工作，即毛坯、原材料、二类工具等的供应工作，加强工艺装备生产的调度工作，是保证工艺装备按期、按质、成套供应生产使用的关键。

工艺装备制造出之后，通过生产使用进行验证，发现和改进装备设计与制造中的缺陷，并帮助工人掌握正确使用的方法。工艺装备验证的目的是要保证所设计的工艺装备结构可靠、技术先进、经济合理。

工艺装备的设计和制造是生产技术准备中工作量最大、周期最长的阶段。因此，组织好工艺装备的设计和制造工作，对于缩短技术准备周期和提高企业的经济效果都有重要影响。积极开展工艺装备的“三化”工作，大力推广组合夹具，是节省工艺装备设计和制造费用，缩短工艺装备制造周期的重要措施。

5. 日常工艺管理

日常工艺管理主要有三项内容：一是教育职工遵守工艺纪律，严格执行工艺文件。这就要组织职工学习工艺文件，教育职工养成“三按”（按图纸、按工艺、按操作规程办事）的优良作风和习惯。为保证工艺文件的贯彻，还要把“严格按工艺文件操作”列入岗位责任制。对工艺纪律执行得好的人员应给予表扬和奖励，对违反纪律的人员应给予必要的批评乃至纪律处分。二是及时整顿和改进工艺。三是保证工艺文件的完整统一。

（三）试制鉴定

产品图纸、工艺等技术文件设计出来后，是否能达到预期的质量和经济效果，只有通过试验才能得到证明。因此，在新产品或改进的老产品正式投入生产前，必须有一个试验过程。通过试制，一方面对产品设计、工艺文件、工艺装备等进行验证，通过修改使之定型；一方面使广大职工熟悉和掌握新产品，从而为顺利投入正常生产创造条件。

1. 试制程序

新产品试制一般分为样品试制和小批试制两个阶段。

(1) 样品试制。其目的是考核产品设计质量，考验产品结构、性能及主要工艺，验证和修正设计图样，使产品设计基本定型，同时也要验证产品结构的工艺性，审查工艺上存在的主要问题。为此，必须严格按照设计图样和试制条件进行。样品试制一般在试制车间进行，试制数量可以是一台，也可以是几台。样品试制的工艺准备，应该力求简化，一般只对样品生产必须的工艺进行准备。设计人员要根据试制和试验结果对原设计进行必要的修改或重新进行设计。样品试制是产品设计定型阶段。

(2) 小批试制。其工作重点在于工艺准备，主要目的是考验产品的工艺，检查图样的工艺性，验证全部工艺文件和全部工艺装备，并对设计图样再一次进行审查修改。工艺文件及工装的验证工作，主要是验证它在正常生产条件下（即在生产车间生产条件下）是否能保证所规定的技术条件、质量和良好的经济效果。因此，小批试制要在正式生产线上进行，要使用设计所要求的各种工艺装备，并采用正常的生产组织和劳动组织。这就要求在小批试制前做好各项准备工作。小批试制后要做好总结和调整工作，为生产定型和正式生产作好一切准备。小批试制的批量，依产品和企业情况不同而异，少则几台，多则上千台。

2. 试制与鉴定

新产品装配至鉴定前，要做好试车及试验工作，对样品进行全面检查、试验和调整。鉴定前，产品设计部门要制订试制鉴定大纲，工艺部门要编制试验规程，并会同有关部门准备好所需的工具、仪器和设备。与此同时，还应由车间主任、主任设计师、主任工艺师、技术检查员和装配工人等组成试验（试车）小组。该小组应负责将新产品试验，并作出总结，交企业鉴定委员会进行签定。企业鉴定委员会由企业领导人员，质量管理、设计、工艺等科室，以及有关车间人员和使用单位代表组成。

新产品试制后，必须进行鉴定，对新产品从技术上、经济上作全面评价，以确定是否可以进入下一阶段试制或成批大量生产。通过产品的评价鉴定，能及时发现问题，采取措施加以解决。特别是一些重要的新产品，往往需要经历多次反复评价、鉴定和改进，才能最后形成设计定型和生产定型。忽视这项工作，将给新产品带来不良后果。因此，搞好新产品的鉴定评价是产品开发的重要环节。产品鉴定的内容一般包括：检查产品是否符合已批准的技术文件和国家、部门、企业的技术标准；检查工艺文件、工艺装备是否先进合理；检查零部件和成品的质量，评价产品的一般性能：使用性能、安全性能、可靠性、环境性能、工艺性以及对产品进行技术经济分析等。

新产品鉴定后，企业应根据批准的鉴定书，消除产品缺陷，作好转入下一阶段试制或正式生产的准备。有些产品鉴定后，还需要经过一定范围和一定时间的使用考验，广泛听取用户意见，发现缺陷，加以改进。然后才能得出全面定型结论，投入正式生产。

四、实施自主开发应注意的问题

(1) 充分利用专利制度保护知识产权。

(2) 灵活恰当地进行技术转让。

(3) 注意自主产品的自我完善和持续投入。

第三节　模仿创新和技术引进

一、模仿创新

从技术创新成果进入市场的先后顺序讲，技术创新分为率先创新和模仿创新两类。率先创新是指一个企业先于其他企业而首家将以自创为主的科研成果用于创造经济价值；模仿创新是指企业学习其他企业的率先创新经营行为，为市场提供适销产品、创造收益的过程和活动。模仿主要通过逆向工程或反向工程等手段，制造领先创新者的产品。由于自主创新需要大量的投入和较高水平的技术创新能力，模仿创新已成为许多中小企业技术创新的重要途径。

模仿创新的特点：

(1) 模仿者无需大量的研究开发工作，成本较低，模仿者往往利用价格优势开辟市场。

(2) 由于市场对新产品已有一定程度的认可，模仿者在开辟新市场时风险较小。

(3) 模仿者通过参考创新者比较成熟的技术和经验教训，可以高效快速地实现创新。

(4) 模仿成功的关键在于企业有较强的决策能力、设计和生产能力。

(5) 技术模仿并不等于侵犯知识产权，但模仿创新过程中要合法处理涉及的“专利技术、技术秘密、商标、著作（含软件）权”等知识产权问题。模仿更强调模仿基础上的创新。

日本的实践证明，模仿尚未市场化的创新更行之有效。在前苏联科学家令人震惊地宣布他们已从碳蒸汽中制造出了金刚石膜后，日本国立无机材料研究所立即把这种称为化学气相沉积（CVD）的新技术提供给12家日本公司实验室，其目的是发展一种用于超高速微芯片的金刚石膜。20世纪60年代，当美国通用电气公司最先研究了可用于人造卫星电路和超级计算机芯片的砷化镓后，日本却最先将这种技术商业化、产业化，生产砷化镓元件的年销售额已达14亿美元，占砷化镓元件世界市场的2/3，这些砷化镓元件大部分用于激光器的二极管。

二、技术引进

（一）技术引进的概念、分类

技术引进是企业通过技术转移实现技术进步的主要手段。把技术转让给他人的一方，称为技术输出方或技术转让方，简称为供方；获得技术的一方称为技术引进方或技术承受方，简称为受方。不难看出，“技术引进”和“技术转让”是同一技术转移事件的两个方面。“技术引进”是一个国家或地区的企业、研究单位以一定的方式从同一个国家、地区或其他的国家、地区的企业、研究单位获得先进技术的行为；“技术转让”则是技术输出方通过一定的方式把技术及其相关的产权让与技术承受方的行为；我国政府规定的技术引进是指中华人民共和国境内的公司、企业、团体或个人（简称受方），通过贸易或经济技术合作的途径，从中华人民共和国境外的公司、企业，团体或个人（简称供方）获得技术。其中包括：

（1）专利权或其他工业产权的转让或许可。

（2）以图样、技术资料、技术规范等形式提供的工艺流程、配方、产品设计、质量控制以及管理等方面的专用技术。

（3）技术服务。

由于技术本身具有价值，因此，转让技术多为有偿转让，引进也就多变为有偿引进了。目前世界技术交易市场大多属于卖方市场，特别是高精尖技术的出口国都加强了对转移项目的限制。但是，通过技术转让发展企业间的国际合作是大势所趋，技术贸易正在逐渐取代一般的商品贸易。因此，企业应该有效利用信息手段，通过科学决策和合理的引进方式成功引进企业所需的项目。

技术引进分吸收型和消化型两种。吸收型只对引进技术有所消化并能仿制，但不能作系统改进并纳入自己的技术体系，这种引进实际上还算不上成功的引进。消化型能对引进技术完成消化吸收并经过自主开发改变其原来性质，这种引进才是成功的引进。技术的输出或者引进，实质上是一种商业性质的买卖，买回的技术如果离开本国的消化吸收和研制创新，效果终究是短暂的，只能在一定时期内缩短同国外的差距，无助于消除差距。技术有它自己的生命周期，要保持技术进步，必须不断进行技术创新，离开自己的消化、吸收、创新来谈技术引进，只能成为无源之水，难以持久。如洗衣机，引进单缸技术并实现国产化之后，双缸机技术很快就在中国市场上出现了，等该技术国产化后不久，全自动技术又很快引进了市场。吸收型引进方式使企业很难适应市场的变化。企业应该在重视消化吸收的基础上，培养企业自身的技术创新能力，并通过加强企业、设计、科研机构的联系合作建立诸如科研生产联合体、组织必要的生产协作和专业化研发等形式强化企业及联合体的消化创新能力。随着对外开放和技术引进的深入发展，企业对引进技术的消化、吸收、创新工作虽然采取了一系列措施，但仍然任重道远。

（二）技术引进是企业加快技术创新的重要策略

长期的计划经济体制和企业自主开发工作的不规范使我国工业品制造、设计水平比发达国家落后数十年。绝大多数企业至今没有形成可以与外国公司抗衡的技术创新能力，迅速弥补这一差距的简洁办法就是技术引进。目前，在许多重要的工业产业中，重大的技术进步不是靠我国企业自己的研究发明，而是靠技术引进而实现的。从飞机、汽车到化工、冶金；从电子、通信到纺织、食品，我国不少的行业都依靠技术引进实现了本行业的技术创新。我国许多一流企业如宝钢、海尔、春兰、长虹、嘉陵等，其主要技术、主要设备、主流产品，基本上也都是从国外引进的。

随着科技进步和技术创新速度的不断加快，大部分企业已失去了在整个产品上均具有技术优势的条件，技术开发成本也出现了持续上升的趋势，技术引进与企业间的合作已成为近年来世界上绝大多数国家企业技术进步的主要途径。日本企业对引进的每一项技术都要集中科研力量进行消化、吸收、改进和提高。1950～1975 年，日本引进技术 257 000 项，花了 57.3 亿美元，如果自行研制该费用将高达 1 800～2 000亿美元。日本在电子、电信、电气行业的总研究开发费用中，吸收外国技术费用占 48.1%，本国技术创新费用占 27.5%。日本至今仍然是世界技术成果最大的买主。

技术引进在技术上通常新意不大，但企业要想把它变成“能生产的产品”或“能使用的工艺方法”，必须进行进一步的适应性开发工作。比较重大的技术创新更需要研究开发工作的支持。技术创新的扩散是创新的社会经济效益的根本来源，扩散主要通过创新成果的大面积模仿与技术引进来实现，不断的技术创新和模仿扩散是经济得以持续发展的动力所在。

技术引进的作用在于：节约大量的研制费用和建设时间；多数引进项目高效、可靠，水平一步到位，缩短了与国际水平的差距；引进技术的同时引进了先进的管理方法和竞争机制；引进竞争力强的项目可以打开国际市场；能提高国家科技的起点，避免重复、无效的研究开支，提高国家科技自立、自主的能力，有利于整个国民素质的提高等。

（三）技术引进的内容、原则、方式

技术引进内容。通过国际技术贸易，引进专门技术（如产品设计、工艺知识、测试方法、材料配方等），其中也包括引进必要的关键设备作为消化、改革用的样机；通过广泛的技术交流、合作及各种跨国的学术交流活动，引进国外新的学术思想和科学知识，引进人才；通过引进先进的经营管理方法，充分发挥所引进的先进技术的作用，做到引进技术知识与引进管理知识并举等。通常情况下，引进设备比较简单，但因此学到生产该产品的技术却有一定难度；引进制造技术比较难，双方为此而进行的谈判比较复杂，但是引进技术对提高自身研制能力、掌握产品制造技术具有重要意义。

技术引进的一般原则：先进技术本身是在一定条件下产生的。在技术引进之前应充分考虑这种技术是否能与引进该技术的企业相适应，要经过认真的调查研究，实事求是地分析比较，然后再作决策，避免由于盲目导致的“引进—消化—落后—再引进”的恶性循环。为此，在以下几方面应特别注意：

(1) 引进技术，不能只单纯引进技术及进口设备，还要做好消化、吸收、提高和推广的工作。

(2) 技术往往因国家间的文化、社会、自然状况不同而有所差异，因此，要引进适合国情的技术（包括适应社会需要，具有相应的技术水平和管理水平等）。

(3) 要量力而行。技术引进要花大量外汇，而且有时还可能向技术输出方借贷。这些贷款利息一般较高，偿还期要求严格，企业必须在引进的同时作必须的消化、吸收和创新（日本引进技术的消化费用，常常是引进技术费用的 2～3 倍）。因此在组织技术引进时，首先要考虑资金的承担能力。

(4) 要做好技术经济分析或可行性研究，目的在于保证引进项目在技术上的先进性、经济上的合理性。引进技术要紧密结合行业技术改造，有步骤、有重点地进行；企业要把引进的重点放在软技术上，增强企业的自力更生能力；要以全面长远效益为中心，既要考虑企业的经济利益，又要兼顾国家和社会的利益。

(5) 原则上不宜引进的技术项目主要有：不符合本国市场和消费者需要的技术或市场前景不好的技术；依靠进口材料，很少使用本地材料的技术；不适应本国技术水平，缺乏消化、吸收能力和难以稳定掌握的技术；国内配套困难，连零部件修理也要依赖外国的技术；不能充分利用本国资源（包括劳动力资源）的技术；国内已能解决的技术等。

(6) 要考虑交通运输、通信以及其他技术传播机构等基础设施对技术引进的影响。

（7）在知己知彼、充分调查的基础上，学会谈判技艺，争取少花钱、多办事。

技术引进的方式主要有：产品贸易；包建工程；许可贸易；合作科研、共同设计、合作生产；技术咨询、产品和工艺的评价、审定和改造；派遣专家和人员培训；技术服务等。

（四）技术引进过程中要注意以下问题

（1）技术引进不仅要加强消化吸收，而且要为自主创新做准备，要通过研发工作逐步拥有核心技术，并建立有影响力的产品标准。

（2）技术引进要避免沿着传统的“高投入、高消耗、高污染、低效率”的路子走下去，要落实节约资源、可持续发展的原则。

（3）注重引进方式科学化。打破传统的以关键设备、成套设备为主的技术引进格局，积极采用专有技术许可或转让、技术咨询、技术服务等多种技术引进方式相互交织等形式。此外，随着信息技术的发展，可以采用网上直接下载等新的引进方式。

（4）引进国别多元化，充分利用各国的技术优势，拓展技术引进渠道，打破少数国家对我国的技术封锁。2001 年，我国的技术来源国家和地区共有 55 个，合同金额排在前 10 位的依次为德国、美国、日本、法国、瑞典、香港、奥地利、捷克、韩国和意大利，合同金额 79.92 亿美元，占全部合同金额的 88.65%。近年来，随着我国经济的进一步开放改革，企业作为主要的引进主体，更应该从企业创新的要求出发，合理选择引进对象与国别，全面提高引进水平与效益。

（5）积极采用跨国公司等集团内部的技术转移形式，降低引进费用。当今世界，跨国公司内部的技术转移占全球技术引进的 80%左右。随着经济全球化的加快和中国经济迅速发展，尤其是中国加入 WTO，投资环境日趋完善，越来越多的跨国公司将投资重点转向中国，加强向中国的技术转移。爱立信、西门子、壳牌等公司设在中国的机构就是通过这种方式从国外引进了大量技术。

（6）提高项目技术含量、注重引进软件。我国近年来引进了一大批先进适用技术，如大规模集成电路制造技术、低密度聚乙烯生产技术、焦炉煤气脱硫技术、不锈钢冶炼技术等。在技术引进合同中，技术费占合同总金额的比例也出现了逐年提高的趋势。这样，对进一步创新具有重要的意义。

此外，随着科教兴国、科技兴贸战略的实施，虽然许多企业认识到技术引进的重要性，但在实施过程中普遍存在对国际技术市场不了解，技术引进程序不明白和经验不足等问题，我国技术贸易法律咨询、市场信息等服务体系亟待完善。因此，技术引进服务体系有待进一步完善。

第四节 价值工程思想在技术创新过程中的应用

一、价值工程的概念、意义

价值工程（Value Engineering，VE）又称为价值分析（Value Analysis，VA）是一门新兴的管理技术，是降低成本提高经济效益的有效方法。它是20世纪40年代起源于美国，麦尔斯（L. D. Miles）是价值工程的创始人。第二次世界大战之后，由于原材料供应短缺，采购工作常常碰到难题，麦尔斯发现有一些相对不短缺的材料可以很好地替代短缺材料的功能。后来，麦尔斯逐渐总结出解决采购问题的一套行之有效的方法，并且把这种方法的思想及应用推广到其他领域，例如，将技术与经济价值结合起来研究生产和管理的其他问题，这就是早期的价值工程。1955年这一方法传入日本后与全面质量管理相结合，得到进一步发扬光大，成为一套更加成熟的价值分析方法。麦尔斯发表的专著《价值分析的方法》使价值工程很快在世界范围内产生巨大影响。半个多世纪以来，价值工程为美国经济增长作出了卓越贡献。

我国的国家标准GB 8223-87《价值工程基本术语和一般工作程序》中定义："价值工程是通过各相关领域的协作，对所研究对象的功能与费用进行系统分析，不断创新，旨在提高所研究对象价值的思想方法与管理技术"。其主要思想是通过集体智慧和有组织的活动对产品或服务进行功能分析，使目标以最低的总成本（生命周期成本，指产品从购入开始，经过使用、维修直至报废的全过程的费用总和，主要由购买成本和使用成本构成），可靠地实现产品或服务的必要功能，从而提高产品或服务的价值。

价值工程主要思想是通过对选定研究对象的功能及费用分析，提高对象的价值。这里的价值，指的是反映费用支出与获得之间的比例，用数学比例式表达如下：价值V＝功能F/成本C。提高价值的基本途径有5种，即：①提高功能，降低成本，大幅度提高价值；②功能不变，降低成本，提高价值；③功能有所提高，成本不变，提高价值；④功能略有下降，成本大幅度降低，提高价值；⑤提高功能，适当提高成本，大幅度提高功能，从而提高价值。

二、价值工程的原则、过程与应用

麦尔斯在长期实践过程中，总结了一套开展价值工作的原则，用于指导价值工程活动的各步骤的工作。这些原则是：①分析问题要避免一般化、概念化，要作具体分析；②收集一切可用的成本资料；③使用最好、最可靠的情报；④打破现有框框，进行创新和提高；⑤发挥真正的独创性；⑥找出障碍，克服障碍；⑦充分利用有关专家，扩大专业知识面；⑧对于重要的公差，要换算成加工费用来认真考虑；⑨尽量采用专业化工厂的现成产品；⑩利用和购买专业化工厂的生产技术；⑪采用专门生产工艺；⑫尽量采用标准；⑬以“我是否这样花自己的钱”作为判断标准。这 13 条原则中，第①条至第⑤条是属于思想方法和精神状态的要求，提出要实事求是，要有创新精神；第⑥条至第⑫条是组织方法和技术方法的要求，提出要重专家、重专业化、重标准化；第⑬条则提出了价值分析的判断标准。

进行一项价值分析，首先需要选定价值工程的对象。一般说来，价值工程的对象是要考虑社会生产经营的需要以及对象价值本身提高的潜力。例如，选择占成本比例大的原材料部分如果能够通过价值分析降低费用提高价值，那么这次价值分析对降低产品总成本的影响也会很大。当生产经营中的产品功能、原材料成本都需要改进时，一般可以结合经验分析法、ABC 分析法等共同分析。选定分析对象后需要收集对象的相关情报，包括用户需求、销售市场、科学技术进步状况、经济分析以及本企业的实际能力等。价值分析中能够确定的方案的多少以及实施成果的大小与情报的准确程度、及时程度、全面程度紧密相关。有了较为全面的情报之后就可以进入价值工程的核心阶段——功能分析；在这一阶段要进行功能的定义、分类、整理、评价等步骤；功能定义的目的在于抓住功能的本质、深入分析功能的作用、为使功能合理化或创新功能作准备。经过分析和评价，分析人员可以提出多种方案，从中筛选出最优方案加以实施。在决定实施方案后应该制订具体的实施计划，提出工作的内容、进度、质量、标准、责任等方面的内容，确保方案的实施质量。为了掌握价值工程实施的成果，还要组织成果评价。成果的鉴定一般以实施的经济效益、社会效益为主。作为一项技术经济的分析方法，价值工程做到了将技术与经济的紧密结合，此外，价值工程的独到之处还在于它注重与提高产品的价值、注重通过研制阶段开展工作，并且将功能分析作为自己独特的分析方法。

价值工程已发展成为一套比较完善的管理技术，在实践中已形成了一套科学的实施程序。这套实施程序实际上是发现矛盾、分析矛盾和解决矛盾的过程，通常围绕以下 7 个合乎逻辑程序的问题展开：①这是什么？②这是干什么用的？③它的成本多少？④它的价值多少？⑤有其他方法能实现这个功能吗？⑥新方案的成本是多少，功能如何？⑦新方案能满足要求吗？顺序回答和解决这七个问题的过程，就是价值工程的工作程序和步骤。即选定对象，收集情报资料，进行功能分析，提出改进方案，分析和评价方案，实施方案，评价活动成果。

例如，某采油厂为了达到少投入多产油的目标，在深入调查的基础上，决定采用价值分析的方法试图优化现有方案。首先在全面调查后，技术专家对功能系统进行了分析讨论，列出下列功能系统图，如图 4-10 所示。

（1）计算功能系数。聘请五位专业人员针对三级功能领域的 11 项功能进行了百分制打分，计算功能系数，见表 4-1。

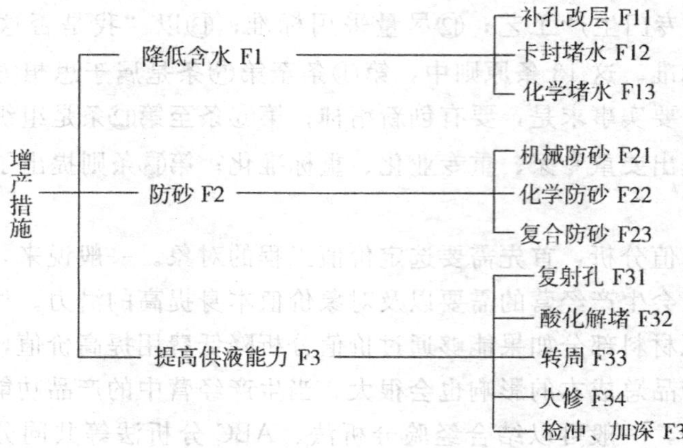

图 4－10 某采油厂的功能系统图

表 4－1 功能评分表

序号	功能	专家评分					总分	功能系数
		一	二	三	四	五		
1	F11	15	14	12	14	16	71	0.101 4
2	F12	1	2	1	2	1	7	0.010 0
3	F13	1	1	0	1	0	3	0.004 3
4	F21	37	34	38	33	35	177	0.252 8
5	F22	1	1	1	1	0	4	0.005 7
6	F23	38	36	39	34	36	183	0.261 4
7	F31	2	1	2	3	1	9	0.012 9
8	F32	1	1	1	0	1	4	0.005 7
9	F33	29	29	28	28	29	144	0.205 0
10	F34	12	11	12	10	11	56	0.079 4
11	F35	9	8	10	7	9	43	0.061 4
	合计	146	138	144	133	139	701	1.000 0

（2）计算功能成本系数。将各项功能的费用按有关规定计算成本投入，求得功能成本系数，见表 4-2。

表 4－2 功能成本系数表

序号	功能	措施井次	单井成本（元）	总成本（元）	成本系数
1	F11	10	24.4	244.0	0.076 3
2	F12	3	20.1	60.3	0.018 9

（续）

序号	功能	措施井次	单井成本（元）	总成本（元）	成本系数
3	F13	2	7.9	15.8	0.004 9
4	F21	37	19.1	706.7	0.221 0
5	F22	1	18.5	18.5	0.005 8
6	F23	30	24.7	741.0	0.231 7
7	F31	6	20.3	121.8	0.038 1
8	F32	1	19.8	19.8	0.006 2
9	F33	14	62.7	877.8	0.274 5
10	F34	8	43.2	345.6	0.108 1
11	F35	12	3.9	46.8	0.014 6
	合计	124	264.6	3198.1	1.000 1

（3）计算价值系数。根据功能系数 F 与成本系数 C 的比值 V=F/C，计算功能价值系数，并进行分析。价值系数 V=1 时，功能系数与成本系数趋于合理；价值系数 V<1 时，一般认为现有功能的成本偏高，应该采取措施提高功能价值，是价值工程的改进对象；价值系数 V>1 时，应该通过考察现有成本对功能的保证能力，确保功能实现。价值系数计算见表 4-3。

表 4-3 价值系数表

序号	功能	功能系数 F	成本系数 C	价值系数 V=F/C	改进对象
1	F11	0.101 4	0.076 3	1.329 2	
2	F12	0.010 0	0.018 9	0.530 3	★
3	F13	0.004 3	0.004 9	0.867 3	★
4	F21	0.252 8	0.221 0	1.144 1	
5	F22	0.005 7	0.005 8	0.976 8	★
6	F23	0.261 4	0.231 7	1.128 1	
7	F31	0.012 9	0.038 1	0.337 5	★
8	F32	0.005 7	0.006 2	0.922 8	★
9	F33	0.205 0	0.274 5	0.747 0	★
10	F34	0.079 4	0.108 1	0.735 2	★
11	F35	0.061 4	0.014 6	4.197 0	
	合计	1.000	1.000		

（4）计算功能的目标成本、成本降低期望值。根据总成本和功能系数，重新

分配功能成本，并以此确定成本降低期望值，见表 4-4。

表 4-4 目标成本计算表

序号	功能	功能系数	目前成本（元）	按功能系数对总成本重新分配（元）	成本降低期望值
1	F11	0.101 4	244.0	324.3	
2	F12	0.010 0	60.3	32.0	28.3
3	F13	0.004 3	15.8	13.8	2.0
4	F21	0.252 8	706.7	808.5	
5	F22	0.005 7	18.5	18.2	0.3
6	F23	0.261 4	741.0	836.0	
7	F31	0.012 9	121.8	41.3	80.5
8	F32	0.005 7	19.8	18.2	1.6
9	F33	0.205 0	877.8	655.6	222.2
10	F34	0.079 4	345.6	253.9	91.7
11	F35	0.061 4	46.8	196.4	
	合计	1.000 0	3198.1	2 398.55	

（5）确定研究与改进对象，进行方案创新，组织方案的技术与经济评价。方案创新应该以提高价值为目标，在进一步调查研究的基础上，充分发挥技术人员和所有相关人员的力量，要从功能和成本两方面综合全面考察，尽量选择采用技术可行、操作方便、经济有效的实施方案。

价值工程虽然起源于材料和代用品的研究，但这一原理很快就扩散到各个领域，有广泛的应用范围。尤其在工程建设和生产发展方面。大的可应用到对一项工程建设，或者一项成套技术项目的分析，小的可以应用于企业生产的每一件产品、每一部件或每一台设备，在原材料采用方面也可应用此法进行分析，具体做法有：工程价值分析、产品价值分析、技术价值分析、设备价值分析、原材料价值分析、工艺价值分析、零件价值分析和工序价值分析等。价值工程不仅是一种提高工程和产品价值的技术方法，而且是一项指导决策、有效管理的科学方法，体现了现代经营的思想。价值工程中的“价值”实际上和经济效益的概念（经济效益=产出/投入）是一脉相承的，因此只要涉及经济效益的活动都可以用价值工程的方法来解决。特别是在当今知识经济时代，价值工程应大力拓展对软功能的应用、研究方面，目前软功能的地位已超越了生产硬件在价值中的地位，随着多品种小批量生产时代的到来，研究机构与研发部门已成为重要的生产部门，研发部门的价值工程意义重大。另外，在企业管理过程中，也可采用这种科学思想和科学技术；例如，对经营品种价值分析、施工方案价值分析、质量价值分析、产品价值分析、管理方法价值分析、作业组织价值分析等。

在价值工程应用过程中，既不能单纯追求降低成本，也不能片面追求提高产品与服务的功能，而是要求提高功能和成本之间的比值，辩证地处理好二者的关系。在大批量生产时期，成本高低决定了企业的命运；但随着人们生活水平的不断提高和对产品适用性要求的发展，率先把握新功能、走创新之路，掌握市场首进权和专利权是企业增强竞争力的关键，一项有效的功能创新所带来的对竞争力的影响可能比成本的下降要明显，注重价值工程中的功能创新的意义越来越突出。

第五节 工业产权保护

温家宝总理指出："保护知识产权，不仅是树立我国国际信用、扩大国际合作的需要，更是激励国内自主创新的需要。保护知识产权，就是尊重劳动、尊重知识、尊重人才、尊重创造，就是鼓励科技创新。"我们一定要从走科学发展道路、建设创新型国家的高度，充分认识加强知识产权保护的重要意义。

中国政府十分重视知识产权保护工作。在知识产权保护工作主要取得了以下成绩：一是建立健全了符合国际通行规则、门类比较齐全的法律法规体系；我们先后公布实施了商标法、专利法、著作权法、反不正当竞争法、计算机软件保护条例等知识产权方面的法律法规，按照WTO的要求全面清理和修订了有关法律法规和规章，加入了一系列知识产权国际公约，积极履行保护知识产权的国际义务。二是建立起具有鲜明特色的知识产权保护工作体系和协调机制。中国专门设立了国家知识产权局、国家工商总局商标局、国家版权局，分别负责专利、商标、版权等方面的事务；同时，在海关、公安、检察院和法院设立了相应的知识产权工作机构，形成了行政执法与刑事司法相衔接的工作体系。三是扎实开展了保护知识产权专项行动，查处了一批大案、要案。四是切实加强了宣传和教育工作。

在技术创新过程中，无论企业通过自主开发实现了产品或工艺创新之后希望成为技术交易过程的输出方，还是希望通过技术引进达到技术水平提高的目的而成为技术的输入方，都必须处理好知识产权的有关问题。

一、知识产权的定义

从广义上说，知识产权泛指人类就其智力创造的成果依法享有的专有权利。知识产权可分为两大类：第一类是创造性成果权利，包括专利权、集成电路权、植物新品种权、专有技术权、版权（著作权）、软件权等；第二类是识别性标记权，包括商标权、商号权（厂商名称权）、其他与制止不正当竞争有关的识别性标记权利（如产地名称等）。

狭义的知识产权仅包括工业产权和版权。其中，工业产权包括专利权、商标权和制止不正当竞争权。

二、知识产权的主要类型

1. 专利权

我国专利法规定保护的对象为发明、实用新型和外观设计三种类型的专利。

(1) 发明专利。发明是对特定技术问题的新的解决方案，包括产品发明（含新物质发明）、方法发明和改进发明（对已有产品、方法的改进方案）。

(2) 实用新型专利，指对产品的形状、构造或者其结合所提出的适于应用的新的技术方案。

(3) 外观设计专利，指对产品的形状、图案、色彩或者其结合所作出的富有美感并适于工业应用的新设计。

2. 商标权

商标是企业在其生产、制造、加工或者经销的商品或提供的服务项目上使用的，由文字、图形或者其组合表示的具有显著特征、便于识别的标记。商标权包含使用权、禁用权、续展权、转让权和许可使用权等。

3. 制止不正当竞争权

应当限制的不正当竞争行为包括：

(1) 假冒他人注册的商标；擅自使用知名商标特有的或近似的名称、包装、装潢；擅自使用他人企业名称；在商品上伪造或者冒用认证标志、名优标志、产地。

(2) 限定他人购买其指定的经营者的商品，限制外地商品流入本地市场或本地商品流向外地市场。

(3) 采用财物或其他手段进行贿赂以销售或购买商品（可以用明示的方式给对方折扣、给中间人佣金，但须入账）。

(4) 利用广告或其他方法对商品质量、制作成分、性能、用途、生产者、有效期限、产地等作令人误解的宣传。

(5) 以盗窃、利诱、胁迫或者其他不正当手段获取他人的商业秘密；披露、使用或允许他人使用上述不正当手段获取的商业秘密；违反约定或要求，披露、使用或允许他人使用其所掌握的商业秘密。

(6) 以排挤竞争对手为目的，以低于成本的价格销售商品。

(7) 采用谎称有奖或故意让内部人员中奖的欺骗方式进行有奖销售，利用有奖销售的手段推销质次价高的商品。

(8) 捏造、散布虚假事实，损害竞争对手的商业信誉和商品声誉。

(9) 串通投标、提高标价或压低标价。

由于专利与技术交易之间的关系最为密切，以下重点讨论专利问题。

三、专利的法律保护

（一）专利制度

专利制度是依照专利法授予发明创造的专利权，借以保护、鼓励发明创造，促使发明创造推广应用，推动科学技术进步和经济发展的一种法律制度。

专利制度的特点是：

第一，专利申请制。专利取得的前提是申请人必须提出专利申请。我国和大多数国家都采取“申请在先”原则，即专利权只授予最先提出申请的申请者。

第二，专利审查制。专利审查是对提出专利申请的发明创造进行形式和实质性的审查。

第三，公开性。专利申请者须将其发明创造的主要内容写成详细的说明文件，经审查合格后以专利说明书的形式向世界公开通报。

专利制度具有法律保护和信息传播两大作用。专利制度提供法律保护，有利于保障发明者的权益，促进和鼓励发明创造，从而推动技术进步。有了专利制度的保护，就可以将发明创造公开，大量的专利文献为技术信息的传播提供了畅通的渠道。

（二）专利法

专利制度的核心是专利法。专利法是调整发明创造者、发明所有人和发明创造使用者之间对于发明创造的所有和使用行为关系的法律规范。

1. 专利法保护的主体

专利法保护的主体是发明人或设计人。我国专利法保护的发明创造有职务发明和非职务发明之分。非职务发明创造是指不在任何单位工作的人员以及单位工作人员退休后所完成的发明创造，或者虽然是单位的工作人员，但不是执行本单位的任务，也不是主要利用本单位的物质条件所完成的发明创造。对非职务发明创造，专利权归发明人或设计人。职务发明创造则是以执行本单位的任务或者主要是利用本单位的物质条件所完成的发明创造。对于职务发明创造，申请并获得专利的权利属于单位，但专利权的所有或持有单位应当对发明人或设计人给予奖励。

发明创造申请专利的权利可以转让和继承，但合法受让人或继承人在申请专利时必须注明发明人或权利人的姓名。

2. 专利法保护的客体

专利法保护的客体是可以取得专利保护的发明创造，包括发明、实用新型和外观设计。一项发明创造要取得专利权必须具备以下三个条件：

第一，新颖性。发明专利和实用新型专利必须是在申请日以前没有同样的发明或者实用新型在国内外出版物上公开发表过、在国内公开使用过，或者以其他方式为公众所知，也没有同样的发明或者实用新型由他人向专利局提出过申请；外观设计必须是同申请日以前与在国内外出版物上公开发表过或者国内使用过的外观设计不相同或不相近。

第二，创造性。发明必须是同申请日以前已有的技术相比有突出的实质性特点和显著的进步；实用新型必须是同申请日以前已有的技术相比有实质性进步。专利申请对实用新型的创造性的要求比对发明的要求要低一些。

第三，实用性。发明或者实用新型必须是能够制造或使用，并能够产生积极效果。对违背自然规律、不具备再现性、脱离实际而无法实现、方法的使用领域不属于工业及缺乏有益性而不能产生积极效果的技术不能授予专利权。

四、专利的申请、审查与批准

（一）专利的申请

发明创造要取得专利权，必须由有权申请专利的人按照专利法的规定向专利局提交专利申请文件。申请发明或者实用新型的申请文件包括请求书、说明书及其摘要、权利要求书等；申请外观设计专利的申请文件包括请求书以及外观设计的图片或者照片等。

请求书主要用于说明两方面的情况：一是有关发明或者实用新型的情况；二是与发明或者实用新型有关的人的情况。

说明书用于具体说明发明或者实用新型的实质内容，起着公开发明创造的作用。它必须对发明或者实用新型作出清楚完整的说明，使任何一个具有该专业一般技术水平的技术人员能够实现该发明或者实用新型。说明书的主要内容有：名称、所属的技术领域、有关的背景技术、目的、技术方案、与背景技术相比所具有的有益效果、附图。

权利要求书是确定专利保护范围的法律文件。它应当以说明书为依据，说明专利保护的范围。说明书中叙述过的技术特征只有在权利要求书中体现出来才能得到保护。

（二）专利申请的审查和批准

我国专利法规定，对发明专利申请采用早期公布、延迟审查的制度，对实用新型和外观设计专利申请采用初步审查的制度。

发明专利申请的主要审查程序是：

（1）初步审查：专利局对申请是否符合专利法及其细则规定的形式要求以及是否存在明显的实质性缺陷进行初步审查。

（2）公布专利申请：发明专利自申请日起满 18 个月即行公布，也可根据申请人的要求早日公布。自公布之日起至公告授予专利权之日前，任何人均可以对不符合专利法规定的申请向专利局提出意见。

（3）请求实质审查：发明专利申请自申请日起 3 年内，专利局可以根据申请人随时提出的请求，对其申请进行实质性审查；申请人无正当理由逾期不请求实质审查的，该申请视为撤回。

（4）实质审查：专利局对发明专利申请是否符合授予专利权的实质性条件进行实质审查。经审查认为不符合授予专利权条件的，要求其在指定期限内陈述意见或对申请进行修改，申请人逾期不答复的，被视为撤回。

我国对实用新型和外观设计专利申请只进行初步审查，不进行实质审查，其初步审查的内容与发明专利申请基本相同。

发明专利申请经实质审查没有发现驳回理由的，实用新型和外观设计专利申请经初步审查未发现驳回理由的，由专利局作出授予专利权决定，向申请人发出通知。

五、专利的法律保护

（一）专利保护的范围

发明或实用新型专利权的保护范围以其权利要求书中陈述的内容为准。

产品发明和实用新型专利保护范围一般包括具有同样特征、同样结构和同样性能的产品，而不论是用说明书中叙述的方法还是用其他方法制造的均属保护范围之内。方法发明专利的保护范围一般包括所有具有相同特征、相同参数和相同效果的方法。用途发明专利的保护范围通常限制在权利要求书中直接提到的用途。外观设计专利权的保护范围以表示在图片或者照片中的该外观设计专利产品为准，而不以用何种方法制造为准。

（二）侵犯专利权的行为

未经专利权人许可，为生产经营目的，制造、使用、销售或进口专利产品，或者使用专利方法以及使用、销售依照该专利方法直接获得的产品，或者制造、销售外观设计专利产品，以及进口依照专利方法直接获得的产品的行为，均属侵犯专利权的行为。

侵犯专利权的行为有直接侵权行为与间接侵权行为之分。直接侵权行为是指侵权人自己直接制造、使用或者销售他人的专利产品，或者使用他人的专利方法，或者制造、销售他人的外观设计专利产品；间接侵权行为是指侵权人向他人提供属于专利保护的发明创造的重要组成部分，或者为实施专利发明创造，向他人提供了必要手段，从而构成他人直接侵犯专利权的行为。

侵犯专利权必须承担民事责任，承担形式包括：

（1）停止侵权行为。

（2）赔偿侵权行为给专利权人造成的财产减少和应得而未得利益的损失。

（3）给专利权人信誉造成损害的应采取必要的措施恢复专利权人的信誉；若侵权人的违法行为触犯刑法构成犯罪的，要追究刑事责任。

案例分析

海信集团的技术创新体系

海信集团把技术创新作为集团赢得市场的主要战略，不仅为此投入了大量的资源，而且建立了适于不断技术创新的组织机构、形成了一整套有效运作的机制。据调查，目前海信用于技术创新的投入已占到年销售收入的4%，年开发新产品、新技术140余项，新产品收入占销售总额的85%以上。经过几年的建设与投入，海信已经形成了以技术创新能力为特征的核心竞争能力。

海信技术创新体系的核心是技术中心。技术中心于1995年末成立，海信先后投入该中心7亿元的技改费、3亿元的研发费，为中心实现无纸化开发系统奠定了基础。海信为了激发技术创新中心的活力，将技术中心变成独立的法人实体，赋予其技术经营权，公司委托技术中心开发技术和产品，然后按课题成果支付开发费用，在集团内部形成了一个按市场规律运作的模拟技术市场。技术中心以数字技术为基础，以网络信息技术发展为主要研究方向，从事"数字电视技术、空调制冷技术、数字音响技术、计算机技术、网络技术、数字压缩技术、微波及通信技术"相关产品的研究、开发与应用。中心拥有36台CAD工作站，168台开发用微机、激光成型设备、电磁兼容实验室等先进设施。海信非常重视科研开发队伍的建设工作，并通过提高个人收入、住房安置及提供技术交流机会等方式，使海信技术中心的人员素质、开发能力不断提高，从而形成了一个良性循环。在此基础上，技术中心建立了基础研究—应用研究—开发项目研究三者相结合的科技开发体系。

组织结构、运行机制、技术创新流程构成了海信的技术创新体系的主要内容。

海信的技术创新的组织结构包括决策与管理系统、研究开发系统、技术成果转化协作系统和群众性技术创新体系4个子系统构。决策与管理系统由决策层、决策咨询层和管理执行层构成；决策层是由集团管理班子成员及生产、营销、财务等部门负责人组成的技术委员会，负责创新规划、研究开发计划、重点技术创新工程项目和重大研究开发课题及有关经费预算等；决策咨询层是从山东大学、青岛大学、清华大学、西安交大等高校和有关研究开发机构聘请部分专家组成专家咨询委员会，负责技术创新的决策咨询及重大项目的评估等；管理执行层由集团技术质量推进部、技术中心及各子公司的总工程师、科技管理职能部门组成，负责技术创新的日常管理。技术中心是海信研究开发系统的主体，是集团产业与产品的孵化器，集团空调公司、计算机公司、软件公司都是由技术中心下属的研究所衍变派生出来的。这种"孵化"模式，使企业走向市场后能很快进入角色，发展壮大。技术成果转化协作系统是由技术中心与各子公司开发机构、生产线上技术人员之间通过指导与协作关系联结而成的。技术中心依据集团技术委员会和专家委员会制订的长期项目规划，通过下设的12个研究所进行中、短期项目的研究与开发工作，而具体产品的设计、上线生产则由各子公司的技术处负责。为了保证突破性创新的进一步优化和实现渐进性创新，海信在企业内部还通过设立科技进步奖、技术革新与合理化建议奖等方式，鼓励广大员工在本职岗位上开拓创新，形成了具有良好群众基础的群众性技术创新体系。

运行机制是创新行为实现的制度保证。①市场拉动与目标拉动机制将海信技术创新定位于集团的事业发展和市场开拓，要求技术创新项目以提高市场占有率及获取商业利润为目标，不断寻找市场空间，创造新的市场卖点。②利益驱动与激励机制，海信通过采用课题招标制、项目承包制、科研梯队“导师制”、科研成果转化提成制、个人技术入股等一系列措施，设立了科技进步奖、技术革新与合理化建议奖，激励、奖励在海信技术创新工作中作出创造性贡献的个人和集体。③优胜劣汰的人才流动机制，海新技术中心每年都要将被淘汰的10%～15%缺乏创新精神的技术人员安排在生产经营第一线，同时，在生产一线选拔部分懂工艺、有思路、有创新精神的技术人员充实到技术中心。这样的人才、岗位的合理流动既保持了技术中心应有的创新活力，又加强了生产一线的技术力量，对强化技术中心与公司之间的技术转移具有重要作用。④动态管理与风险约束机制，在研发项目管理中，海信注重项目实施的过程管理。要求既能迅速处理项目实施过程中出现的需要协调处理的问题，又能密切关注有关技术领域的相关工作的成果及其法律状态并及时调整相关的研究计划。在实际工作中，海信还允许有10%的失败概率，以鼓励创新。⑤引进、联合与自主创新相结合的机制，海信也是靠引进技术起家的，但在引进世界一流技术的同时注重联合创新，海信先后战略性地选择了英特尔、东芝、飞利浦等外国著名跨国公司和国内10多所大学、研究开发机构建立了密切的技术合作关系；目前，随着技术中心科技研发力量的不断加强，海信更注重技术的自主开发。海信引进与创新费用之比达1∶5，部分项目达到1∶15，远远高于国内企业的10∶1，有的项目还略高于发达国家的1∶10。

海信技术创新全过程通常有三个主要阶段组成，即创新决策、创新实施和创新实现。在创新决策阶段，海信注重以国家政策计划或市场为导向，以企业能力与储备为基础，把科技进步与市场需求在企业行为中有机地结合起来。在创新实施阶段，注重通过更新设备或工艺、提高劳动者素质、采取新型材料等途径改变企业的技术基础，把技术创新成果有效地转化为企业的直接生产力。在创新实现阶段，注重通过积极的销售活动和售后服务，使创新产品迅速进入市场，占有、巩固并不断扩大市场，以实现创新的最终目标——使企业实现获得社会经济效益的过程。

讨论题：

1. 制度创新对海信技术创新的作用是什么？
2. 海信是如何处理自我创新与技术引进之间的关系的？
3. 分析海信的技术创新组织与运行机制。
4. 海信是如何调动技术创新人员的积极性的？

思 考 题

1. 什么是技术创新？技术创新与发明之间的关系是什么？
2. 影响企业技术创新的主要因素有哪些？
3. 产品的生命周期包括哪些阶段，各阶段技术创新的重点是什么？
4. 技术创新有哪些类型？
5. 新产品设计要经过几个阶段？
6. 工艺管理工作包括哪些内容？
7. 新产品试制程序中的样品试制和小批试制的目的各是什么？
8. 技术引进的原则、意义是什么？
9. 价值的概念是什么？价值工程的原则与主要过程是什么？
10. 企业应如何保护专利权？

作 业 题

一、选择题

1. 推动技术创新活动的原动力是（ ）。

A. 科学家 B. 工程师 C. 企业家 D. 发明者

2. 技术创新开始于研究开发，完成于（ ）。

A. 产品试制 B. 产品正式投产 C. 实现市场化 D. 产品衰退期结束

3. 青岛某玻璃厂在市场竞争达到白热化的阶段，果断地投资 1 000 多万元用于改造两个生产炉窑，并淘汰了 5 条旧的生产线，从而使产品质量提高了，单位产品成本也降低了。这一创新属于（ ）。

A. 产品创新 B. 工艺创新 C. 重大创新 D. 渐进性创新

4. 无线电、晶体管、计算机的发明导致的大量创新均为（ ）。

A. 技术推动模式　　B. 需求拉动模式
C. 技术推动与需求拉动相结合的交互模式　　D. 企业创造需求的模式

5. 新产品不一定是全新产品，也可以是（ ）。

A. 改进了的老产品　　B. 改变包装和改善了产品性能的老产品
C. 增加新用途的老产品　　D. 再次引起市场关注的老产品

6. 具有“产品的生产方法尚未定型，质量和性能有待进一步改进，制造成本高”的特点的阶段属于产品生命周期中的（ ）。

A. 研发期 B. 导入期 C. 成长期 D. 衰退期

7. 一般情况下，以下哪一个阶段是生产技术准备中工作量最大、周期最长的阶段(　　)。

A. 设计准备　B. 工艺文件的编制　C. 工装的设计制造　D. 试制鉴定

8. 工艺装备系数大，意味着(　　)。

A. 通用工艺装备多，对工人的技术水平要求高

B. 专用工艺装备多，自动化程度高，生产效益好

C. 要增加工艺装备的设计、制造和维修费用

D. 产品产量小时，生产成本相对较高，可能效益不好

9. 模仿创新是工业后进国家快速创新、缩小同发达国家差距的一种行之有效的捷径，原因在于(　　)。

A. 模仿就是造原样仿制，因此，成本低、风险小

B. 模仿的关键在于消化吸收，在模仿中有所创新

C. 模仿者无需做大量的研发工作，成本较低，拥有价格优势

D. 模仿对象是在市场上有示范作用的优秀成果

10. 对企业而言，合作创新的合作者可以是(　　)。

A. 研究院所、高校等科研机构　　B. 在技术上有合作关系的中外企业

C. 竞争者　　D. 供应商　　E. 顾客

二、判断题

1. 技术创新就是技术发明，是一种科技行为。(　　)

2. 产品创新属于重大创新，工艺创新属于渐进性创新。(　　)

3. 模仿创新的市场效果不如自主创新。(　　)

4. 技术创新对企业而言是一种全员创新的活动。(　　)

5. 系列技术创新的过渡阶段中，产品创新频率大大下降，工艺创新频率迅速升高。(　　)

6. 新产品因为具有先进性和独创性，因此和老产品没有关系。(　　)

7. 产品生命周期就是某一产品的使用寿命。(　　)

8. 产品处于投入期时，企业技术创新的策略应是在征询客户意见的基础上优化产品设计和工艺过程，主要通过渐进性创新使产品在市场上能够站稳脚并具有一定的竞争力。(　　)

9. 生产技术准备过程中，产品设计阶段不一定需要考虑工艺要求和企业正常生产过程的特点，市场是产品设计的指挥。任何产品批量的生产过程都需要工艺路线卡、工艺卡、工序卡、工艺守则四种工艺文件。(　　)

10. 模仿创新是一种侵犯知识产权的行为。(　　)

11. 样品试制和小批试制都应该在生产现场进行，目的是检验生产现场是否具有要求的生产能力。(　　)

12. 价值工程方法中的价值的概念就是指商品的价值。(　　)

13. 技术转让和技术引进是同一技术转移事件中的两个方面。(　　)

14. 专利保护是一种永久性的发明权保护措施。(　　)

15. 技术创新不仅是一个单纯的技术问题，更是一个管理问题。(　　)

第五章 营销管理

引 言

西南航空公司是美国最成功的航空公司之一。在20世纪90年代，美国的航空业面临严重的衰退，而西南航空公司则是世界上少数几家保持盈利的航空公司之一。西南航空公司成功的原因之一是：公司的CEO赫布·凯莱赫专门设计了一套能够满足顾客需求的、低价格的、可靠的和便捷的航空服务系统。西南航空公司能够获得顾客较高的忠诚度，因为它的生产系统所提供的产品具有顾客所需要的品质：可靠、便捷和低价。

西南航空公司对生产系统中的每一个要素都进行了调整以满足顾客对低价、便捷、可靠的航空旅行的需求。例如，西南航空公司在机舱服务中取消了提供饭食和头等舱座位。公司只飞一种型号的飞机，就是节油的波音737飞机，这使得训练和维护成本大大降低。公司这样做都是为了让顾客享受到低价。公司还采取了一系列措施来提高可靠性和便捷性。

技术飞速发展、市场不断扩大、竞争不断加剧、环境不断变化，现代企业处于一个全新的、动态变化的环境里，面对更加挑剔、更加成熟、需求更加分散和多样化的顾客群体，市场营销逐渐成为企业的一项核心职能，成为企业获取和保持竞争优势的重要途径。市场营销是个人和群体通过创造并同他人交换产品和价值以满足需求和欲望的一种社会管理过程。为了实现市场营销的目标，就需要对营销活动进行管理。

第一节 营销管理概述

一、市场营销在现代企业中的作用

企业作为一个独立经营的经济实体，它的存在就是为了不断满足人类的物质和精神等各方面的需要，为社会提供有用的产品和服务，在此过程中实现企业的目标。现代企业是在现代市场经济环境下展开生产经营活动，企业作为一个动态开放的系统，不断与外部环境进行物质与能量的交换。现代市场经济是一个竞争的经济，同时也是开放的经济、动态的经济。在现代市场经济下的现代企业面临的竞争程度越来越激烈，这种竞争既存在于国内企业之间，也存在于国内企业和国外企业之间。随着技术的快速进步、人类的生产能力大大提高，许多商品从短缺走向饱和、过剩，如何更好地满足消费者的需求、取得消费者的满意、保持顾客的忠诚是决定企业生存与发展的重大问题。市场营销成为现代企业的一个核心职能，和企业的研究开发、生产制造、人力资源、物流供应、财务运作等一起成为企业价值链中的重要环节。

进入 21 世纪，企业所处的环境发生了巨大的变化，使得市场营销在现代企业中的作用日益重要。这种变化表现在以下五个方面。

(1) 经济全球化进程加快，全球市场逐渐形成，竞争加剧。根据联合国贸发会议的统计，2004 年，全球商品出口总值 8.97 万亿美元，全球商品进口总值 9.24 万亿美元。全球跨国公司的数量至少达到 6.4 万家。跨国公司在全球范围内配置资源，建立起全球生产、营销体系，改变了各国经济联系的内容，使国际分工进一步深化。跨国公司的扩张导致了全球竞争的加剧。

(2) 全球范围内人均收入水平提高，收入分配不平衡，收入差距扩大。20 世纪 90 年代，西方世界已经走出“滞涨”怪圈，美国经济持续十年强劲增长；欧元诞生，欧洲货币一体化进程加快，欧洲经济平稳增长；拉美国家走出了 20 世纪 80 年代初“债务危机”的阴影；俄罗斯等经济转型国家停止了多年的经济负增长；东亚经济虽然经受了 1997 年亚洲金融危机的冲击，目前经济依然保持快速增长。

(3) 信息技术飞速发展，知识经济已见端倪，人类正由工业社会向信息社会、服务社会转变。截至 2005 年 12 月 31 日，我国网民人数达到 1.11 亿，比 2004 年末增加了 1700 万，增长率达到 18.1%。我国网民普及率达到 8.5%，目前全球网民约 9.7 亿，平均普及率为 15.2%。现代信息和网络技术已经极大地改变了人们的生产和生活方式，人们的消费观念、消费行为也经历着巨大的变革。信息和网络技术的“时空压缩”效应，大大提高了信息以及资源的流动速度，极大地提高了效率，它对市场的放大效应也将逐渐显现出来。

(4) 买方市场逐渐形成，消费者的选择在交易中的作用提高。根据中国商务部 2005 年上半年的统计，39 个行业的 900 种商品库存量比上年同期提高 19%，面临供过于求的局面。随着新能源的发现、新技术的开发和新材料的应用以及劳动者技能的不断提高，人类的生产率迅速提高，生产能力迅速扩大，人类由短缺经济走向过剩经济，许多产品由传统的卖方市场变为买方市场，消费者的选择在市场交易中起着越来越重要的作用。

(5) 顾客需要多样化、个性化，需求水平提升，需求层次丰富。随着经济的发展和人均收入水平的提高，人们的需求层次提高，需求差异扩大，这也给企业营销提出了新的要求。例如，对汽车行业，多元化、个性化需求是未来汽车消费的潮流。今后在车市盛行的产品将不再以品牌、车型、价格或排量区分，而是以功能来加以区别。是妇女车、高龄车、福利车、娱乐车、经理车、休闲车、新生代车，还是极具魅力的怀古车，将成为人们选购汽车的主要甄别项目。个性化的汽车订制已被提上议事日程，上海大众率先在生产上引进了可实现订单式生产的FIS系统，该系统对生产过程进行信息化改造，能让每一辆车都有自己的“个性”。

以上这些变化，都对现代企业的生存和发展提出了新的要求。企业需要加强市场营销的职能，改变传统观念，重新组织和调配企业的各种资源，只有这样才能适应环境的变化，实现企业的目标。

二、市场营销的概念

市场营销是个人和群体通过创造并同他人交换产品和价值以满足需求和欲望的一种社会管理过程。市场营销的主体是“人和群体”，市场营销的目的是“满足需求和欲望”，市场营销的手段是“交换”，市场营销的载体是“产品”，市场营销的本质是“社会管理过程”。它涉及以下几个核心观念：需要、欲望和需求；产品；效用、费用和满足；交换、交易和关系；市场；市场营销和市场营销者。

需要是和人的生理及心理相联系的基本要求。欲望是指人希望得到更深层次的需要的满足，如“吃讲营养、穿讲式样、住讲宽敞”，就是人追求更高层次满足的欲望。人的欲望是无限的，并受到外界环境的影响。需求是指针对特定产品的欲望，当消费者有支付能力且愿意购买某种产品时，欲望就形成了需求。市场营销就是关注人们的需要、欲望和需求，并有效地满足它。

产品是满足人们某种需要和欲望的一切商品和服务，既包括有形的产品也包括无形的服务。

消费者购买产品，是因为它能够满足人们的某些需要，能够给人们带来满足。产品能满足消费者需要组合的能力就是产品的效用，产品对消费者具有效用。消费者购买产品需要支付一定的货币，也就是需要花费费用。消费者选择购买产品时，就是在一定的费用支出下，追求获得最大的效用。

一般认为，市场是买卖双方聚集交易的场所，是各种交易关系的总和。现代市场营销理论认为，市场是由一切具有特定的欲望和需求并且愿意并能够以交换来满足此欲望和需求的潜在顾客组成的。从顾客的角度来定义市场，实际上是针对某种产品的买者的集合，与此相对应的卖者的集合则构成了产业。

市场营销泛指与市场有关的一切活动。市场营销的目的就是更好地满足人类的需求和欲望。市场营销的主体是通过积极的活动，促进交易实现的人和群体，我们称之为市场营销者；被动的一方称为目标公众。通常情况下，市场营销者是服务于最终用户，同时又面临竞争的企业。

三、市场营销观念的演变

任何市场营销活动，都是在一定的营销观念指导下进行的。指导企业市场营销活动的观念先后有生产观念、产品观念、推销观念、市场营销观念和社会营销观念等。

（一）生产观念

最早期的生产观念认为，消费者喜欢那些随处都可买到的、价格低廉的产品。因此，企业就通过努力提高生产效率，并扩大销售范围来实现销售和盈利目标。在短缺经济的情况下，生产观念是指导市场营销的有效观念。

（二）产品观念

产品观念认为消费者最关心产品的质量、性能和特色。因此，企业的任务就是设计、开发、生产优良的产品，并不断改进。产品观念认为消费者需要的是产品本身，没有意识到消费者真正需要的是产品提供的功能，因此，和生产观念一样，它也是定位于生产者，较少与消费者沟通，这往往会导致“营销近视症”——过分重视产品而忽略顾客需求。

（三）推销观念

推销观念认为，如果对消费者置之不理，他们就不会大量购买本企业的产品，因此，企业应该努力进行推销和促销来扩大销售。

（四）市场营销观念

20 世纪 50 年代，随着战后生产的发展，市场竞争加剧，市场营销的重要性得到了重视，产生了市场营销的新观念，这相对于以前的观念是一个巨大的进步。市场营销观念认为，要达到组织的目标，关键是正确确定目标市场的需要和欲望，并比竞争对手更好地满足它。市场营销观念围绕目标市场的顾客需求，开展市场营销活动，通过满足消费者需求来创造利润，实现企业的目标。与传统观念相比，市场营销观念是一种市场导向的观念，它们之间有着本质的区别。目标市场就是企业选择为之服务的顾客群，他们对企业的产品有着特殊的需要，企业可以通过与消费者的沟通以及市场调查等了解这些需要，并协调企业的各个部门和人员（既包括销售部门和人员，也包括生产、设计、服务等部门和人员）来有效地满足顾客的需要。市场营销的目的在于通过满足顾客的需求实现企业的目标，主要是盈利目标的实现。

（五）社会营销观念

最近几年，随着环境恶化、资源耗竭、人口爆炸、收入不均等一系列环境问题和社会问题的出现，产生了社会营销观念。此观念认为，市场营销应该充分考虑社会的福利。也就是市场营销不但要满足目标市场的需要，同时也要改进社会福利，以使社会大多数人都有利。如用新型的包装材料包装食品，既可以满足消费者的需要，又减少了污染和生态破坏，对社会是有利的，这就反映了关注社会福利的社会营销观念。

四、市场营销和顾客满意

现代企业处于买方市场的环境中，消费者的选择范围非常大，他们面对着众多的选择机会，因此，企业就需要为顾客提供高质量的产品、优质的服务，以取得顾客满意；否则，企业就可能失去市场，被竞争者战胜。现代市场营销理论认为，顾客通常按照价值估价行事，他们追求价值的最大化，市场营销的成功，关键就在于为顾客提供最大的让渡价值，保持顾客的满意水平。

顾客从产品中期望得到的价值包括产品价值、服务价值和形象价值等，它们共同组成整体顾客价值。顾客购买产品要花费成本，包括货币成本、时间成本、体力成本和精神成本，这构成了整体顾客成本。整体顾客价值与整体顾客成本之差就是顾客让渡价值，顾客就是按照让渡价值最大化来决定产品的购买的。顾客是否满意，取决于从产品得到的绩效或产出与期望的比较，是一种感觉状态的水平。因此，满意水平是绩效与期望差异的函数。如果绩效小于期望，顾客会不满意；如果绩效等于期望，顾客会满意；如果绩效大于期望，顾客会十分满意、高兴或喜悦。企业进行营销，可以从改善绩效与期望两个方面入手，以适当的成本保持顾客合适的满意水平，建立顾客对企业以及产品的忠诚。顾客的期望、所设想的绩效以及满意水平是不断变化的，因此，企业也需要动态跟踪顾客这些方面的变化，并监视竞争对手这方面的情况，以确定合适的营销对策。

为了取得顾客满意、保持顾客忠诚，企业应进行系统的考虑，树立全员营销的意识，从设计、生产、销售到配送等各个环节来满足顾客的需求，实行全面质量营销，实现顾客的满意。世界上最大的营销部门也难以弥补有缺陷的产品和服务所产生的问题。很多日本企业在全球经营的成功，和它们出色的产品质量有很大关系。现代企业如果要想在竞争中立足，必须采取全面质量管理。通用电气公司董事长约翰·韦尔奇说："质量是我们保持顾客忠诚、抵御外国竞争的最好保证，同时也是保持企业稳定增长与收益的唯一途径。"质量是产品或服务满足顾客现实或潜在需要的特性的集合。对市场营销来说，就是通过全员和全过程的努力，为顾客提供高质量的产品、优质的服务，既向顾客传递生产质量，也向顾客传递营销质量，使顾客从产品以及企业提供的服务中感到满意，这就是全面质量营销的要求。

五、市场营销的新发展

经济环境的变化和市场营销理论和实践的不断深化，推动了市场营销的不断发展与创新。信息技术的发展和网络的普遍应用为市场营销的手段创新提供了技术条件。近十几年来，新的营销理论和实践不断涌现，推动了市场营销学科的发展。这些变化一个方面表现为对顾客价值和顾客关系的重新认识，导致了客户关系管理（CRM）的提出；另外一个方面是信息网络技术的发展和广泛应用导致的网络营销的发展。当然还有许多营销观念变化而提出的新的营销理论等。

（一）客户关系管理

近年来，随着市场竞争的日益激烈，企业管理的重心正从内部向外部扩展，从生产制造向客户关系管理转移。在市场竞争中，越来越多的企业认识到拥有稳定、忠诚的客户资源是企业竞争的致胜法宝。如何快速地响应客户的要求，提高客户的满意度；如何留住老客户，与其建立长久的、紧密的相互关系；如何吸引新客户、潜在客户，使他们转变为老客户；如何使市场营销、销售、售后服务等部门共享客户信息；如何使客户信息为企业各项经营决策提供支持，这些都是企业生存发展中不可回避的问题，也正是客户关系管理要解决的问题。客户关系管理是发现潜在客户，密切了解他们，并且树立对组织及其产品良好的长期形象的一个过程，从而使客户在市场中选择他们。

客户关系管理涉及客户发掘、客户维系和客户资产三个方面。客户发掘就是通过营销努力发掘新的客户或新的潜在客户，扩大企业的客户基础。它包括发掘新的第一次购买的用户，发掘新的尝试者、新的询问者，将尝试者和询问者转化为用户等。客户的维系就是努力留住客户，将单次购买的客户转化为多次购买的用户；使客户名单上的地址最大化，从而获得更大的利益。客户资产是企业所有的现有客户和潜在客户价值的折现价值。它建立在客户购买企业产品的未来财务价值的基础之上。未来的财务价值取决于以下因素：①每次客户向企业购买多大价值的产品；②客户的购买频率；③客户成为企业未来客户的可能性；④为客户提供服务的成本大小；⑤企业的折现率。

客户关系管理是建立在客户终身价值的核心理念之上，把开发和留住客户，通过获取客户终身价值而实现企业的长远利益。

（二）网络营销

随着互联网的发展，信息沟通渠道大大丰富，信息沟通成本降低，为企业利用互联网手段进行营销提供了技术条件。网络营销是指为实现营销目标，借助联机网络，电脑通信和数字交互式媒体进行的营销活动。它是目标营销、直接营销、分散营销、顾客导向营销、双向互动营销、远程或全球营销、虚拟营销、无纸化交易、顾客参与式营销的综合。市场营销是为创造达到个人或组织的交易活动而规划和实施创意、营销观念、产品、定价、促销和分销的过程。网络营销是以互联网络为媒体，以新的方式、方法和理念实施营销活动，作为新的营销方式和营销手段实现企业营销目标。

目前的网络营销主要是利用国际互联网开展的。它作为一种全新的营销方式，与传统营销方式相比具有明显的优势。利用网络营销，企业可以通过网络展示自己产品的质量、性能、价格、售前售后服务及付款条件等，也可以通过网络实现电子交易，从而使得企业和距离遥远的客户联系起来，降低企业成本，扩大市场；另外，企业通过电子邮件、网上电话、网上会议等方式，可以降低交通和通信费用；利用网络多媒体推广产品远比其他媒体广告能节省更多的费用；网络营销可以优化企业供应链，实现网上直销，减少库存和营业面积，降低周转与管理成本，节省巨额的促销和流通费用，从而降低了产品成本和价格，最终提高企业的利润。

第二节　市场营销机会分析

一、市场营销信息系统与市场调查

现代企业面对多变的市场环境和顾客需求，要作出正确的营销决策，需要依靠大量准确、及时、系统的信息。信息的价值越来越重要，因此，企业除了要管理好资金、设备、材料、人力等资源外，还要管理好信息资源，重要的是建立市场营销信息系统，做好市场调查工作，收集并整理各种与营销有关的信息，帮助决策。

市场营销信息系统是由人、计算机和程序组成的集合体，它帮助市场营销决策者收集、整理、分析、评价并传递有用、适时和准确的信息。市场营销信息系统如图 5 - 1 所示。

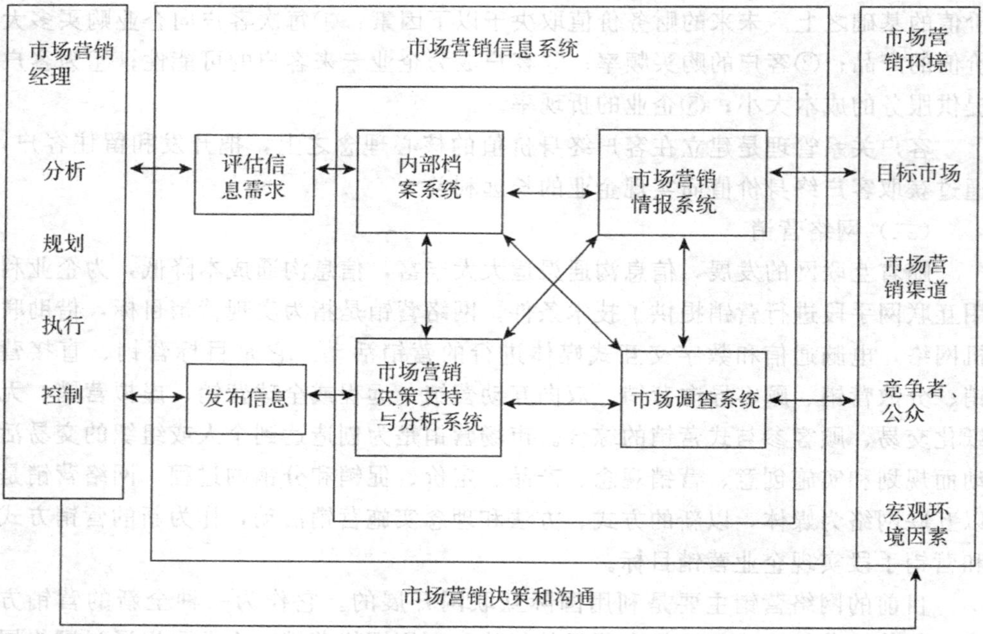

图 5 - 1　市场营销信息系统

市场营销经理的任务是分析、规划、执行、控制市场营销工作。市场营销决策需要市场营销环境方面的信息，这些信息通过市场营销信息系统提供。内部档案系统、市场营销情报系统、市场营销决策支持与分析系统和市场调查系统是市场营销信息系统的子系统，具体承担各项职能。

内部档案系统是最基本的信息系统，它提供的信息主要来自企业内部的销售、库存、财务等部门，包括销售订单、库存状况、产品发运信息、应收款、销售报表等方面的信息。

市场营销情报系统和内部档案系统不同，它提供的是当前的信息。通过市场营销情报系统，可以获得市场营销环境发展变化的日常信息。这些信息可以由营销经理自己了解或接触得到，也可能通过他人来收集。如通过检索一些书报资料，通过与顾客、经销商等人员交谈或者向市场调查公司购买等方式获得。

市场营销经理为了特定的目的，可能自己组织开展或委托市场调查公司进行市场调查。市场调查已经成为一个重要的社会中介行业，提供专业的市场调查服务。常用的调查方法有定性调查和定量调查两大类。

市场营销经理经常需要作出各种决策，需要大量的信息，但信息还不是决策，因此，为了提高决策的效率和可靠性，人们开发了市场营销决策支持与分析系统，通过统计和模型来模拟决策过程，依靠计算机软件和硬件把市场营销的信息转化为决策结果，辅助营销经理进行决策。

二、市场营销宏观环境分析

现代企业所处的营销环境经常变化，这些变化既可能带来机会，也可能带来威胁。优秀的企业能随时分析、掌握市场环境的变化，并通过改变自身的结构、体系、目标、方向来适应市场环境的变化。一些曾经很成功的企业，如美国通用汽车公司、IBM 等曾有过因为没有跟上环境的变化而遭受到损失的教训。

宏观的市场因素对企业有很大影响，而且企业无法控制这种影响因素。企业只能研究宏观环境及其变化，寻找对自己有利的机会。宏观环境因素主要有人口因素、经济因素、自然因素、技术因素、政治因素和文化因素。

市场是由特定需要的人所构成的，因此，人口的规模与增长速度、年龄结构与民族构成、教育程度、家庭结构、地区分布与流动等都对企业有重要影响。

市场不仅取决人的多少，也需要购买力的支持。影响购买力的因素主要是收入水平、收入分配、价格水平、消费者的储蓄和消费情况等。

自然因素主要是指自然资源的状况、原材料的状况、能源供应等；另外，随着环境污染的加剧，各国对环境保护的立法加强也属于自然因素之一。

技术推动了经济增长，改变了人类的生产、工作、生活、思考与娱乐方式。例如，互联网技术的发展，带动了一大批相关产业的发展，而且使传统产业也得到了改进，成为影响今天商业环境的一个重要因素。

对市场营销产生影响的政治因素主要是政府政策、立法以及一些来自利益集团的压力。因此，市场营销者应该研究这些方面的影响。

文化是一个群体共同遵守的行为规范和价值观，文化对群体中的每个人都有内在的约束。文化具有持续性和稳定性。除主流文化外，在较小的群体内还有亚文化。另外，一种文化还会受到外来文化的影响，并随时间而发生变化。文化深刻地影响着人们的价值观、生活方式和消费观念等，因此，企业在市场营销中应充分重视文化因素的影响。

三、消费者市场分析

市场营销的目的是为了满足消费者的需要和欲望。准确了解消费者的动机和行为，对于制订好的营销组合至关重要。过去，企业规模小，销售人员和经理与顾客直接接触，他们可以直接了解顾客的需要和爱好以及行为方式，对消费者的情况很熟悉。但是，现代企业规模都比较大，面对的是形形色色的众多消费者，因此，市场营销者需要用专门的方法去调查消费者的心理和行为，为制定营销组合策略提供帮助。消费行为学认为消费者的购买行为遵循刺激—反应模式，如图 5－2 所示。

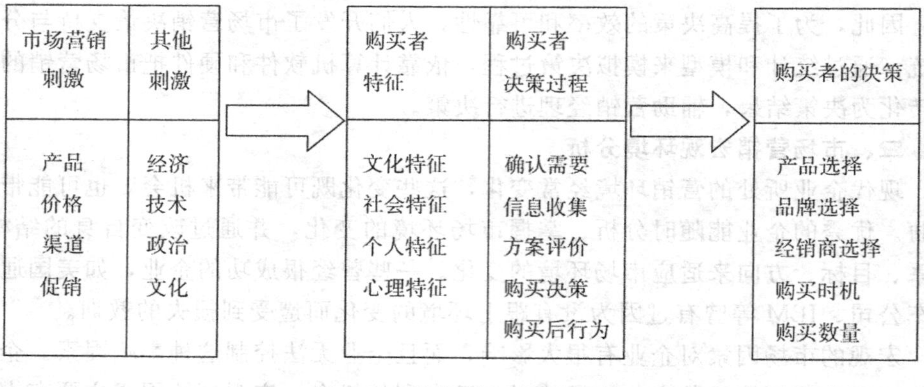

图 5－2　购买者行为模式图

对消费者的研究重点在于了解购买者的特征和购买决策过程。消费者的文化特征、社会特征、个人特征和心理特征影响消费者的行为。文化特征包括文化、亚文化以及社会阶层。社会特征包括参照群体、家庭以及个人的角色与定位。个人特征主要包括年龄、职业、经济状况、生活方式、个性与自我观念等。心理特征主要包括人的动机、感觉、学习以及信念与态度。消费者的购买行为是受这些因素综合作用的结果。很多因素是市场营销人员无法改变的；但是，研究这些方面，可以帮助营销人员制订产品、价格、分销和促销决策。一般来说，一项购买决策总要经过以下过程：确认需要、信息收集、方案评价、购买决策以及购买后行为等。简单的购买决策可能在短时间内就可完成，复杂的购买决策则要经过仔细的评价与权衡，这与购买的产品类型有关。了解消费者的需要和购买过程是制订有效的市场营销战略的基础。通过了解购买者如何经历确认需要、信息收集、方案评价、购买决策和购买后行为等方面，市场营销人员可以更好地满足消费者的需要。

四、产业和竞争者分析

市场营销的关键就是要比竞争对手能更有效地满足顾客的需要。因此，除了深入了解消费者之外，还要随时跟踪竞争对手的情况，采取应变措施。企业需要了解竞争对手五个方面的情况：谁是竞争者，竞争者的策略，竞争者的目标，竞争者的优势和劣势，竞争者的反应模式等。

提供相同或相似产品的企业构成竞争关系。竞争有直接竞争和潜在竞争。根据产品可以相互替代的程度，可区分为四种水平的竞争：品牌竞争、行业竞争、形式竞争、一般竞争。品牌竞争是一个企业可以将其竞争者看做是以相同的价格向同一顾客提供相同的产品的其他企业。行业竞争是指所有生产同样产品或同类产品的企业之间的竞争，如同样生产电视机的厂家的竞争。形式竞争是一个企业和所有提供类似的产品与服务的企业的竞争，如航空和铁路在运输方面的竞争。一般竞争是企业把更加广泛地所有为争取相同顾客货币而竞争的企业作为竞争者，如汽车、电器和住宅之间的竞争。

公司明确了谁是竞争者之后，就要设法识别竞争者的策略。例如，日本汽车业就注重研究其竞争对手——美国汽车公司的策略，使日本汽车后来者居上，占领了很大一部分市场。为了更清楚地了解竞争对手的情况，还要确定竞争者的目标。通常利润目标是企业的主要目标，除此之外，还有其他目标，如市场份额扩大、提高服务水平、提高竞争力、减少风险等目标。企业应该研究竞争对手的目标及其重要性。另外，企业要分析竞争者的优势与劣势，估计竞争者对企业行为的反应，并选择进入哪些市场、攻击哪个竞争对手等。

第三节 市场细分与目标市场

一、市场需求的测量与预测

企业要研究并选择市场机会，需要对各种市场机会的规模、增长与盈利能力进行预测与估算。市场需求测量应在不同的空间、时间和产品层次上进行。空间可分为世界市场、国家市场、地区市场等；时间可分为短期、中期和长期；产品可分为全部种类销售、行业销售、企业销售、产品线、产品等。企业进行需求测量，一般先进行市场需求测量，然后在此基础上测量企业需求。产品的市场需求是指在特定的地理范围、特定时期、特定市场营销环境、特定市场营销计划的情况下，特定的消费者群体可能购买的总量。在其他条件既定的情况下，市场需求总量是行业市场营销费用的函数，营销费用越高，需求量越大。没有任何营销费用的需求量是市场最低量，随着营销费用增加的极限量是市场需求潜量，针对某一营销费用水平的需求量为市场预测量。如果其他条件发生变化，例如，经济萧条或繁荣，市场需求曲线会发生移动，相应的各种需求量也会发生变动。企业需求是企业在整个市场需求中所占的份额，用公式表示：

$$Q_i = S_i Q$$

式中 Q_i——企业 i 产品的需求；

S_i——企业 i 产品的市场份额；

Q——市场总需求。

企业进行销售预测分为三个步骤：首先，进行宏观经济预测，预测一定时间内国民经济的增长情况；其次，进行行业发展预测，预测某一行业的总体销售情况；最后，进行企业销售预测，确定企业在行业中的市场份额，从而确定企业的销售。企业销售预测的基本方法有购买者意图调查法、销售人员意见综合法、专家意见法、试销法等定性预测方法，也可采用时间序列分析法、因果分析预测法等方法。

二、市场细分

（一）市场细分的背景

现代企业面对众多的消费者，消费者的需求各不相同，即使在同类产品上也可能表现出很大的差异性。同时，由于企业的资源、技术等条件也各不相同，一个企业不可能在所有的市场上都取得成功，只有识别一部分顾客的详细需求，并集中为这一部分顾客提供优质产品和服务，才能获得顾客满意，保持企业的竞争优势。也就是说，企业必须对市场进行细分，并选择一部分作为自己的目标市场开展经营活动。这就是所谓的 STP 营销，即细分市场（Segmenting）、选择目标市场（Targeting）、和产品定位（Positioning）。

这一营销观念的形成经历了一个过程，首先是大量营销阶段，在此阶段生产者大量生产、分销、促销单一产品。这种营销方式的优点是可以充分利用大量生产和销售的规模经济优势，可以降低成本，价格也比较低，从而扩大市场规模，满足顾客的需要。其次是产品差异化营销阶段，生产者生产出两种或两种以上的产品，产品具有不同的特点、式样、质量和规格，可以为消费者提供多种选择。产品差异性营销可以满足顾客的差异，更好地满足顾客的需要。最后是目标市场营销阶段，生产者首先将市场按照一定的标准细分，然后选择其中一个或几个细分市场作为目标市场，再针对目标市场的特点制订产品计划和营销计划。

现在，越来越多的企业采纳了目标市场营销观点。目标市场营销能更好地识别市场营销机会，从而为每个市场提供适销对路的产品；可以通过市场营销组合策略的制订，集中优势于目标市场上，而不是在大量的顾客身上分散努力，这样可以更好地实现顾客满意和企业盈利的目标。目标市场营销分为三个步骤，如图 5-3 所示。

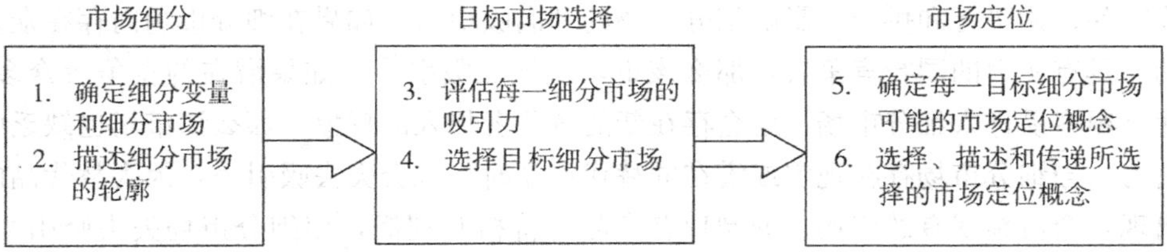

图 5-3 市场细分、目标市场选择和市场定位的步骤

（二）市场细分的步骤

根据一系列的细分变量可以将市场细分为若干子市场，可以根据收入、年龄、职业等进行细分。市场细分的步骤如下：

（1）市场调查。先利用焦点小组座谈等定性调查方法，了解消费者的动机、态度和行为。然后设计调查问卷，利用问卷调查消费者对产品属性及其重要程度的认识、品牌知名度及其受欢迎程度、产品使用方式、调查对象对产品类别的态度以及调查对象人口统计特征、心理特征和接触媒体的习惯等信息。

（2）数据分析。数据收集完成后，要进行数据分析，用因子分析法分析资料，删除相关性高的变量，并用聚类分析法确定差异性大的细分市场。

（3）细分市场描绘。确定细分市场后，要对细分市场的特征进行描绘，以便于制订有效的营销措施。利用消费者不同的态度、行为、人口统计变量、心理变量和消费习惯等勾画各细分市场的轮廓。

由于细分市场也是处于不断的变化中，因此需要经常利用市场调查方法进行细分市场的研究。细分市场可以采用不同变量，常用的有地理变量、人口变量、心理变量和行为变量几种。地理变量包括国家、地区、城市规模、气候等方面。人口变量包括性别、年龄、家庭状况、职业、收入、种族等。心理变量包括社会阶层、生活方式和个性特征。行为变量包括消费的时机、追求的利益、使用情况、购买情况等方面。

三、目标市场选择

目标市场的选择就是根据细分市场来确定企业的服务对象。为此，首先要对各个细分市场进行评价，其次是从中选择目标市场。

（一）评价细分市场

企业对细分市场进行评价时，要考虑的因素有：细分市场的规模和发展前景、细分市场结构的吸引力、企业的目标和资源。

企业应该选择有一定规模和发展前景的细分市场作为备选的目标市场，如果细分市场缺乏一定的规模，企业就是进入了该市场也难以盈利；缺乏发展前景的细分市场也不值得进入，因为缺乏长期发展的机会。

具有一定规模和发展前景的细分市场对企业来说还不一定意味着一定具有盈利潜力，还需要评价细分市场结构的吸引力，同行竞争者、潜在的竞争加入者、替代产品、购买者和供应商影响细分市场的利润吸引力。如果在细分市场内存在众多的、具有实力的同行竞争者，那么该市场就缺乏吸引力。如果潜在的竞争者众多，而且很容易进入细分市场，就会存在新的竞争者加入的现象，那么该市场也缺乏吸引力。当细分市场存在现实或潜在的替代产品时，也会失去吸引力，因为替代品的出现，会占领现有的市场，抑制现有产品的价格和利润，使细分市场失去吸引力。购买者也会影响细分市场的吸引力，如果购买者势力强大或联合起来提高议价能力，则会限制该细分市场的吸引力。另外，供应商的议价能力也是影响细分市场吸引力的重要因素，供应商的垄断能力越强，则细分市场的吸引力越小。

细分市场有一定的规模和发展前景，以及市场结构具有吸引力是企业选择目标市场的基础，但是，还要结合企业自己的目标和资源进行综合考虑，选择符合企业长远发展目标、具有充分资源保障的细分市场作为目标市场。

（二）目标市场的选择

在对细分市场评价的基础上，企业可以有几种不同的选择目标市场的模式。决定进入哪些目标市场以及如何进入时，可以考虑选择以下五种基本模式，如图 5－4 所示。

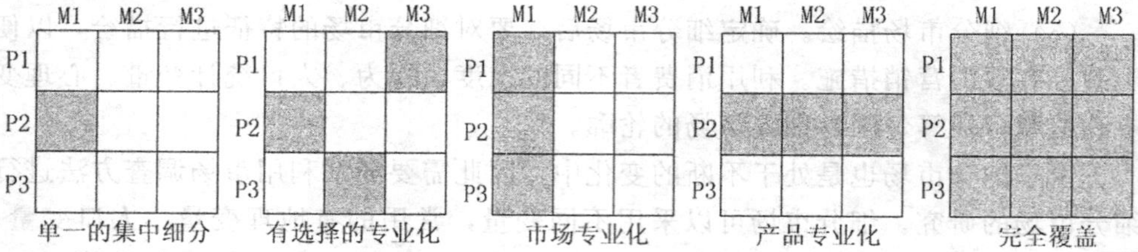

图 5－4 目标市场选择的五种模式

P—产品 M—市场

（1）单一市场集中化。这是最简单的模式，企业选择一个细分市场。企业对目标市场采用集中营销策略，可以更清楚地了解目标市场的需求，树立良好的声誉，巩固在目标市场的地位；可以充分利用生产、销售的专业化优势，取得较好的投资收益。但是，高度集中化又会带来较高的市场风险。

（2）选择性专业化。企业有选择地进入几个细分市场，这些细分市场都能符合企业的目标和资源条件，都具有吸引力，可以为企业带来盈利，且市场之间相互影响较少。这种选择多个分散目标市场、分别专业化的策略可以减少企业的市场和经营风险。

（3）产品专业化。产品专业化是企业同时向几个细分市场提供一种产品。这种模式，可以充分发挥产品生产的专业化优势，可以提高质量、降低成本，从而提高企业的盈利能力；但是，这种策略会受到竞争者对目标市场的挑战，影响企业市场的稳固。

（4）市场专业化。市场专业化是企业针对目标市场，提供多种产品，满足顾客的各种需求。其优点是能满足顾客不同层次的需要，提高顾客的满意水平；但是由于市场比较集中，企业的经营和盈利受市场规模的限制较多。

（5）全面进入。全面进入是企业为所有顾客群提供他们所需要的所有产品。只有实力雄厚的大企业才能做到这一点，才适合采用这种策略。企业可以采用两种途径来全面进入整个市场。一是无差异营销，即企业为整个市场提供一种产品，不考虑细分市场的差异；二是差异性营销，企业针对不同的细分市场提供不同的产品，采取不同的营销计划。实践证明，差异性营销往往更能扩大销售，但是也会促使经营成本的上升，包括产品改造成本、生产成本、管理成本、库存成本和促销成本等都会不同程度地提高。因此，企业为了取得最大效益，应该对差异性营销的程度进行慎重考虑。

第四节　市场营销策略

一、产品差异化与产品定位

企业要在竞争中保持优势，就必须与竞争对手有所区别，突出个性。企业要突出自己的产品和竞争对手的产品之间的差异性，主要有四种基本途径：产品、服务、人事或形象。

（一）产品差异化

不同种类的产品，存在不同方面的差异化，有些产品属于高度标准化或同质的，相互间差别很小，如农产品等。有些产品则在设计、制造、使用等方面具有较大的差异性，如汽车和家具等耐用消费品。一般来说，产品差异化主要表现在特征、性能、一致性、耐用性、可靠性、易修理性、式样和设计等方面。

产品特征是产品在满足基本功能的基础上的补充特点。大多数产品都具有不同的特征，企业通过赋予产品新的特征来开发新产品或突出与其他产品的差异。例如，保洁公司突出舒肤佳香皂的除菌特征，较好地和其他品牌的产品区别开来。产品特征是企业实现产品差别化的有力工具，日本的公司就非常重视产品特征的改进，如日本生产的手表、照相机、汽车、摩托车、计算器、录像机等产品就非常具有竞争力。

工作性能是产品首要特征，如计算机，其首要特征是内存大、速度快。如果一种计算机具有更快的计算速度和更大的内存，那么工作起来就更有效率，即使它的价格较高，顾客也乐意购买。研究表明，企业产品的质量水平和盈利能力之间具有一定的相关性，质量水平越高，盈利能力就越强。

一致性是指产品的设计特征和性能与预期标准的符合程度，也反映了产品质量的稳定性。一致性低的产品会使顾客感到失望，从而降低顾客的满意水平，影响企业的声誉。

耐用性是指产品的预期使用寿命。顾客愿意为耐用的产品支付高价格，例如，沃尔沃宣称其汽车具有最长的平均使用寿命，其汽车的价格也较高。

可靠性是产品在一定时期内无故障工作的概率，可靠性高的产品往往容易得到较高的价格。易修理性和式样也是使自己的产品获得差异性的重要方面，企业也应充分重视。

（二）服务差异化

除了对有形产品实行差异化以外，企业还可对服务实行差异化。在有形产品相差无几的情况下，竞争成功的关键在于服务的数量和质量。例如，我国生产的几大品牌的电视机，产品的质量和性能很接近，因此，通过提供优质的服务展开竞争就很有效。例如，海尔较少参与家电产品的价格战，而提供了优质的服务，产品的价格也相对高些，但是顾客还是乐于购买海尔产品。区分服务水平的主要因素有送货、安装、顾客培训、咨询服务、保修等。

（三）人事差异化

在购买和消费过程中，顾客常常与企业的有关人员接触，人员的素质和修养是取得顾客信任和满意的重要方面。企业可以通过雇佣、培训比竞争对手更优秀的员工来赢得竞争优势。

（四）形象差异化

即使其他方面相同，企业也可以建立自己的形象以区别于竞争对手。企业或品牌的形象是企业的无形资产，能够给企业带来超额收益。

产品定位是指企业设计出自己的产品和形象，从而在目标顾客心中确定与众不同的、有价值的定位。常用的产品定位策略有属性定位、利益定位、用途定位、用户定位、针对竞争对手的定位、产品种类定位、质量—价格定位等。企业除了有明确的定位之外，还要通过定价、标志、包装、销售、广告和促销等活动向消费者宣传和沟通这些定位，在消费者心中树立产品和企业形象。

二、产品生命周期阶段与战略

和其他事物一样，产品也具有生命周期，一个产品从投入市场到退出市场，先后要经历导入、成长、成熟和衰退阶段。一般用S形的销售和利润曲线反映产品生命周期的发展阶段，如图5－5所示。研究产品生命周期的目的在于制定适当的营销战略，针对产品生命周期的不同阶段，应该采取不同的营销战略。

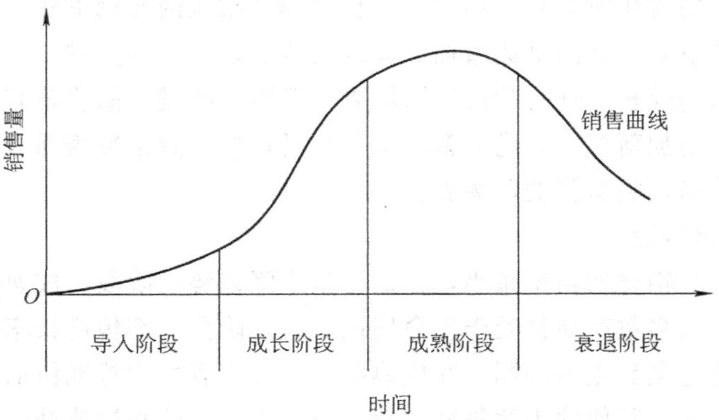

图 5-5 产品生命周期

(一) 导入阶段

导入阶段销售量少但促销费用高，企业多数是亏本的，即使不亏本也获利甚微。由于处于新产品引进阶段，从需求上看，主要是一部分高收入阶层；从供给上看，只有有限的竞争者，产量都不大。如果只考虑价格和促销两个主要的营销变量，根据不同的组合，企业可以采取四种策略：

(1) 快速撇脂策略。快速撇脂策略即以高价格和高促销水平的方式推出新产品。企业采用较高的价格，获得较高的毛利，并通过高水平的促销活动加快市场渗透，树立品牌形象。采用这一策略的假设条件是：潜在市场上的大部分人还没有意识到该产品；知道它的人渴望得到并有支付能力；企业面临着潜在的竞争并想建立品牌偏好。

(2) 缓慢撇脂策略。缓慢撇脂策略即以高价格和低促销水平的方式推出新产品。高价格是为了获得高毛利；低水平的促销活动可以降低营销费用，从而保证在较长时间内获取大量利润。采用这一策略的假设条件是：市场规模有限；这种产品在大多数市场上知名度颇高；买者愿意出高价；市场竞争形势不太严峻。

(3) 快速渗透策略。快速渗透策略即以低价格和高促销水平的方式推出新产品。目的是为了快速抢占市场、提高市场份额。通过占领市场、扩大生产和销售保证利润水平。采用这一策略的假设条件是：市场规模很大；该产品在市场上无知名度；大多数购买者对价格敏感；潜在竞争加剧；存在规模经济，单位产品生产成本下降。

(4) 缓慢渗透策略。缓慢渗透策略即以低价格和低促销水平的方式推出新产品。低价格有利于促进市场接受新产品，并通过降低促销成本而增加利润。采用这一策略的假设条件是：市场规模大；该产品在市场上的知名度较高；市场对价格相当敏感；存在一些竞争者。

(二) 成长阶段

成长阶段的标志是销量迅速增长。产品价格不变或稍微下降，促销水平不变或略有提高，销售快速上升，销售费用相对销售收入的比例下降，产品的单位制造成本大幅度下降，利润迅速增加。在成长阶段，企业的目的是尽可能长时间地维持该产品市场成长。这一阶段应采取以下策略：改进产品质量和增加新产品的特色及式样；增加新产品；进入新的细分市场；扩大分销覆盖面并进入新的分销渠道；降低价格，吸引新的购买者。

（三）成熟阶段

成熟阶段是销售增长率减小，并最终呈下降趋势的阶段。成熟阶段的持续时间一般较长，大多数产品都处于生命周期的成熟阶段。销售增长率的放慢导致行业生产能力的过剩和竞争加剧。在成熟阶段，处于竞争优势地位的大企业通过高产低价获得利润，其他的小竞争者则处于填补市场空隙和拾遗补缺的地位，满足部分细分市场的需求。在成熟阶段，经常应用的策略有：

(1) 市场改进策略。一是扩大现有品牌的使用者数量，通过吸引新用户、进入新的细分市场和争取竞争对手的顾客来达到；二是使品牌当前的使用者扩大购买量，可以通过提高使用频率、增加每个场合的使用量、提供新的和更广泛的用途来实现。

(2) 产品改进策略。产品改进策略主要有：改进产品的质量，增加产品的功能特性；改进产品的特色，增加新特色；改进产品的式样，增加产品的美学需求等。

(3) 营销组合改进策略。通过改进定价、分销、广告、促销、服务等刺激销售。

（四）衰退阶段

由于技术进步、消费者需求变化或者竞争的加剧，大多数产品要进入衰退阶段。一个处于衰退阶段的产品，将导致企业生产能力过剩、削价竞争和利润减少，企业应及时察觉，并根据情况采取坚持或退出的策略。

三、市场营销竞争策略

市场犹如战场，在市场上，既要全面地了解自己，又要正确地分析竞争对手，只有根据自己所处的形势以及对手的策略制定对策，才能克敌制胜。根据企业所处行业的情况和企业自身的情况，一家企业可以同时充当市场领导者、市场挑战者、市场追随者和市场补缺者的角色。企业处于不同的位置应该采用不同的策略。

（一）市场领导者策略

多数行业都有一家企业作为公认的市场领导者。它具有最大的市场份额，在制订价格、开发新产品、分销范围、促销力度等方面都具有领导地位。像通用汽车公司、微软公司、英特尔公司、可口可乐公司等都是本行业的市场领导者。市场领导者要想长期保持其领导地位，需要做好以下三个方面的工作：

(1) 开发整个市场。市场领导者需要为产品寻找新客户，发现并推广产品的新用途或者扩大现有用户对产品的使用量。

(2) 保持现有市场份额。要保持现有市场份额，市场领导者可以采用阵地防御、侧翼防御、以攻为守、反击防御、机动防御、退却防御等策略。

(3) 扩大市场份额。研究表明，市场份额和盈利率具有较高的正相关，因此，许多企业追求市场份额的扩大以保持自己的领先地位。

（二）市场挑战者策略

作为市场上居于第二、第三位的企业，可能会对市场领导者发起进攻，争取市场份额。作为市场挑战者，必须首先确定其策略目标。大多数市场挑战者的策略目标是扩大市场份额。市场挑战者可以选择三种进攻的对象，一是攻击市场领导者，这会有很大的风险，但也存在很大的潜在收益；二是选择和自己规模相当但是经营不善的企业作为进攻对象；三是攻击当地的小企业。常用的进攻策略有正面进攻、侧翼进攻、包围进攻、迂回进攻和游击进攻等。进攻时，具体可选用价格折扣策略、廉价产品策略、优质高价策略、产品繁衍策略、产品革新策略、改进服务策略、分销革新策略、降低生产成本策略、密集广告促销策略等。

（三）市场追随者策略

市场中居于第二、第三位的企业，如果不是对市场领导者发起进攻，而是接受领导者的领先地位，它就处于追随者的角色。追随者可以采取全面模仿领先者的策略，也可以采用有限模仿的策略以及改进者的策略。

（四）市场补缺者策略

对中小企业来说，如果既不能充当挑战者，也不能充当追随者，那么它们可以充当市场补缺者。市场补缺者针对较小的目标市场提供产品和服务，经营好也可以取得可观的盈利。市场补缺者可以采用最终用户专业化、垂直专业化、顾客规模专业化、特殊顾客专业化、地理市场专业化、产品专业化、服务专业化、销售渠道专业化等方式来建立自己的优势。

第五节 市场营销组合决策

市场营销是满足顾客需要的过程，营销者通过制订营销组合方案来更好地满足顾客的需要以实现组织目标。市场营销方案就是围绕市场营销组合制定的一系列营销决策和计划。营销组合决策包括产品决策、价格决策、分销渠道决策和产品促销决策四个方面。

一、产品决策

（一）产品

产品是提供给市场满足顾客某种欲望和需要的一切东西，包括有形的产品和无形的服务等。根据产品给顾客带来的利益，可以将产品理解为五个层次，如图 5-6 所示。第一层是核心利益，也就是顾客真正要购买的服务或期望得到的利益。例如，顾客去电影院是为了消遣或娱乐。第二层是一般产品，也就是产品的基本形式。第三层是期望产品，是购买者从产品中期望得到的属性和条件。第四层是附加产品，也就是产品包含的附加服务和利益。第五层是潜在产品，是产品最终可能增加的利益。

产品可以根据其耐用性和产品是否具有物质形态分为非耐用品、耐用品和服务。耐用品是单位价值较大、使用时间较长的有形产品，如电冰箱、洗衣机等。非耐用品即消费或使用时间短、经常购买的有形产品，如日常用品等。产品根据其最终用途可分为消费品和中间产品。消费品是提供给个人或单位作为生活消费的产品，这些产品根据顾客的购买习惯可以分为便利品、选购品、特殊品和非渴求商品。中间产品是各类组织为了生产和经营的需要而购买的产品和服务，主要用于生产产品的投入。由于不同的产品面向不同的消费者，因此在营销时要考虑产品的类别及市场特点，采取适当的营销策略。

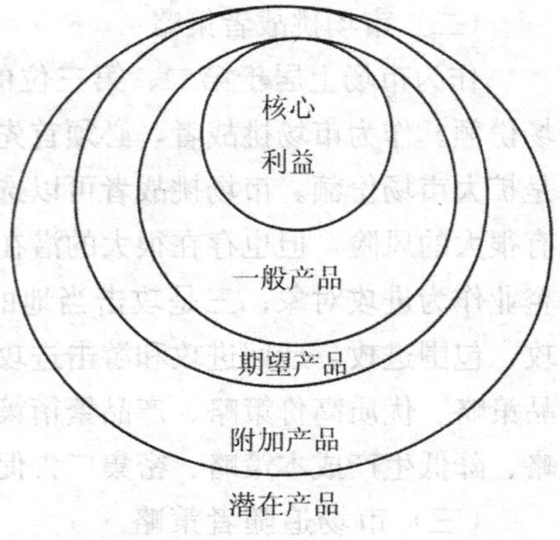

图5-6　产品的五个层次

（二）产品组合决策

1. 基本概念

产品组合也称产品花色品种配合，是卖方提供给购买者的一组产品，它包括所有产品线和产品项目。企业的产品组合具有一定的宽度、长度、深度和关联性。下面以海尔公司生产的部分家用电器说明这些概念，见表5-1（实际上，海尔公司生产的家用电器远不止这些，表5-1只是为了说明这些相关概念）。

表5-1　海尔公司生产的家用电器

	产品组合的宽度				
	冰箱	彩电	洗衣机	空调	电热水器
产品线长度	王中王	宝德龙系列	小神螺	氧吧分体系列	小小海象
	金王子	美高美系列	小神泡	立体风氧吧除菌光	小天将
	小小王子	小禧龙系列	双神螺	彩屏氧吧除菌光	金海象
	金统帅	大视界系列	小神童	除菌聪明风系列	银海象
	小统帅	银雷系列	小神功	省凉净系列	
	节能统帅	世纪强音系列	小小神童	变频系列	
	旅游小宝贝	青蛙王子系列	神童王		
	复式冰箱	海尔V6系列	爽神童		
	变频冰箱		双动力		
	白马王子				

海尔公司产品组合的宽度是指该公司有多少条不同的产品线，从表 5-1 可以看出海尔有 5 条产品线（实际要远多于 5 条）。海尔公司产品组合的长度是产品组合中产品项目的总数，包括每一种产品线的所有产品项目，表 5-1 中共有 37 个产品项目，则产品组合的长度为 37。一共有 5 条产品线，则产品线的平均长度是总长度（37）除以产品线数（5）为 7.4。海尔公司的产品组合的深度是指产品线中每一种产品项目有多少个品种，如小神童洗衣机有 3 种规格，则小神童洗衣机的深度就是 3。产品组合的关联性是指各条产品线在最终用途、生产条件、分销渠道或其他方面相互关联的程度。上述产品组合的宽度、长度、深度和关联性四个方面，是产品组合决策的主要内容。企业扩展业务，可以选择增加新的产品线，以扩大产品组合的宽度；也可以延长现有的产品线，增加产品组合的长度；可以增加产品项目中的品种以增加产品组合的深度，也可以根据需要改变产品线的关联性。

在进行产品组合决策时，产品线是一个重要的概念。产品线是在产品功能、目标顾客、销售渠道或价格等方面密切相关的一组产品。企业常常通过产品线的分析和决策实现对产品组合的有效管理，达到扩大销售、提高利润等目标。

2. 产品线分析

产品线分析的主要目的有两个方面：一方面，分析产品线的销售量和利润，了解产品线上的每一个产品项目对总销售量和利润所作贡献的百分比，对于销售和利润贡献比较大的产品项目予以重点保护，对于销售和利润贡献小的产品项目可以进行调整；另一方面，分析公司的产品线和竞争对手产品线的对比情况，据以确定合适的产品定位和营销战略。

3. 产品线长度

公司要实现利润最大化，存在最佳的产品线长度，需要进行产品线长度决策。如果增加产品项目能增加利润，说明现有产品线太短，应延长产品线；如果减少产品项目能增加利润，则说明现有产品线太长，应缩减产品线长度，淘汰一些产品项目。产品线延长可以采取产品线延伸和产品线填充两种方式。每个公司的产品线只是该行业整个范围的一部分，如果公司超出现有的范围来增加它的产品线长度，称为产品线延伸。产品线延伸有向下延伸、向上延伸和双向延伸。向下延伸是从高档产品市场向低档产品市场延伸，通过开发和推出低档的新产品增加产品线；向上延伸是从低档产品市场向高档产品市场延伸，以取得较高的利润或扩大企业的服务领域；双向延伸是处于中档产品市场的企业向两头延伸。产品线填充是在现有产品线的范围内增加一些产品项目。

4. 产品线现代化决策

在某些情况下，产品线长度是适当的，但是可能已经比较陈旧、过时，不能适应竞争的需要。产品线现代化决策不是改变产品线的长度，而是改进产品，使产品焕发新面貌而实现现代化，跟上时代发展的需要。

5. 产品线特色决策

产品线特色决策就是在产品线中选择一个或少数几个产品项目进行特别宣传或包装，以打开销路，树立企业的形象和特色。

6. 产品线削减决策

产品线削减决策就是通过销售分析，淘汰那些对利润没有贡献的产品项目，或是集中精力于最重要的盈利产品项目上。

（三）品牌决策

品牌决策是和产品决策相关的一个方面。美国市场营销学会对品牌的定义如下：品牌是一个名称、名词、标记、符号或设计，或者是它们的组合，目的是识别某个销售者或某群销售者的产品或服务，并使之同竞争对手的产品和服务区别开来。品牌是一种无限期的无形资产，优秀的品牌可以给企业带来超额利益，因此，品牌具有价值。因此对品牌和对其他资产一样也需要管理和决策。品牌决策包括几个方面：品牌化决策、品牌使用者决策、品牌名称决策、品牌策略决策以及品牌重新定位决策。

1. 品牌化决策

品牌化决策就是企业决定是否给商品赋予一个品牌。在早期经营活动中，很少有品牌的使用，经营主要依靠卖者的信誉对商品质量等提供一定的承诺或担保。后来，随着市场经济的发展，品牌化发展迅速，现在大多数产品都使用品牌。品牌可以给企业带来扩大销路、防止被侵权、吸引忠诚顾客、树立企业形象等利益，同时建立品牌也需要支付一定的费用，如宣传广告费、包装费、标签费、商标注册费等，因此企业需要根据成本收益进行品牌化决策。

2. 品牌使用者决策

在决定对产品使用品牌时，制造商可以有几种选择：可以使用自己的品牌，也可以使用分销商的品牌，还可以用其他企业的特许品牌。大多数制造商选择使用自己的品牌，但是随着分销商逐渐建立起自己的品牌，制造商也可以借助分销商的品牌来进入市场。

3. 品牌名称决策

为众多的产品和产品项目建立合适的品牌名称，可以有四种选择：一是选择个别品牌名称，即推出多种品牌，每一种产品或每一类产品一个品牌；二是统一品牌名称，即对所有的产品使用共同的品牌名称，如索尼公司；三是分类品牌名称，即对所有产品使用不同类别的品牌名称，如松下公司；四是采取公司名加个别品牌名称，即公司名称和单个产品名称相结合。

4. 品牌策略决策

企业可以采取的品牌策略有四种：产品线扩展、品牌扩展、多品牌和新品牌。

产品线扩展策略是指企业在现有产品类别中增加新的产品项目，并以同样的名称推出。如可口可乐公司在传统的可乐之外推出了不含咖啡因的可乐、减肥可乐等。

品牌扩展策略是指以现有品牌名称推出新产品。如海尔推出了空调、洗衣机、电视机、消毒柜、热水器等家电产品。

多品牌策略是企业在同一产品类别中增设多种品牌。如保洁公司洗发系列有飘柔、潘婷、夏士莲等不同的品牌。

新品牌策略就是当企业推出新的产品类别时，发现现有品牌可能不适合，使用现有品牌可能会损害现有产品的形象，而且对新产品也没有好处，这时就需要为新的产品类别确定新的品牌名称，建立新的品牌。

5. 品牌重新定位决策

品牌重新定位决策就是根据消费者需求的变化或竞争情势的变化，对企业现有的品牌重新进行市场定位。

二、价格决策

在市场营销组合中，价格是一个很重要的因素。价格的高低是决定消费者是否购买的重要因素，价格容易调整，而且价格的变化可以迅速传递到消费者中。由于价格的重要性，因此价格决策是市场营销方案的重要内容。定价决策主要涉及新产品价格制订、价格调整以及价格调整的时机选择。

（一）新产品定价决策

新产品定价决策是给新产品制订一个合适的价格。新产品定价的步骤如下：

1. 选择定价目标

企业首先要确定它要从特定的产品中实现什么目标。如果企业的目标市场和市场定位已经非常明确，那么价格制订就比较简单。例如，企业如果打算为高收入的、富裕阶层提供产品，那么它就应该定高价。企业定价的目标有六个：①生存。此时企业为了生存往往采取低价策略。②当期利润最大化。可以通过估计需求函数和成本函数，得到利润函数，求利润的极大值来得到使当期利润最大化情况下的价格。③当期收入最大化。将价格定在使当期收入最大的水平。④销售增长率最大化。通过最低的价格渗透市场，提高市场占有率。⑤市场利润最大化。这是利用高价迅速撷取利润的定价策略。⑥建立产品质量领先地位。通过制订高价格树立产品在消费者心目中质量领先的印象。

2. 测定需求

价格是影响需求的最重要因素，价格和需求量之间的关系通过需求函数和需求曲线来表示。测定需求的目的就是估计需求函数，寻找价格和需求量之间的变化关系。可以用市场调查的方法了解顾客在不同价格水平下的需求情况，从而绘制需求表。

3. 估算成本

成本是定价的下限，决定了价格的最低水平。企业制订的价格应能弥补产品的生产、销售成本，并取得合理的利润。按照成本与产量之间的关系，可将成本划分为固定成本和变动成本两个部分。一般来说，价格应高于单位产品的生产成本。

4. 分析竞争对手的成本、价格和产品

企业制订价格，除了考虑自身的成本和产品需求情况外，还要了解竞争对手的情况，才能制订出合适的价格。企业需要将自己的成本与竞争对手的成本进行比较，分析自己在成本方面是否有优势。同时还要了解竞争对手的价格和质量，以及顾客对竞争对手价格的评价和反映，将价格定在一个合适的、相对竞争对手有竞争力的水平。

5. 选择定价方法

了解了需求、成本以及竞争对手的价格，企业就可以开始选择价格了。常用的定价方法有成本加成定价法、目标利润定价法和认知价值定价法等。

(1) 成本加成定价法。成本加成定价法是一种简单而实用的定价方法，假设一家计算机制造商的成本与预期销售量如下：可变成本：3 600 元，固定成本：2 000 000 元，预期销售量：5 000 台。则制造商的单位成本为：

单位成本＝可变成本＋固定成本÷销售量

＝3 600 元＋（2 000 000÷5 000）元

＝4 000 元

如果制造商希望销售收益率为 20%，则加成后的定价为：

加成定价＝单位成本÷（1－预期销售收益率）

＝［4 000÷（1－20%）］元

＝5 000 元

成本加成方法简便，能保证一定的收益率，容易被顾客接受，是一种常用的定价方法。

(2) 目标利润定价法。企业期望通过确定的价格获得目标利润，计算公式如下：

目标价格＝单位成本＋目标利润÷销售量，对上面的计算机制造商，如果希望得到的目标利润是 6 000 000 元，预计销售量是 10 000 台，则目标定价是：

目标价格＝4 000 元＋（6 000 000÷10 000）元

＝4 600 元

目标价格随销售量的增加而下降，假设目标利润不变，销售量越大，定价越低。

(3) 认知价值定价法。这是基于顾客对产品价值的认知而不是销售者的成本进行定价。企业定价的关键是了解市场对企业产品价值的认知，如果认知价值大，定价就高，如果认知价值小，定价就低，以使价格符合认知价值。企业可以通过市场调查来了解顾客对企业产品价值的认知情况。

(4) 价值定价法。就是对高质量的产品制订低价格，提供物美价廉的产品。

(5) 随行就市定价法。就是参照竞争对手的价格制订自己的价格，可以高于、等于或低于竞争对手的价格。

6. 选定最终价格

在以上分析的基础上，为产品制订一个最终的价格，需要综合考虑顾客心理以及其他因素的影响。

(二) 价格调整决策

企业往往需要经常性地对价格作出调整，常用的价格调整策略有：地理定价、价格折扣和折让、促销定价、差别定价和产品组合定价。

(1) 地理定价。地理定价是指企业根据顾客所处的不同地区和国家来对产品进行定价，因为不同地区和国家的市场具有各自不同的特点。

(2) 价格折扣和折让。价格折扣和折让是指企业为了鼓励顾客及时付款和大量购买而制定的价格政策，具体做法有现金折扣、数量折扣、职能折扣、季节折扣和折让。现金折扣是对迅速付款的购买者提供的减价；数量折扣是向大量购买者提供的一种减价；职能折扣是给予执行某种职能的销售渠道成员的折扣；季节折扣是在销售淡季提供的折扣；折让是附加一定条件的价格减让，如以旧换新折让、促销折让等。

(3) 促销定价。促销定价就是为了达到促销的目的而调整产品的价格，如采用牺牲品定价、特殊事件定价、现金回扣等方式降低价格。

(4) 差别定价。差别定价是指企业根据不同顾客的不同需求和对价格变化敏感性程度的不同，对不同的顾客制订不同的价格，如顾客细分定价（对不同的顾客制订不同的价格）、产品形式定价（对不同型号或形式的产品制订不同的价格）、地点差别定价、时间差别定价等。

(5) 产品组合定价。在产品组合中，各种产品之间存在成本和需求的相互联系，产品定价的目标是使整个产品组合取得最大利润，因此需要对价格进行调整。价格制订比较复杂，常用的定价方法有：产品线定价、选择品定价、补充品定价和分部定价等。

另外，企业在调整价格时，要充分考虑竞争对手可能的反应，根据竞争对手的反应调整价格、调整幅度与策略。

三、渠道决策

现代市场经济中，存在着大量的中间商，中间商作为制造商和最终用户之间的中介。这些中间商构成了市场营销的渠道。市场营销渠道决策是重要的决策之一。

（一）市场营销渠道的性质

市场营销渠道是使产品或服务能被使用或消费而配合起来的一系列独立组织的集合。市场营销渠道的发展是规模经济和专业分工的结果。通过专业分工，一些机构专门从事营销中介，可以利用专业化优势，提高分销效率，进一步通过大规模分销来强化这种优势。制造商则集中精力于生产部门，将分销的职能交给中间商来完成，这是一种双赢的结果，提高了资源的使用效率。市场营销渠道把商品从生产者转移到消费者，承担着收集分发信息、促销、谈判、订购、融资、分散风险、解决物流、支付等功能。根据中间商数量的多少，可以将营销渠道分为不同的层次，零层渠道是没有中间商的渠道，一层渠道是有一个中间商的渠道，如一个零售商，两层渠道包括两个中介机构，如一个批发商和一个零售商。

（二）渠道设计决策

渠道设计决策就是为新企业或新产品设计一个合适的渠道，设计渠道的过程如下：

1. 分析消费者需要的服务水平

明确目标市场上的消费者购买什么、在哪里购买和怎样购买是设计市场营销渠道的第一步。渠道提供批量、等待时间、空间的便利性、商品多样化和服务支持五种服务。批量是市场营销渠道为一个消费者一次购买提供的商品数量。批量越小，渠道提供的服务水平越高。等待时间表示渠道的快慢，等待时间越短，服务水平越高。空间便利性是方便顾客购买的便利程度，例如，设在社区里的便利店，开放时间长，便于顾客选购。商品多样化代表着渠道可提供商品组合的宽度。服务支持是指渠道提供的附加服务。企业在设计渠道时，除了要考虑消费者的需要之外，还要考虑成本和收益的关系。

2. 确定渠道目标和限制条件

渠道目标就是期望要达到的水平，要在限制条件下制订渠道目标，根据产品的性质选择渠道。例如，易腐烂的产品应选择直接营销渠道，单位价值高的产品也经常由企业的销售队伍销售而不依赖中间商。

3. 明确主要的渠道交替方案

渠道交替方案的差别主要表现在以下三方面：中间商类型，中间商数量，每一个渠道成员的交易条件及责任。

中间商的类型有：制造商、代理商、分销商、经销商等。根据中间商数量的多少，企业可以选择独家分销、选择分销和密集分销。独家分销是制造商在某一地区仅选择一家最合适的中间商专门推销其产品，独家分销有利于提高制造商形象，并增加利润。选择分销是制造商在所有愿意经销其产品的中间商中挑选几个最合适的中间商来经销其产品，选择分销使制造商取得足够的市场范围，成本小于密集分销的成本，对中间商的控制大于密集分销。密集分销是指制造商通过尽可能多的批发商、零售商推销其产品。渠道成员的条件与责任主要包括交易组合关系中的价格政策、销售条件、地区划分权和每一成员提供的特殊服务。

4. 渠道方案评估

制造商应评价各种可行的渠道方案，并从中选择最佳方案。评价的标准是经济性、可控性和适应性。经济性标准是综合考虑渠道的收益与成本，选择有利可图的渠道。除了经济上可行以外，还要考虑对渠道的控制问题，使用销售代理商等渠道，由于它有自己独立的经济利益，因此控制就是一个问题。选择渠道还要考虑在迅速变化的市场上的渠道适应问题，因此，应加强对渠道的控制，以便能及时对市场变化作出反应。

（三）渠道管理决策

企业选择了渠道方案之后，必须对每个中间商加以选择、激励与评估，并随着时间的推移对渠道作出相应的改变。主要包括以下几个方面：

（1）选择渠道成员。选择中间商主要考虑其从业经验、经营产品的范围和品种、发展和盈利情况、偿债能力、合作态度与信誉、声望等。

（2）激励渠道成员。一般认为，激励渠道成员应采用恩威并施的方法，也就是胡萝卜加大棒的政策。一方面，提供激励，如高利润、特别交易、额外奖金、广告津贴等；另一方面，采取制裁措施，威胁减少中间商的利润、推迟交货、中止关系等。

（3）评估渠道成员。企业必须定期评估中间商的业绩，主要考虑销售额完成情况、平均存货水平、送货时间、合作情况、对消费者提供的服务等。

（4）修改渠道决策。需要根据市场的变化来修改渠道，例如，消费者购买模式发生了改变，或者市场扩大、新竞争者加入、新的分销渠道出现等都要修改现有的渠道。

（四）渠道的新发展

近年来，市场营销渠道发生了巨大的变化。垂直市场营销系统得到了迅速发展，水平市场营销系统和多渠道市场营销系统也有了新的发展。传统的市场营销渠道是由制造商、批发商和零售商组成的，他们都是独立的经济实体，有其独立的经济利益，各自按照利润最大化原则行事，形成一个分散的网络。垂直市场营销系统是制造商、批发商、零售商联合而成统一体，其中一个渠道成员对其他成员有控制权，既有专业化管理，又有集中控制，是一体化的营销系统。水平市场营销是两个或两个以上的、独立的企业联合起来共同开发一个新的市场机会，以发挥资源共享、优势互补，并减少风险。多渠道市场营销系统是企业利用两个或两个以上的渠道达到一个或几个细分市场，可以提高市场覆盖率、降低渠道成本，更好地满足顾客需要。

四、促销决策

现代企业已经意识到不仅要提供优质的产品和服务，制订合理的价格，把产品分销到顾客手中，而且要利用各种手段与消费者交流与沟通，达到促销产品、实现企业目标的目的。促销决策主要包括广告、销售促进、公关与宣传以及人员推销等四个方面。

（一）广告

广告是对目标顾客和公众进行直接说服性沟通的主要工具之一。广告是以付费的方式对观念、商品或服务进行宣传展示和促销。广告是一种十分有效的信息传播方式，进行广告投放决策主要涉及以下五个方面：广告的目标、广告的费用、广告信息决策、媒体信息决策以及广告效果评价。

（1）广告的目标。广告目标有提供信息、说服购买和提醒使用三种。信息性广告主要用于产品的市场开拓阶段，目标是建立初步的需求。说服性广告主要用来强化与竞争对手产品的差别，培养顾客对品牌的偏好。提醒性广告主要应用于成熟产品，目的是提醒消费者购买自己的产品。

（2）广告的费用。广告可以提高对产品的需求、增加销售，但同时广告也带来了销售费用的增加。广告费用投入多少才能获得较好的效果，需要作出决策。确定广告费用的多少应该考虑以下几个方面：产品的生命周期阶段、市场份额和消费者基础、竞争和干扰情况、广告的频率、产品替代性和市场特征。新产品的广告费用较大，已经有一定知名度的品牌的广告费用相对要少。市场份额较高的产品，单位广告费用较低。广告费用多少还取决于竞争对手的情况，竞争者投入的广告费用多、干扰大，则企业的广告费用就要增加，否则难以达到效果。广告频率越大费用越高。为了和其他产品区分，产品的替代性越大，所需的费用也就越大。

（3）广告信息决策。广告要传递信息，只有引起目标受众的注意，才能达到沟通目标。广告信息决策涉及信息制作、信息评估与选择和信息表达。

（4）媒体信息决策。包括确定广告所期望的送达率、频率和效果，选择主要的媒体种类，选择特定的媒体载体，决定媒体的使用及地域分配。媒体主要有如下几类：报纸、电视、广播、邮寄、杂志和户外广告。媒体载体是媒体种类里面具体的媒体。不同的媒体种类和载体在效率和效果方面都有差异。企业应该根据广告的目标、预算、信息等因素来选择合适的媒体。

（5）广告效果评价。广告效果是广告的最终目的，也是评价广告成功与失败的最终标准。广告效果的评价主要有两个方面，一是广告的沟通效果，二是广告的销售效果。可以通过市场调查技术来评价广告的沟通效果，广告的销售效果较难评价，可以通过分析历史资料和实验数据作出大致的估计。

（二）销售促进

销售促进就是运用多种激励工具，刺激消费者更多、更快地购买某种产品或服务。如有奖销售、赠优惠券、减价、免费试用等。近10多年，销售促进得到了较快发展，用于销售促进经费的增长高于广告预算的增长。销售促进的主要决策如下：

（1）确定促销目标。针对消费者的促销目标有：鼓励大量购买、争取未使用者使用、从竞争者手中争取顾客；针对零售商的促销目标有：鼓励经营新产品、保持较高的存货水平、竞争性促销以及建立零售商的品牌忠诚等。

（2）选择促销工具。有各种不同的促销工具，应该考虑市场类型、促销目标、竞争条件和成本效益因素来选择合适的促销工具。

（3）制订促销方案。促销方案包括以下内容：刺激规模、参加者的条件、促销持续的时间、促销措施的分配途径、确定促销时机以及制订促销总预算。

（三）公共关系

企业在生产经营过程中，会与各个方面发生一定的联系，如消费者、供应商、政府、中间商、股东、金融机构、其他组织等，这些组织构成了企业的社会公众，它们对企业实现自己的目标有现实或潜在的影响，这些影响可能是积极的，也可能消极的。因此，企业需要处理好与社会公众之间的关系，树立企业在社会公众中的良好形象。现代企业一般都设有专门的公共关系部门，负责处理公关事务。公共关系已经成为市场营销促销中的一种重要工具，发挥着重要作用。

公共关系决策过程包括确定公共关系的目标、选择公关信息和工具、实施公关计划、对公关活动的结果进行评价等环节。

案例分析

东盟四国为何买断海尔洗衣机经销权㊀

随着全球环境的不断恶化和能源的短缺，越来越多的国家开始将社会环保列入国家的重要议事日程，许多国家甚至出台并实施了严格的环保、能效标准以引导环保消费，在这样的大环境下，节能、环保的家电产品也正逐步成为全球消费的新趋势。

日前，“世界第一台‘天然’洗衣机上市发布会”在马来西亚吉隆坡隆重举行，展会上，被当地消费者誉为“天然”洗的海尔不用洗衣粉洗衣机，凭借独有的健康、环保、节能等优势，一亮相就立刻引起了极大关注，来自马来西亚、泰国、新加坡、印尼四国经销商代表，一次性买断了海尔首批4万台不用洗衣粉洗衣机在当地的独家经销权。

㊀ 选自《中华工商时报》2006年3月8日。

2006年，海尔进入全球化品牌战略阶段，发展战略的转移，促使海尔加快了自主创新的步伐。在经历了技术、专利的竞争之后，2005年，海尔洗衣机已经将竞争的规则上升到了“标准”的高度！

海尔创新推出的世界第四种洗衣机——“双动力”、“环保双动力”系列洗衣机，首次以中国家电自主品牌的身份，被纳入了国际电工委员会的IEC标准提案。尤其是解决15个世界级难题，融合32项技术专利于一身的“环保双动力”洗衣机，在不用洗衣粉的情况下，就能实现人们想要的：洗得净、漂得净、杀得净，洗净比普通洗衣机提高25%。在中国市场，海尔不用洗衣粉的洗衣机经过两年的市场推广，迅速成为人们更新换代的首选，市场销量上升非常快，月市场增幅高达600%，牢牢占据中国高端洗衣机市场50%以上的份额，其环保所带来的社会价值受到了中国政府的肯定。

由于高质量、优越性能和低污染排放、保护生态环境、不损害人体健康，海尔“环保双动力”成为中国环境保护产业协会等四大协会共同向中国消费者推荐的环保产品，并一举摘得由国务院颁发的国家科技进步二等奖，成为中国家电行业唯一的获奖产品。

海尔不用洗衣粉的洗衣机以其独有的健康、环保、节能优势受到各国政府的广泛关注。作为世界著名的旅游城市，马来西亚历来重视环保，2005年，马来西亚政府和经销商代表团在对海尔进行参观考察时，就对海尔不用洗衣粉的洗衣机表示出浓厚的兴趣，并希望海尔能尽快让这一产品在马来西亚上市。

自20世纪90年代海尔系列产品全面进入马来西亚市场以来，通过不断创新，推出符合当地化需求的产品，海尔品牌已经在当地树立了极高的美誉度。这次在马来西亚上市的“天然”洗衣机，是海尔在不用洗衣粉洗衣机基础上，根据当地化需求，创新推出的又一款个性化新品，其所实现的健康、环保功能是目前普通洗衣机所无法比拟的。

出席推介会的我国驻马来西亚大使馆经济商务参赞高文宽为现场的气氛所振奋。他说：“2005年中国和马来西亚双边贸易额307亿美元。中国向马来西亚出口106亿美元，其中70%是机电产品。而在机电产品中，超过一半是高新技术产品。如今海尔推出世界第一台不用洗衣粉的洗衣机更令国人自豪。

“以前由于一些低质廉价的中国产品进入马来西亚市场，让当地消费者对中国产品失去了信心，但海尔的产品在当地却很受欢迎，这里的人非常注重家电产品的健康、环保功能，海尔‘天然’洗洗衣机的全新功能，不仅会改变中国产品在马来西亚的形象，而且一定会在马来西亚引发新一轮的销售热潮”。谈起海尔天然洗洗衣机在马来西亚上市，参会的马来西亚著名的家电连锁“新兴电器有限公司”执行董事林金兴非常兴奋。在马来西亚，海尔不用洗衣粉洗衣机新品发布会上，来自马来西亚、新加坡、印尼、泰国四国当地最大的经销商现场与海尔签约买断首批4万台不用洗衣粉的洗衣机在当地的独家经销权，对这一产品的未来市场充满信心。据海尔洗衣机海外销售公司总经理史光文介绍，海尔“天然”洗衣机是采用电解原理，把水分解成碱性离子，同时采用海尔独有的“双动力”技术，达到高于洗衣粉的洗净效果。在水循环时，水又被分解成酸性离子，使这一产品更具有了抗菌消毒的作用。

2006年，是海尔全球化品牌开拓的一个新起点，不用洗衣粉洗衣机及一大批具有自主知识产权的创新产品，无疑成为了海尔集团“走出去”实施全球化品牌战略的最有利的武器。据悉，目前，海尔不用洗衣粉的洗衣机已经通过了10余个国家的产品性能及技术认证，2006年，海尔洗衣机将在1年内将这一新型环保产品，推向包括日本、美国、澳大利亚在内的全球30多个国家和地区。

2006年，海尔启动了全球化品牌战略阶段，要在全球每个国家创出当地化的品牌，我们看到，海尔正用一直坚持的自主创新、自主创牌加快推进这一发展战略的实施，海尔不用洗衣粉的洗衣机在马来西亚的上市已为海尔奏响了全球化创牌的号角。

讨论题：

1. 海尔洗衣机成功的原因是什么？

2. 分析海尔洗衣机的细分、目标市场与定位。

3. 海尔的成功对中国企业实行国际化战略的启示。

思 考 题

1. 为什么说市场营销是现代企业的一项重要职能？
2. 举例说明市场营销观念的演变。
3. 如何建立市场导向的战略规划？
4. 为什么要进行市场营销机会分析？如何分析？
5. 什么是市场细分？如何进行市场细分？
6. 目标市场选择有哪些模式？
7. 举例说明产品周期理论，针对不同的周期阶段应分别采取什么策略？
8. 企业如何采取差别化战略？
9. 企业如何制订自己的市场营销竞争策略？
10. 举例说明有关的产品组合决策。
11. 新产品如何定价？
12. 什么是渠道决策？主要包括什么内容？

作 业 题

一、判断题

1. 市场营销是一种社会管理活动过程，市场营销的目的就是更好地满足人类的需求和欲望。 （ ）

2. 市场营销主要研究交换活动和交换过程。（ ）

3. 只有卖方是市场营销者，具有达成交易的积极性。（ ）

4. 需求是针对特定产品的欲望，只要消费者愿意购买某种商品，就形成了对商品的需求。（ ）

5. 市场营销观念的演变，是企业内外部环境变化作用的结果。（ ）

6. 企业提供优质产品和服务，取得顾客满意是营销的基本要求。（ ）

7. 给顾客提供的价值越大，顾客的满意水平就越高。（ ）

8. 满意水平是预期绩效与期望差异的函数。（ ）

9. 市场营销是市场营销部门的事情，与其他部门无关。（ ）

10. 全面质量市场营销就是企业各部门都确保提供满意的产品质量。（ ）

11. 市场导向的战略规划，就是根据市场的变化来规划企业的资源、目标和业务，以取得企业整体目标的实现。（ ）

12. 市场营销经理的任务是分析、计划、执行、控制市场营销工作。（ ）

13. 市场营销机会分析，既要分析营销环境，也要分析消费者和竞争者。（ ）

14. 目标市场营销的三个步骤是市场细分、目标市场选择和市场定位。（ ）

15. 任何市场都可以进行有效的市场细分。（ ）

16. 可以按照不同的市场细分变量对市场进行细分，得到不同的细分结果。（ ）

17. 目标市场就是企业选择作为服务对象的细分市场。（ ）

18. 具有一定规模和发展前景的细分市场一定具有盈利潜力。（ ）

19. 产品专业化策略就是企业向几个细分市场提供一种产品。（ ）

20. 全面进入策略下就不需要进行市场细分。（ ）

21. 产品差别化营销是一种有效的营销手段。（ ）

22. 任何产品都具有相似的产品生命周期曲线。（ ）

23. 成长期的产品利润最大。（ ）

24. 撇脂战略的短期目标是获取利润，渗透战略的长期目标是占领市场。（ ）

25. 在成长阶段，企业应尽可能长时间地维持市场成长。（ ）

26. 成熟阶段的标志是销售停止增长。（ ）

27. 企业的竞争战略，既要考虑自身情况，也要考虑竞争对手的情况。（ ）

28. 产品是提供给市场满足顾客某种欲望和需要的一切有形产品和无形服务。（ ）

29. 和市场营销组合中的其他要素相比，价格容易调整而且容易传达给消费者。（ ）

30. 市场营销渠道的发展是规模经济和专业分工的结果。（ ）

二、单项选择题

1. 顾客的购买是根据什么原则决定的（ ）。

A. 整体顾客价值最大 B. 整体顾客成本最小 C. 顾客让渡价值最大

2. 全面质量营销中的质量是指（ ）。

A. 产品质量 B. 服务质量 C. 产品和服务质量

3. 生产同样产品或同类产品之间的竞争属于（ ）。

A. 品牌竞争 B. 行业竞争 C. 形式竞争 D. 一般竞争

4. 企业向目标市场提供多种产品，满足各种需要的战略是（　　）。

A. 产品专业化　B. 市场专业化　C. 选择性专业化

5. 在产品的生命周期中，产品销售迅速增加，利润大量增加的时期是（　　）。

A. 介绍期　B. 成长期　C. 成熟期　D. 衰退期

6. 以低价格和高促销水平推出新产品，这种战略是（　　）。

A. 快速撇脂战略　B 缓慢撇脂战略　C. 快速渗透战略　D. 缓慢渗透战略

7. 基于顾客对产品价值认知的定价方法是（　　）。

A. 价值定价法　B. 随行就市定价法　C. 认知价值定价法　D. 差别定价法

8. 适合中小企业的市场营销竞争策略是（　　）。

A. 市场领导者　B. 市场挑战者策略　C. 市场追随者策略　D. 市场补缺者策略

第六章 现代企业生产管理

引 言

Ames 公司属于小公司，拥有资产 5 000 万美元，员工 450 名，是生产打字机墨辊的印刷产品制造商。1990 年，公司聘请印第安纳波利斯的 Waiker 从事用户满意的测评工作，并把基于用户满意问题作为日常工作来解决。由 Waiker 实施的跟踪调查表明，公司的用户满意度得到了逐步提高，公司的交货及时率从 97%提高到了 98%，公司在 1991～1992 年，使其所有产品都得到了改进。Ames公司还了解到，调查太多会使用户感到厌烦，对用户有负面影响。现在，销售有关人员执行的用户接触性调查每月进行一次，公司级的用户调查每半年进行一次，而不是原来的一季度一次，而公司生产质量副总裁 Waiker 先生每 18 个月独立地进行一次用户调查。Ames 公司对 2 000 多用户进行调查询问有关质量、成本、交货和服务等问题。在技术服务方面，调查请用户给 Ames 公司在制作设计模型、把模型转变成实体样本再转变成最终产品这三方面所具备的能力定级。Ames 公司和 Waiker 之间的密切合作使 Ames 公司改变了对用户需求的理解并拓展了服务概念。Waiker 先生说“我们学会了如何定义、测评以及提高从用户角度观察我们产品的价值。我们销售更多的是产品的价值。我们产品的价格可能不是市场上同类产品的最低价格，但我们带给用户的确确实实是技术先进，有雄厚的能力生产制造的产品，这就是我们的产品价值观。”

（资料来源：由（美）威廉 J. 史蒂文森著，张群，张杰等译《生产与运作管理》，机械工业出版社，2003 年版。“2000 案例‘知觉即事实’改编整理”而成）

第一节 现代生产管理概述

一、生产管理的概念、内容与任务

生产管理是指为实现企业经营目标，有效地利用生产资源，对企业生产过程进行计划、组织、协调、控制，生产出满足市场需要的产品或提供服务的管理活动的总称。

生产管理的内容包括：确定合理的生产组织形式，制订科学的生产计划以及对计划的实施和控制。确定合理的生产组织形式包括对生产系统的选择、对生产过程的空间组织及时间组织；生产计划的制订包括对生产计划及生产作业计划的编制；生产计划的实施与控制包括对生产进度控制、库存控制、质量控制、成本控制及生产现场管理等内容。

生产管理的任务就是要以实现企业的经营目标、经营方针为宗旨，通过组织、计划、协调和控制等职能，实现产品在品种、质量、数量、交货期、成本等方面的要求，保障企业经营目标的实现。生产管理就是要把资源合理利用放在重要位置，在确保产品质量的前提下，优化资源配置，不断降低成本，提高经济效益。为此生产管理必须提高生产对市场需求变化的反应能力和适应能力，在市场决定企业生存的今天，不仅企业的经营战略、人力资源、财务、市场营销要以市场为导向，生产管理也要以市场为导向，生产管理虽然从过去企业的中心地位降到了从属的地位，但这绝不是说生产管理不重要了、可以淡化了，生产管理的基础作用，对企业在市场中核心竞争力的影响不但没有削弱，反而加强了。

二、生产管理的对象——生产系统

生产管理也就是对生产系统的管理。要研究生产管理，首先必须了解生产系统。

（一）生产系统的运动机理

生产系统是企业大系统中的一个子系统。其运动规律就是输入资源，经过生产过程，输出产品或服务，并且在生产过程中不断进行信息反馈，如图 6－1 所示。

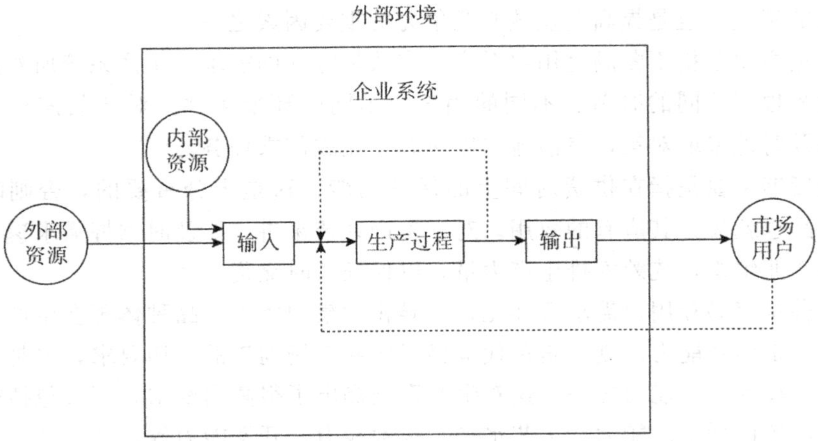

图 6－1 生产系统的运动

不同的企业根据不同的生产目的应输入不同的资源。具体资源有：劳动力、资金、土地、建筑物、机器设备、工艺装备、原材料、燃料和信息等。

生产系统输出的是产品或服务。它们必须具有使用价值，必须符合社会和市场的需要，这样才能销得出去，这是实现企业赢利目标的前提。

生产系统是一个输入、输出的转换系统，转换过程就是生产过程。企业一定要通过自身的努力，使输出大于输入，才能真正实现企业的赢利目标。为此，企业应尽可能采用最经济的生产方式，以消耗最少的人力、物力、财力和时间，降低成本，缩短交货期。

在生产系统中，还要不断加强内部协调性工作。为此，应重视系统内部各环节的信息反馈。信息反馈可以指挥、控制、调整企业生产过程中的偏差，从而使生产顺利进行，生产出符合要求的产品或提供服务。

生产系统与外部环境的联系息息相关，所以，必须强调生产系统对外部环境的适应性，加强应变能力。尤其是外部市场瞬息万变，生产系统自身要及时地应变。

（二）生产系统的功能

生产系统的功能就是根据社会需要、市场需求生产出物美价廉的产品和服务，以满足市场消费者的需要。虽然市场消费者的需求千差万别，但大致可以从产品的质量、数量、交货期、品种、价格及售后服务等方面来具体体现。

质量主要是指产品的使用功能、可靠性、寿命、外观等。它是用户购买产品的第一需要。围绕产品的功能指标，企业生产系统的功能就是加强其系统的控制和检验，从生产过程的每一个环节把好质量关。过硬的质量，是企业产品和营销最重要的基础，也是提高企业核心竞争力的重要因素之一。

数量主要是指不断满足用户对产品在数量方面的需求。生产系统所对应的功能，就是根据不同的时节、不同的用户、不同的环境条件，对产品需求量的不同，能及时地采取对策，灵活地加以协调，完成需求任务。

交货期主要是指在供货时间上的保证功能，这是十分重要的，否则时过境迁，产品也就失去其应有的效用。对于生产系统来讲，要及时掌握需求速度，及时调整作业组织，统筹安排生产力量，以保证及时交货。

品种是市场和用户需求多样化、差异化的集中体现。品种体现在生产系统的功能上就是创新能力。创新是现代世界经济和市场潮流的迫切要求，也是企业在市场中生存的重要能力之一，这对生产系统提出了很高的要求，不仅包括生产设计能力，还包括生产能力、工艺水平、技术能力、开发能力等。

价格是现在市场和消费者购买产品考虑的最重要的因素之一。在同样的质量水平下，消费者当然会选择购买价格较低的产品。生产系统为了满足产品的这一功能，必须加强生产系统的管理，努力降低成本，真正做到优质优价。对于这一点，日本企业给了我们很好的启示。日本的企业使用一切可以使用的科学管理方法及手段，努力降低产品成本，从一点一滴做起，同时加强和推广全面质量管理、丰田生产方式等，生产出的汽车、照相机、钟表、家用电器等产品在世界上具有强大的竞争力，主要是因为日本的产品物美价廉。这非常值得我国的企业学习和借鉴。

服务功能包括产品售前服务、售后服务。如产品功能的宣传、介绍、展示、安装、使用培训、指导及使用的维护、修理、保养、更换等。这就要求企业的生产系统具备继承性、可扩展性及兼容性。企业要坚决克服产品销售前是笑脸、销售后是冷脸的恶劣经营作风。目前，从世界范围看，制造业和服务一体化的趋势越来越明显，工业企业生产的产品中，服务的含量越来越高，不加强服务，只靠高质量、低价格，用户是不会认同的。不仅服务企业要向用户提供好的服务，制造业也要向用户提供好的服务，只有好的产品加好的服务，才能最终赢得市场和消费者。

（三）生产系统的结构

企业生产系统的结构是指投入生产系统的要素及其相互间关系的具体体现，它决定了企业生产系统的功能的发挥。

生产系统的构成要素较多，按性质和作用来划分分为结构化要素和非结构化要素。

（1）结构化要素。结构化要素主要是指构成生产系统物质形式的那些“硬件”及它们之间的相互关联。这些结构化要素包括：生产设备与技术、生产能力、厂房设施和生产系统集成。

（2）非结构化要素。非结构化要素是指在一定的结构化要素框架构成的基础上，起支持和控制系统运行作用的要素。非结构化要素大部分以“软件”的形式出现，它主要包括：人员组织、生产计划、库存控制和质量管理等。

从某种角度讲，建立非结构化要素较之建立结构化要素花费要少一些，而且随着企业的不断发展和进步，非结构化要素的作用会越来越大，且在某些情况下影响着结构化要素。

（四）企业生产类型划分

不同的企业由于其产品结构不同，产品品种多少和生产规模也有差异，所以每个企业的生产管理系统肯定不同。但是，为了更好地研究和组织企业的生产过程，就需要按一定的标志，将企业生产划分为不同的生产类型，据此实行分类指导。企业生产类型划分的标志很多，在此只介绍两种最典型的划分方法。

1. 按业务来源划分

按业务来源划分，企业生产可以分为订货生产型和存货生产型两种。

订货生产，通常是根据用户的需要进行生产，体现“以需定产”。在订货生产方式下，由于顾客订货一般是不稳定的，时多对少，有时要货急，所以会给生产能力带来冲击。因此，要求企业在生产能力上要具有灵活性和机动性。在销售方面，要争取尽可能多的订单和订货数量。此外，要严格根据合同按合同期交货，努力提高履约率。

存货生产，通常是企业根据市场需求预测安排生产，并通过对产品库存来调节生产与市场需求之间的矛盾，即在市场需求低于产量时增加库存量，当市场需求高于产量时就用库存来补偿生产不足。这种安排生产的方式，能使企业生产能力利用率维持在一定水平上，保持稳定的生产秩序。

2. 按产品品种和生产的重复程度划分

按产品品种多少和生产的重复程度划分，企业生产可分为大量生产、成批生产和单件小批生产。

大量生产类型的特点是产品品种少，同种产品产量大，生产条件稳定，经常重复生产同种产品，工作地点固定，加工一道或几道工序，专业化程度高。

成批生产类型的特点是产品品种较多，各种产品的数量不等，生产条件比较稳定，每个工作地要负担较多的工序，各种产品成批轮番生产，工作的专业化程度比大量生产低。成批生产按批量大小，又可分为大批生产、中批生产和小批生产。大批生产接近于大量生产，因而一般称为大量大批生产；小批生产接近于单件生产，因而一般称为单件小批生产。只有中批生产才具有典型的成批生产特点。

单件生产类型的特点是产品品种很多，每种产品只生产一件或几件之后不再重复，或虽有重复但不定期，生产条件很不稳定，工作的专业化程度很低。

由于生产类型特点的不同，反映出来的经济效益也不相同。在大量生产条件下，工作的专业化程度高，可采用高效率的专用设备和工艺装备，便于组织流水线和自动线，工人操作简单，技术熟练，计划管理工作简单，具有较高的劳动生产率和较低的产品成本，经济效益最好。单件生产条件下，工作的专业化程度低，一般采用通用设备和工艺装备，设备利用率和劳动生产率低，对工人技术水平要求高，计划管理工作复杂，产品成本高，经济效益最差。成批生产的经济效益介于大量生产和单件生产之间。

（五）生产系统的选择

企业生产系统的主要功能是制造产品。要制造什么样的产品，决定了需要什么类型的生产系统。因此，要选择生产系统，首先要分析市场、用户对产品的要求。

用户对产品的要求可以概括为六个方面，即品种款式、质量、数量、价格、服务和交货期。虽然这六方面较全面地概括了用户对产品的基本要求，但不同的用户对同一种产品在要求上往往有很大的差异。例如，有的用户追求款式新颖；有的则希望产品经久耐用；有的则希望物美价廉；有的则希望得到良好的售后服务；有的则不惜高价只要求迅速交货等。

用户对产品的六方面的要求和产品对生产系统的要求两者之间有很强的对应关系。对应于用户对产品提出的六方面要求，产品对生产系统提出了创新、质量、弹性、成本、继承性和按期交货等六项要求。两者之间的关系，如表 6－1 所示。

表 6－1 产品功能与生产系统功能对应关系

用户对产品提出的要求		产品对生产系统提出的要求	
品种款式	反映用户对产品品种规格、款式、新颖度、更新速度等的要求	创新	反映生产系统开发新产品的能力、对新技术的适应能力及系统的自我完善能力
质量	反映产品性能、外观、寿命等满足用户需求的程度	质量	反映生产系统对产品质量的保证能力
数量	反映用户对产品数量上的需求变化	弹性	反映生产系统对市场需求变化的适应性
价格	反映用户购买、使用产品的代价	成本	反映生产系统对产品制造成本的控制能力
服务	反映产品售前、售后对用户提供的服务及产品更新换代后对老产品的服务保障	继承性	反映生产系统生产的升级换代产品对老产品的兼容性
交货期	反映用户对产品供货时间的要求	按期交货	反映生产系统按合同或市场要求准时交货的能力

单件小批、成批及大量生产这三种典型生产类型与六项生产系统功能指标间的关系如表 6－2 所示。从表 6－2 可以看出，不同的生产类型具有不同的功能特点和竞争优势，每一种生产类型在六项功能指标方面都表现出一种相悖的关系，这说明一种生产系统只能满足有限的功能需求。企业要获取竞争优势，在生产系统功能指标的选择上只能有所取舍，最好是突出极端优势，而不是兼顾所有功能指标。故企业在选择生产类型时一定要结合企业的竞争战略，并根据不同生产类型的功能特点作出选择。生产类型与生产系统功能指标间的关系如表 6－2 所示。例如，实行低成本战略的企业可选择大量生产类型；推行差异化战略的企业则可以选择单件小批或成批生产类型。

表 6－2 生产类型与生产系统功能指标间的关系

生产类型	成本	质量	继承性	交货期	弹性	创新
单件小批生产	差	较差	差	较好	较好	好
成批生产	较差	较差	较好	较差	较好	较好
大量生产	好	好	好	较好	较差	差

进入20世纪70年代后，随着全球制造业竞争的加剧，为适应多品种小批量生产的需要，出现了许多新的生产系统，例如，柔性制造系统（FMS）、计算机集成制造系统（CIMS）、灵捷制造（AM）、定制生产等。这些新的生产系统在上述六项功能指标方面均可达到最优化。目前在西方国家的制造业中，普遍采用了这些新的生产系统，使其在全球化的竞争中取得了绝对优势。因此，对于我国企业来说，要努力积极地提高生产系统的技术水平，并积极向西方先进国家学习，采用这些新的生产制造系统。

由上述分析可知，用户对产品的要求，在转化为对生产系统要求的过程中还受到企业竞争战略的作用，使上述六项要求中的某些要求得到了强化，并产生了优先顺序。因此，一个有效的生产系统选择标准是：它制造的产品不仅能满足用户对产品六项要求的基本水平，而且还要适应企业经营战略的要求，使产品具有所需特色，能在市场中取得竞争优势。

三、生产管理的原则与要求

（一）生产管理的原则

为了搞好生产管理，实现生产管理的基本任务，根据现代企业的性质、任务和生产活动特点，生产管理应遵循以下原则：

（1）市场导向原则。市场导向原则是指根据社会需要、市场需求来安排和组织生产，把市场作为生产的出发点和落脚点，这是企业生存之本。为此，首先，企业要有强烈的市场意识，通过市场调查，掌握市场容量、市场潜力、目标市场、质量要求、竞争对手等状况，再结合自身优势条件，调整产品结构，开发出适销对路的产品、高附加值的产品、高技术含量的产品。唯有如此，企业才会有生机和活力；其次，企业还必须提高生产管理对市场的适应能力，这就要求生产管理人员不要把自己禁锢在生产领域内部，要主动去面向市场，积极采用柔性生产系统，建立品种、数量、质量、成本、交货期、服务等方面的竞争优势，这不仅能很好地满足顾客的需要，而且会使企业在竞争中立于不败之地。

（2）经济效益原则。讲求经济效益，是指合理配置和利用资源，以最少的劳动和资金占用，生产出尽可能多、尽可能好的产品。只有讲求经济效益，才能增加积累，发展生产。为此，首先树立效益观念，其次要根据市场需求，制订正确的生产战略，优化生产系统结构，在品种、数量、质量、交货期、成本、服务等某方面有所侧重，建立自己的生产竞争优势，以提高效益。

（3）科学管理原则。坚持科学管理的原则，是指在进行生产管理的过程中，实现符合现代化大生产要求的制度和方法。企业要建立强有力的、统一的、协调的生产指挥组织。要认真制订和执行各项规章制度，加强基础工作。现代化大工业生产分工越来越细且异常复杂，要靠严密的组织，执行严格的标准，及时的信息传递和沟通，使生产的每个环节都始终处于受控状态。坚持科学管理的原则，还要加强对职工的教育和培训，按照现代大工业生产的要求，不断提高职工技术水平、更新职工知识结构；要积极采用现代管理方法和技术，如采用盈亏分析方法、线性规划方法、投入产出方法等进行生产计划指标的优化；采用JIT生产方式；采用CIMS生产系统等。

（4）均衡生产原则。均衡生产是指生产过程要有计划、按比例地进行，克服前松后紧等现象发生。组织均衡生产有利于建立正常的生产秩序和管理秩序，提高设备和工时利用率，保证产品质量，实现安全生产，减少资金占用，全面提高经济效益，所以是现代化大生产的客观要求。为此，企业要搞好生产准备工作，努力改善外部条件，建立起比较稳定的供应渠道和密切的协作关系，保证原材料、外协件、外购件能够按时、按量、按质供应；另外，对企业的人力、物力、财力、时间等进行统筹考虑，搞好生产计划工作，并要认真执行计划，随时注意生产动向，加强生产控制和反馈。

（二）生产管理要求

由于生产系统的运动规律是输入资源，经过生产过程，才能输出产品或服务，故生产管理的实质是对企业生产过程的计划、组织、协调和控制。

产品的生产过程一般包括一系列的劳动过程和自然过程。劳动过程由工艺过程、质量检验和控制过程及运输过程组成。工艺过程是指改变工件的几何形状、尺寸大小及物理、化学属性的过程。例如，钢铁厂的锻压、淬火，机械厂的车、钻、刨、铆、热处理等工艺。质量检验和控制是生产合格产品的最重要的环节，它包括对投入生产过程的原材料、在制品、产成品等进行检验和控制的过程。运输过程是指厂内各个生产环节、生产车间、生产工段之间的运输过程。自然过程是指借助自然力的作用而使劳动对象发生物理或化学属性变化的过程。例如，冷却、干燥、发酵、自然时效等。生产酒，既需要人们的劳动过程，同时也需要发酵、自然时效的自然过程，法国的葡萄酒享誉世界，其最短的窖藏时间也要8～10年才能出产、销售。

而从企业的生产过程各阶段的职能和作用看，生产过程可分为五个组成部分：①生产技术准备过程。即产品在投入生产前所进行的各种生产技术准备工作，如产品设计、工艺设计、工装设计和制造、标准化工作、定额工作、劳动组织、新产品试制。②基本生产过程。即直接为完成企业的基本产品所进行的生产活动，它代表企业的基本特征和专业方向，如纺织企业的纺纱、织布，机械制造企业的铸造、加工、装配等。③辅助生产过程。即为保证基本生产过程的正常进行而从事的各种辅助性生产活动。如机械制造企业的动力生产、工具制造、设备维修。④生产服务过程。即为基本生产过程和辅助生产过程服务的各种活动。如原材料的采购、保管；产成品的包装、运输等。⑤附属生产过程。即企业根据自身条件和市场需求生产某些非企业专业方向的产品过程。如机械厂利用一些边角余料制造的小五金制品。

为了有效地利用生产资源，以最小的劳动耗费，取得最好的生产成果，提高生产的经济效益，实现企业的经营目标，企业生产过程的组织工作必须符合下列要求：

（1）生产过程的连续性。连续性是指产品在生产过程各阶段、各工序之间的流动，在时间上是紧密衔接的、连续不断的，也就是说，产品在生产过程中始终处于运动状态，不是在进行加工、装配、检验，就是处于运输或自然过程中，没有或很少有不必要的停顿和等待时间。保持和提高生产过程的连续性，可以缩短产品的生产周期，减少在制品的数量，加速流动资金的周转；可以更好地利用物资、设备和生产面积，减少产品在停放等待时可能发生的损失；有利于改善产品的质量。生产过程的连续性同工厂布置、生产技术水平有关。工厂布置合理，或采用先进的科学技术，提高机械化、自动化水平，就比较容易实现生产过程的连续性。在一定的生产技术水平条件下，生产过程的连续性还与生产管理工作的水平有关，如采用先进的生产组织形式，合理地安排工序，提前做好生产技术准备工作等，就能提高生产过程的连续性。

（2）生产过程的平行性。平行性是指生产过程的各项活动、各工序在时间上实行平行作业。例如，在钢铁联合企业中，炼铁、炼钢、轧钢等生产活动是连续、平行进行的。转炉在吹炼时，同铁水的脱硫处理、钢锭模的准备等工作也是同时并进的。平行性是生产过程连续性的必然要求，只有将可以平行进行的生产活动组织平行交错作业，才能真正达到连续性的要求。生产过程的平行性可以大大缩短产品的生产周期，在同一时间内提供更多的产品。

（3）生产过程的比例性。比例性是指生产过程各阶段、各工序之间在生产能力上要保持一定的比例关系，以适应产品生产的要求。这种比例关系主要是指各个生产环节的工人人数、设备数量、生产速率、开动班次等都必须互相协调。比例性是保证生产顺利进行的前提，有利于充分利用企业的设备、生产面积、人力和资金，减少产品在生产过程中的停顿、等待时间，缩短生产周期。为了保持生产过程的比例性，在工厂设计或生产系统设计时，就要正确规定生产过程的各个环节、各种机器设备、各工种工人在数量和生产能力方面的比例关系。在日常的生产管理工作中，要加强计划管理，做好生产能力的综合平衡工作，采取有效措施，克服薄弱环节，保持各生产环节之间应有的比例性。生产过程的比例性并不是固定不变的。由于生产技术的改进，产品品种、产量、原材料构成的变动，厂际协作条件的变动，以及工人熟练程度的提高等原因，某些环节的生产能力总会发生变化，从而改变原有的比例关系。因此，必须采取措施，及时调整各种比例不协调的现象，建立新的比例关系，以适应变化了的情况。

（4）生产过程的均衡性。这是要求企业及其各个生产环节的工作，都能按计划有节奏地进行，使各工作地负荷均匀。以上四项要求是相互联系、相互影响的。组织企业的生产过程必须全面地体现这些要求，以提高生产的经济效益。

（5）生产过程的适应性。生产过程的适应性是指当企业产品进行更新换代或品种组成发生变化时，能够由生产一种产品迅速转到生产另一种产品的应变能力。由于科学技术的迅猛发展，产品更新换代的速度加快，社会对新产品的需求也日新月异，促使企业必须不断开发新产品和更新品种花色以适应社会的需求。这是当代生产发展的一大特点、因而对组织生产过程提出了适应性的要求。前面谈到合理组织生产过程有保持一定的比例性和实现均衡性的要求。但是社会对产品的需求本身是多变的和不均衡的，而企业拥有的人员和设备则是相对稳定的。所以，企业要在满足多变的、不均衡的社会需求的条件下，保持生产过程的比例性和均衡性，就必须有一个柔性很强的生产系统，使其具有加工不同产品的生产能力，且能保持系统的效率和效益。为此，可采用数控机床和加工中心等适应能力强的机床设备，培训工人成为多面手，采用成组生产单元和柔性制造系统等。

四、生产管理的发展趋势

随着现代企业经营规模的不断扩大、产品的生产过程和各种服务提供过程的日趋复杂及市场环境的不断变化，使得企业的生产管理本身也在不断发生变化。特别是近年来，随着现代信息技术突飞猛进的发展，更为生产管理增添了新的有力手段，使企业的生产管理进入了一个新阶段，出现新的发展趋势，主要表现在以下几个方面：

（1）现代生产管理的涵盖范围越来越大。首先，现代生产突破了传统制造业的生产过程和生产系统的控制，扩大到非制造业的生产过程和生产系统的设计上；其次，现代生产管理不仅局限于生产过程的计划、组织、协调和控制，而是包括生产运作战略的制定、生产系统设计即生产系统运行等多个层次的内容，把生产战略、新产品开发、产品设计、采购供应、生产制造、产品配送直至售后服务看做是一个完整的“价值链”，对其进行综合管理。

（2）随着市场需求日益多变化，生产系统需要具有更大的柔性以实现产品与服务的多样化。现在越来越多的企业不断改变传统的大量生产方式，多品种小批量混合生产方式成为主流。为了适应这种要求，采用顾客化大量生产（Mass-Customization）是实现这种个性化生产的重要途径。顾客化大量生产把大量生产与单件生产的优点集中一起，在获得生产的高效率的同时也满足用户的个性化要求。

（3）信息技术越来越成为生产系统与管理的重要手段，随之带来的一系列管理模式和管理方法的变革成为生产管理的重要研究内容。

（4）经济全球化趋势，使跨国生产与全球供应链成为不可逆转的趋势。管理全球化生产网络是未来生产管理者面临的新挑战。资源的有限性使得企业不得不进行全球化资源的优化，实现全球化生产；同时，企业开始致力于整个供应链上物流、信息流和资金流的合理化和优化，与供应链上的多个企业结成联盟，以应对日趋激烈的市场竞争。

(5)“绿色生产”成为生产管理面临的重要新课题，致使企业把清洁生产与可循环使用的资源作为未来生产的方向。人类社会在飞速发展的同时，也面临着资源枯竭、环境污染和生态失衡的严重威胁，于是各国政府纷纷制定可持续发展战略，提高社会环保意识，使人们逐步认识到生产的职能必须包括对废弃物的处理，在生产有用物的同时，充分考虑资源的可再生性。

第二节 现代生产系统的设计与组织

生产系统的设计和组织是指应用科学的方法和手段对组成企业的各个部分、各种物质要素（设施、设备等）进行合理的配置和空间及平面布置，使之形成有机的系统，以最经济的方式和较高的效率为企业的生产经营服务。

任何企业的生产都是在一定的空间范围内以一定的组织方式进行的，因此生产系统的设计和组织是企业生产管理的重要内容，它对企业的生产经营有着重要而长远的影响。生产系统的组织如果不合理，往往是难以通过其他措施弥补的，所以应充分予以重视。

一、生产系统的空间设计

(一) 厂址选择

对一个新建企业来说，选择工厂的位置是建立、组织和管理企业的第一步，也是重要的一步；对于现有企业来说，由于业务拓展或搬迁等原因，也可能要重新选址。选址是一项技术性、经济性很强的工作。它直接影响到项目的投资、建设速度以及未来的运营成本。

1. 厂址选择步骤

工厂选址必须遵循科学的程序。一般来说，厂址选择步骤如下：

(1) 选择建厂地区。建设地区的选择是指在相当广泛的区域内选择项目的建设地区。新企业或小企业的投资者常常希望在居住地附近进行企业运营，因此，他们倾向于在当地选择企业地址；而对一些大型的公司，特别是那些跨地域运营的公司，则常常考虑更广泛的地理位置。

(2) 拟订建厂条件。根据企业生产要求，拟订建厂所需的各种技术经济指标，这些技术经济指标一般包括：项目占地面积、建筑面积、职工定员、主要原材料和燃料的需求量、年运输量，项目对地质、气候、水质及用水、用电量的要求，项目的环保要求、外协要求等。

(3) 实地勘察，提出若干备选方案。根据建厂条件要求，由企业的主管部门组织企业及地区有关单位的领导和技术人员参加，包括城市规划建设部门、环保部门、交通运输、水文地质、项目设计等单位，在设定的地区实地勘察，提出符合建厂条件的若干备选方案。

(4) 对各备选方案进行比较分析，得出较优方案。对可供选择的建设地址方案要运用科学的方法进行比较和论证。由于影响企业选址的因素很多，各方案的各因素之间可能相互矛盾，故在所提供的地点中，总有许多地点可以选择。即使找不出最好的地点，也可以找到次好的方案。

2. 影响厂址选择的因素

影响厂址选择的因素很多，主要的有：

(1) 自然地质条件。自然地质条件主要是指所选地点的地面是否平整，是否符合未来工厂的布置要求；地质条件应能满足未来工厂的载重等方面的要求；温度、湿度、气压、风向等气候因素是否适宜产品的制造、库存和工人的工作条件等。

(2) 劳动力条件。劳动力因素对于大部分企业来说都是选址时应考虑的。考虑的劳动力因素主要有：劳动力的成本和可得性、一个地区的薪资水平、劳动技能、劳动生产率及劳动者对待工作的态度等。不同企业的行业特点不同，故其在选择厂址时考虑的劳动力因素必然不同。

(3) 交通运输条件。运输量较大的工厂则应考虑建在铁路、河流等运输条件较为便利的地方。

(4) 资源供应条件。考虑到供应数量和成本，许多对原材料依赖性较强的工厂应尽可能接近原材料产地。如火力发电厂应尽可能建在煤矿附近，而水电站则只能建在水力充足的地区。

(5) 基础设施条件。对于一个工厂来说，煤气、电、供水、排水、“三废”处理、通信等基础设施在选址时需要认真考虑。某些企业要耗用大量的水，如食品制造、洗衣、电镀等；而另一些企业如化学加工的工艺过程则需大量的电，如不在选址时对这些基础设施予以充分考虑，则会造成成本上升和带来不便。

(6) 产品销售条件。有的企业在选址时应尽可能接近产品的目标市场，以利于产品的迅速投放和运输成本的降低。

(7) 生活条件。对于一个企业来说，为职工提供包括住房、体育娱乐、生活服务、交通等在内的良好生活环境，无疑能使工作更有效率。因此在选址时必须考虑这方面的因素。

(8) 环境保护条件。选址时应考虑企业可能给环境造成的危害，尽可能将企业建在对环境影响最小的地方。如著名风景区内就不宜建厂，噪声大的工厂不应建在居民区附近。

(9) 科技依托条件。对于一些技术密集型企业，尤其是高技术企业，应选择建在科技人员集中的地区，如大专院校和科研院所附近，以利于依靠雄厚的科技力量开发新产品。

(10) 扩展的条件。一个工厂一开始就建设到容积极限，不留余地，这无疑是不明智的。应在选址时为将来的发展留下充分的可能。

(11) 拆迁和施工条件。这两方面都涉及建厂投资，在选址时都必须考虑。若拆迁工作量大，拆迁补偿费用就高；若施工条件不理想，则土石方工程量就大。

不同类型的企业对影响选址的因素的要求是不同的。在某些企业看来是主要的影响因素，而在另外一些企业则可能是次要因素；而且在众多因素中，经常只有一个或几个最重要的因素对选址决策起决定作用。因此我们在选址时，应根据企业的实际情况确定要考虑的因素，并分清主次，对主要因素要重点考虑。

(二) 厂区平面设计

厂区平面设计就是合理安排企业内的各种物质设施，使它们组合成一定的空间形式，从而有效地为企业的生产经营服务，以获得最大的经济效果。具体来说，就是根据已选定的厂址地貌，对组成企业的各个部分，如基本生产车间、辅助生产车间、仓库、公用设施、办公部门等进行合理布置，确定其平面或立面的位置，并相应地确定物料流程，运输方式和运输路线。

厂区平面设计是一项复杂而庞大的系统工程。由于企业绝大部分生产经营活动都是在一定的厂区内进行的，因此厂区设计的合理与否对企业的生产经营有着十分重要的影响，它影响着企业的生产经营成本、职工的工作环境、物料运输及应变能力等多个方面。有统计资料表明，在制造业中，总经营费用的20%～50%是物料的搬运费用，而优良的厂区平面布置可使这一费用至少减少10%～30%。

1. 厂区平面布置的目标

对厂区平面布置来说，总目标是要使企业能从厂区平面布置提供的服务中获得最大的效益。具体目标又可细分为：

(1) 最短的运输路线。这意味着使未来的生产经营成本尽可能低。

(2) 最大的灵活性。灵活、富有弹性的布置对于企业的未来发展及适应变化的能力无疑具有重要意义，不过这一目标的实现并不容易。

(3) 面积的有效利用。在人类居住的地球越来越拥挤、土地费用日渐上升的今天，这一目标越来越重要。

(4) 良好的工作环境。不仅企业设施是配置在一定的厂区之内，企业的职工也是在这一环境中工作和生活，他们士气的高低直接影响着企业的经营成果，所以厂区布置应为他们提供良好的工作环境。

2. 厂区平面布置的原则

(1) 厂区平面布置应使厂房、设施和其他建筑物的配置满足企业生产过程的要求。

(2) 尽可能使厂区内的物料运输距离最短。这就要求尽可能避免交叉运输和重复往返运输，尽可能减少物料流量。因此，应尽可能使厂房按生产流程的顺序布置。

(3) 尽可能使厂区平面布置紧凑。一般说来，工厂占地面积小，厂区布置紧凑，则建厂时的土方工程量就小，运输路线、工程管道和道路的里程也短，因而基建费用就低。为了节约用地，不仅要提高企业的建筑系数（厂房、建筑物占地面积在全厂总面积中所占的比例），还要提高单位建筑面积的产量和利用多层建筑物的优点。

(4) 要合理划分厂区。尽可能按功能或其他条件把厂区划分为不同的功能区域，把相同或相近功能且条件要求相近的生产单位布置在同一个区域内。如机械制造厂可分为加工区、动力区、办公区和生活区等，这样便于管理，有利于厂区安全和环保。

(5) 有利于整体协调。厂区平面布置应有整体观念，在可能的条件下使厂区布置各要素之间相互协调。如任何一个单位的进出口处应布置得对于另一个发放或接收的单位是最方便的。

(6) 厂区布置要利于安全和职工的健康。安全要求是多方面的，如防火、防爆、防毒、防盗等，在厂区布置时均应予以妥善考虑。另外，厂区布置应充分考虑保证在其内工作的职工的身心健康，注意厂区的绿化和美化，并设置适当的休息区域。

(7) 充分利用外部环境提供的便利条件。在进行厂区平面布置时应充分考虑环境给予的各种便利条件并尽可能予以利用，特别是厂外运输条件。生产过程的流向和运输系统的配置应满足货运路线的要求，保证物料输入和产品输出的方便。

(8) 厂区布置要与环境相协调。企业应牢固树立自己是社会一员的思想，应使厂区的环境、建筑的式样与周围的社区环境相协调，尤其是在历史名城或风景区附近。

(9) 厂区的布置要充分考虑远景发展需要，在可能的情况下为企业未来的发展预留余地。

3. *厂区平面设计方法*

厂区平面设计要经过反复实验、比较、验证，是一个设计、修改、再设计的过程。开始可以在纸面上利用模型进行设计。模型有平面的、立体的、带颜色的、按比例的等多种形式，可根据实际需要具体决定。布置时一般先安排主要生产车间和某些由特殊需要决定其位置的作业。如禁止吸烟的作业场所，应另设吸烟区；仓库区域内应设置消防车通道；储存石油、化学易燃物品的仓库可布置在地下室或其他比较安全的地方。其次确定主要过道的位置。厂区内的人行道、车行道应平坦、有足够的宽度和照明设备；主要过道的两端尽可能与厂外公路相连接，中间与各车间的大门相连接，道路与轨道交叉处应有信号装置、箭杆和明显标志。最后，根据各组成部分的相关程度，确定其他辅助部门和次要过道的位置。利用模型在纸上进行布置、设计，便于修改比较，也便于形成几个不同的布置方案。对不同的布置方案要进行技术经济评价，从中选择出一个最适合企业目标和需要的方案。评价的方法有如下几种：

(1) 优缺点比较法。罗列各个方案的优缺点进行分析比较，并按最优、次优、一般、较差、极坏五个等级评分，得分最多者为最优方案。

(2) 经济效益比较法。按一定的技术经济指标计算各方案的经济效果，从中选择一个最优方案。如将单位面积的投资费用与单位面积的产量或收益进行比较，计算单位产品所需要的工时或成本作为方案评价的依据等。

(3) 要素比较法。列出评价方案的全部要素，然后用分等加权法，从中选出最优方案。评价工厂布置方案的要素主要有：将来改建、扩建的难易程度；重新布置的可能性，物资流通和搬运的效率；地面和空间的利用程度；满足生产工艺要求的程度；安全卫生；仓库储存的效率；是否便于管理，设备的利用程度；外观与绿化；辅助部门的工作效率；能源利用，对自然条件、建筑物的有效利用；环境保护与三废处理；所需的投资费用和生产经营费用等。

工厂总平面布置经过模型试验、方案比较，确定最优方案后，就可以到现场进行实地布置。现场布置可根据具体条件对原设计方案进行必要的修正。由此可见，工厂布置过程实质上是一个实践、认识、再实践的过程。在这个过程中，工程技术人员、生产操作人员的经验和集体智慧起主导作用。当然，也可利用某些定量分析方法，如生产活动相关图布置法、物料流向图布置法等，在此不再详述。

(三) 车间（设备）布置

车间布置主要研究车间内部的工种、机器、设备应该如何组织配备的问题。由于各个企业的生产技术特点不同，各企业内部的空间组织就有很大的差别。空间组织的常见形式一般有：

(1) 工艺专业化形式。工艺专业化又称工艺原则，它是根据不同的生产工艺性质来设置车间、工段、班组等生产单位。在工艺专业化的生产单位里，集中着同类的工艺设备，对企业生产的各种产品（零件）进行相同的工艺加工。这种形式的优点是：对生产产品变化有较强的适应性，生产面积利用率高，便于对工艺进行专业化管理。其缺点是：因为这种形式不是独立完成产品的全部加工工序，一件产品要经过许多生产单位后才能完成，所以产品在生产过程中的运输路线长，运送材料、半成品的劳动消耗多，这就增加了运输费用。产品在生产过程中存放、等待时间增多，延长了生产周期，使在制品的数量增多，增加了流动资金的占用。由于各单位之间联系协作往来频繁，使生产计划管理、在制品管理、质量管理等项工作复杂化。工艺专业化形式，多适合于单件小批生产类型的企业。

（2）对象专业化形式。对象专业化又称对象原则。它是按照产品（部件、零件）的不同划分生产单位（车间、工段、班组）。在对象专业化的生产单位里，集中着制造某种产品所需的各种机器设备和工人，这些机器是按照产品的工艺过程的顺序来布置的。工艺过程是封闭的，产品的绝大部分工艺，都集中在一个生产单位完成。这种形式的优点是，由于相同的产品集中在一起，连续进行许多工序的加工，使加工路线缩短，节约了运输设备和运输人力，减少在制品资金占用，有利于采用先进的方法组织生产，减少生产过程的中断时间，缩短生产周期，简化了计划、调度、核算等管理工作，为流水生产制造条件。对象专业化形式的缺点是，适应产品品种变化的能力差，需要较多型号的生产设备，投资费用大，使用分散、设备的利用率低，一旦某台设备出现了故障，将影响整个生产线的工作。对象专业化形式，多适用于产品品种和结构比较稳定的大批大量生产类型或成批生产类型的企业。

（3）混合专业化形式。混合专业化形式就是将工艺专业化形式和对象专业化形式结合起来的一种形式，在我国企业中应用比较普遍。它包括在工艺专业化形式的基础上，采用对象专业化的原则建立生产单位，或在对象专业化的基础上，采用工艺专业化的原则来建立生产单位。这种布置形式机动灵活，如应用得当，可取得较好的经济效益。

二、生产系统的时间组织

合理组织生产过程不仅要求企业各生产单位、各工序之间，在空间上密切配合，而且要求劳动对象在生产过程的时间上紧密衔接，使人机料有效组合和运行，实现有节奏的连续生产，以达到提高设备利用率，缩短产品生产周期，加速流动资金周转，提高劳动生产率和降低产品成本的目的。

生产过程的时间组织，主要是研究一批零件在加工过程中，采用何种移动方式。一般来说，一批零件在工序间的移动方式有顺序移动方式、平行移动方式、平行顺序移动方式三种。

1. 顺序移动方式

顺序移动方式指一批零件在上道工序全部加工完成以后，才送到下道工序进行加工。这种方式的特点在于，零件在工序之间是按次序连续地整批运送，生产周期长。这种移动方式的加工周期的计算公式如下：

$$T_{顺} = n\sum_{i=1}^{m} t_i$$

式中　$T_{顺}$——一批零件顺序移动的加工周期；

n——零件批量；

m——零件加工工序数目；

t_i——第 i 道工序的加工时间。

2. 平行移动方式

平行移动方式是指一批零件中的每个零件在上道工序完工后，立即传送到下道工序继续加工。这种方式的特点是：零件在各工序之间是逐件运送，并在不同工序上平行加工。这种移动方式的加工周期的计算公式如下：

$$T_{平} = \sum_{i=1}^{m} t_i + (n-1)t_{长}$$

式中 $T_{平}$——一批零件平行移动的加工周期；

$t_{长}$——各道工序中最长工序的单件加工时间。

3. 平行顺序移动方式

平行顺序移动方式是顺序移动和平行移动两种方式的结合使用。也就是一批零件在上道工序尚未全部加工完毕，将已加工好的一部分零件转送到下一道工序加工，并使下道工序能连续地加工完该批零件。其具体做法是，当后道工序单件加工时间比前道工序单件加工时间长，则前道工序往后道工序按件运送；当后道工序单件加工时间比前道工序单件加工时间短，后道工序的最后一个零件只能等到前道工序所有零件加工完毕后，才能开始加工，则后道工序的第一个零件加工时间，可从最后一个零件的加工时间依次向前倒推确定。这种移动方式的加工周期计算公式如下：

$$T_{平顺} = \sum_{i=1}^{m} t_i + (n-1)(\sum t_{大} - \sum t_{小})$$

式中 $T_{平顺}$——平行顺序移动方式加工周期；

$t_{大}$——较大工序，是指某一道工序的单件加工时间比前道工序大，比后道工序也大；

$t_{小}$——较小工序，是指某一道工序的单件加工时间，比前、后两道工序的单件加工时间都小；如果某道工序的单件加工时间比前道工序时间长，比后道工序时间短，或者比前道工序时间短，比后道工序时间长，则略而不计。同时，应注意在找 $t_{大}$ 和 $t_{小}$ 时间之间，应在首道工序时间之前和末道工序时间之后加一个零件。

现举例计算三种移动方式的加工周期。设某种零件的批量 $n=3$ 件；加工工序数 $m=3$；每道工序的单件加工时间：$t_1=10$ 分钟，$t_2=5$ 分钟，$t_3=20$ 分钟。则该批零件的加工周期（T）如图 6-2 所示。

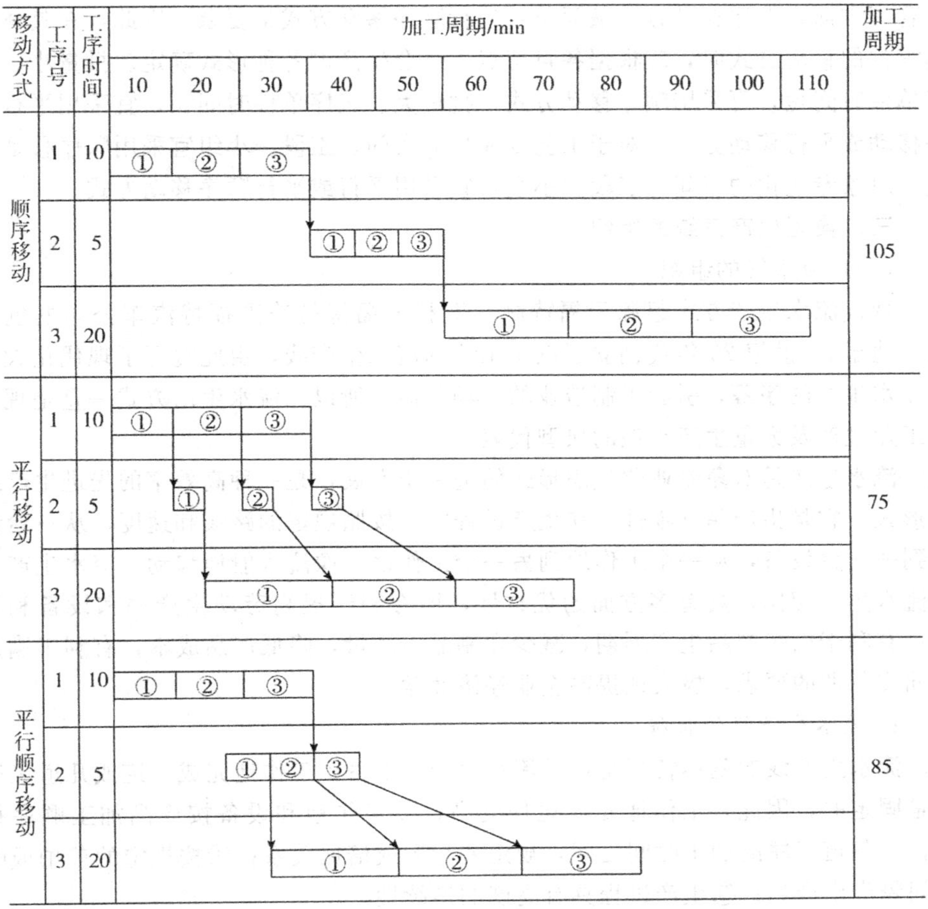

图 6-2 零件加工周期示意图

在实际工作中，运用上述计算公式求出各种移动方式的加工周期：

$$T_{顺} = n\sum_{i=1}^{m} t_i = 3 \times (10 + 5 + 20)\text{min} = 105\text{min}$$

$$T_{平} = \sum_{i=1}^{m} t_i + (n-1)t_{长} = (10 + 5 + 20)\text{min} + (3-1) \times 20\text{min} = 75\text{min}$$

$$\begin{aligned} T_{平顺} &= \sum_{i=1}^{m} t_i + (n-1)(\sum t_{大} - \sum t_{小}) \\ &= (10 + 5 + 20)\text{min} + (3-1) \times (10 + 20 - 5)\text{min} \\ &= 85\text{min} \end{aligned}$$

从上述三种移动方式可以看出，顺序移动的生产周期最长，平行顺序移动方式的生产周期较短，平行移动的生产周期最短；在设备利用方面，当前道工序的单件时间长于后道工序的单件时间时，平行移动方式会产生机床停歇时间；在组织管理方面，顺序移动方式最简单，平行顺序移动方式最复杂。因此，在具体选择零件的移动方式时，应根据各自特点，结合生产的各种形式确定。批量小、工序单件时间短，可采用顺序移动方式；批量大、工序单件时间长，宜采用平行顺序移动或平行移动方式。对于工艺专业化的车间、工段、小组宜采用顺序移动方式；对象专业化的车间、工段、小组，宜采用平行或平行顺序移动方式。

三、典型生产系统的组织

（一）流水线的组织

现代流水生产方式起源于福特制。亨利·福特是美国福特汽车公司的创始人，他于20世纪20年代创立了汽车工业的流水生产线，由此揭开了现代化大规模流水生产的序幕，引起了制造业的一场革命。所以，流水生产方式一直是现代大工业生产及大量生产类型的典型代表。

流水生产是对象专业化组织形式的进一步发展，是一种高效率的先进生产组织形式。它是指产品（零件）在生产过程中，按照规定的路线和速度，从一台设备到另一台设备，从一个工作地到另一个工作地，像流水般地移动。流水生产与非流水生产相比，具有多方面的优越性，即有利于提高劳动生产率和设备利用率；有利于缩短产品生产周期，减少在制品占用量，降低产品成本；有利于满足合同交货期的要求，极大地提高企业经济效益。

1. 流水生产线的特征

流水生产线的基本特征是：①流水生产线上每个工作地完成一道或几道工序都是固定的，因此，工作地专业化程度高；②工作地和设备按产品加工顺序排列；③各道工序的加工时间之间，规定着相等或倍比关系；④按规定的节拍或时间间隔产出产品；⑤生产过程具有高度的连续性。

2. 流水生产线的分类

流水生产线可按不同的标志进行分类：①按生产对象移动方式不同，可分为固定流水线和移动流水线；②按生产对象的数目不同，可分为单一对象流水线和多对象流水线；③按生产对象轮换方式不同，可分为不变流水线和可变流水线；④按生产过程连续程度不同，可分为连续流水线和间断流水线；⑤按流水线节奏性不同，可分为强制节拍流水线和自由节拍流水线；⑥按流水线的机械化程度不同，可分为手工流水线、机械流水线和自动生产线。

3. 组织流水生产线的条件

组织流水生产，需要具备一定的条件：①要有足够大的产品产量，以保证流水线上各工作地充分负荷；②产品结构和工艺过程相对稳定；③工艺过程能分解为简单的工序，而工序的分解与合并可以满足工序同步化的要求。

4. 流水线的组织设计

流水线设计工作包括技术设计和组织设计。技术设计的任务是设计流水线上所需各种专用设备和工艺装备，主要由工程技术人员来承担；组织设计的任务主要由生产组织管理人员来承担。

流水线组织设计的步骤与有关计算方法如下：

（1）确定流水线平均节拍。平均节拍是指流水线上连续出产前后两件产品之间的时间间隔。平均节拍的计算公式如下：

$$R_{平} = \frac{T_{效}}{Q}$$

式中 $R_{平}$——流水线的平均节拍（min/件）；

$T_{效}$——计划期有效工作时间（min）；

Q——计划期产品出产量（件），包括计划产量和预计废品量。

（2）组织工序同步化（同期化）。工序同步化是指通过采取技术组织措施，使各道工序的加工时间与流水线的平均节拍相等或成倍比关系，这是组织连续流水生产线的必要条件。

（3）确定设备（工作地）数量。流水线上各道工序的加工时间，都必须接近节拍或节拍的倍数，但实际上各道工序的加工时间长短不一。为了适应节拍的要求，必须计算每道工序确切需要的设备（工作地）数量。其计算公式如下：

$$n_i = \frac{t_i}{R_{平}}$$

$$N = \frac{T}{R_{平}}$$

式中 n_i——某工序需配置的设备（工作地）数量；

t_i——第 i 道工序单件时间定额；

N——流水线上最少设备（工作地）数量；

T——全部工序时间。

按上式计算出来的设备（工作地）数量可能有小数，而在实际取设备（工作地）数时，应取等于或大于计算数的最小整数。

（4）计算设备（工作地）负荷率和流水线的平均负荷率。在确定各工序实际采用的设备（工作地）数后，还应分别计算各工序的负荷率与整条流水线的平均负荷率。计算公式如下：

$$K_i = \frac{n_i}{n_{ei}}$$

$$K_{平} = \frac{\sum n_i}{\sum n_{ei}}$$

式中 K_i——第 i 道工序的设备（工作地）负荷率；

$K_{平}$——整条流水线平均负荷率，一般要求不小于75%；

n_i——某工序计算所需设备（工作地）数；

n_{ei}——某工序实际采用设备（工作地）数。

（5）确定流水线所需工人人数。流水线上工人人数，要根据工作地数、工作轮班数、一名工人可同时看管的设备（工作地）数和工人的缺勤率来确定。整条流水线还要安排几名多面手工人，以替换缺勤的工人，流水线所需工人人数的计算公式如下：

$$S_{总} = \sum_{i=1}^{m} S_i(1+a)+C$$

式中 $S_{总}$——所需工人总数；

S_i——第 i 道工序所需工人人数；

a——缺勤率；

C——后备多面手工人。

$$S_i = \frac{n_{ei}}{V_i} \times b$$

式中 V_i——第 i 道工序一个工人同时看管的设备（工作地）数；

b——流水线工作轮班数。

（6）选择流水线的运输工具。流水线上采用的运输工具很多，如皮带、传送带、辊道、回转台、各种运输车、重力滑道、传送链等。最常用的是传送带，它可节省辅助工人，缩短运输时间，按规定节拍进行生产。传送带的长应和速度的计算公式如下：

$$L = 2(\Sigma L_1 + \Sigma L_2) + L_3$$

式中 L——传送带总长度；

ΣL_1——工作地长度之和；

ΣL_2——工作地之间距离之和；

L_3——传送带两端需要长度。

（7）流水线的平面布置和设备（工作地）的排列。流水线的平面布置要有利于工人操作，运输路线最短以及有效利用生产面积。流水线上设备（工作地）的排列要符合工艺路线的顺序，符合产品的总流向，以尽可能缩短运输路线，减少运输工作量。

（二）多品种小批量生产

1. 多品种小批量生产的含义及特点

多品种小批量生产是指在规定的生产期间内，作为生产对象的产品种类（规格、形状、尺寸、型号、色彩等）较多，而每种产品生产数量较少的一种生产方式。

一般来说，与大量生产方式相比，多品种小批量生产方式，一般具有以下特征：

（1）生产品种的多样性。产品品种繁多，而批量与交货期又各不相同。

(2) 生产过程的复杂性。从材料加工成产品的工艺路线是多种的，“物流（生产过程）”因工件而异，交错复杂。

(3) 生产能力的适应性。由于品种不一，需求量不等，导致生产设备能力的过剩或不足，只能通过加班或多班运转来加以调节。

(4) 环境条件的多变性。由于订货规格、数量、交货期等变化大，往往因此而更改设计，出现特急任务，或发生外购件（材料、零件、外加工件）交货不及时等意外情况。

(5) 生产计划的困难性。因为订货规格不一，造成产品设计和生产过程多变，物流复杂，因此要实现工艺计划和进度计划的最优化也非易事。

(6) 生产管理的动态性。由于具体车间实施生产过程中情况多变，容易引起设备故障、人员缺勤、操作熟练程度不足、次品多等问题，因此，往往靠经验、凭直觉办事，难以实行规范化管理。

2. 多品种小批量生产的适用范围

根据对生产系统类型的划分可知，按业务来源划分，生产类型可分为订货生产和存货生产；按产品产量多少划分，则有单件小批生产、成批生产、大量生产之分。进一步，根据各种生产类型的特点可知，定货生产多数属于多品种小批量生产，但是在存货生产中，也有些是具有多品种小批量生产特征的；就产量而言，单件小批生产或成批生产方式一般属于多品种小批量生产，而大量生产方式中，又出现了所谓“混流生产方式”，例如，在同一汽车装配线上采用流水作业方式，连续、交替装配因不同款式、色彩、内装饰而形成的不同车种，从而进一步扩大了多品种小批量生产的适用范围，如图 6－3 所示。

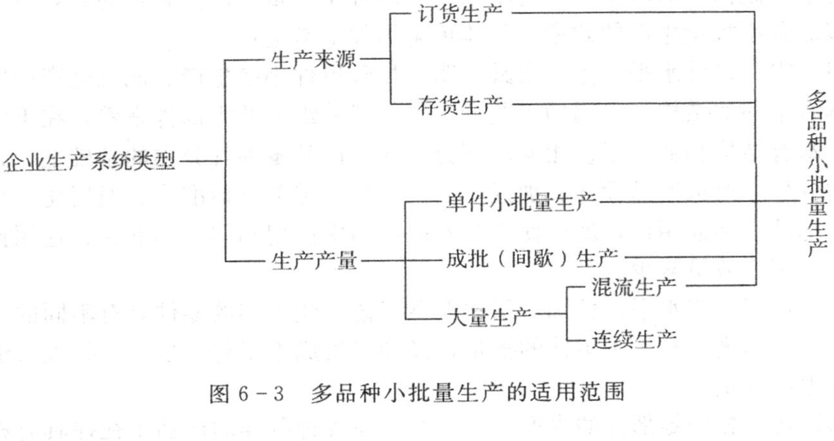

图 6－3　多品种小批量生产的适用范围

3. 实施多品种小批量生产的必要性

一般来说，多品种小批量生产方式与大量生产方式相比，效率低，成本和价格高，不易实现自动化，因此，过去主要是中小企业采用这种方式。但是，现在不少大企业开始采取多品种小批量生产方式，日本机械制造企业中的95%采用多品种小批量生产方式，连历来以大量生产方式为主的美国，近年来也较多地采用这种生产方式。据美国审计总署近年的报告书指出，在美国制造业中，有75%～80%的产品，每一种产品的产量不超过50个。我国机械制造企业属中小批量生产的占总数95%左右。所以多品种小批量生产已成为当今社会的主要生产方式。为什么多品种小批量生产效率不高，很多企业仍不得不采用这种生产方式呢？其原因是：

第一，为了适应市场需求。大量大批生产由于采用了专用设备及专用工艺装备，劳动效率大大提高，成本得到降低，这对企业来说是有利的。但是随着经济水平的发展，人们的价值观念发生了变化，需求水平日趋提高，需求多层次、多样化、个性化，追求有别于他人的高级的、独特的和流行的商品，这样一来，企业的产品多样化也就成为一种必然趋势。例如，服装，以前大家着装相同的很多，企业一个款式的服装可能大批生产、销售。但现在这种现象很少了，人们穿着追求新颖、别致、体现个性，所以，大量生产同一款式的服装（除T恤、牛仔裤），在现代市场上肯定会行不通。

第二，现在不少产品在市场上昙花一现，消费者对其很快就会失去新鲜感，新一代产品层出不穷，又很快被淘汰，如此反复循环，导致产品生命周期缩短，又迫使企业不断开发、生产和提供更新的产品；而科学技术的发展为企业开发新产品提供了可能。

第三，企业间竞争激烈，扩大市场占有率已成为企业的重要目标，企业不得不接二连三地推出新产品，以取得竞争主动权。

4. 提高多品种小批量生产效率的途径

为了满足消费需求企业不得不采用多品种小批量生产方式，为此，企业必须提高多品种小批量生产的效率。具体可采用如下措施：

(1) 提高设计水平。生产实践表明，尽管单件小批生产、成批生产中的各种产品具有不同的结构、不同的工艺特点，但就其组成的零部件来看，在不同的产品中，却有结构相似和工艺相同的部分。在对产品零部件分类的基础上，开展产品结构分析、改进产品设计、加强产品系列化、零部件标准化、通用化工作，广泛采用标准件和通用件，就可使得在不同产品中使用相同的标准件、通用件比例增加，专用件数量减少。

(2) 提高工艺水平。例如，采用典型工艺，使不同的零件具有不同的工艺过程，在一定程度上扩大了零件的批量；又如采用成组工艺，也可以扩大每道工序的零件生产批量。

(3) 建立相同零部件的生产系统。由于在各种各样的产品中往往具有相同的零件，那么在接受定货之前，就可以根据预测的需求或销售情况，把这些相同的零件事先制造出来，并储存在零件中。一旦接到订货要求，则把零件中心内的零件经过适当的组合，装配成各式各样的产品。利用这种方法，生产提前期就只需装配和生产专用件的时间。

(4) 建立柔性制造系统。这是一种与大批量、标准化生产概念相反的生产系统，柔性制造系统是适应当代产品规格繁多，精密程度要求高而应运而生的。大批量、标准化企业是按一系列等级性的层次组织的。而柔性系统则把传统上分离的职能（设计、建造、采购、制造、产品分配、推销、销售等）合起来组成高度一体化的能够对新的机会作出迅速反映的系统。柔性生产系统意味着一种比较“平”的结构。在柔性生产系统中，不存在一个专门解决问题的特殊阶层，几乎每个人都有责任来发现问题，解决问题。这种企业一般是组成若干配套的相对稳定的任务组，以适应不断变化的情况和市场。

第三节 现代企业生产计划与控制

生产计划与生产控制是企业生产经营计划的重要组成部分，是编制企业其他计划的依据，也是企业计划期内生产的行动纲领。本节将讨论生产计划、生产能力计划、生产作业计划、生产作业控制、物料需求计划和制造资源计划方面的内容。

一、生产计划

（一）生产计划的概念和任务

生产计划是指在生产战略指导下，企业在计划期（年、季、月）内应完成的产品生产任务和进度的计划，即规定企业在计划期内应当完成的产品品种、质量、产量、产值、出产期等一系列生产指标的计划。生产计划也是编制物质供应计划、劳动人事计划、销售计划和技术组织措施计划等的重要依据，并同成本指标和利润指标密切相关。生产计划的主要任务是充分挖掘企业内部资源，合理利用企业资源，不断生产出国内外市场适销的商品，以提高企业的经济效益。因此，生产计划必须具有全局性、科学性、应变性，既要保证企业生产的产品在品种、质量、数量和交货期上满足市场的需求，又能充利用企业的人力、物力、财力，在提高劳动生产率、降低产品成本的基础上，增加企业的利润。

（二）生产计划工作的内容

由生产计划的任务可以看出，企业在具体确定生产计划时，要认真进行调查研究，摸清企业内外部的情况，了解和掌握市场需要与生产可能，力求做到以销定产，按需生产；还要采用比较科学合理的定性与定量分析方法去寻找最佳方案，必须对不同方案进行试算平衡，寻求措施，解决矛盾，从而达到生产任务与生产能力、劳动力、物质供应、生产技术准备、生产协作、利润、成本、资金等各方面的综合平衡，使生产成本最低、利润最大。因此，生产计划必须做好以下工作：

1. 进行生产计划准备

充分而准确的信息资料是编制生产计划的基础。因此生产计划准备工作主要指各方面资料的收集。这些资料大致分为两部分：一部分是反映企业外部环境和需要的，包括经济形势，国家政策，市场需求，竞争者状况，原材料及其他物资供应状况等；另一部分是反映企业内部条件和可能的，包括劳动力及技术水平，生产能力水平，各种物资库存水平，流动资金和成本水平，销售服务水平及上期计划完成情况等。其中市场需求量和生产能力两方面资料尤为重要。

2. 确定生产计划指标

经过生产计划准备工作，基本掌握了计划期内社会对企业产品的需求及计划期内企业可能提供的生产资源状况。在此基础上就可以确定生产计划指标，这是生产计划的核心。生产计划工作的成果，其实就表现在为各项生产计划指标确定一个合理的水平。

生产计划的主要指标有产品品种、产品质量、产品产量和产值等。产品品种指标是指企业在计划期内所产出的产品品种数目，按照产品的用途、性能、结构、规格、工艺过程或外形尺寸等差异来划分，它反映企业在产品品种方面满足社会需要的程度和生产技术管理水平；产品质量指标是指企业在计划期内各种产品应达到的质量标准，可以用精密程度、可靠度、合格率、成品返修率、废品率、产品等级率等衡量；产品产量指标是指企业在计划期内应该出产的各种产品的数量；产值指标是指企业在计划期内用货币反映的所有生产成果，一般用商品产值、总产值、净产值和增加值等指标衡量。

生产指标的确定必须坚持充分满足社会需求、充分利用企业各种资源和提高企业经济效益的原则，选用恰当的方法，通过综合平衡、优化而取得。一般来说，通过市场预测这一工作，企业应该清楚市场对企业在产品品种、质量、产量、产值方面的需求，进而企业可通过盈亏平衡分析法优化总产量指标，通过线性规划法优化分品种、产量、产值指标，也可通过计算机构造模拟模型寻优。具体的优化方法不在此介绍，读者可参考相关书籍。

3. 编制产品出产进度计划

产品出产进度计划是指把企业全年的生产任务，按产品品种、规格、数量具体地按季、按月进行分配，也称主生产计划。由此可以看出，企业产品的出产进度计划的编制，既要从时间上保证生产指标的实现，保证产销衔接，又要能保证企业生产秩序和工作秩序的稳定。所以，合理地编制产品出产进度计划，是生产计划的重要内容，它对合理地组织生产，有效地利用各种资源，均衡生产，提高企业效益有重要作用。为此，编制企业产品进度计划必须要与企业已签的合同交货计划、技术准备计划、生产能力计划、物资供应计划、财务收支计划等进行反复综合平衡。

大量大批生产类型企业产品品种比较单一，生产稳定，因此生产进度的安排主要是生产量的分配，主要分配方法一般有平均分配法、均匀递增、抛物线递增等。

成批生产类型企业生产的品种较多，生产进度的安排，不仅要解决产量的分配，而且要考虑品种的搭配。为此，优先安排有严格时间要求的产品，然后采取“均衡”方法安排企业的主力产品；对产量较小的产品和同系列产品，尽可能采取“集中轮番”方式生产；另外为保证生产负荷均衡，还要注意尖端产品与一般产品、复杂产品与简单产品、新产品与老产品、大型产品与小型产品的搭配。

单件小批生产类型的企业，一般是订货生产。该类企业在编制年度计划（生产计划指标）时订货任务还不能完全确定，只能作出概略的安排；由于其产品的品种多、规格杂，每种产品产量很少，承接的订货可能来得迟、要得急、变动多，故产品进度计划要根据每一用户的具体要求安排。

（三）企业生产计划编制步骤和方法

在编制生产计划时，不仅要确定好年度总量指标，还要确定好各季或各月的需求指标。前者是要达到总量平衡，后者则是要达到结构和出产进度平衡，而同时要做到这两点往往要付出代价。因为从现代生产的特点看，各月需求量往往是变动的，而且有时变化幅度很大。图 6－4 给出了市场累积需求曲线。若紧随需求量安排生产，则会出现劳动力、设备等不足或过剩，还会带来其他一些不利后果，如使产品质量不稳定，使工人情绪不稳定，使生产费用增加：当劳动力、设备等不足时，要多付加班、聘用、外包费用，当劳动力、设备等过剩时，要多付解聘或闲置费用等，这通常是生产计划人员所不希望的。若均衡安排生产，最简单的办法就是制订恒定生产率计划。从图 6－4 可以看出，它是一条生产率保持不变的直线。

恒定生产率计划也有严重缺点，它使得在计划期的某些时间段上，可能出现增加库存（多付库存费用）、延迟交货（多付延迟交货费用）或脱销（蒙受利润损失）。因此，理想的生产计划是能够综合市场需要和生产系统的优势，使企业在尽量满足市场需要的前提下，降低成本，提高生产效率。实际生产计划的制订既不能紧随市场需求，也不能完全按照恒定生产率来制订，只能两方面综合考虑。图6－5给出了累计需求、生产需求与生产计划的关系。

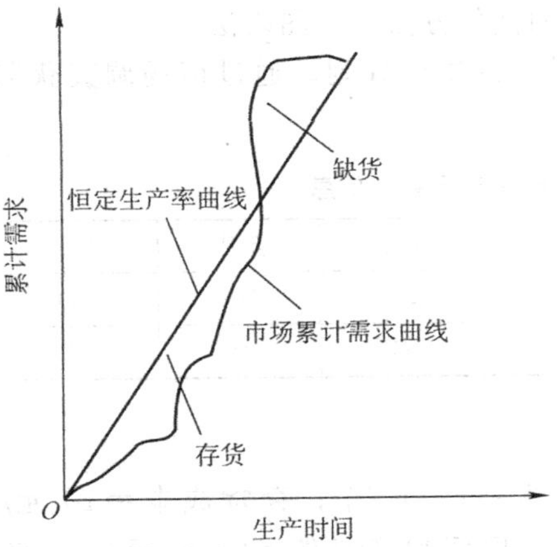

图 6－4 恒定生产率曲线及市场需求曲线

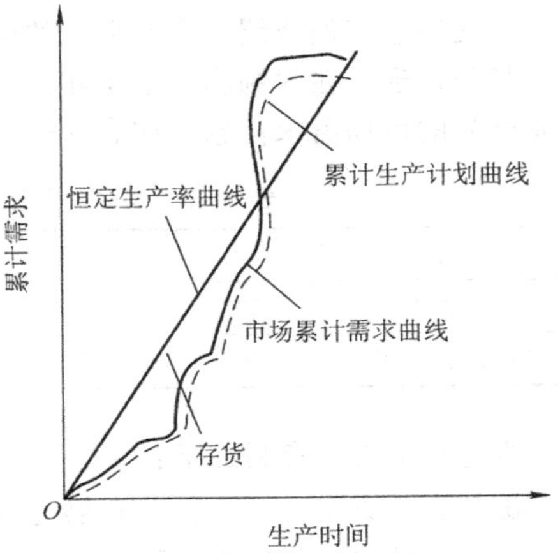

6－5 累计需求、生产需求与生产计划关系

一般来说，在制订生产计划时，通常有四个基本的考虑：尽可能满足顾客需求量；尽可能保持恒定的企业产出率；尽可能维持一个水平的企业总人数；尽可能使总成本最低。其中使总成本最低、利润最大应该是企业最终的追求。为此，需要进行各可行计划方案的成本费用计算比较，从中选择总成本最低的计划方案。其步骤一般如下：

（1）确定各期需求。

（2）确定各期生产能力（正常生产能力、加班生产能力、转包生产能力）。

（3）明确相关的政策（库存水平、劳动力水平）。

（4）确定各种相关单位成本（正常生产能力、加班生产能力、转包生产能力、存货、延迟交货、解聘或培训等）。

（5）规划可供选择的各种方案，并计算出各方案的期间成本。相关成本计算如下：

期间成本＝产出成本（正常＋加班＋转包）＋聘用/解聘成本＋存货成本＋延迟交货成本

正常生产成本＝单位产品正常成本×正常产出数量

加班生产成本＝单位产品加班成本×加班产出数量

转包生产成本＝单位产品转包成本×转包数量

聘用成本＝单位产品聘用成本×聘用数量

解聘成本＝单位产品解聘成本×解聘数量

存货成本＝单位产品存货成本×平均存货数量

延迟交货成本＝单位产品延迟交货成本×延迟交货数量

$$\text{某期平均存货}=\frac{(\text{期初存货}+\text{期末存货})}{2}$$

期末存货＝前期期末存货＋本期产量－本期产品需求量

（6）如果出现满意的计划，选择其中最能满足目标的，否则回到第（5）步。

下面通过实例介绍一个非数学的生产计划优化方法——图表法。

某公司现正在编制明年上半年（1～6月）的生产计划。通过市场调查获取企业产品的市场需求信息，如表6-3所示。

表6-3 某公司获取的企业产品市场需求信息

月份	1月	2月	3月	4月	5月	6月
需求量/个	200	200	300	400	500	200
有效工作日/天	20	19	21	21	18	21

假定其他有关资料如下：

正常生产成本＝20元/个；转包生产成本＝60元/个；存货成本＝10元/（月·个）；延迟交货成本＝50元/（月·个）；雇佣和培训费＝1 000元/人；解雇费＝1 500元/人；单位产品所需时间＝8小时/个；假设企业第一期期初和第

六期期末存货为为零，且无保险储备。

现可以考虑采取四个计划方案：

（1）通过增减工人数目满足生产需要。

（2）按计划期平均产量确定生产工人数量［（1 800 个×8 小时/个）/（120 天×8 小时/天）=15 人］，维持工人数量不变，通过存货或延迟交货来平抑需求。

（3）按需求量最低的月份确定工人数量［（200 个/月×6 月×8 小时/个）/（120 天×8 小时/天）=10 人］，通过外包的方法弥补生产的不足。

（4）按稳定的生产率 $\frac{1\ 800}{6\text{ 个/月}}$=300 个/月来安排生产，通过存货或延迟交货来平抑需求。

四种生产计划方案的成本计算如表 6-4 所示。

表 6-4 生产计划不同方案比较表

（产量单位：个）

（成本单位：元）

方案 1 / 月份	正常产量	转包产量	期初存货	需求量	期末存货	平均存(缺)货	正常成本	转包成本	聘用成本①	解聘成本	存货成本	延迟交货成本	合计
1	200		0	200			4 000						
2	200			200			4 000		1 000				
3	300			300			6 000		4 000				
4	400			400			8 000		4 000				
5	500			500			10 000		9 000				
6	200			200	0		4 000			12 000			
合计	1 800			1 800			36 000		18 000	12 000			66 000

方案 2 / 月份	正常产量②	转包产量	期初存货	需求量	期末存货	平均存(缺)货	正常成本	转包成本	聘用成本	解聘成本	存货成本	延迟交货成本	合计
1	300		0	200	100	50	6 000				500		
2	285		100	200	185	142.5	5 700				1 425		
3	315		185	300	200	192.5	6 300				1 925		
4	315		200	400	115	157.5	6 300				1 575		
5	270		115	500	0	(57.5)	5 400				575	2 875	
6	315③		0	200	0	0	4 000				0	0	
合计	1 800			1 800			33 700				6 000	2 875	42 575

（续）

方案3 月份	正常产量	转包产量	期初存货	需求量	期末存货	平均存(缺)货	正常成本	转包成本	聘用成本	解聘成本	存货成本	延迟交货成本	合计
1	200		0	200			4 000	0					
2	190	10		200			3 800	600					
3	210	90		300			4 200	5 400					
4	210	190		400			4 200	11 400					
5	180	320		500			3 600	19 200					
6	200④	0		200	0		4 000	0					
合计	1 190	610		1 800			23 800	36 600					60 400

方案4 月份	正常产量	转包产量	期初存货	需求量	期末存货	平均存(缺)货	正常成本	转包成本	聘用成本	解聘成本	存货成本	延迟交货成本	合计
1	300		0	200	100	50	6 000				500		
2	300		100	200	200	150	6 000				1 500		
3	300		200	300	200	200	6 000				2 000		
4	300		200	400	100	150	6 000				1 500		
5	300		100	500	0	(50)	6 000				500	5 000	
6	300		0	200	0	0	6 000				0		
合计	1 800			1 800			36 000				6 000	5 000	47 000

① 聘用（解聘）成本＝当月与上月比较增加（减少）的生产人数×每人聘用（解聘）费用。

$$某月生产所需人数=\frac{当月生产量\times单位产品工时定额}{当月工作天数\times每天工作时间}$$

② $$当月出产数量=\frac{当月工作天数\times每天工作时间\times工作人数}{单位产品工时定额}$$

③ 当月产出 315 个，其中 115 个弥补上月缺货，200 个满足当月需求，当月末库存为零。

④ 根据公式计算，当月产量应为 210 个。由于当月需求为 200 个，当月末库存为零，所以，当月实际只应生产 20 天，产出 200 个。

由表 6－4 可知，方案 2 可使生产成本降到最低。

二、生产能力计划

（一）企业生产能力计划的概念及核算

企业的生产能力是指在一定的时期内直接参与生产过程的固定资产，在一定的生产技术条件下，经过综合平衡，所能生产一定种类的产品或加工处理一定数量的原材料的能力。

企业生产能力一般分为设计能力、查定能力和计划能力三种。设计能力是指企业设计任务书和技术文件中所规定的生产能力，它是确定企业生产规模、编制战略规划、安排基本建设计划的依据；查定能力是指老企业没有设计能力，或原有设计能力被突破的情况下，经过重新调查核定的生产能力，它是企业进行技术改造时核定生产能力的依据；计划能力是指企业在计划年度内实际能够达到的生产能力，它是企业编制年度计划、确定生产指标时的依据。

影响企业生产能力的主要因素有三个：一是生产中固定资产的数量，即机器设备的数量；二是固定资产的工作时间，即它的有效工作时间；三是固定资产的生产效率，即设备和生产面积的生产效益。

单一品种条件下设备组生产能力的计算公式如下：

设备组生产能力 = 设备数量×单位设备有效工作时间×单位台时产量定额

多品种条件下生产能力的核定可采用代表产品法。它是指从多品种中选择一种产量大，在结构和工艺上具有代表性，能反映企业专业方向的主要产品。该代表产品的某设备组生产能力计算如下：

$$某设备组生产能力=\frac{某设备组全年有效工作时间}{代表产品台时定额}$$

（二）生产能力与生产计划的平衡

在编制生产计划时，一般要进行设备负荷计算，其目的是为了发现生产任务与生产能力之间的不平衡状况，以便有计划地采取各种有效的措施，以保证计划任务的落实和生产能力的充分利用。在平衡时，应当注意把当前同长期结合起来。这就是说，不仅要考虑到本年、本季、本月生产能力的不足或过剩，同时还要注意到今后较长时期内社会需求量同企业生产能力的平衡情况。只有将这两方面给合起来考虑，采取相应的不同措施，才能使企业的生产经营活动取得较好的经济效益。例如，一家企业从当前来看，生产能力不能满足生产任务的要求，但从长期销售预测来看，则市场需求将趋于呆滞，如果盲目扩大生产能力，必将在生产经营活动上遭受挫折。

一般来说，从长期与短期看，需求与能力的关系可分为 9 种：

第一种情况，表示短期和长期的生产能力都大于需求量。为了充分利用生产能力，应当调走多余的设备和工人，或者部分改产其他种类的产品。

第二种情况，从短期来看，生产能力与需求量基本相符；但从长期看生产能力则大于需求量。虽然当前任务与能力是平衡的，但要及早抓好新产品的研制和开发，以便今后扩大社会需求量，充分利用企业的生产能力。

第三种情况，从当前看生产能力不足，但从长期看，生产能力有富裕。为了解决当前能力不足问题，可以采取合理的加班加点、临时性外协、同用户协商推迟交货期等措施来解决。同时仍然需要及早研究解决今后生产能力利用不足的问题。

第四种情况，当前的生产能力大于需求量；但从长期看，能力同需求基本适应。为了充分利用生产能力，企业可以承接一些临时性协作任务或来料加工任务，也可以提前进行一些生产准备工作，如提前进行一些设备的检修，增加在制品库存等。

第五种情况，这时当前的和长期的生产能力都同需求量相一致，这是最理想的情况。

第六种情况，当前生产能力不足；但长期看，能力与需要基本相符。这时可以采取一些临时性外协、加班加点等措施来解决。

第七种情况，当前生产能力有富裕，但长期来看则能力不足。应当利用当前生产任务较轻的有利时机，抽出力量进行技术改造、职工培训等，以扩大今后的生产能力，如尚有富裕，也可以承接一些临时性协作任务和提前做一些生产准备工作。

第八种情况，当前能力与任务基本相符，但从长期看将发生能力不足的情况。要早作准备，在完成当前任务的同时，挤出力量，进行技术改造和职工培训。

第九种情况，从当前和长期来看，生产能力都无法满足需求。可以采取组织专业化生产、进行技术改造、签订长期的外包协作合同等措施来解决。

三、生产作业计划

生产作业计划是生产计划的具体执行计划。即把企业的年度、季度生产计划中规定的月度生产任务以及临时的生产任务，具体分配到各车间、工段、班组以至每个工作地和个人，规定他们在月、旬、周、日轮班以至小时的任务，并按日历顺序安排生产进度。生产作业计划是生产计划的延续和补充，是组织当前企业日常生产活动的依据，它对于企业保证均衡生产，按期、按质、按量地完成生产计划，及时提供适销对路的产品，提高企业生产效率和经济效益都起着非常重要的作用。

生产作业计划与生产计划相比有以下特点：

(1) 计划期较短。生产计划一般只规定年度分季、季度分月的生产任务，而生产作业计划具体规定月、旬、周、日、轮班、小时的计划。

(2) 计划的内容更具体。生产作业计划把生产任务分解落实到各车间、工段、班组、机台和个人。

(3) 计划单位更小。生产计划一般以成台产品作为计划单位；而生产作业计划的计划单位是产品的部件、零件直至工序。

编制生产作业计划就是要解决生产的期量问题，即期量标准。期量标准是对生产作业计划中的生产期限和生产数量，经过科学分析和计算而规定的一套标准数据。它反映了各个生产环节在数量上和时间上的联系，有利于企业均衡、经济地完成生产计划。

由于企业的生产类型、产量大小和生产组织形式不同，采用的期量标准也不同。大量生产一般采用节拍、节奏、流水线工作的指示图表、在制品定额等；成批生产一般采用批量、生产间隔期、生产周期、生产提前期、在制品定额等；单件小批生产采用生产周期、生产提前期等。

企业的生产作业计划编制包括了厂级生产作业计划的编制和车间内部生产作业计划的编制。编制厂级作业计划，就是厂部（公司）根据全年产品生产进度计划的分月任务、供货合同要求，规定各车间的生产任务，包括月度投入量、出产量以及投入和出厂期限。其核心是组织各个车间之间的衔接平衡。编制车间内部作业计划，就是各车间根据厂部（公司）下达的生产作业计划任务，进一步下达到工段或班组月度作业计划任务，工段或班组还要把任务分配到各个工作地和个人。

四、生产作业控制

生产作业控制是指在生产作业计划执行过程中，对有关产品（零部件）的数量和生产进度进行控制。生产作业控制是实现生产作业计划的保证。它一般要确定生产作业控制标准，把执行结果与标准进行比较，以采取措施纠正偏差。

（一）生产调度

生产调度是对企业的生产过程进行直接控制和调节。生产调度的任务，就是在企业日常生产活动中，按照生产计划的要求，对企业的生产进行有效的指挥、监督和控制，使生产均衡进行，从而保证生产计划任务的完成。生产调度工作的主要内容包括：

（1）控制生产进度和在制品流转。

（2）督促做好生产技术准备和生产服务工作。

（3）检查生产过程中的物资供应和设备运行状况。

（4）合理调配劳动力。

（5）调整厂内运输。

（6）组织厂部和车间生产调度会议，监督有关部门贯彻执行调度会议。

（7）做好生产完成情况的检查、记录、统计、分析工作。

一般企业设立厂部、车间、工段（班组）三级调度组织。即厂部设总调度室，车间设调度组，工段设调度员。在工作中实行值班制度、报告制度和会议制度等工作制度，及时地、动态地处理生产中出现的问题。

（二）生产进度控制

生产进度控制是指从原材料投入生产到成品入库为止的全过程的控制，包括投入进度控制、生产进度控制和工序进度控制等。

（1）投入进度控制。它是指控制产品（零部件）开始投入的日期、数量和品种是否符合生产作业计划的要求。同时，也包括原材料零部件投入提前期，以及设备、劳动力、技术组织措施、项目投入使用日期的控制。搞好投入进度控制，可以避免造成计划外生产和产品积压现象，保持在制品正常流转，保证产品（零部件）投入的均衡性和成套性。

（2）生产进度控制。它是指控制产品（零部件）的出产日期、出产提前期、出产量、出产均衡性和成套性等。搞好出产进度控制，是保证产品按时、按量、均衡、成套完成计划任务的有效手段。

（3）工序进度控制。它是指对产品（零部件）在生产过程中经过的每道加工工序的进度所进行的控制，主要用于单件生产、成批生产中加工周期长、工序多的产品（零件）。工序控制的方法一般采用工票和加工路线单进行控制。

（三）在制品占用量的控制

在制品占用量控制是对生产过程各个环节的在制品实物和账目进行控制。进行在制品占用量控制，不仅对实现生产作业计划有重要作用，而且对减少在制品积压、节约流动资产、提高企业效益也有重要作用。在制品占用量控制主要包括：控制车间内各工序之间在制品的流转和跨车间协作工序在制品的流转，加强检查站对在制品流转的控制。此外，还可以采用看板管理法控制在制品占用量。采用“看板方式”生产与一般生产的一个显著区别是，它不是采用前道工序向后道工序送货，而是实行后道工序在需要的时候向前道工序领取需要的零部件，前道工序只生产被后道工序取走的那部分零部件，严格控制零部件的生产和储备。

工序看板运行应严格遵守以下规则：后工序向前工序领取零件，必须带有看板；前道工序只生产后道工序领取的数量，超过看板规定数量的零件不生产；不合格品不能挂看板，不能交给后道工序；从前工序取走的零件，应及时取下看板；不见看板不取货，不见看板不生产，不见看板不运输。看板作为取货指令、运送指令、生产指令，对生产进度起着严格的控制作用。

五、物料需求计划（MRP）和制造资源计划（MRPⅡ）

（一）物料需求计划（MRP）

1. 物料需求计划（MRP）的基本原理

物料需求计划（Material Requirement Planning，MRP）目前已成为世界上推广运用最为普遍的一项现代计划管理技术，是运用电子计算机编制物料需求计划的一种方法。具体地说，它是根据反工艺顺序法的原理，按照产品出产计划要求（数量和期限），以及各个生产阶段的生产周期、库存情况，反工艺地计算出构成产品的各种物料的需求量和需求时间的计划。

MRP的基本工作原理是满足相关性需求，对企业及各生产环节的需求，按其性质可分为独立需求与相关需求两大类。独立需求是某种与其他需求无关的需求，这种需求通常用预测方法加以计算。相关需求是某种与其他需求存在依赖关系的需求，这种需求主要是在企业内部由于对一种产品或零部件的需求而产生的对下一级零部件或原材料的需求，如一辆自行车需要两个轮子，一个轮子需要一个内胎、一个外胎等。这类需求一般是确定的、成比例的，当最终产品的需求已知时，可根据产品的结构（零件树图）计算其数量。物料需求计划的基本内容就是要确定需求的性质、数量和期限。MRP 的基本指导思想是在需要的时候，向需要的部门按需要的数量提供所需要的物料。也就是要防止物料供应滞后于对它们的需求，也要防止物料过早地出产和进货，以免增加库存造成物资和资金的积压。

MRP 系统的工作目标是保证订货任务的按期完成；提高库存管理的服务水平，最大限度地降低库存量；使生产运行效率提到最高，并提高管理效率。

MRP 的特点是有了成品出产的总任务，可以自动连锁地推算出成品所包含的各个部件、各个零件的生产任务；可以进行动态模拟；库存计算精确，对库存严格控制，可减少库存；运算速度快，便于修正计划。此法主要适用于成批生产加工装配型的企业，特别适用于根据订货进行生产或生产不稳定的成批生产。

2. 物料需求计划（MRP）系统的组成

MRP 系统的组成内容如图 6－6 所示。MRP 的制订需要依据产品的出产计划、产品的零部件组成和各种物料的库存量等数据资料。因此，基本 MRP 系统由主生产计划、产品结构图、物料库存资料以及物料需要量计划四个子系统组成。

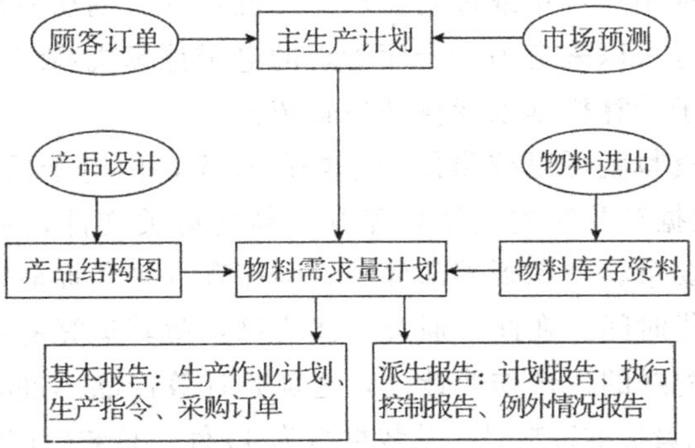

图 6－6　MRP 系统的基本组成图示

主生产计划是按产品的品种、型号、规格规定它们在每一时间周期内的出产数量和出产时间的计划。它是根据有规律的顾客订货和随机发生的订货制订的。

产品结构图又称零件树图，或产品结构树。它把产品中零部件构成关系表示成树状图，如图 6－7 所示。

从图 6－7 中可见，第 0 层的 A 是最终产品，它由两个 B 部件和三个 C 部件组成；第 1 层的 B 部件由一个 D 组件和两个 E 组件组成，C 是由两个 D 组件和三个 F 组件组成；第 2 层 D、E、F 已是最细分的零件和材料，而其中的 D 是 B、C 的通用件。MRP 的编制要依据产品结构图的层次进行。

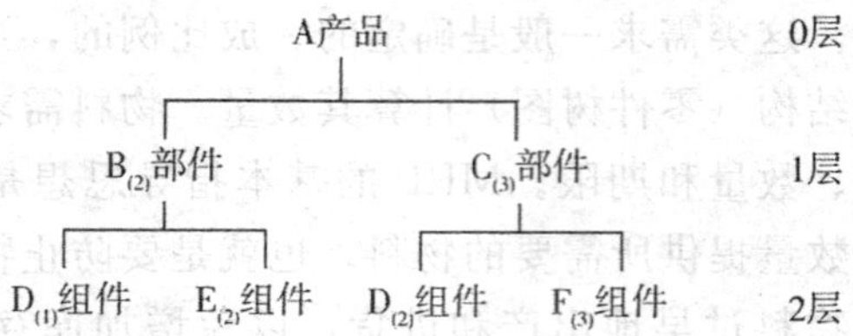

图 6-7 产品结构图

物料库存资料是以每个存储项目（零部件或材料）作为一个单独的文件。它包括每个存储项目的名称、实际库存量、保险储备量、订购批量、订购周期，以及物料的进出情况（计划需要量、计划到货量及计划订货量等）。这些文件平时储存在计算机系统中，在 MRP 程序运行中，根据需要取用这些文件。

3. MRP 的编制程序

编制物料需求计划依据的信息资料可分两类：一类是固定信息，如产品结构图（又称零件（材料）明细表；或零件树）、零件加工装配的工时、台时定额、各种期量标准（如批量、提前期、在制品定额等）。固定信息是预先制订并存储在电子计算机中的。另一类是变动信息，如最终产品的需求量，也就是成品出产的任务需求、期初零部件的库存数量等。这些是编制计划时临时输入的，成品出产的任务要求是根据用户订单或市场需求预测确定的。期初零部件的库存数量是实际库存盘点数，也可以来自另一个库管理的电子计算机系统。零件（材料）明细表很重要，是电子计算机据以运算的逻辑依据。

根据上述信息资料就可以按照预先编好的程序，由电子机来编制作业计划。MRP 编制程序是根据产品结构图结合库存资料的有关文件，一层一层地分解确定每一零部件的需要量。考虑到零部件的实际库存水平和提前期计算出每一零部件的订货数量和订货时间。在此，通过下述实例，就其运算的步骤作简单分析：

（1）编制总装配线的生产作业计划，也就是计算产品 A 的材料需要量。

计算所依据的期量标准资料是：总装批量为 40 件，总装生产周期为 3 周（其中装配需要 2 周，1 周是保险时间），则计划的编制、运算过程如表 6-5 所示。

表 6-5 总装配作业计划表 （单位：件）

时间/周		1	2	3	4	5	6	7	8	9	10
总需要量		20	28	25	16	18	19	20	6	2	20
总装出产量			40		40		40				40
库存量	35	15	27	2	26	8	29	9	3	1	21
装配投入量		40		40				40			

从表 6-5 可见，总需要量即产品 A 的出产任务，是根据订货单确定的，需

要的时间以周为单位分列。库存量 35 件是编制计划时成品库存盘点数。其余数据都由电子计算机运算得出。

它说明第 1 周没有装配生产量，因此，客户需要量 20 件在成品库中提取。故第 1 周末的库存还剩 15 件。第 2 周，用户需要 28 件，而成品库存已不够用，因此、第 2 周内必须有总装的出产量，总装批量规定为 40 件。故第 2 周末的库存量为 27 件（15＋40－28）。以此类推，上表中的总装投入量则是根据总装出产量及总装生产周期来决定的。从表 6－5 可见，第 4 周应出产 40 件，总装生产周期为 3 周，故这批 40 件就应在第 1 周投入。同理，表中第 3 周的总装投入量 40 件，则是为了满足第 6 周总装出产的需要。至于第 7 周总装出产 40 件，因在前 7 周已投入总装，故这里就不再反映了。

计算部件需要量。根据上表的运算，最终可以计算出各种部件的需要量。如第 1 周总装投入 40 件，则 F 部件第 1 周需要 120 件（每件 A 产品需下部件 3 件），B 部件第 1 周需要 40 件。

（2）编制各个部件的加工和分装配的作业计划，也就是确定组件需要量。

下面以 B 部件为例来说明其计算方法。B 部件的加工和分装配的期量标准资料为：批量为 85 件，保险储备量为 10 件，加工分装配的生产周期为 4 周。其计划编制计算如表 6－6 所示。

表 6－6 分装配作业计划表 （单位：件）

时间/周		1	2	3	4	5	6	7	8	9	10
备件需要量		5	5	5	5	5	5	5	5	5	5
总需要量		45	5	45	5	5	5	45	5	5	5
分装出产量		85					85				
库存量	33	73	68	23	18	13	93	48	43	38	33
分装投入量			85								

从表 6－6 可见，部件 B 既要供应产品 A 的装配需要，又作为备件单独出售。作为备件的外售需要量，根据市场预测定为每周 5 件。因此，对部件 B 的总需要量为两者的总和。例如，根据上一步计算；已知第 1 周的 A 产品装配需要量为 40 件，加上备件外售量 5 件，则总需要量为 45 件。其余计算方法同上。要注意的是，因为期量标准规定，B 部件需设置保险库存，其数量为 10 件，所以，每周的库存量就不能低于 10 件，例如，第 6 周就必须有分装配出产量，否则，虽然可供应本周需要，但库存量将降到 8 件，低于保险库存。

（3）编制各种零件的加工作业计划，也就是计算各种零件的需要量。

这里以零件 C 为例来说明其计算方法。零件 C 是一种通用性很强的零件，不仅生产 A 产品时需要它，而且本厂生产的另一种产品 Q 也需要这种零件。因此，零件C的总需要量要满足两种产品的生产需要。产品A（组装B部件用）第2周需要85件，产品Q第7周需要175件（其计算方法同A产品，计算过程略）。生产零件C的期量标准规定为：批量是200件，加工生产周期是7周。其计划编制过程如表6-7所示。

表6-7 零件C加工作业计划表 （单位：件）

时间/周		1	2	3	4	5	6	7	8	9	10
总需要量			85					175			
零件C加工产量								200			
库存量	95	95	10	10	10	10	10	35	35	35	35
零件C加工投入量											

表6-7中，第7周出产量200个，在上一周投入加工。这说明，如果该阶段的生产周期较长，则计划安排的周次应更大一些（大于生产周期），以便及时投入加工，以保证按时出产，满足需要。

（二）、制造资源计划（MRPⅡ）

1. 制造资源计划（MRPⅡ）的形成与发展

初期MRP系统是为产品零部件配套服务的库存控制系统，主要功能是解决产品订货所需要的物料项目、数量和供货时间等问题。

到了20世纪70年代，提出了在有限生产能力条件下安排计划的概念和方法。与此同时，管理信息系统的技术也趋成熟。于是，初期MRP系统被扩展为包含生产能力需求计划和生产作业控制等功能在内的闭环MRP系统。闭环MRP系统就是在生成了物料需求计划之后，对生产这些物料所需要的生产能力进行计算，制订出生产能力需求计划。然后对比实有能力来检查这个计划的可行性，若存在不可行之处，就返回去修正物料需求计划，在达到满意的平衡后，进入车间作业控制子系统，监控计划的实施过程。

20世纪80年代初，随着计算机技术的发展，MRP系统进一步与企业的财务、经营和技术等方面的管理职能直接联结，产生了一种新的综合计划管理系统。一般地说，在制造业中，生产活动是一切管理活动的基础，无论是财务、销售，还是技术、人事，都必须以生产计划为依据来计划和组织自己的经营业务活动。当MRP系统在整个企业内得到推行后，人们自然会对它提出新的要求，希望它能同时反映财务信息，如要求把产品销售计划用金额来表示销售收入，要求对物料赋予货币属性以计算成本并方便报价，要求用金额表示能力和采购、外协计划以编制预算，要求用金额表示库存量以反映资金占用等。总之，要求财会部门能同步地从生产系统获得货币信息，以加强财务管理。还要求这种货币信息反映的情况符合企业长远经营目标，满足销售和利润规划的要求。这样，闭环

MRP 系统进一步发展，把物料流与资金流结合起来，使生产部门与销售经营部门取得沟通，又把日常的作业计划与控制同企业的长远规划结合起来，形成一个完整的经营生产管理计划系统。在这个系统中，人们又纳入计算机模拟功能，使管理人员能够通过对计划、工艺、成本等功能的模拟，预见到“如果怎样-将会怎样（what-if）”，为管理提供预见性和寻求合理解决方案的决策工具，20 世纪 70 年代末，以 IBM 公司为代表的一些大计算机公司推出了这种全新的管理信息系统，定名为制造资源计划系统（Manufacturing Resources Planning）。为了区别物料需求计划，故称之为 MRPⅡ系统。

融合其他现代管理思想和技术，目前又出现了面向更广泛市场的企业资源计划（Enterprise Resource Planning，ERP）。ERP 的整个系统主要在于集成企业的经营计划、生产计划、车间计划编制及销售服务、物资供应管理、库存管理、财务管理与成本管理等信息处理的功能。即对一个制造企业的所有资源编制计划，并进行监控和管理。

2. MRPⅡ系统的构成

在 MRPⅡ系统的发展过程中，IBM 公司开发的 COPICS 系统最具有代表性，也是最早被引进我国的一个系统，对我国的 MRPⅡ系统的研究开发有过重要的影响。下面以 COPICS 为典型，说明 MRPⅡ系统的功能组成。

COPICS 全名是面向通信的生产信息与控制系统的英文缩写。它有 12 个子系统，包括用户订货管理、生产计划、采购供应、库存管理、车间生产控制、成本控制和工程数据维护等企业中与生产有关的主要职能。整个系统的构成如图 6-8 所示。

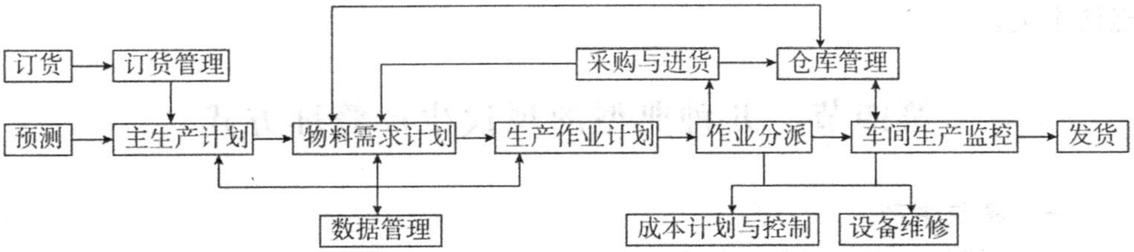

图 6-8 COPICS 系统的功能构成

从图 6-8 可见，在 COPICS 系统中，处于中心位置的功能子系统是：生产预测、主生产计划、库存管理（物料需求计划）、生产作业计划、作业分派和车间生产监控等子系统。它们代表企业计划与控制活动的主体，包括主生产计划、作业计划与执行计划三个阶段，在这些子系统的外围，则是支持基本生产活动的后勤服务子系统。由它们向基本生产过程提供技术、物资、设备等生产资源，如工程与生产数据管理、车间设备维修、仓库管理等子系统。另一些子系统，如生产监控（包括质量控制）、成本计划与控制等则属于控制职能的管理系统。上述功能设置基本上覆盖了一个企业的主要生产管理活动，并通过信息集成，使它们组成一个有机整体，对企业的生产项目和生产资源进行有效的计划和控制，因而大大提高了企业的管理水平。

3. MRPⅡ的意义

MRPⅡ系统在技术上是成熟的系统。它以生产计划与控制为主线，通过信息集成，将企业各职能领域的管理连成一个整体使企业的生产经营管理达到系统化、合理化、规范化。而计算机的快速处理信息的强大功能又极大地提高了管理和进行管理决策的效率和质量，于是，从根本上改变了企业管理的面貌。许多企业在实施了MRPⅡ之后都取得了显著的经济效益。

据国内外资料报道，MRPⅡ带来的效益可归结成如下的5个方面：

(1) 低库存，包括原材料、在制品和产品的库存。如库存资金占用可降15%～40%，资金周转次数提高50%～200%，降低库存盘点误差（控制在1%～2%）。

(2) 合理利用资源，缩短生产周期，提高劳动生产率。如减少装配面积10%～30%，减少加班工时10%～50%，减少缺件60%～80%，提高生产率5%～15%。

(3) 按期交货，提高客户服务质量。一般按期交货履约率可达90%以上，接近100%。

(4) 降低成本。如降低采购费，减少加班费；由于生产周期缩短，库存减少而降低成本7%～12%，增加利润5%～10%。

(5) MRPⅡ系统同财务系统集成，可减少财务收支上的差错或延误，减少经济损失。

第四节 几种典型的现代生产管理方式

一、精益生产（LP）方式

（一）精益生产方式的内涵及特征

精益生产（Lean Production）方式是由日本人丰田英二和大野耐一在日本丰田汽车公司首创的，因此，又称丰田生产方式。精益生产方式是指运用多种现代管理方法和手段，以社会需求为依据，以充分发挥人的作用为根本，有效配置和合理使用企业资源，最大限度地为企业谋求经济效益的一种新型生产方式。

精益生产的精，即少而精，不投入多余的生产要素，只是在适当的时间生产必要数量的市场急需产品（或下道工序急需产品）；益即所有经营活动都要有益有效，具有经济性。从生产组织的角度要求生产能够及时满足市场需求，在恰当的时间（市场需要时）生产恰当数量（市场的需要量）的恰当产品（消费者需要的产品），故又称为准时生产（JIT，Just-In-Time）。

精益生产打破了传统的大规模流水生产线和金字塔式的分层管理模式，把参与一种产品的开发、生产、销售以及售后服务的所有步骤的员工融合在一些合作小组之中，负责某种产品的开发、生产和销售，从而消除机构臃肿、对市场反应迟钝以及严重束缚人创造力等弊端。

精益生产与大规模生产方式相比，有效地缩短了生产和市场的距离，同时使企业真正地“瘦”了下来。企业把各部门的人员分配到生产第一线的各个工作小组，大大精简了庞大的行政管理机构，节省了大笔的行政开支。然而，大量的裁员也带来了一些副作用，使西方本来就居高不下的失业率更加严重。精益生产方式还因触动了众多中、高层管理人员利益，遭到了他们的反对。

精益生产方式综合了大量生产方式和单件生产方式的优点，又避免和克服了这两种生产方式各自的缺点。精益生产方式主要有以下特征：

（1）实行拉动式准时生产。在生产制造过程中，生产产品的所有零件按小时间隔准时直送总装配线，杜绝一切超前、超量制造。拉动式方法在生产过程中的具体运用，主要表现在：①以市场需求拉动企业生产，市场需要什么就生产什么，需要多少就生产多少；②以后道工序拉动前道工序生产，以总装配拉动总成（部件）装配，以总成装配拉动零件加工，以零件加工拉动毛坯生产，大幅度压缩在制品储备，消除无效劳动；③以前方生产拉动辅助后方准时服务于生产现场，建立以生产现场为中心，以生产工人为主体，以车间主任为首的“三为体制”；④以主机厂拉动协作配套厂生产，协作配套产品尽可能采用直达送货方式；⑤采用快换工装模具新技术，把单一品种生产线改造成为多品种混流生产线，把小批次、大批量轮番生产改变为多批次、小批量生产，最大限度地降低在制品储备，提高产品适应市场的能力。

（2）以人为本，充分调动人力资源的积极性。摒弃了传统生产方式，把人作为机器的附属品的地位，强调以人为本，充分发挥员工作用，培训员工一专多能，不断提高工作技能，推行多机床操作和多工序管理，并把工人组成作业小组，并赋予相应的责任和权力。作业小组不仅直接参与组织生产，而且参与管理，甚至参与经营。

（3）建立主机厂与协作厂的利益共同体。在生产组织结构和协作关系上，精益生产一反大量生产方式追求纵向一体化的做法，把70%左右的汽车零部件的设计和制造委托给协作厂进行，主机厂只完成占汽车整车零部件30%的设计与制造任务。协作厂在经济上虽然都是独立的，但主机厂通过签订长期合作协议拥有协作厂股份，并且向协作厂输送高级管理人员，以组织互助协作会等办法，把主机厂与协作厂之间存在的单纯买卖关系变成利益共同的血缘关系。在开发产品、提高质量、改善物流、降低成本等方面密切合作，确保主机厂和协作厂共同获得利益。

(4) 把多种现代管理手段和方法用于生产过程之中。如工业工程、价值工程等，计算机更被应用到计划、过程控制中来，使生产手段现代化，也会极大地提高生产效率。

(5) 有效配置和合理使用企业资源。丰田公司十分珍惜每一份资源，认为资源来之不易，力争使每一份资源作用发挥最大。资源进入企业就转化为成本，“精耕细作”使用资源，可使企业生产成本得到降低。

(6) 彻底消除无效劳动和浪费。少投入多产出，正是精益生产方式比大量生产方式优越突出的地方，这一点也是精益生产方式最根本的特征之一。尤其是在生产领域，精益生产方式认为，只有能增加价值或附加价值的劳动才有效，否则，是无效的，是一种浪费。这种无效劳动和浪费体现在，由于超量生产市场并不马上需要的产品，势必增加库存，这就需要增加库房、运输工作量、造成资金积压、有时要多付利息。同时，过量生产又会掩盖生产过程中的一些矛盾和薄弱环节，使生产过程中发现的问题不能及时得到解决和改善。因此，精益生产方式主张减少库存，甚至是取消库存，主机厂与外协厂建立密切配合，生产过程中需要的零部件，除按计划的供应外，随时需要的外协厂也能够随时送来，丰田公司的外协厂有时一天给送货 10 次左右。在减少无效劳动和浪费上，精益生产方式提出了四零，即追求“零故障、零缺陷、零库存、零浪费”，消除一切影响工作的“松弛点”，以最佳的工作环境、条件和最佳工作态度，从事最佳的工作。

(7) 在产品开发与生产准备工作上，化整为零，采用小组工作法。小组工作法是精益生产方式的另一个突出的特点。小组工作法是指企业的生产组织以小组为单位，小组不仅进行生产，而且要参与管理和经营，它是为彻底消除无效劳动和浪费、实行拉动式生产而建立的。小组工作法强调以人为本，团结、协作、集思广益、齐心合力，强调团队精神。精益生产方式克服了大量生产方式中由于分工过细所造成的那些信息传递慢、协调工作难、开发周期长等缺陷。采用项目负责人制和同步工程的方法，从确定产品开发项目开始就成立有产品设计、工艺、质量、成本、销售等各种专业人员组成的开发小组，并由能力强的组长领导。这样就能大大提高产品开发的工作质量，缩短开发周期，改变了大量生产方式中只能提供少量有限标准产品的状况，能够按照市场信息，开发出多种多样的产品品种，满足社会多元的需要。

(二) 我国企业应用精益生产的条件

(1) 内部条件。精益生产方式只有在生产秩序良好，各道工序、设置合理，产品质量稳定的企业，才有可能推行和实施。除此之外，企业还应具备下列条件：

1) 企业领导对精益生产有深刻的认识和实施的决心。推行精益生产是管理思想的重大变革，它涉及生产管理系统重新设计，各功能的重新组合与调整，车间布局和作业划分的变更，管理人员和操作人员思想更新等。这是一项全局性的工作，需要领导班子统一认识，在工作中密切配合才可能顺利实施。领导的认识和决心是推行精益生产成功的关键。

2）加强培训，更新职工观念，强化职工的参与意识。精益生产与传统管理思想大相径庭；传统管理把“保险储备”作为均衡生产的条件，而精益生产把超量生产视为万恶之源，把“零库存”作为追求的目标；传统管理强调职责分工，实行条块分割，而精益生产强调以现场为中心；传统管理工序间在制品实行供足供饱的“推动式”管理，而精益生产则在工序间实行“一个流”的“拉动式”管理等。因此，推行精益生产必须更新观念，加强对职工的教育培训，深刻理解精益生产的精髓。要使职工认识到精益生产的目标是提高企业素质、提高经济效益，是同职工切身利益完全一致的，从而增强职工对新管理方式的承受能力和参与意识。

3）要制订相应的经济政策和有效的激励手段，促进操作者提高技术水平和生产积极性。实施精益生产后，普遍实行了多机床操作和多工序管理，这对工人的技术要求更高了，同时，工人的劳动强度也增大了。这就要求企业制订相应经济政策和采用一定的激励手段，贯彻按劳分配、多劳多得的原则来激励工人学技术，成为多面手，激发工人的生产积极性。

(2) 外部条件。随着我国市场经济体制的建立，企业的外部环境正在逐步改善，这将有利于促进我国企业推广应用精益生产方式。当前尤其应尽快完善以下两个条件：

1）要有一个比较顺畅的物料供应和产品销售流通体系。精益生产要求达到原材料无库存、产品无积压，这就相应要求企业外部的物料供应和产品销售渠道十分通畅，否则企业就可能为预防供应中断而增加原材料库存或因销售渠道不畅而使产品积压，这种外来影响往往会造成精益生产方式的流产，使均衡生产无法实现。

2）要有一个劳动力调节市场，实行劳动力能自然流动的外部环境。这样，企业才可能成为一个开放系统，确保企业中劳动力的最优组合。企业可以不断与外界交换劳动力，吸收适合于本企业需要的人员，排除不适用的人员，保证劳动力队伍素质的稳步提高。

二、定制生产

定制生产是20世纪90年代以来针对市场和消费者需要呈现多样化、差异化、个性化而产生的先进的生产方式之一。

（一）定制生产的必要性

(1) 它是满足消费者需求多样化的需要。20世纪80年代后，随着消费者需求的日益多样化，要求产品品种越来越多，消费者又不愿意花大量时间在大量的商品中去挑选产品，于是造成多样化生产给企业带来较多的库存，增加了成本。

为此，西方企业为适应市场的新趋势，推出了定制生产方式。定制生产解决了产品多样化带来的生产上的困难。

（2）它是实现生产与营销紧密结合的需要。在社会主义市场经济条件下，要做到产销结合，以销定产并非易事。实现定制生产解决了这一问题。所谓定制生产，即根据消费者的特别需求而定制生产产品，实现产品制造过程与营销过程的紧密结合，改变了生产与营销的分离，这种生产方式能够生产差异化的产品，对于消费者有重要意义的产品，企业能提供满足消费者需求的特别产品就具有很大的价值。

（3）它是满足消费者要求产品变化快速的需要。定制生产由于采用产品模块化设计、制造流程模块化设计，因此能够更快地提供、符合消费者需求的产品，如美国惠普公司，因实行定制生产而取得很大成功，它能够比竞争对手更快地提供更符合消费者需求的产品。

现在西方有越来越多的企业推行定制生产方式，并取得了很好的效果。

（二）定制生产方式的运行

1. 产品设计

定制生产运行成败的关键，主要看是否能控制成本的上升。美国惠普等著名大公司组织定制生产的成功经验表明，以低成本进行定制生产的关键在于将客户所需的产品差异的特点放在产品供给网络的最后一个环节来进行。企业定制生产的运行，不仅仅是在生产中引入的一种新方法，而是一项整合的系统工程，主要包括产品设计、制造流程的设计和灵活的供给网络。

产品设计在定制生产方式下应设计为几个独立模块的组合。这样设计便于以较低成本根据顾客的要求将模块组装成不同种类的产品。独立模块的产品设计将最终产品分解为几个部分，而另一些则因产品的不同而不同，产品模块设计的好处有以下几点：

（1）可以把各种产品都用上的标准化部件的数目最大化。在组装流程的早期阶段，把这些标准化部件先组装好；而将使产品差异化的附加部件一直推迟到制造流程的最后阶段来加工组装。

（2）把产品的模块分立，可以使企业在同一时间内制造各个模块。这样可以大大缩短产品总的生产时间。

（3）模块分立化，可以更容易地诊断出生产中的质量等问题。

2. 制造流程的设计

制造流程也应设计为包括几个独立模块（子流程）的系统，以便灵活地重新安排和移动生产的顺序。流程模块的设计应遵循以下原则：

（1）使流程的前期阶段生产各个产品品种中公用的部分，需按要求定制生产的部分放在尽可能后的流程阶段。如服装零售行业可为服装的生产划分为两个流程：测量和制造，企业可运用计算机和光学技术在零售店里测量顾客的身段。这一子流程对于各种服装的制造都是需要的。测量后再通过计算机将测量结果送到服装制造厂，以较快的速度按规格定制生产。虽然企业需要额外投资测量设备，但定制化生产却会提高产品的销量，并节约大量的成品存货，以降低成本。

（2）企业可对子流程重新排序，以实现定制生产。例如，Benetton 服装公司毛绒衫的生产制造过程，就是子流程重新排序的一个很好的例子。该公司不像其他公司先把棉纱染色然后再做成服装，而是把印染与针织的顺序对调。公司先将未染色的棉纱制成毛绒衫，然后再根据消费者的要求，或是当公司对该季节的色彩有更好创意时将其染色，通过重新安排生产流程，公司有效地延迟了产品差异化的阶段，而避免了大量的过时存货。

3. 灵活的供给网络

定制生产还要求有一个灵活的供给网络。设计供给网络包括制造工厂和分销中心最佳数量和地理位置的选择。这一选择要考虑很多因素，如对顾客订单的反馈时间、拥有本地制造厂带来的营销上的优势、运输成本和时间、本地的劳动力成本等。分销网络有两大类：集中的分销网络和分散的分销网络。集中分销方式是使一个生产部门服务多个地区，具有低成本的优势，而分散分销方式是一个生产点服务一个地区，它可以提供给消费者较高的服务质量。在以往大量生产方式下，分销中心主要是存储存货和销售产品，这时分散的分销网络对于拥有多样化产品的企业来说作用不大，而建立这样一个支持多样化产品选择的分散分销网络需要很大的投资和存货。但在定制生产方式上，分销中心除了存储基本产品外，还要在接受顾客订单后对基本产品实施最后一步定制生产，能够灵活而迅速地满足消费者的需求。这种分散的分销系统使企业既可以将基本产品的生产集中在世界范围内的几个地方以取得规模经济优势，同时又可获得本地定制生产速度快、反应及时的优势，因此是适合定制生产方式的供给服务网络。

4. 生产中较高的协调性

定制生产方式除了要对产品、制造流程和供给网络进行重新设计外，还需要企业在组织管理中具有较高的协调性和灵活性，主要体现在各职能部门的协调、产品和流程的各模块之间协调两个方面。

在定制生产中，营销部门负责决定消费者需要定制的产品，研究开发部门需要重新设计产品以使其能在供给网络的最有效阶段进行定制，生产和销售部门则需要决定最优的生产分销地点和设计合适的制造流程，财务部门需要提供及时的成本信息和财务分析。各个部门具有不同的绩效评估标准，如营销部门的评估标准是销售收入的增长，研究开发部是产品的培育和部件的成本，生产和分销部门是制造成本及分销成本。不同的评估标准使各部门追求的目标各不相同，营销部门希望提供更多的产品以吸引顾客，研究开发部门想以尽可能低的成本提供尽可能多功能的产品，而生产部门却希望大量生产以降低制造成本。对各职能部门目标的不一致甚至冲突，企业的高层管理人员需做好协调工作和信息沟通，最大限度地避免因内部矛盾导致定制生产的高成本和低效率。

在定制生产中，不同的产品种类具有不同的模块组合和不同的流程顺序，因此在接到顾客订单后合理安排和协调各模块之间的生产运行也是很重要的。定制化程度越高，产品多样化程度也就越高，模块之间的连接和协调也就越复杂，为适应这种生产的多样性和及时对顾客需求作出反应，企业需要灵活的网络式的组织结构而非以金字塔式的机械式的组织结构，这种组织结构使企业可以随时根据顾客的要求而组织一个团队来生产，从而实现以最快的速度满足顾客的需要。

三、计算机集成制造系统（CIMS）

电子计算机的发展及其在工业上的广泛应用，不仅促进技术的发展，而且也给企业管理方式带来了新的生机和活力，不断孕育着新的生产管理方式的出现。计算机集成制造系统（CIMS）可以说是当今制造业中最先进的生产管理方式。

（一）计算机集成制造系统的概念

计算机集成制造系统（Computer Integrated Manufacturing System，CIMS）是机械制造企业的生产由产品制造过程自动化，扩展到产品设计和经营管理自动化，进而带动整个工业企业实现生产经营全过程的集成与优化。它是以系统工程整体优化的观点，利用计算机、制造技术、通信技术、管理技术、自动控制和网络技术等多种技术，将制造企业中从市场预测、接受订货、产品设计制造、生产管理、销售直到售后服务的全过程中的信息进行统一处理，并对所属的各个子系统的功能进行集成，通过信息集成和功能集成，实现企业的总体优化。CIMS使企业生产过程全面地、系统地计算机化了。

从这个概念可以看到：CIMS是符合市场经济规律的，坚持以市场为导向，能快速适应市场；CIMS的功能已包括了企业的全部生产经营管理活动，而不是仅限于生产管理，它实现了生产管理的开放性，使生产经营的各个方面的管理达到了协调配合，实现了系统整体优化；CIMS的核心在于集成，但主要不在于技术上的集成，更不是追求“无人化工厂”，而是适应现代经济发展需要的新型生产方式与管理模式。这种模式强调人、管理技术、信息技术和生产技术等的集成，通过集成使企业的各种功能协调，最大限度地加快物流、信息流和技术流等，从而使企业快速地满足市场的需要，提高经济效益，增强企业竞争能力。CIMS综合采用许多先进生产技术、管理技术、信息技术，所以为企业实现多品种、小批量生产提供了可能，这就适应了社会需求的多层次、多式样变化。

（二）CIMS的效果与发展

1987年以后，CIMS已成为制造类企业计算机应用研究的热点，许多计算机公司，如美国DEC公司、德国西门子公司，日本的东芝公司、富士通公司都相继提出了他们的CIMS模型。

一些制造企业逐步开发CIMS系统，最初的开发应用集中于机械制造领域，主要解决机械制造离散型生产的自动化问题，接着逐渐向其他离散型生产领域，如向电子仪器、通信设备、集成电路等企业扩展，进而扩展至连续及半连续生产类型的企业，如化工、冶金等行业。美国的麦道飞机公司、通用汽车公司、英国的MAZAK机床公司，日本惠普公司八王子工厂等，都是成功实施CIMS的实例。

实践证明，CIMS符合市场经济规律，能快速适应市场的需要。它把生产经营活动的各种功能、信息、技术等集成起来，实现多品种、小批量生产，适应了社会需求的多层次、多样化的变化。根据美国科学院对美国在CIMS方面处于领先地位的五家公司进行的调查和分析认为，采用CIMS可获如下明显效益：产品质量提高200%～500%，生产率提高40%～70%，设备利用率提高200%～300%，生产周期缩短30%～60%，在制品减少30%～60%，工程费用减少15%～30%，人工费用减少5%～20%，提高工程师的工作效率300%～350%。

（三）CIMS体系结构

CIMS体系是以信息技术为标志划分的功能组成建立的企业管理模式框架。制造型企业的CIMS的典型功能模型如图6－9所示。制造型企业的CIMS体系结构模型基本部分包括以下四个分系统：

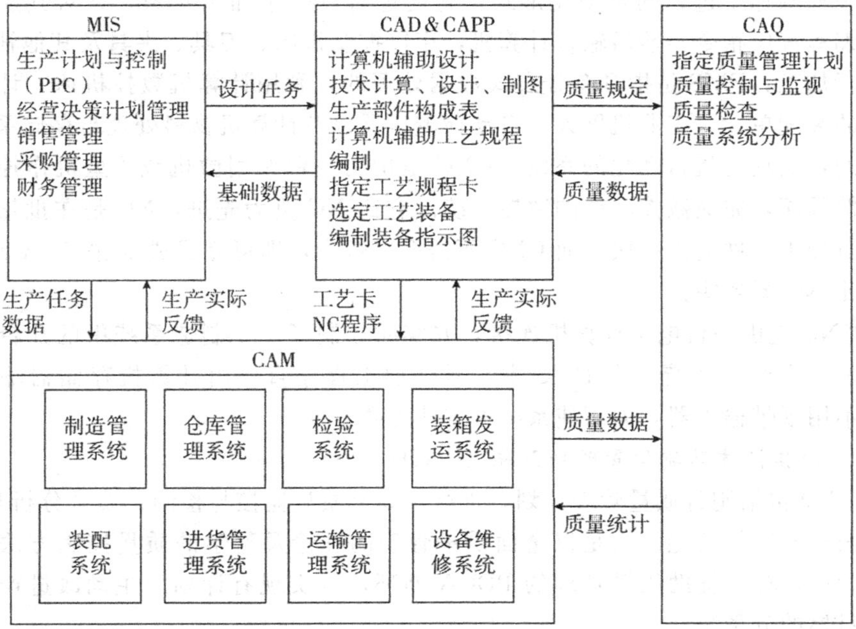

图6－9 CIMS的功能模型

1. 管理信息分系统（MIS）

MIS中以MRPⅡ为核心，覆盖了市场预测、经营决策、生产计划与控制、生产技术准备、销售管理、供应、财务、成本、设备、工具和人力资源管理等功能，主要承担生产任务方面信息的处理。其中生产计划与控制子系统（PPC）是

CIMS的核心子系统，它进行生产全过程的计划、监督、控制，起到指挥作用，PPC子系统的功能有三个基本部分，即生产计划功能，主生产进度计划与MRP，生产活动控制。MIS的其他部分包括经营决策与计划管理、销售管理、采购管理和财务管理等。

2. 技术信息分系统（CAD&CAPP）

CAD&CAPP包括计算机辅助设计（CAD）、计算机辅助工艺规程编制（CAPP）、数控程序编制（NCP）、计算机辅助工艺装备设计等功能，使产品设计和开发工作在相当大的程度上实现了自动化，从而提高了设计效率和质量，缩短设计周期。

3. 制造自动化分系统（CAM）

CAM也叫计算机辅助制造系统。它包括各种不同自动化程度的制造设备和子系统，如数控（NC）加工，柔性制造系统（FMS）、计算数控系统（CNC）、计算机群控系统（DNC）等功能。NC是指一种可编程的，由文字、数字、符号来实施控制加工过程的自动化形式。它通过对每一个加工对象，针对其加工内容，编写程序指令，然后输入计算机，用以控制机床、刀具、夹具及其他辅助装置进行加工，FMS是指具有分布式数据处理的，利用计算机数控机床、计算机控制的装配单元、工业机器人、自动检测机器以及计算机物料处理与存储系统等集成的，实现物流自动化的系统。CNC是指用一台专用微机或J型机作控制器来存储程序，完成数控功能的数控系统。它比NC更为先进，NC是在批量生产中，每加工一件输入一次，而CNC不需多次输入，即可完成成批加工。CNC的功能比NC要多些。

DNC是由一台电子计算机连接，并实时控制了一个制造系统中的几台机床进行加工生产的系统。在DNC中，零件加工程序直接由计算机存储器输入机床，不用纸带输入器，因而使系统可靠性提高。

4. 计算机辅助质量管理分系统（CAQ）

CAQ包括制订质量管理计划，进行计算机质量监控与检测、质量分析与评、质量信息管理等功能。它是以全面质量管理的理论及科学的质量控制方法为基础，利用计算机辅助质量管理的PDCA循环，以实现有计划地主动改进产品质量为目标的分系统。

为了实现上述四个应用分系统的信息集成，还设置两个支持分系统，即计算机网络和数据库管理系统。它支持信息资源的共享，支持分布式处理和分布数据库管理，以及支持生产经营管理的分层递阶控制。

为了实现上述功能，要有实施CIMS的总体技术方案。由于CIMS是一个涉及问题多而复杂的大系统，它使用的技术变化快，因此要求CIMS总体技术方案要具有开放性、分布性、递阶控制结构。

为了进一步发展 CIMS，又出现了智能制造系统（IMS）。IMS 的目的是通过对知识工程、制造软件及机器人的集成，实现小批灵活的自动化生产。它强调更大范围内的整个制造过程的自动组织能力、决策自动化。IMS 是在 CIMS 基础上发展起来的，而 IMS 必须推动 CIMS 更大发展，CIMS 体现在广度上提高制造系统的综合水平，而 IMS 会在深度上提高制造系统的功能水平。我国企业切不可等闲视之，要迎头赶上，以立于世界先进之林。

四、灵捷制造（AM）

（一）灵捷制造的产生背景

面对 21 世纪知识经济的挑战，国际竞争日趋激烈，许多国家开始制订为提高自己国家在未来世界中的竞争地位、建立竞争优势的先进制造计划。

灵捷制造（Agile Manufacturing）是美国为重振其在制造业中的领导地位而提出的一种新的制造模式，1998 年美国通用汽车公司（GM）和李海大学的艾柯卡（1acocca）研究所正式出版的《21 世纪制造企业的战略》，标志着灵捷制造战略的诞生；由灵捷制造战略引申出的生产管理模式即灵捷制造模式，综合了 JIT（LP）、MRPⅡ等先进的生产管理模式的优点，能系统全面地满足高效、低成本、高质量、多品种、迅速，及时、动态适应、极高柔性等现在看来难以由一个统一生产系统来实现的生产管理目标要求，因而它代表着现代生产管理模式的最新发展。

（二）灵捷制造模式的概念和特点

在灵捷制造中，“灵捷”是强调企业对市场的灵活、迅速、及时的动态适应。所谓灵捷制造是指以先进的柔性生产技术与动态的组织结构和高素质人员的集成，采用企业间网络技术，从而形成快速适应市场的社会化制造体系。作为一种现代生产管理模式的灵捷制造，则可以认为是基于以信息技术和柔性智能技术为主导的先进制造技术，和柔性化、虚拟化、动态化的组织结构，以及先进的管理思想、方法、技术，能全面满足现代生产管理目标要求，尤其是对市场具有很好的动态适应性的生产管理模式。与 JIT（LP）和 MRPⅡ等 20 世纪末的先进生产管理模式相比，灵捷制造更具有灵敏、快捷的反应能力。具体地说，灵捷制造（AM）有以下的特点：

（1）市场方面。对市场需求反应灵敏快速，变一般的市场导向为消费者参与的市场导向。灵捷制造能灵活、快速地提供丰富的品种、任意的批量，高性能、高质量、顾客十分满意的产品。

（2）产品设计和开发方面。积极开发、利用计算机过程模拟技术，采用柔性化、模块化的产品设计方法和并行工程的组织形式，就可实现产品、服务和信息的任意组合，从而极大地丰富品种，又能极大地缩短产品设计、生产准备、加工制造和进入市场的时间，能够迅速推出全新产品，从而保证对消费者需求的快速反应。

（3）生产方面。通过一些可重新编程、可重新组合、可连续更换的生产系统结合成为一个新的、信息密集的制造系统。AM 以具有集成化、智能化、柔性化特征的先进制造技术为支撑，建立完全以市场导向、按市场需求任意批量而快速灵活制造产品、实行并行工程、能支持顾客参与生产的灵捷生产系统。该系统不仅能实行多品种变批量，而且还是无损耗的精益生产和绿色无污染制造。

（4）企业组织方面。以企业内部组织的柔性化和企业间组织的动态联盟为其组织特征，虚拟企业是其理想形式。虚拟企业是一种利用信息技术打破时空限制的新型企业组织形式，但不一定是必需形式。灵捷制造企业的组织既能保证企业内部信息达到瞬时沟通，又能保证迅速抓住企业外部的市场作出灵敏反应，以提高企业对市场反应的速度和满足用户需要的能力。

（5）企业管理方面。以灵活的管理方式达到组织、人员与技术的有效集成，尤其强调人的作用，充分发挥各级人员的积极性和创造性，在管理理念上要具有创新和合作的突出意识，在管理方法上重视全过程的管理。

（6）社会方面。消除地域和时差的限制，充分合理利用全社会资源，尤其强调环保、节能，进行绿色制造，保持良好的社区关系和社会形象。

（7）最大限度地调动、发挥人的作用。灵捷制造提倡以“人”为中心的管理。强调用分散决策代替集中控制，用协商机制代替递阶控制机制。它的基础组织是“多学科群体”，是以任务为中心的一种动态组合。也就是把权利下放到项目组，提倡“基于统观全局的管理”模式，要求各个项目组都能了解全面的远景，着眼企业全局，明确工作目标和任务的时间要求，但完成任务的中间过程则由项目组自主决定，以此来发挥人的主动性和积极性。

（三）灵捷制造的三根支柱

灵捷制造是在现有先进的 JIT（LP）、MRPⅡ模式基础上的进一步发展，它主要依靠技术、管理和人力资源等三个要素的支撑。这里把技术、管理和人力资源作为灵捷制造的三根支柱。

1. 技术支柱

灵捷性是通过把技术、管理和人员三根支柱集成为一个协调的、相互关联的系统来实现的。技术支柱主要采用先进的开发设计技术和制造技术。先进的制造技术，如 NC、FMC、CIMS 等，具有高度柔性的生产设备是创造灵捷制造企业的必要条件之一。所必需的生产技术在设备上的具体体现是：由可改变结构、可量测的模块化制造单元构成的可编程的柔性机床组；“智能”制造过程控制装置；用传感器、采样器、分析仪与智能诊断软件相配合，对制造过程进行闭环监视等。采用先进的开发设计技术，如 CAD、CAN、CAPP 等。能运用计算机能力和制造过程的知识基础，用数字计算方法设计复杂产品；可靠地模拟产品的特征和状态、精确地模拟产品制造过程。各项工作是同时进行的，而不是按顺序进行的，同时开发新产品，编制生产工艺规程，进行产品销售。从用材料制造产品到产品最终报废的整个产品生命周期内，每一个阶段的代表都要参加产品设计。

灵捷制造还是一个信息高度集成的组织，信息在制造、工程市场研究、采购、财务、仓储、销售、研究等部门之间连续流动。信息要在灵捷制造企业与用户之间，与供应厂家之间连续流动。每一个产品都可能使用具有高度交互性的网络。灵捷制造强调合作，同一家公司的、在实际上分散、在组织上分离的人员可以彼此合作，并且可以与其他公司的人员合作。灵捷制造把企业中分散的各个部门集中在一起靠的是严密的通用数据交换标准、坚固的组件（许多人能够同时使用同文件的软件）、宽带通信信道（传递需要交换的大量信息），把所有这些技术综合到现有的企业集成软件和硬件中去，标志着灵捷制造时代的开始。灵捷制造企业将普遍使用可靠的集成技术，进行可靠的、不中断系统运行的大规模软件的更换，这些都将成为正常现象。

2. 管理支柱

灵捷制造还要靠先进的组织和管理手段来支撑，如企业组织的有机化、柔性化，企业间组织的虚拟化、动态化、网络化。在管理手段上，主要追求创新，利用外部资源的管理理念、采用先进的、科学的管理方法和计算机管理技术、并行工程、业务流程重组，精益管理等。

灵捷制造在管理上所提出的最创新思想之一是“虚拟公司”。灵捷制造认为，新产品投放市场的速度是当今最重要的竞争优势。推出新产品最快的办法是利用不同公司的资源，使分布在不同公司内的人力资源和物质资源能随意互换，然后把它们综合成单一的靠电子手段联系的经营实体——虚拟公司，以完成特定的任务。也就是说，虚拟公司就像专门完成特定计划的一家公司一样，只要市场机会存在，虚拟公司就存在；该计划完成了，市场机会消失了，虚拟公司就解体了。能够经常形成虚拟公司的能力将成为企业一种强有力的竞争武器。要破除有些公司认为独立生产比合作好的观念。组织结构方面要采用具有高度柔性的动态组织结构。根据工作任务的不同，有时可采取内部多功能团队形式，请供应者和用户参加团队；有时候可采用与其他公司合作的形式；有时候可以采取虚拟公司形式。有效地运用这些手段就能充分利用公司的资源。

3. 人力资源支柱

灵捷制造还要以人力资源为支柱。灵捷制造在人力资源上的基本思想，即在动态竞争环境中，关键的因素是人员。柔性生产技术和柔性管理要使灵捷制造企业的人员能够实现他们自己提出的发明和合理化建设。没有一个一成不变的原则用来指导此类企业的运行。唯一可行的长期指导原则，是提供必要的物质资源和组织资源，支持人员的创造性和主动性。灵捷制造企业能够最大限度地发挥人的主动性，重视人的作用，由于有知识的人员是灵捷制造企业中唯一的宝贵财富，因此，不断对人员进行教育，不断提高人员素质，是企业管理层应该积极支持的一项长期投资。每一个雇员消化吸收信息，对信息中提出的可能性作出创造性响应的能力越强，企业可能取得的成功就越大。对于管理人员和生产线上具有技术专长的工人都是如此，科学家和工程师参加战略规划和业务活动，对灵捷制造企业来说是决定性的因素。在制造过程的科技知识与产品研究开发的各个阶段，工程专家的协作是一种重要的资源。灵捷制造企业是连续发展的制造系统，该系统的能力仅受人员的想象力、创造性和技能的限制，而不受设备限制。管理者与雇员之间必须建立相互信赖的关系。

（四）灵捷制造模式的应用分析

自从灵捷制造战略提出以后，得到了美国政府、研究机构和企业的广泛响应，成立了大量的专业灵捷制造研究院、研究所及小组，诸多企业也纷纷尝试。到1995年前已收集到百余项成功实施灵捷制造的事例。如美国施乐（Xerox）公司通过引入灵捷制造，培养了竞争优势，战胜了日本的几家竞争者，重新夺回了20世纪70年代末失去的复印机市场；又如美国电报电话公司（AT&T）所属的公司数字数据系统公司（ADDS），在20世纪80年代初为了降低成本而将其制造活动移到台湾和韩国，但由于工业空洞效应使该公司在20世纪80年代末走向衰退。然而，该公司在1990年结合本企业实际引入灵捷制造，重新建立了先进的制造体系，采用柔性设备和准时生产制，创新质量和服务文化，在1995年，该企业获得了再生，美国人预测，到2006年，美国的整个制造业将全部实施灵捷制造，夺回被日本企业夺走的制造业优势，重新占据世界领先地位。

与发达国家的先进生产管理模式相比，我国大多数企业生产管理模式仍很落后。虽然我国企业也在不断引进先进的生产管理理论、方法和技术，如GT、TQC、CAD和CAM，有些企业还引入了JIT（LP）和MRPⅡ，但我国企业并没有从根本上改变传统生产管理模式。至于灵捷制造，我国还仅仅处于理论介绍阶段，离我国企业实践似乎还很遥远。但是，灵捷制造代表着未来生产管理模式的发展方向，应引起我国政府、企业和科研机构的高度重视。这是事关在未来世纪内国家竞争力的重要战略问题。我国企业整体科技和管理水平不高，国家信息高速公路等基础设施尚不完善，还远不具备实施灵捷制造的技术、组织和管理条件。但我国必须有未来发展的战略眼光，让企业成为技术创新和管理创新的真正主体，努力探索适合我国企业发展的技术创新模式和生产管理模式，建立我国企业生产战略的优势。

案例分析

惠尔浦公司生产率的提高

美国密执安州惠尔浦电器公司近年来在生产效率上有了大幅度的提高，这全靠公司上下工人与管理人员的共同努力。生产率的提高不仅使公司和股东受益，而且也使惠尔浦的顾客和工人自己受益。

对于工人来说，生产率的提高意味着在最近几年里，每人可以得到超过2 000美元的额外报酬。

对于顾客来说，生产率的提高意味着在通货膨胀的大形势下，他们能以原来的零售价格买到惠尔浦公司的产品。在过去的四年里，美国的消费者价格指数上升了大约20%，然而就是在这种情况下，惠尔浦某些型号的洗衣机的价格不升反降。

生产率的提高也使持股者受益。惠尔浦在赢得市场份额的同时，在盈利能力上也大大领先于对手。因此，公司股票的价格也上涨了。

没有生产率的提高，上述情况也不会发生。那么，该公司是如何提高生产率的呢?

以前，该厂的情况不好。生产率不高，产品质量次，工人与管理人员的关系也不融洽。工人经常把次品藏起来使管理人员不能发现问题。当机器出现故障时，工人只是等待，想着迟早有人来修它。到20世纪80年代后期，这些情况都改变了。面对工厂即将倒闭的可能，公司与管理人员积极想办法、找出路。首先，在增加生产率上下功夫，即在不用较多资源的情况下生产出更多的产品。有趣的是，生产率的提高靠的不是花钱购买昂贵的机器，相反，凭借的是狠抓质量。公司彻底抛弃了只强调数量而忽视质量的旧观念。管理者的身体力行，也引起了全公司工人工作态度的转变。为激励工人，公司还采取在生产率提高后给工人加工资的方法。其次，公司的训练强调工人在工作中不仅用手，也要用脑。再次，灵活的工作规章允许工人在最需要他们的地方工作。在管理人员和工人们通力合作下，这些做法收到了许多特别的效果：一方面产品质量改进了，好的产品越来越多；每工时产出的部件数量从92.81提高到110.6，生产率提高了；另一方面必须扔掉或返工的次品越来越少，每百万件中的不合格品由837下将到世界级水平的47，成本得到下降。库存成本也减少了，因为用于替换次品所需的备用件越来越少了。

惠尔浦公司不仅能通过生产率的提高来增加工人工资，而且还能做到不提高产品的售价，并拿出一部分资金用于研究，这种研究将有助于进一步降低产品价格和改进质量。

讨论题：

1. 惠尔浦的管理人员为提高生产率而做的三件事是什么？收到了哪些效果？

2. 谁从生产率提高中获益？

3. 生产率和质量是怎样的关系？

4. 为什么生产率的提高能使公司提高工人工资？

思 考 题

1. 简述生产管理的概念、内容。生产管理的未来发展趋势如何？

2. 组织生产过程有哪些基本要求和原则？

3. 如何判断一个企业生产系统的优劣？假如你是一位制造企业的经理，你将如何构建企业的生产系统？

4. 厂址选择的影响因素有哪些？

5. 厂区平面布置的原则是什么？

6. 如何编制企业的生产计划，核算企业的生产能力？

7. 在目前情况下，中国企业应如何学习借鉴西方先进的生产管理方法？

作 业 题

一、判断题

1. 生产管理是对企业生产车间的管理过程，包括制订科学的生产计划以及对计划的实施。（ ）

2. 生产管理从过去企业的中心地位降到了从属地位，这说明现在在市场经济条件下，企业的生产管理不重要了。（ ）

3. 生产系统的功能就是根据社会和市场需要生产出物美价廉的产品和服务，以满足市场消费者的需要。（ ）

4. 对企业生产类型划分的标准是很多的，根据企业生产产品品种的多少、生产稳定程度、同种产品产量多少和工作地专业化程度等因素，可以把企业的生产类型划分为订货生产型、库存生产型和补充存货生产型三种类型。（ ）

5. 按企业业务来源划分，企业生产类型可以划分为连续生产型和间歇生产型。（ ）

6. 大规模现代流水生产方式起源于日本的丰田公司。（ ）

7. 多品种、小批量生产方式是指在规定的生产期限内，作为生产对象的产品数量较多，而每种产品生产的品种较少的一种生产方式。（ ）

8. 企业生产过程的空间组织常见的形式一般有：工艺生产型、对象生产型和工艺对象生产型三种。（ ）

9. 产品的生产过程是指从原材料进入车间，经过生产过程到产品出产为止的全过程，它包括了一系列劳动过程和自然过程。（ ）

10. 精益生产方式起源于20世纪20年代的美国福特公司，它是与大规模流水生产方式相同的、以大批量、少品种为主要特征的生产方式。（ ）

二、单项选择题

1. 下列哪个不是精益生产方式的特征：(　　)。

A. 实行拉动式生产　　B. 以人为本

C. 按节拍生产　　D. 彻底消除无效劳动和浪费

2. 不是灵捷制造生产方式的三根支柱的因素：(　　)。

A. 产品设计　　B. 技术

C. 人力资源　　D. 管理

3. 定制生产方式是20世纪90年代以来针对市场和消费者(　　)而产生的生产方式。

A. 多样化、差异化和个性化　　B. 生产方式现代化

C. 成本最小化　　D. 管理的人性化

4. CIMS的体系结构不包括：(　　)。

A. 制造自动化分系统　　B. 管理信息分系统

C. 运输存储核算分系统　　D. 技术信息分系统

三、多项选择题

1. 属于生产管理的内容有：(　　)。

A. 确定合理的生产组织形式　　B. 对员工领导与激励

C. 职位分析　　D. 对生产计划的实施与控制

2. 下列哪些要素是企业生产系统的非结构化要素：(　　)。

A. 生产设备与技术　　B. 人员组织

C. 生产计划　　D. 厂房设施

3. 厂区平面布置的原则包括下列哪些原则：(　　)。

A. 物料运输最短原则　　B. 人岗匹配原则

C. 整体协调原则　　D. 弹性原则

4. 组织流水生产线的条件有：(　　)。

A. 足够大的产品产量　　B. 产品结构和工艺相对稳定

C. 工艺过程能够进行分解与合并　　D. 对生产计划的实施与控制

5. 多品种、小批量生产的特征有：(　　)。

A. 能动性　　B. 生产品种的多样性

C. 不可逆性　　D. 环境条件的多变性

6. 生产过程的时间组织，主要是研究一批零件在加工过程中，采用何种移动方式。一般来说，一批零件在工序间的移动方式主要有：(　　)。

A. 平行移动方式　　B. 顺序移动方式

C. 机械生产方式　　D. 平行顺序移动方式

四、计算题

1. 设某种零件批量为4件，加工工序数为3道，每道工序的单件加工时间为：8分钟、5分钟、12分钟。请计算该批零件的顺序、平行、平行顺序三种移动方式的加工周期，并以此例来分析三种移动方式的优缺点及适用情况。

2. 某企业的产品A由一个B_1部件和两个B_2部件组成。A的装配批量为40台，生产周期

为一个月。计划期初装配车间内部在制品为30台，保险在制品占用量为5台。企业下一年生产计划中确定的A产品出产进度计划如下表6-8所示。部件B_1的装配批量为80件，生产周期一个月，计划期初在制品数为20件，作为备件单独外销量每月固定5件（B_2部件略）。试编制总装车间生产作业计划及部件B_1装配生产作业计划。

表6-8　A产品年度生产计划

产品出产进度（月）	1	2	3	4	5	6	7	8	9	10	11	12
产品出产量（台）		20	20	30	10	20	40	20	25	30	20	30

第七章 质 量 管 理

引 言

一位衣冠楚楚的外国客人小心翼翼地敲开了北京市朝阳区一户普通居民的家门。在主人的热情引导下，这位客人进屋后不仅仔细地观察了这套居室的布局及厨房、卫生间的结构，认真地察看了家中各种家电的品牌、功能，还向主人询问了有关购买和使用这些家电的情况。看到这位客人对所有家电都十分感兴趣，主人感到很惊讶。原来，这位客人是瑞典伊莱克斯公司的首席执行总裁利福·约翰森。

伊莱克斯是全球最大的家电生产商之一，其冰箱、洗衣机、吸尘器、空调、厨房设备等的产量在全世界名列前茅。1995 年，该公司向全球销售了 5500 万套家电及厨房设备产品，销售收入达 160 多亿美元。

跨国公司总裁深入百姓家是为了了解消费者的生活需求，并以此需求作为企业生产、经营的决策依据。只有掌握了顾客的消费要求，才能成竹在胸，胜券在握。

与顾客进行交流作为现代质量管理的手段对于发达国家的许多企业来说已成为一种武器。在它们看来，企业不作顾客调查而进行营销决策是不可思议的。在美国 73％的企业设有正规的情报收集部门，这些情报机构负责对产品或服务进行调查预测、数据分析等工作，并且对竞争对手的情报进行搜集。美国各大公司情报机构的经费约占经销额的 3.5％，这些调查成果能为企业带来千百倍的回报。

第一节 质量与质量管理

一、质量

（一）质量的概念

根据 ISO 9000：2005《质量管理体系　基础和术语》的定义，质量是“一组固有特性满足要求的程度”。

注 1：术语“质量”可使用形容词，如差、好或优秀来修饰。

注 2：“固有的”（其反义是“赋予的”）是指本来就有的，尤其是那种永久的特性。

由上述定义可知：

（1）质量可存在于各个领域或任何事物中。质量不仅指产品质量，也可以是某项活动或过程的工作质量，还可以是质量管理体系运行的质量。

（2）质量由一组固有特性组成。这些固有特性是指满足顾客和其他相关方要求的特性，它通过产品、过程或体系设计和开发及其后实现过程形成的属性。例如，物质特性（如机械、电气、化学和生物的特性）、感官特性（如用视觉、触觉、嗅觉等感官测控的特性）、时间特性（如准确性、可靠性、可用性）、行为特性（如礼貌、诚实、正直）等。固有特性多数是可测量的。与固有特性相反的是赋予的特性，如产品的价格。

（3）满足要求是指应满足明示的（如明确规定的）、通常隐含的（如公认的惯例、一般的习惯、不言而喻的要求）或必须履行的（如法律法规、行业规则）需要和期望，以固有特性满足要求的程度来评定事物质量的优劣。

（4）顾客和其他相关方的产品、体系或过程的质量要求是动态的、发展的和相对的，随时间、地点、环境而变化。所以，对质量应定期评审，按变化的需要和期望相应地改进产品、体系和过程的固有特性，只有这样才能确保持续地满足顾客和其他相关方的要求。

（二）产品质量与工作质量

1. 产品质量

产品质量是指“产品的一组固有特性满足要求的程度”。产品是“过程的结果”。它包括服务（如运输）、硬件（如机械零件）、流程性材料（如润滑油）、软件（如计算机程序、字典）或其组合。

产品质量应能反映出产品固有特性满足顾客明示的、通常隐含的或必须履行的需要和期望的程度。因此，在产品实现过程之初，应充分识别顾客的需要和期望，把这种需要和期望转化为产品的质量特性，通过产品设计、生产、包装、运输、交付和售后服务等产品实现环节将质量特性以技术、经济、环境、心理、生理的参数或指标固化在产品中，从而形成产品的固有特性。

产品质量特性的含义很广泛，而工业产品的质量特性大体可分为以下几个方面：

（1）物质方面的，如物理性能、化学成分等。

（2）操作运行方面的，如操作是否方便，运行是否可靠、安全等。

（3）结构方面的，如结构是否轻便，是否便于加工、维护保养和修理等。

（4）时间方面的，如耐用性（使用寿命）、精度保持性、可靠性等。

（5）经济方面的，如效率、制造成本、使用费用（油耗、电耗、煤耗）等。

(6) 外观方面的，如涂装质量与包装质量等。

(7) 心理、生理方面的，如汽车座位的舒适程度、机器开动后的声响等。

上述工业产品质量特性，又可以概括为以下七个方面：

(1) 性能，即产品所具有的性质和功能。例如，机床的加工范围、加工精度、主轴转速等。

(2) 实用性，即产品适用的程度。

(3) 可信性。可信性是“描述可用性及其影响因素：可靠性、维修性和维修保障等性能的一个集合性术语”。因此，它常用产品的可用性、可靠性、维修性和维修保障性来表示。这些性能都同时间因素有关。如可靠性，是指产品在规定的时间内、规定使用条件下，完成规定工作任务而不发生故障的概率。一般地说，它指的是产品精度的稳定性、性能的持久性、零件的耐用性等。它是产品在使用过程中逐渐表现出来的一种质量特性。

(4) 安全性，即产品在使用过程中保证将人身伤害或损坏的风险限制在可接受水平的状态。

(5) 环境要求，即产品在使用过程中是否产生公害、污染环境、影响人的身心健康等。

(6) 经济性，即产品的生命周期成本。具体来说，是指产品结构、重量、用料、成本以及使用产品时的动力、燃料等能源消耗。一般用它来衡量产品的经济效果。

(7) 美学要求，即讲究产品的设计结构合理、制造工艺先进以及外观造型艺术性三者的统一，产品尽量能体现功能美、工艺美、色彩美、形体美、和谐美、舒适美等要求。

这些质量特性，在识别顾客需要和期望的基础上，区分了不同产品的不同用途。顾客和其他相关方就是根据工业产品的这些特性满足要求的程度，来衡量工业产品质量优劣的。

2. 工作质量

工业企业的工作质量是指同产品质量相关的各项工作的优劣程度。工作质量涉及企业各个层次、各个部门、各个岗位工作的有效性。工作质量取决于企业员工的素质，包括企业全员满足顾客要求的意识、责任心、义务水平等。企业决策层（以最高管理者为代表）的工作质量起主导作用，管理层和执行层的工作质量起保证和落实作用。

(三) 产品质量形成的全过程

工业产品质量的形成一般说来大致经过市场调查研究、产品设计和开发、工艺策划和开发、采购、生产制造、检验、包装和储存、产品的销售以及售后服务等环节。美国质量管理学家朱兰在他的《质量控制手册》中将产品质量形成的全过程用“质量螺旋”表示，如图 7－1 所示。

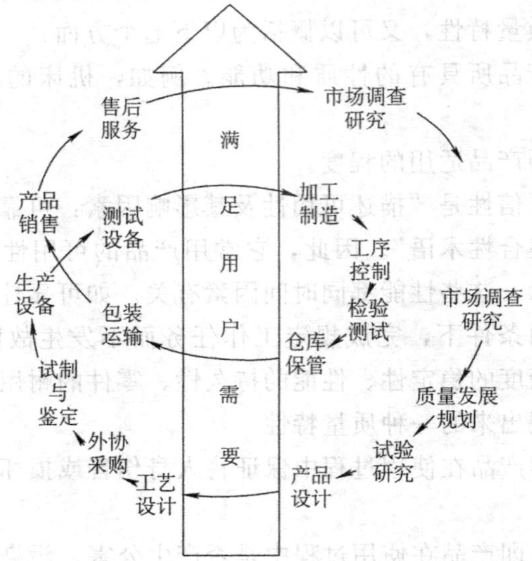

图 7－1 质量螺旋示意图

质量职能是指产品在质量产生、形成和实现过程中，为满足顾客要求所进行的全部活动的总和。根据质量职能的概念可以认识到，企业的全部质量活动分布于各个职能部门，建立质量管理体系就是要对企业各部门的质量职能活动进行有效的管理，从而提供顾客满意的产品和服务。

二、质量管理

（一）质量管理的概念

ISO 9000：2005 标准给质量管理下的定义为：“在质量方面指挥和控制组织的协调活动。”从标准给出的定义可知，质量管理是指挥和控制组织与质量有关的相互协调的活动。组织通过制订质量方针、质量目标，并为实现规定的质量目标进行质量策划，实施质量控制和质量保证，开展质量改进等活动实现。组织的最高管理者在制订质量方针、确立质量目标的基础上，以顾客为关注的焦点，发挥领导作用，运用管理系统方法建立质量管理体系。组织在生产和经营过程中，对产品质量、生产经营计划、劳动组织、人力资源、设备、财务、环境等都需要进行有效管理。但组织的基本任务是向社会提供符合顾客要求的产品，围绕产品质量形成的全过程实施质量管理是组织各项管理的主线。因此，质量管理是组织各项管理的重要内容，强化质量管理可推动组织其他专业的管理工作。

（二）质量管理理论的发展

质量管理的发展大致经历了三个阶段。

第一阶段为“质量检验”阶段（从“科学管理”理论的出现到第二次世界大战时期）。在这一阶段，质量管理的主要方式就是质量检验，即由检验人员按生产产品的质量标准来判断产品合格与否。与过去相比虽然这样做前进了一大步，但是它只起到“事后把关”的作用。

第二阶段为“统计质量控制”（SQC）阶段（从第二次世界大战开始到20世纪50年代末）。在这一阶段，统计的质量控制方法广泛应用于制造过程，从而有效地预防了不合格品的产生，从过去的事后检验变成事先预防。这标志着质量管理发展到了一个新阶段。但由于过分强调数理统计方法的采用，忽视了组织管理工作和群众性质量管理活动的重要性，因而影响了专业技术、数理统计和思想教育相结合，形成质量管理作用的发挥和数理统计方法在质量管理中的普及与运用。

第三阶段为“全面质量管理”（TQC）阶段。全面质量管理的概念最早出现于20世纪60年代初的美国。它是把经营管理、市场调查、产品设计、制造直至售后服务的一个完整的质量体系，使企业质量管理进一步科学化、标准化。

全面质量管理在60年代被日本引进，并取得了成功的运用和发展。我国于1979年在部分工业企业中试行，1980年由国家经委正式颁布文件推广和实行。从上述质量管理发展的历史可以清楚地看出，人们在解决质量问题中所运用的手段、方法是不断发展和完善的，而这一过程又同科学技术进步以及社会生产力水平的不断提高密切相关。可以预见，随着新技术革命的兴起，科学技术的日新月异，人们解决质量问题的思想、手段和方法必然会更为科学、完善和丰富，从而使质量管理的发展迈向一个更新的阶段。

（三）全面质量管理

全面质量管理（Total Quality Control，TQC），起源于美国，后来一些工业发达国家开始开展全面质量管理活动，并且在实践中各有所长，于是就有各种各样的叫法，例如，日本称为公司范围内的质量管理（CWQC），欧洲有些国家称为全面质量（TQ），现在国际标准化组织把它统一称为TQM（Total Quality Management）。它是质量管理发展的最新阶段。

全面质量管理的含义为：组织开展以质量为中心，全员参与为基础的一种管理途径，其目标是通过使顾客满意、本单位成员和社会受益，而达到长期成功。世界各国的实践证明，全面质量管理是一种系统的质量管理思想、理论和方法，它的含义就是将企业员工和各部门组织起来，综合运用专业技术、组织管理、数理统计和思想教育等方法，使产品质量产生、形成和实现全过程中所有保证和提高产品质量的活动构成一个有效的体系，从而以最经济的手段生产出顾客满意和社会受益的产品。

全面质量管理是以系统的观点为指导，运用一系列预防发生质量问题的方法，将过去的就事论事、分散管理转变为全面综合治理，而且强调所有活动的最终目的是要以最经济的手段满足用户的要求和使社会受益。

1. 全面质量管理的特点

全面质量管理的特点集中体现在一个“全”字上。

第一，全过程的质量管理。这里的“全过程”是指产品质量产生、形成和实现的全过程。

第二，全员的质量管理。即企业的全体人员人人做好本职工作，全员参加质量管理。

第三，全企业的质量管理。要求企业上、中、下管理层都明确各自的质量职能和所担负的质量职责。

第四，采用多种多样的方法进行质量管理。

上述的“三全、一多样”贯穿于全面质量理论。正确地理解它们的内涵，对结合企业实际开展全面质量管理有重要意义。

2. 全面质量管理的观点

全面质量管理要求企业全体成员具有强烈的质量意识，牢固树立“质量第一”的思想，以适应社会主义商品经济的发展。为此，必须建立下列三种观点：

（1）系统的观点。既然产品质量的形成和发展有个过程，这个过程包含了许多相互联系，相互制约的环节，那么不论是保证和提高质量，或是解决产品质量问题，都应把企业看成是个开放系统，应当运用系统、科学的原理和方法，对暴露出来的产品质量问题实行全面诊断、辩证施治。人们常说“产品质量是企业各项工作的综合反映”，就说明了系统对产品质量的影响。因此，要保证和提高产品质量，就应当建立系统的观点，并运用系统、科学的理论和方法。

（2）预防为主的观点。这个观点要求企业的管理工作重点应从“事后把关”转移到“事前预防”，把从管理产品质量“结果”变为管理产品质量的影响“因素”，真正做到防检结合，以防为主，把不合格产品消灭在产品质量的形成过程中。

（3）为用户服务的观点。这里所指的“用户”是广义的，它包含两个方面的意思：一是企业内部下道工序就是上道工序的“用户”，上道工序要为下道工序服务；二是企业产品的使用者（或部门单位）就是企业的用户，企业要为他们服务。

三、质量经济分析

企业在运行过程中，过高或过低的质量水平都会影响经济效益。通过质量经济分析力求做到，以最经济的手段改善和提高质量。

（一）产品设计过程中的质量经济分析

设计过程是产品质量的产生过程，也是质量经济分析的起点。产品的经济性首先要在产品设计过程中得到保证。从质量管理的角度看，产品设计的关键是要搞好质量设计。所谓质量设计，就是在产品设计过程中对产品质量提出要求。其内容包括：确定产品质量水平；合理地选择主要性能参数；规定各种参数的经济合理容差或制订公差标准和其他技术条件。

1. 确定产品的质量水平

确定产品质量水平是产品质量设计中带有战略性的一个环节。在确定的过程中，首先要符合国家的各项方针、政策，然后在充分考虑用户要求的前提下，尽量为企业带来更多的利润。

企业利润一般取决于产品价格与成本的差额，而这两者通常又取决于产品的质量水平。根据成本、价格、质量水平之间的变化关系，可以找到获得利润最大的质量水平，这就是最佳质量水平，如图 7－2 所示。由图可见，随着质量水平的提高，产品成本和产品售价都相应地提高，但两者提高的速度不同。两曲线交点 a 与 b 之间的区域为盈利区。质量水平低于 A 或高于 B 时都将产生亏损。a、b 两点为盈亏分界点。质量水平为 C 时的盈利最大。此时的质量水平称为最佳质量水平。在一定的生产技术和管理水平下，企业产品总存在着一个最佳质量水平。从图中还可看出，降低产品成本是企业扩大盈利的一个有效途径。产品成本下降，就使成本曲线下降，从而扩大了盈利区，也就相应地也扩大了盈利的质量水平范围。

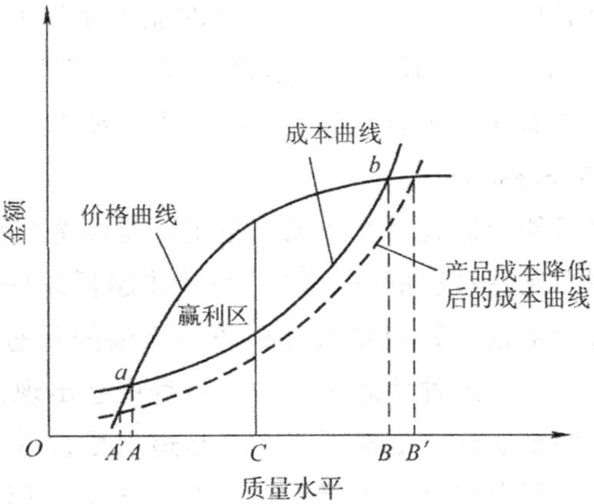

图 7－2 最佳质量水平的确定

2. 三次设计

三次设计是日本学者田口玄一创立的质量工程学中的主要内容，包括：系统设计、参数设计、容差设计。其中系统设计是功能设计，是以专业技术为中心的结构设计。在系统设计的任务为规定产品的功能时，确定产品的基本结构，提出初始设计方案。参数设计是产品质量设计的核心，是在系统设计完成后进行的。参数设计的任务为运用科学的方法，对系统因素的各个参数值进行最佳组合。容差设计是在系统设计和容差设计之后进行的，可以认为是参数设计的补充。容差设计的任务为在考虑各元器件参数波动对产品质量的影响后，从经济性出发对元器件参数波动确定容许的范围。

（二）产品制造过程中的质量经济分析

产品的制造过程是产品质量形成的关键阶段。这一阶段中质量经济分析的目标，是以最低的消耗换取最高的加工水平，从而能够稳定地生产符合设计要求的产品。

制造过程的质量经济分析内容包括：确定适宜的过程能力；控制适宜的不合格品率；确定经济的检验方式等。

1. 确定适宜的过程能力

从经济的角度看，过程能力并非越高越好（航天、航空、卫星、通信等可信性要求极高的生产过程除外）。过程能力过高，说明采用的设备精度过高，对原材料要求过好，这样，加工成本必然很高。而过程能力过低，则生产过程中的产品质量波动大，满足不了产品的技术要求，产生大量不合格品，造成原材料、工时、设备的大量浪费，对企业的经济效益不利。因此，根据设计的要求，确定适宜的工序能力是十分必要的。工序加工合格品的能力是以 C_p 值来度量的，一般将 C_p 值控制在 1～1.33 之间比较适宜。这样不仅能合理地利用设备精度，同时不合格品率也较低，从而兼顾了质量和经济两方面的要求。

2. 控制适宜的不合格品率

使不合格品率尽可能控制在一个较低的范围，是制造过程进行质量管理的目的之一。但实践证明，制造过程的不合格品率并非越低越好。这项指标的确定，应以提高企业总效益为依据。我们先来分析两种极端的状态：一是不进行管理，不讲求制造质量。显然，在这种状态下，生产过程中会出现大量的不合格品，造成的损失费用剧增，使企业经济效益下降。二是追求尽善尽美的制造质量。为了使生产过程少出或不出不合格品，不惜投入大量的人力、财力。在这种状态下，虽然损失费用大幅度减少，但由于支出了高额的质量管理费，企业的总效益仍不能提高。可见，上述两种极端状态均不可取，适宜的不合格品率应存在于两者之间，如图 7－3 所示。

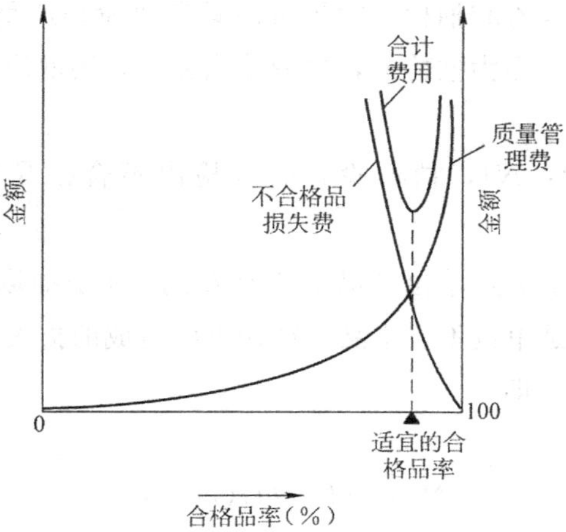

图 7-3 确定适宜的合格品率

确定适宜的不合格品率也是确定适宜的合格率。从图 7-3 可见，任何企业在一定的技术水平和管理水平下，都相应地存在着一个适宜的合格品率，才能使总费用最低，从而保证企业经济效益最好。上述观点已发展成为质量成本的概念。

3. 确定经济检查方式

全检、抽检还是不检，取决于检查所带来的效益是否大于检查所需的费用。图 7-4 中，C_1表示全数检查的费用；C_2表示不检查使不合格品流入下道工序或顾客手中所造成的损失费用。从图 7-4 可见，不合格品率增加时，C_1不变而C_2随之增大。C_1与C_2两条线的交点所对应的不合格品率b_0为经济检查点，它表明当一批产品的不合格率$b \geq b_0$时应进行全检；当$b < b_0$时，可以考虑抽检或不检。但必须指出，对于产品可能存在致命缺陷和严重缺陷时，无论花多大代价，都应全数检查，以达到剔除不合格品的目的。

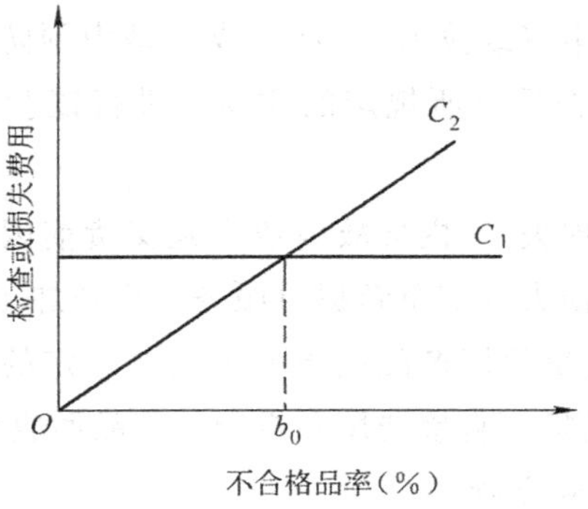

图 7-4 经济检查点

检查方式可分成全检和抽检。除了可能具有致命和严重缺陷的产品应全检，需进行破坏性试验的产品为抽检外，采用什么方式，还取决于不合格品率和检查费用。

全数检查费用为：NI，抽样检查时未检出不合格品的损失为：$nI+bG(N-n)$。

式中，N 是产品批量；I 是单位产品的检查费用；n 是抽取样本的样本含量；b 是批不合格品率；G 是单位不合格品未被检出所造成的损失。

令两类费用相等，即

$$NI=nI+bG(N-n)$$

则

$$b=\frac{(N-n)I}{(N-n)G}=\frac{I}{G}$$

此时的 b 为经济检查点，记为“b_0”，即

$$b_0=\frac{I}{G}$$

显然，当 $b\geqslant b_0$ 时，作全检有利；当 $b<b_0$ 时，应作抽样检验。

（三）质量成本管理

1. 质量成本的概念

20 世纪 50 年代美国质量管理学家费根堡姆（A. V. Feigenbaum）提出质量成本的概念，首先将质量、成本、企业经济效益联系起来。随着这一理论的迅速发展和广泛实践，产品的提供者和使用者都从中得到了实惠。质量成本管理已成为指导企业进行质量改进、降低成本、提高效益的重要工具。

质量成本是企业为达到和确保所规定的质量水平所支付的费用，包括：

（1）预防和鉴定成本（或投入）。预防成本是为预防故障所支付的费用；鉴定成本是为评定产品是否具有所规定的质量，进行试验、检验和检查所支付的费用。

（2）故障成本（或损失）。内部故障成本是交货前因产品或服务未能满足规定的质量要求所造成的损失（如重新提供服务、重新加工、返修、重新试验、报废）；外部故障成本是交货后因产品或服务未满足规定的质量要求所造成的损失（如产品服务、担保和退货、直接费用和折扣、产品回收费、责任赔偿费）。

2. 质量成本的构成和分析

（1）质量成本科目的设置。根据 GB/T 13339－1991《质量成本管理导则》，质量成本应设置三个级别的科目，如表 7－1 所示。

表 7-1 质量成本科目

一级科目	二级科目	三级科目
质量成本	预防成本	质量培训费
		质量管理活动费
		质量改进措施费
		质量评审费
		工资及福利基金（质量管理人员）
	鉴定成本	试验检验费
		质量检验部门办公费
		工资及福利基金（质量检验和试验人员）
		检验设备维修折旧费
	内部故障成本	报废损失费
		返修费
		降级损失费
		停工损失费
		产品质量事故处理费
	外部故障成本	索赔费
		退货损失费
		折旧损失费
		保修费

（2）质量成本分析。由预防成本、鉴定成本、内部故障成本和外部故障成本构成了质量成本。上述四项成本之间在数值上的比例关系，影响着质量成本的高低。虽然这种比例关系因行业不同会有很大差别，但仍可揭示出提高产品质量、降低质量成本的潜力所在。美国质量管理学家朱兰（J. M. Juran）推荐过一个质量成本模式。他认为：

1）当内、外部故障成本之和大于70%，预防成本小于10%时，质量管理工作的重点应放在寻求质量改进措施和加强预防性上。

2）当内、外部故障成本之和接近50%，预防成本接近10%时，质量管理工作的重点应放在寻求质量维持和控制上。

3）当内、外部故障成本之和小于40%，鉴定成本大于50%时，质量管理工作的重点应放在巩固工序控制的成效、改进检验工作上。

美国质量管理学家费根堡姆对质量成本各项目之间的关系也作过类似的分析。20世纪60年代，费根堡姆对美国工业界作了估计，一般企业的内、外部故障成本之和占全部质量成本总额的65%～70%，鉴定成本占全部质量成本总额的20%～

25%，而预防成本却不及5%。他认为，质量成本项目之间的这种比例关系说明，一些财富由于产品故障而付诸东流；另有大量的资金用于鉴定、把关，以防止不合格品流入顾客手中；而用于预防产品缺陷发生的费用却很少。这种质量成本高、产品可靠性低的恶性循环，必然导致经济效益低劣。费根堡姆进一步分析指出，如果能够增加一些预防成本，就可使产品缺陷减少，这样不仅降低了内、外部故障成本，而且使鉴定成本也随之下降。虽然这样做会使预防成本稍有增加，但质量成本总额一般可以降低30%左右。这些降低的主要部分，可转化为公司利润的增长。

最后还应指出，开展质量成本分析的目的，是帮助企业领导了解质量管理工作的薄弱环节，发现改进的机会，掌握改进活动的进展情况。质量成本分析、研究本身并不能解决质量问题，而是要同质量改进活动紧密结合起来，才有可能取得预期的效果。

第二节 质量管理方法

在长期的质量管理实践中，人们总结了许多质量分析、控制和改进的方法。下面仅介绍过程能力分析法、控制图法和两图一表法。

一、过程能力分析法

在质量管理中，把影响过程质量的因素概括为：人、机、料、法、测、环，简称5M1E。由于过程质量因素的综合作用，使得加工的一批产品或提供服务的质量特性总存在着差异。这种客观存在的差异，称为产品质量或服务质量的波动。

（一）产品质量波动的规律

影响质量的因素按性质不同可以分成偶然性因素和系统性因素。偶然性因素的特点是数量很多，大小和方向是随机的，对产品质量影响较小。如果在加工中只存在着偶然性因素的影响，产品质量所表现出的偶然性波动称为产品质量的正常波动，这时称过程状态处于稳定状态或统计控制状态。系统性因素的数目不多，但对产品质量影响却很大，在一定条件下是能够发现并加以消除的。系统性因素会引起产品质量的较大波动，这种波动称为产品质量的异常波动，这时称过程状态处于非稳定状态或非统计控制状态。

在加工过程中，虽然两类不同的影响因素同时存在，相互交织在一起，但完全可以根据它们不同的特征和变化规律，利用与之相应的统计方法予以区别，分别采取措施加以解决。

（二）直方图

加工产品的质量波动是客观存在的。这种波动在一定条件下形成一定的分布规律。在质量管理中，人们常用频数直方图来直接观察产品质量的波动，从而了解工序质量的分布规律。

1. 直方图的做法

例 7-1 某车床加工 $\phi10.00\text{mm}\pm0.32\text{mm}$ 的小轴外径，试绘制该工序加工状态的频数直方图。

(1) 收集数据。采用随机抽样方法，从工序生产的零件中抽取含量为 n 的样本（一般实际工作中常取 $n=50$，100，200）。本例 $n=50$，测量结果如表 7-2 所示。

表 7-2 数据表

28	27	33	33	44	35	28	39	37	18
32	11	28	25	19	23	13	25	30	22
21	25	22	48	21	36	18	24	34	29
33	20	40	27	5	32	16	33	24	34
26	33	38	20	23	35	30	17	25	28

注：表中的数据为：(实际测量值−9.8) ×100。

(2) 分组。

1) 确定组数 K。K 的取值可参考表 7-3。

表 7-3 K 的取值参考表

样本含量 n	适当的分组数 K	一般使用组数 K
50～100	6～10	10
100～250	7～12	
250 以上	10～20	

本例 $K=7$。

2) 计算组距 h

$$h=\frac{L_a-S_m}{K}$$

式中 L_a——样本组内最大值；

S_m——样本组内最小值。

本例

$$h=\frac{48-5}{7}\approx 6.14$$

$$\text{取 } h=7$$

3) 确定分组界限。为了防止遗漏数据且不使数据恰好落在组界上，通常将各组的界隔值的末位数取为测量单位的一半或把 S_m 放在第一组中间。

第一组界限为：

$$S_m\pm\frac{h}{2}$$

本例 $$S_m \pm \frac{h}{2} = 5 \pm \frac{7}{2} = 1.5 \sim 8.5$$

第二组的下界限等于第一组的上界限，第二组的上界限等于本组的下界限加上组距。其他各组可类推。

本例第二组界限为 8.5～15.5。

其他各组的界限如表 7-4 所示。

表 7-4 频数分布表

组号	组距	中心值 x_i	频数 f_i (1)	u_i (2)	f_iu_i (3) = (1) × (2)	$f_iu_i^2$ (4) = (2) × (3)
1	1.5～8.5	5	1	−3	−3	9
2	8.5～15.5	12	2	−2	−4	8
3	15.5～22.5	19	11	−1	−11	11
4	22.5～29.5	$26=x_0$	16	0	0	0
5	29.5～36.5	33	14	1	14	14
6	36.5～43.5	40	4	2	8	16
7	43.5～50.5	47	2	3	6	18
Σ			50		10	76

(3) 统计各组内所含的频数 f_i，整理频数分布表，如表 7-4 所示。

(4) 画图。本例直方图如图 7-5 所示。

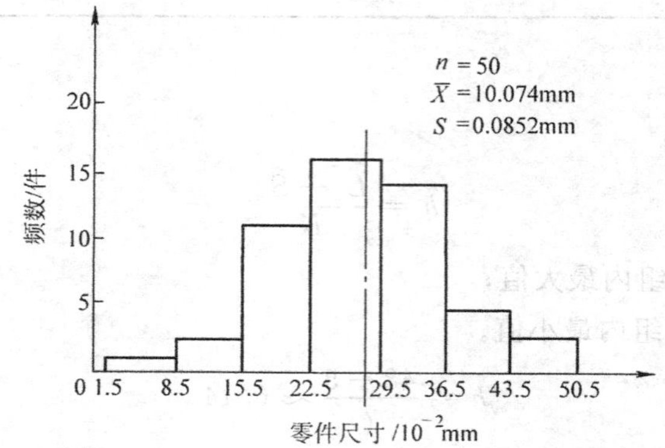

图 7-5 直方图

2. 计算平均值和标准差

用上例来说明在频数分布表上用坐标变换法计算平均值 $\bar{X}$ 和标准差 S 的方法。

(1) 计算各组的中心值 x_i，如表 7-4 所示。

（2）计算各组的简化中心值 u_i 。

1）确定 x_0 。一般取频数最大的中心值。本例 $x_0=26$。

2）确定坐标变换后的原点。对应 x_0 位置的 u_i 为新坐标的原点。本例 $u_4=0$。

3）计算其他各组的简化中心值 u_i 。

$$u_i=\frac{x_i-x_0}{h}$$

本例的各组简化中心值 u_i 如表 7-4 所示。

（3）计算平均值 $\bar{X}$ 。

$$\bar{X}=x_0+h\frac{\sum f_i u_i}{\sum f_i}$$

式中，$\sum f_i u_i$ 、$\sum f_i$ 可在频数分布表上计算。

本例 $\bar{X}=\left(26+7\times\frac{10}{50}\right)\mu\text{m}=27.40\mu\text{m}\xrightarrow{\text{还原成实际平均值}}10.074\text{mm}$

（4）计算标准差 S

$$S=h\sqrt{\frac{\sum f_i u_i^2}{\sum f_i}-\left(\frac{\sum f_i u_i}{\sum f_i}\right)^2}$$

本例 $S=7\times\sqrt{\frac{76}{50}-\left(\frac{10}{50}\right)^2}\mu\text{m}=8.52\mu\text{m}\xrightarrow{\text{还原成实际标准差}}0.085\ 2\text{mm}$

3. 频数直方图的观察分析

（1）观察直方图的分布状态。常见的几种直方图外观形状如图 7-6 所示。

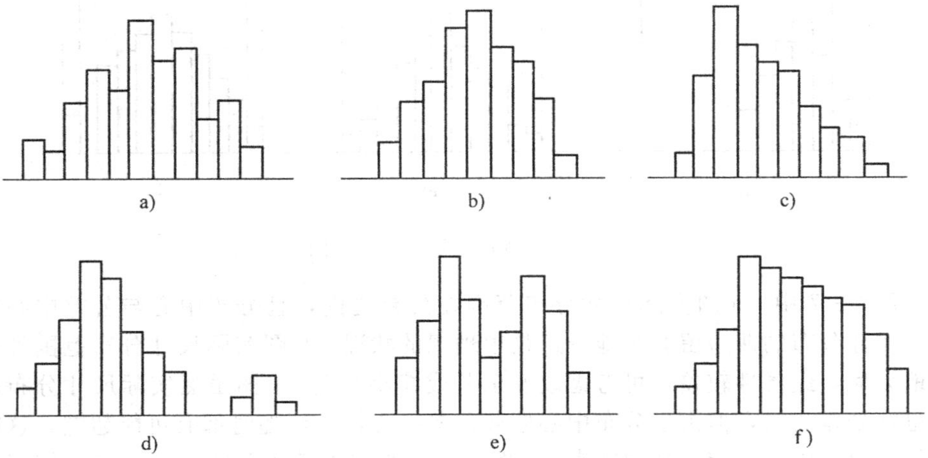

图 7-6 直方图分布状态

a）锯齿型 b）对称型 c）偏向型 d）孤岛型 e）双峰型 f）平顶型

图 7-6 中，a 直方图呈锯齿型。这种状态一般是由于数据分组不当造成的。b 直方图呈对称型。这种状态大多意味着生产过程正常。c 直方图呈偏向型。出现这种情况，往往是由于操作者的加工习惯和心理影响所致，如加工轴时往往偏大，加工孔时往往偏小。d 直方图呈孤岛型。这种情况大多是由于少部分原材料不合格，或短时间内有不熟练工人操作造成的。e 直方图呈双峰型。这是由于不同生产条件下两部分产品混在一起而引起的现象。f 直方图呈平顶型。这大多是由于生产过程中某种缓慢倾向起作用而造成的，如刀具磨损、操作人员逐渐疲劳等。

（2）对工序质量状态的分析。用直方图的分布范围与加工零件的公差进行比较来分析工序质量状态。这种对比可归纳为以下几种情况，如图 7-7 所示。图中 T 为公差，B 为实际尺寸分布范围。

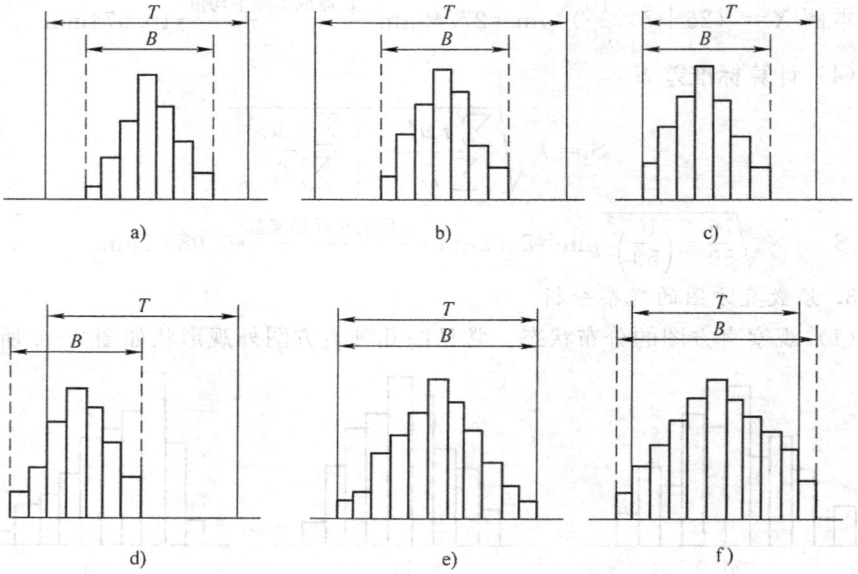

图 7-7 过程质量状态分布图

图 7-7 中，a 图实际尺寸分布范围在公差之内，且分布中心与公差中心重合，尺寸分布的两边留有余地，这是很理想的状况。b 图实际尺寸分布范围外的余地太大，经济性较差，可考虑改变工艺或缩小公差。c 图虽然实际尺寸分布范围也在公差之内，但由于分布中心偏离公差中心，一侧随时都有可能超差，这时必须采取措施使分布偏到中间来。d 图分布中心严重偏离公差中心，使一侧超差造成较多的不合格品，应立即采取措施。e 图实际尺寸分布范围两边没有余地，很容易超差造成大量不合格品，要及时采取措施。f 图实际尺寸范围已超出公差，说明工序对加工产品质量没有保证能力，需从根本上采取措施。

（三）过程能力的度量

从直方图的观察和分析中可看出，产品质量波动范围不仅应小于公差，而且还要留有余地。为了从定量的角度来考察这个问题，下面介绍过程能力及过程能力指数的概念。

过程能力是指过程处于稳定状态下加工产品质量正常波动的幅度。它以质量特性值分布的六倍标准差来表示，记为“6σ”。

一般情况下，加工过程中产品质量特性服从正态分布，根据概率论中正态分布的理论，质量特性落于 6σ 范围的概率为 99.7%，而落于此范围之外的概率只有 0.27%。因此，用 6σ 来表示质量分布范围已足够精确，同时还有良好的经济性。

过程能力指数是指某一过程的过程能力满足质量要求的程度，记为 C_p。

$$C_p = \frac{T}{6\sigma}$$

上式是对双侧公差时且分布中心与公差中心重合的理想状态而言的。但在实际生产中要根据不同情况进行计算。

1. 给出双侧公差时过程能力指数的计算

当加工零件的质量要求为双侧公差时，必须先判断质量分布中心与公差中心是否存在偏移，然后再计算过程能力指数。

当无偏移时，无偏移的质量分布如图 7－8 所示。

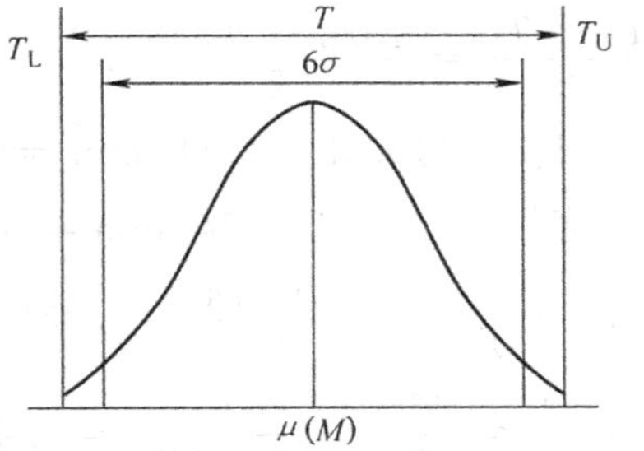

图 7－8 无偏移的质量分布图

$$C_p = \frac{T}{6\sigma} \approx \frac{T_U - T_L}{6S}$$

式中 S——样本标准差；

T_U——上偏差；

T_L——下偏差。

当有偏移时，有偏移的质量分布如图 7－9 所示。图中的公差中心 M 与分布中心 μ 的偏移量记为 ε，则 $\varepsilon = |M - u|$ 。此时，计算过程能力指数必须对 C_p 值进行修改，记为 C_{pk}

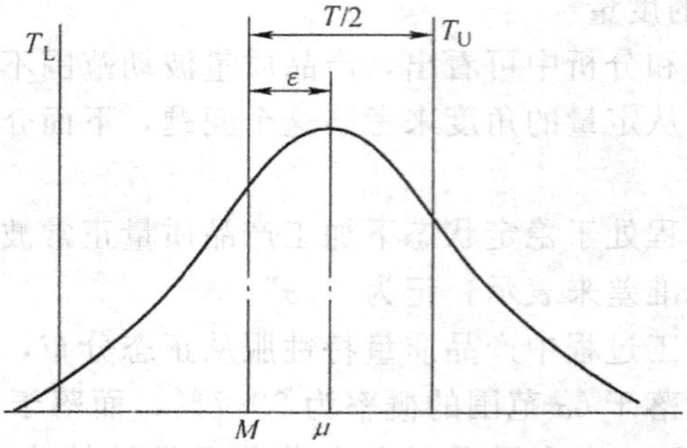

图 7-9 有偏移的质量分布图

设 K 为相对偏移量或偏移系数，则

$$K=\frac{\varepsilon}{T/2}=\frac{|M-\mu|}{T/2}\approx\frac{2|M-\bar{X}|}{T/2}$$

那么

$$C_{pk}=(1-K)C_p$$

或

$$C_{pk}=\left(1-\frac{2\varepsilon}{T}\right)\frac{T}{6\sigma}=\frac{T-2\varepsilon}{6\sigma}\approx\frac{T-2\varepsilon}{6S}$$

当 $K\geqslant1$ 时，按式 $C_{pk}=(1-k)C_p$ 计算结果 $C_{pk}\leqslant0$，此时定义 C_{pk} 值为 0。

例 7-2 已知例 7-1 中，车加工小轴外径的尺寸要求为 $\phi10\text{mm}\pm0.32\text{mm}$，计算出的样本平均值 $\bar{X}=10.074\text{mm}$，标准差 $S=0.085\text{mm}$，求过程能力指数。

解

$$M=\frac{T_U-T_L}{2}=\frac{10.32+9.68}{2}\text{mm}=10\text{mm}$$

$$T=T_U-T_L=(10.32-9.68)\text{mm}=0.64\text{mm}$$

$$\varepsilon=|M-\bar{X}|=|10-10.074|\text{mm}=0.074\text{mm}$$

$$K=\frac{2\varepsilon}{T}=\frac{2\times0.074}{0.64}=0.231$$

$$C_p=\frac{T}{6\sigma}\approx\frac{T}{6S}=\frac{0.64}{6\times0.085}=1.255$$

$$C_{pk}=(1-K)C_p=(1-0.231)\times1.255=0.965$$

2. 给出单侧公差时过程能力指数的计算

有许多产品的质量标准只给出单侧界限值，如机械加工中的形位公差，一般只给出上界限，而材料强度、产品寿命等只给出下界限。此时，计算过程能力指数可利用统一公式：

$$C_p=\frac{|T_H-\bar{X}|}{3S}$$

式中 T_H——待定数。

当质量标准只给上界限时，$T_H=T_U$。

当质量标准只给下界限时，$T_H=T_L$。

当分布中心偏出指定的上界限或下界限时，定义 C_p 值为 0。

过程能力的评价可按 C_p（C_{pk}）值的大小划分成五个等级，如表 7－5 所示。

表 7－5 过程能力评价与处置

C_p（或 C_{pk}）	过程能力评价	处　置
C_p（C_{pk}）$\geqslant$1.67	非常充足	可考虑用更经济的工艺方法，或放宽检验
1.67 >C_p（C_{pk}）$\geqslant$1.33	充足	可用于重要过程，对一般可放宽检验
1.33 >C_p（C_{pk}）$\geqslant$1.00	可以	一般可用，但应加强控制，注意检验
1.00 >C_p（C_{pk}）$\geqslant$0.67	不足	查明原因，采取措施，进行挑选
0.67 >C_p（C_{pk}）	严重不足	追查原因，采取措施，全数检查

二、控制图法

通过计算过程能力指数，可判断出工序是否具备加工合格品的能力。为了将这种能力保持下去，并在实际生产时对生产过程进行监控，必须利用控制图法。

（一）控制图的基本概念

1. 什么是控制图

控制图是用来反映生产过程中工序质量随时间变化的动态，并以此为依据来维持生产过程稳定性的一种质量管理工具。

控制图的基本形式，如图 7－10 所示。从图 7－10 可见，控制图有三条线，即上控制界限（UCL）、中心线（CL）、下控制界限（LCL）。通常，上、下控制界限是根据“千分之三”法则确定的。

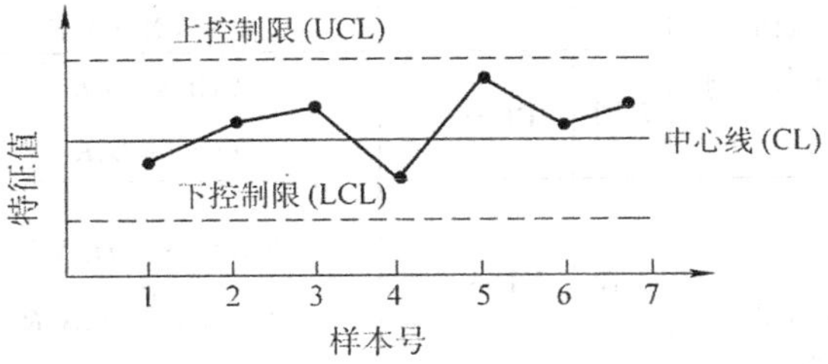

图 7－10 控制图的基本形式

在正态分布的曲线上，如图 7－11 所示，$\mu\pm3\sigma$ 范围所占的面积为 99.73%，表示生产过程正常时质量特性值落入 $\mu\pm3\sigma$ 之内的可能性有 99.73%，而落在 $\mu\pm3\sigma$ 之外的可能性只有 0.27%，这种小概率事件一般认为在有限次测量中不会发生。因此，在确定控制界限时其计算公式为：

$$\text{UCL} = E(Y) + 3\sigma(Y)$$

$$LCL = E(Y) - 3\sigma(Y)$$
$$CL = E(Y)$$

式中　　Y——样本统计量；

E（Y）——样本统计量的平均值；

σ（Y）——样本统计量的标准差。

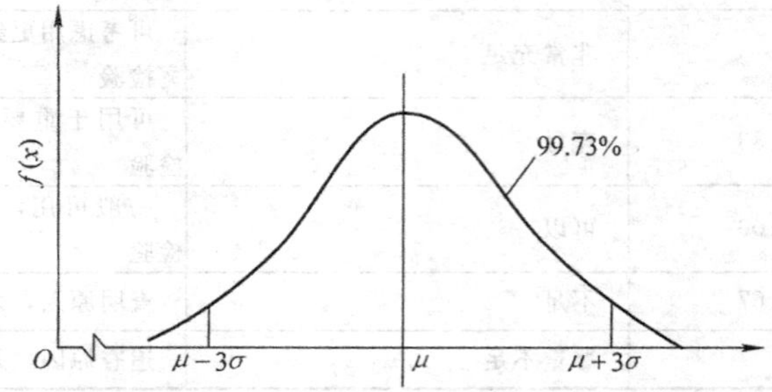

图 7-11　正态分布曲线

一旦某个数据点越出控制界限，就可认为生产过程出现异常。这样虽然存在着 0.27%的错判概率，给生产者带来一些误停机损失，但从整体上看，总经济损失最小。

2. 控制图的种类

控制图的种类如表 7-6 所示。

表 7-6　几种常见的控制图

类别	图名		控制界限		用途和说明
			中心线	上、下控制界限	
计量值控制图	$\bar{X}-R$ 控制图（平均数和极差控制图）	$\bar{X}$ 图	$CL \approx \bar{\bar{X}}$	$UCL \approx \bar{\bar{X}} + A_2\bar{R}$ $LCL \approx \bar{\bar{X}} - A_2\bar{R}$	用于观察平均数和标准差的变化
		R 图	$CL \approx \bar{R}$	$UCL \approx D_4\bar{R}$ $LCL \approx D_3\bar{R}$	
	$\tilde{X}-R$ 控制图（中位数和极差控制图）	$\tilde{X}$ 图	$CL \approx \bar{\tilde{X}}$	$UCL \approx \bar{\tilde{X}} + m_3A_2\bar{R}$ $LCL \approx \bar{\tilde{X}} - m_3A_2\bar{R}$	用于观察中位数和标准差的变化，与 $\bar{X}-R$ 图相比，精度较差，但使用方便
		R 图	$CL \approx \bar{R}$	$UCL \approx D_4\bar{R}$ $LCL \approx D_3\bar{R}$	
	$X-R_S$ 控制图（单值和移动极差控制图）	X 图	$CL \approx \bar{X}$	$UCL \approx \bar{X} + E_2\bar{R}_S$ $LCL \approx \bar{X} - E_2\bar{R}_S$	适用于长时间才能取得一个数据或检验费用较高的场合
		R_S 图	$CL \approx \bar{R}_S$	$UCL \approx D_4\bar{R}_S$ $LCL \approx D_3\bar{R}_S$	

（续）

类别	图名		控制界限		用途和说明
			中心线	上、下控制界限	
计数值控制图	计件值	pn 控制图（不合格品数控制图）	$CL \approx n\bar{p}$	$UCL \approx n\bar{p}+3\sqrt{n\bar{p}(1-\bar{p})}$ $LCL \approx n\bar{p}-3\sqrt{n\bar{p}(1-\bar{p})}$	用于控制不合格品数
		p 控制图（不合格品率控制图）	$CL \approx \bar{p}$	$UCL \approx \bar{p}+3\sqrt{\bar{p}(1-\bar{p})/n}$ $LCL \approx \bar{p}-3\sqrt{\bar{p}(1-\bar{p})/n}$	用于控制不合格品率
	计点值	c 控制图（缺陷数控制图）	$CL \approx \bar{c}$	$UCL \approx \bar{c}+3\sqrt{\bar{c}}$ $LCL \approx \bar{c}-3\sqrt{\bar{c}}$	对一定数量产品的缺陷数进行控制
		u 控制图（单位缺陷数控制图）	$CL \approx \bar{u}$	$UCL \approx \bar{u}+3\sqrt{\bar{u}/n}$ $LCL \approx \bar{u}-3\sqrt{\bar{u}/n}$	对单位产品中的缺陷进行控制

注：1. $\bar{X}$ 是平均值；R 是极差；$\tilde{X}$ 是中位数；P 是不合格品率；n 是样本含量；c 是缺陷数；u 是单位缺陷数。
2. 表中 A_2、D_3、D_4、m_3、E_2 均为控制图界限系数。

（二）控制图的做法

结合实例介绍 $\bar{X}$—R 控制图的做法。

例 7-3 某工序加工轴零件，其外径的质量要求为 $\phi 100^{+0.094}_{-0.050}$ mm，从加工过程中抽取 $n=5$ 的 20 个样本组，测得尺寸如表 7-7 所示，试根据上述资料作 $\bar{X}$—R 控制图。

表 7-7 控制图数据表

样本号	抽样日期（日/月）	测量值					$\bar{X}_i$	R_i	备注
		x_1	x_2	x_3	x_4	x_5			
1	1/3	72	74	70	82	77	75	12	
2	2/3	82	74	66	67	78	73.8	16	
3	3/3	78	78	85	82	73	79.3	12	
4	5/3	83	78	76	69	73	75.8	14	
5	6/3	75	85	82	80	80	80.4	10	
6	7/3	81	76	74	79	71	76.2	10	
7	8/3	77	55	86	71	66	71	31	
8	9/3	77	63	66	73	68	69.4	14	
9	10/3	76	71	81	76	78	76.4	10	
10	12/3	61	70	68	75	73	69.5	14	
11	13/3	70	69	72	67	69	69.4	5	
12	14/3	80	75	70	82	80	77.4	12	
13	15/3	73	69	62	78	67	69.8	16	
14	16/3	74	65	61	59	69	65.6	15	
15	17/3	65	81	81	75	72	74	16	
16	19/3	74	81	81	77	77	78	7	
17	20/3	78	70	67	82	73	74	15	
18	21/3	81	76	72	69	66	72.8	15	
19	22/3	81	83	75	77	79	79	8	
20	23/3	78	69	84	68	61	72	23	

（续）

样本号	抽样日期（日/月）	测量值					$\bar{X}_i$	R_i	备注
		x_1	x_2	x_3	x_4	x_5			
$\bar{X}$图 CL＝100.74mm UCL＝100.082mm LCL＝100.066mm		R图 CL＝0.014mm UCL＝0.029mm LCL＝（—）			合计		1 478.6	275	
					总平均		73.93	13.75	
					系数 / n		A_2	D_4	D_3
					4		0.729	2.282	—
					5		0.577	2.115	—

注：表中测量值均为实测值减去 100mm 的简化值，单位为 0.001mm。

解　（1）计算各组平均数，如表 7－7 所示。

$$\bar{X}=\frac{\sum_{i=1}^{n}X_i}{n}$$

（2）计算各组极差 R，如表 7－7 所示。

$$R_i = X_{max} - X_{min}$$

式中　X_{max}——样本组内最大值；

X_{min}——样本组内最小值。

（3）计算总平均值 $\bar{\bar{X}}$，如表 7－7 所示。

$$\bar{\bar{X}}=\frac{\sum_{i=1}^{K}\bar{X}_i}{K}$$

（4）计算极差平均值，如表 7－7 所示。

$$\bar{R}=\frac{\sum_{i=1}^{K}R_i}{K}$$

（5）计算 $\bar{X}$ 图控制界限。由表 7－7 知，$\bar{X}$ 图上三条线的计算公式为：

$$\mathrm{CL} \approx \bar{\bar{X}}$$

$$\mathrm{UCL} \approx \bar{\bar{X}} + A_2\bar{R}$$

$$\mathrm{LCL} \approx \bar{\bar{X}} - A_2\bar{R}$$

式中　A_2——控制图系数，可由表 7－8 查出。

表 7－8　控制图系数表

系数 / n	A_2	m_3	D_3	D_4	E_2
2	1.880	1.000	—	3.267	2.660

（续）

系数 / n	A_2	m_3	D_3	D_4	E_2
3	1.023	1.160	—	2.575	1.772
4	0.729	1.092	—	2.282	1.457
5	0.577	1.196	—	2.115	1.290
6	0.483	1.135	—	2.004	1.184
7	0.419	1.214	0.076	1.924	1.109
8	0.373	1.166	0.136	1.864	1.054
9	0.337	1.223	0.184	1.816	1.010
10	0.308	1.177	0.223	1.777	0.975

本例CL≈73.93μm→100.074mm

UCL≈（73.93＋0.577×13.75）μm＝81.66μm→100.082mm

LCL≈（73.93－0.577×13.75）μm＝66μm→100.066mm

（6）计算 R 图控制界限。由表 7－6 知，R 图上三条线的计算公式为：

$$\mathrm{CL} \approx \bar{R}$$

$$\mathrm{UCL} \approx D_4\bar{R}$$

$$\mathrm{LCL} \approx D_3\bar{R}$$

式中　D_3，D_4 ——控制图系数，可由表 7－8 查出。

本例CL≈13.75μm→0.014mm

UCL≈（2.115×13.75）μm＝29.08μm→0.029mm

LCL 为负值，无意义。

（7）画控制界限，并把各组的 $\bar{X}$ 值和 R 值用点子记入相应的 $\bar{X}$ 图和 R 图中，如图 7－12 所示。控制图的中心线用细实线表示，上、下控制界限用虚线表示，跳出界限的点子用“⊙”或“⊕”表示。

（三）控制图的观察分析

控制图的控制界限是根据正态分布原理计算的，根据±3σ 原理，点子应随机排列，且落在控制限内的概率为 99.73%，因此，如果控制图中点子未出界，且点子的排列也是随机的，则可以认为生产过程处于稳定状态或控制状态。如果控制图点子出界或界内点子排列非随机，就认为生产过程失控。

由此得出控制图的两类判异准则。

（1）点出界判异。

(2) 界内点子排列不随机判异。

点子非随机排列的模式有若干种，图 7-13 介绍了八种判异准则：判异准则针对对象如表 7-9 所示。

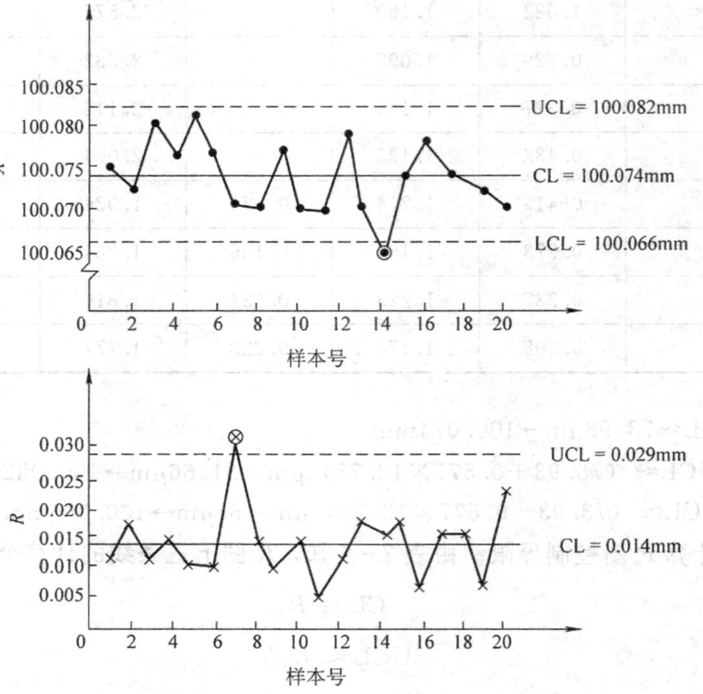

图 7-12　$\bar{X}-R$ 控制图

表 7-9　八种判异准则针对对象

判异准则	针对对象	控制图上的控制范围
1：点出界	界外点	控制界限以外
2：链长≥9	参数 μ 的变化	控制界限内全部
3：连续 6 点倾向	参数 μ 随时间的变化	控制界限内全部
4：连续 14 点中相邻点上下交替	数据分层不够	数据分层不够
5：连续 3 点中 2 点落在中心线同一侧的 B 区外	参数 μ 的变化	控制图 A 区
6：连续 5 点中 4 点落在中心线同一侧 C 区外	参数 μ 的变化	控制图 B 区
7：连续 15 点落在中心线两侧的 C 区内	参数 σ 变小或数据分层不够	控制图 C 区或数据分层不够
8：连续 8 点落在中心线两侧且无一在 C 区内	数据分层不够	数据分层不够

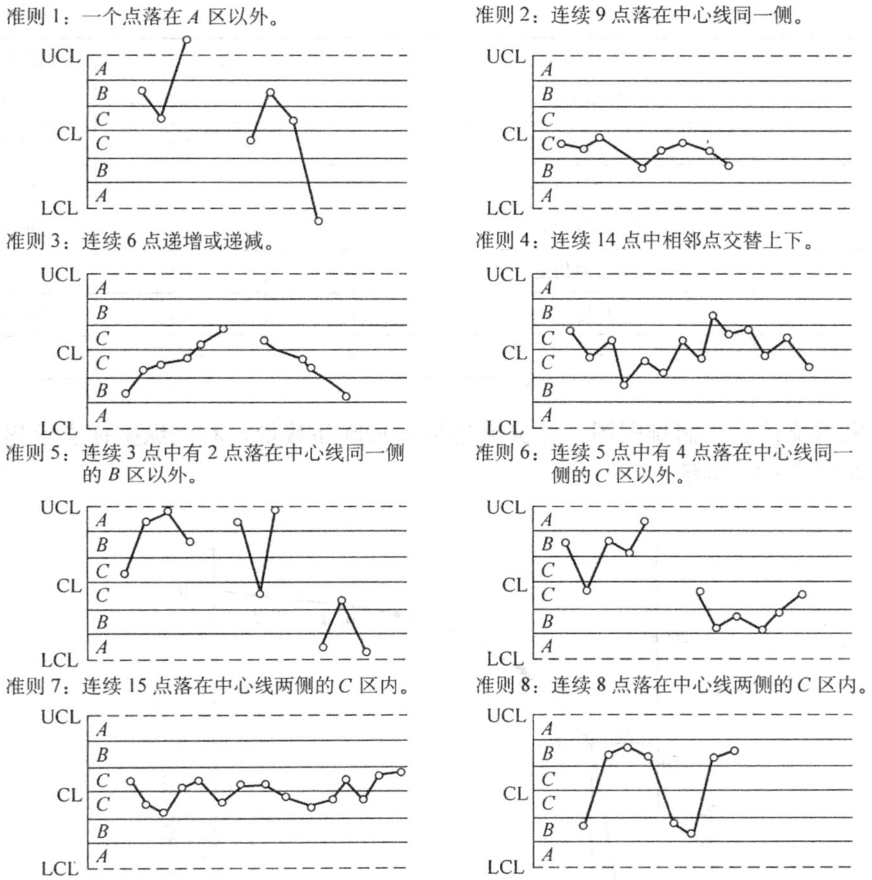

图 7－13 八种判异准则图示

三、两图一表法

两图一表法是指将排列图、因果分析图和对策表配套使用，从而有效地分析、解决质量问题的方法。此方法简单易行，是企业中广泛使用的质量改进工具之一。

（一）排列图

排列图是找出影响产品质量主要因素的一种有效工具。它由两个纵坐标、一个横坐标、几个直方形和一条曲线构成。

例 7－4 某厂加工曲轴，对报废原因进行分类统计，并按报废数的多少进行排列，作出曲轴废品统计，如表 7－10 所示，在表上计算出比率和累计比率。

表 7－10 曲轴废品统计表

序号	项目	数量/件	比率（%）	累计比率（%）
1	曲拐轴颈尺寸小	156	70.3	70.3

（续）

序号	项目	数量/件	比率（%）	累计比率（%）
2	开档大	31	14.0	84.3
3	动平衡超差	19	8.6	92.9
4	轴向尺度超差	5	2.2	95.1
5	曲拐半径小	3	1.3	96.4
6	曲颈表面伤痕	2	0.9	97.3
7	其他	6	2.7	100.0
总计		222	100.0	100.0

根据统计表绘制排列图。左侧纵坐标表示废品数量，右侧纵坐标表示累计比率，如图 7-14 所示。

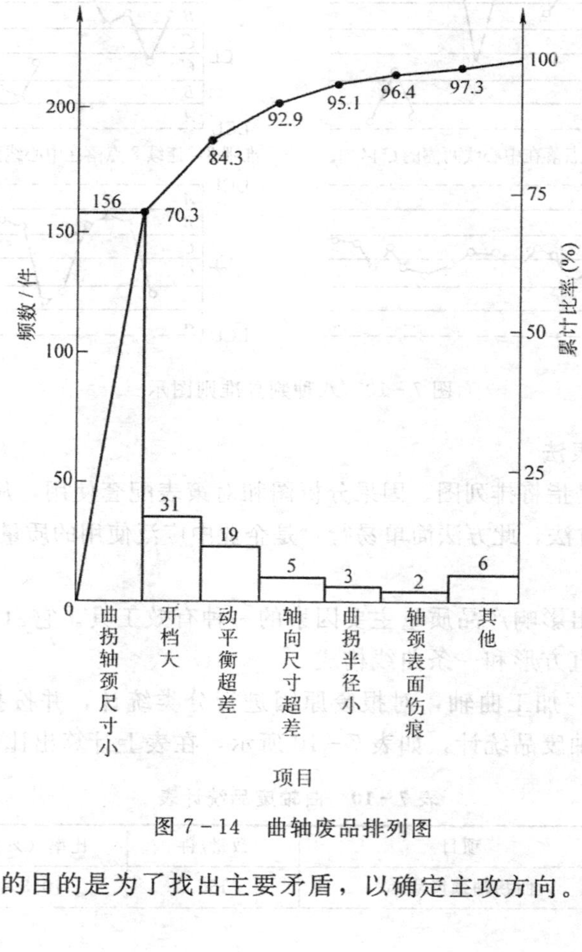

图 7-14 曲轴废品排列图

绘制排列图的目的是为了找出主要矛盾，以确定主攻方向。排列图上累计比率0～70%的因素为A类因素，即主要因素；70%～90%的因素为B类因素，即次要因素；90%～100%的因素为C类因素，即一般因素。找出主要因素就可以抓出主要矛盾。本例中A类因素是曲拐轴颈尺寸小，这个主要矛盾一经解决，就可解决问题的70.3%。

作排列图还应注意以下几点：

(1) 主要因素一般为一两个，至多不超过三个。

(2) 纵坐标可用“件数”或“金额”等表示。

(3) 把众多的不重要项目列入“其他”栏内，“其他”栏总排在最后。

(4) 确定主要因素，采取了相应的措施后，还应重新绘制排列图进行“措施效果”检查。

(二) 因果分析图

因果分析图又称特性要因图、树枝图、鱼刺图。

任何一个质量问题都是由许多因素造成的。要深入剖析质量问题，就必须找出质量问题与众多因素的因果结构。这种因果结构组成因果链，可用因果分析图来表示。如图7-15所示。

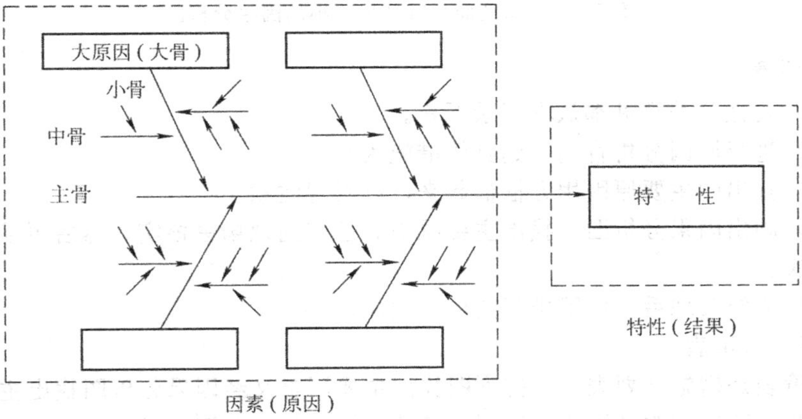

图7-15　因果分析示意图

用因果分析图时要注意集思广益，充分听取各方面人员的意见，并将其反映到图上。探讨一个质量问题的产生原因时，要从大到小、从粗到细、寻根究源，直到能采取具体措施为止。

例7-5　针对例7-1中的主要因素作因果分析图。

排列图表明，曲轴出现废品的主要质量问题是曲拐轴颈磨削尺寸小。为此，组织各方面的人员，集中大家的意见作出因果分析图，如图7-16所示。

作因果分析图时应注意以下几点：

(1) 影响质量问题的大原因，通常有六个方面，即人、机器、材料、方法、

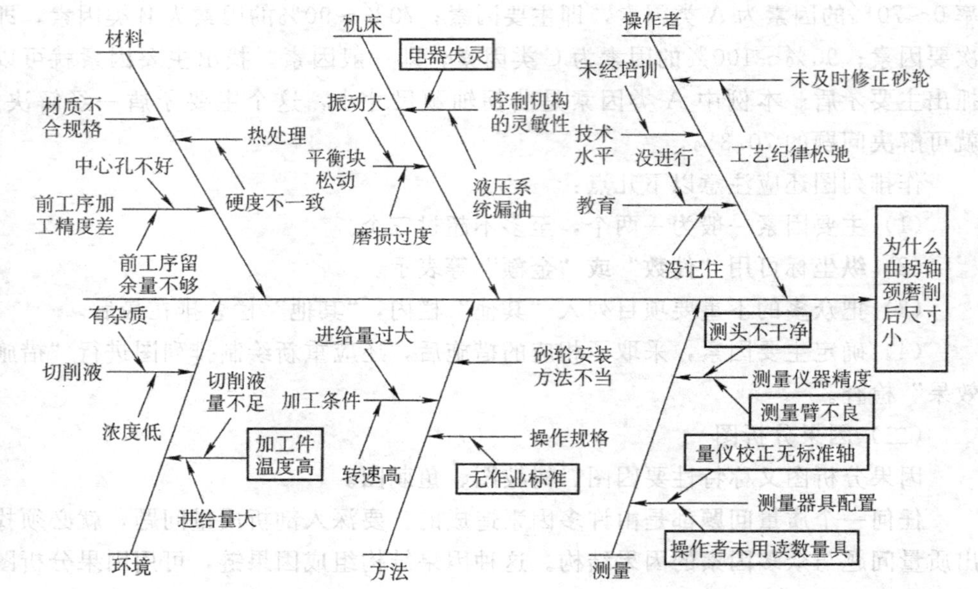

图 7－16 磨削曲拐轴径尺寸小的因果分析图

测量、环境。

（2）要把各种意见都认真记录下来。

（3）进行原因分析直到找到具体措施为止。

（4）找出的主要原因用方框框起来，以引起注意。

（5）画出因果分析图，找出主要原因后还应到现场去核实，然后再采取措施予以解决。

（6）措施实现后，可用排列图检查效果。

（三）对策表

对策表是措施计划表。当排列图找出主要因素又经因果分析图找出主要原因制定对策，即制订改进措施和计划。将这些措施和计划汇集成表，就是对策表。

例 7－6 由例 7－2 的因果分析图找出了主要原因，针对这些原因制定对策表，以明确解决质量问题的具体措施和实施执行计划，如表 7－11 所示。

表 7－11 磨削曲拐轴颈尺寸小对策表

序号	问题	现状	标准	对策	负责人	进度				
						5	10	15	20	25
1	测量仪上的量臂不良	读数不稳定	量仪精度为 0.005mm	1. 每班观察指针 3 次并记录变化情况 2. 精度测定 50 次 3. 修理或更换	王××	— — — —				

（续）

序号	问题	现状	标准	对策	负责人	进度				
						5	10	15	20	25
2	测量头不干净	有杂物	清洁	每班检查除净	王××		— —			
3	量仪校正无标准轴	无		建立标准轴	王××		—			
4	工件温度上升	进给量大，切削液不足		调查后，进行调整，加大切削液流量	孙××	— —				
5	操作者未用读数量仪	用卡板	用读数量仪校正	1. 每5件中抽取一件用千分尺校对 2. 采用气动卡规	刘××			— —		
6	机床电器失灵	控制系统不稳定		调查后，修理或更换电器元件	刘××				—	—
7	无作业标准	无		制订作业标准	孙××				—	—

第三节 六西格玛管理

六西格玛管理是20世纪80年代，由美国摩托罗拉（Motorola）公司创立的一种在提高顾客满意程度的同时降低经营成本的过程革新方法。它是通过提高核心过程的运行质量，使组织盈利能力提升的管理方式。十几年来，六西格玛管理在摩托罗拉（Motorola）、通用电气（GE）、联合信号（Allied Signal）等著名企业中得到了成功应用。在当今世界范围内，越来越多的组织开始了管理实践活动。

一、六西格玛管理概述

（一）六西格玛管理的起源

六西格玛管理起源于美国摩托罗拉公司。摩托罗拉公司是保罗 V. 高尔文（Paul V Galvin）在1929年创建的，至今已发展成一个生产电子设备和电子零部件的大型公司，年营业额超过300亿美元，员工近13万人。

20世纪70年代末，日本的汽车、电子等制造业产品大举进军美国。摩托罗拉公司发现日本产品的质量远优于本公司的同类产品质量。例如，1985年摩托罗拉通信部门的质量水平为4σ水平（相当于每百万个机会中有6 210个缺陷），而日本已经达到5σ水平（相当于每百万个机会中有233个缺陷）。公司高层管理人员认识到，正是这些缺陷严重影响了顾客的满意程度，使产品竞争力受到致命的打击。为了提高产品质量，1986年摩托罗拉通信部门的高级工程师比尔·史密斯（Bill Simith）向公司提交了一份有关六西格玛的质量文件。摩托罗拉的

CEO鲍勃·高尔文（Bob Galvin）意识到六西格玛管理是提高产品质量、完全满足顾客的重要途径，因而在公司大力推行。首先于1986年在通信部门启动了六西格玛质量方案，1987年摩托罗拉公司又将这项新颖、具有远见的战略行动推广到公司的其他部门。从1987～1997年，摩托罗拉公司取得了卓越成绩：

（1）1988年摩托罗拉公司首次获得美国国家质量奖——波多里奇奖（National Quality Malcolm Baldrige Award）。

（2）1989年摩托罗拉公司获得日本对制造业设立的日经奖（Nikkei Award）。

（3）摩托罗拉公司的员工人数从7.1万增至13万。

（4）摩托罗拉公司销售额增长5倍，利润每年增加20%。

（5）摩托罗拉公司累计节约140亿美元。

（6）摩托罗拉公司的股票价格平均每年上涨21.3%。

尽管摩托罗拉公司首创了六西格玛管理，但真正使六西格玛管理名声大震的是美国通用电气公司（GE）。六西格玛管理因杰克·韦尔奇（Jack Welch）的强力实践而扬名全球企业界。在杰克·韦尔奇的主持下，GE自1995年开始推行六西格玛管理，并获得了巨大的成功。杰克·韦尔奇对GE的部门领导如何实施六西格玛提出了明确的要求，他要求管理人员在工作中要释放巨大的能量和热情，使其所管辖的机构对六西格玛产生兴趣，为了赢得顾客并实现利润，不仅要在技术背景上精通六西格玛，还要具备相应的财务知识和能力，不仅要落实技术解决方案，还要创造利润。GE对所有的经理、六西格玛管理工作组成员、专业人员，包括许多一线员工都进行了六西格玛的培训，使其建立崇高的理念，充满激情、追求卓越、追求完美，围绕着顾客、流程、评估标准等思考问题，不断获得成功。GE在实施六西格玛管理的实践中，首创并培养了“倡导者”、“黑带大师”、“黑带”、“绿带”等不同层次的骨干，使六西格玛管理得以顺利推进。GE从1995年开始推行六西格玛管理，1997年开始获利；1998年，投入4.5亿美元，净收益7.5亿美元；1999年，净收益20亿美元；2001年，GE销售收入达1 259亿美元，位列世界500强之六。可以说，六西格玛管理彻底改变了美国通用电气公司。

（二）六西格玛管理的含义

西格玛是希腊字母“σ”的读音，“σ”在统计学上用来表示数据的分散程度。对连续可计量的质量特性，用“σ”度量质量特性在总体上对目标值的偏离程度。“σ”前的系数在统计学中表示概率度即σ水平。σ水平是将系统中质量特性的平均值、标准差与系统的目标值、允许波动范围联系起来并进行比较。其中，系统的目标值为顾客要求的理想值，允许波动范围是指顾客允许的质量特性的波动范围，其界限由上、下规格限表示。直观地说，σ水平就是当过程输出质量特性服从正态分布且分布中心与目标值重合时，规格界限内所包含的2σ（$\pm\sigma$）的个数。σ越小，即过程质量特性的分布越集中于目标值，则σ水平越高，此时过程输出质量特性落到上、下规格限以外的概率就越小，这就意味着出现缺陷（本节所提到的缺陷是工程用语，指未满足顾客要求或规定要求，不是指与产品责任有关的法律用语）的可能性越小，如图 7－17 所示（σ 水平的详细阐述见本节中六西格玛常用度量指标）。

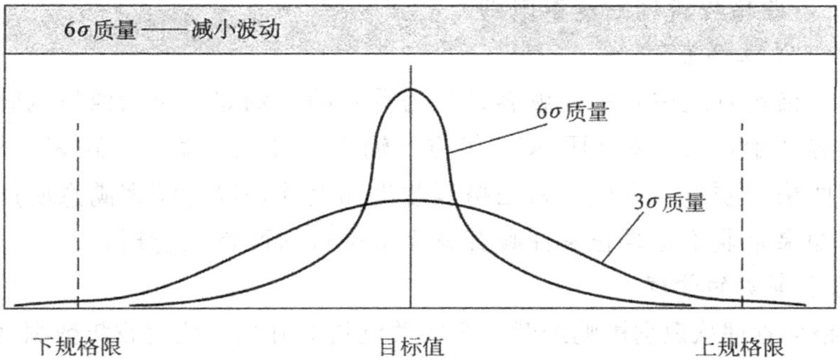

图 7－17　3σ 质量与 6σ 质量分布示意图

由图 7－17 可知，6σ 质量水平与 3σ 质量水平相比，过程满足顾客要求的能力高。

实际上，过程输出质量特性的分布中心与目标值完全重合只是理想状态。根据调查研究，在目前的科技水平下，过程平均值与目标值存在的偏移（也称为“漂移”）平均为±1.5σ，偏移可引起过程输出缺陷率的增大。表 7－12 表示不同 σ 水平下的缺陷率。

表 7－12　不同 σ 水平下的缺陷率

σ 水平	缺陷率（ppm）	
	无偏移	1.5σ 偏移
1	317 400	697 700
2	45 400	308 733
3	2 700	66 803
4	63	6 210
5	0.57	233
6	0.002	3.4

六西格玛管理是通过对组织过程的持续改进，不断提高顾客的满意程度，降低经营成本来提升组织的盈利能力和竞争力水平。之所以将这种管理方式命名为“六西格玛管理”，其目的是因为要体现其核心理念，即以“最高的质量、最快的速度、最低的价格”向顾客或市场提供产品和服务。组织是否具备这种能力取决于组织自身核心业务的过程能力，它表现为过程的输出与顾客要求的吻合程度。

而过程的 σ 水平反映了这一吻合程度。6σ 质量水平是一个很高的标准，在六西格玛管理中，不断寻求提高过程能力的机会，通过过程改进和再造使其不断优化，逐步提高过程输出结果与顾客要求和期望的接近程度，在提升顾客满意度的同时大量减少由于补救缺陷而引起的浪费，使组织与顾客得到双赢。

（三）六西格玛管理的基本原则

1. 真正关注顾客

在六西格玛管理中，关注顾客是最为重要的。例如，对六西格玛管理业绩的测量从顾客开始，通过对 SIPOC（供方、输入、过程、输出、顾客）模型分析，来确定六西格玛项目。因此，六西格玛改进和设计是以对顾客满意所产生的影响确定的，如果企业不是真正关注顾客就无法推行六西格玛管理。

2. 基于事实的管理

六西格玛管理从识别影响经营业绩的关键指标开始，然后收集数据并分析关键指标，可以更加有效地发现、分析和解决问题，使基于事实的管理更具可操作性。

3. 对流程的关注、管理和改进

无论把重点放在产品和服务的设计、业绩的测量、效率和顾客满意的提高上，还是把重点放在业务经营上，六西格玛管理都把过程视为成功的关键载体。六西格玛管理的最显著突破之一是使得领导和管理者确信“过程是构建向顾客传递价值的途径”。

4. 主动性的管理

六西格玛管理主张在问题发生之前采取积极措施防止问题的发生，而不是在事后补救。在六西格玛管理中，主动性管理意味着制订明确的目标并经常进行评审、设定明确的优先次序、重视问题的预防而非事后补救、探求做事的理由而不是因为惯例就盲目遵循。六西格玛管理将综合利用各种工具和方法，以动态的、积极的、预防性的管理风格取代被动应付的管理习惯。

5. 无边界合作

推行六西格玛管理需要加强自上而下、自下而上和跨部门的团队工作，改善公司内部的协作，并与供应商、顾客密切合作，达到共同为顾客创造价值的目的。这就要求组织打破部门间的界限、甚至组织间的界限，实现无边界合作。

6. 追求完美，容忍失败

组织不断追求卓越的业绩，勇于设定 6 倍 σ 的质量目标，并在运营中全力实践。但在追求完美的过程中，难免有失败。这就要求组织有鼓励创新、容忍失败的文化氛围。美国通用电气公司的成功和安然公司的破产，其主要区别之一就是，通用电气在追求完美的同时能够容忍失败；而安然公司盛行“只许成功，不许失败”的企业文化，导致员工掩饰错误的情形普遍出现，当错误大到无法掩饰的地步，企业也只好关门大吉了。

六西格玛管理是一个渐进的过程，它从一个梦想或一个远景开始，逐步接近完美的产品和服务以及很高的顾客满意度目标。这给传统的全面质量管理注入了新的动力，也使企业依靠质量取得良好的经济效益能够成为现实。

（四）六西格玛管理适用的场合

六西格玛管理主要针对制造业，通过数据收集、研究分布规律，利用正态分布分析它可能产生的缺陷数。以后逐渐发展到其他所有的过程，适合于各种不同的商业活动，从战略计划到顾客服务，包括生产性活动和非生产性活动。六西格玛管理主要是一种管理理念，意在降低缺陷、节约成本、增强顾客满意、增加企业收益，所使用的统计技术只不过是为了实现这一目标而采用的工具。实践表明，服务业与制造业一样可以通过推行六西格玛管理来提高质量效益。

一个组织可以从整体上全面推行六西格玛管理，也可以选择组织内的某几个部门或业务的某些环节先行试点。但无论何种情况，一个六西格玛项目要取得成功必须有必要的资源投入，如时间、资金和精力，否则难脱失败的命运。

二、六西格玛管理的组织

六西格玛管理作为一种管理方式，一项系统的改进活动，必须依靠组织体系的可靠保证和各管理职能的大力推动。因此，导入六西格玛管理时应建立健全组织结构，将经过系统培训的优秀人才安排在六西格玛管理活动的各相应岗位上，规定并赋予明确的职责和权限。从而为构建高效六西格玛管理组织体系的实施提供了基本条件和必备资源。

（一）六西格玛管理的组织形式

1. 组织系统的六西格玛管理层次

实施六西格玛管理的组织系统，其管理层次一般分为三层，即领导层、指导层和执行层。领导层通常由倡导者（一般由企业高层领导担任）、主管质量的经理和财务主管组成六西格玛推行委员会；指导层由本组织的黑带大师或从组织外聘请的咨询师组成；执行层由执行改进项目的黑带、绿带组织。

各层次的管理活动可归纳如下：

（1）领导层负责执行六西格玛管理的战略计划活动，内容包括：制定六西格玛管理规划，提供资源，审核结果。

（2）指导层负责执行六西格玛管理的战术活动，内容包括：组织培训、指导项目、检查进度。

（3）执行层负责执行六西格玛管理的作业活动，内容包括：按 DMAIC 方法开展项目改进活动。

2. 组织系统的六西格玛管理组织结构

组织应按六西格玛管理层次构架组织结构，将岗位、人员及其相应的职责、权限和相互关系作出安排。六西格玛管理组织结构如图 7－18 所示。

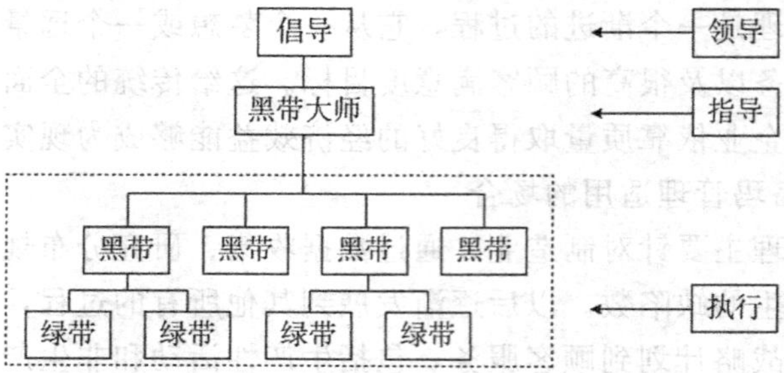

图 7－18 六西格玛管理组织结构图

（二）六西格玛管理组织体系中各岗位职责

实施六西格玛管理需要组织合理的配备人员，一般包括：倡导者、黑带大师、黑带、绿带。

1. 倡导者（Champion）

倡导者一般由企业高级管理层组成，大多数为兼职。通常由分管质量的副总经理或质量总监担任。倡导者的工作通常是战略性的，他全面负责整个组织内六西格玛管理的组织和推行，其主要职责是部署六西格玛管理的实施战略，确立六西格玛管理的实现目标，配置和调动企业内、外部的各项资源，对六西格玛管理的实施过程进行监控，确认并支持六西格玛管理的全面推行。

2. 黑带大师（Master Black Belt，MBB）

黑带大师是六西格玛项目的技术指导。该岗位为专职六西格玛管理人员，其主要职责是选择、批准六西格玛项目，组织、协调项目实施；挑选、培训和指导黑带；熟练掌握统计技术和工具以及其他相关技术，在六西格玛管理运行中提供技术支持。

黑带大师的职责在不同的组织有不同的规定，在 GE，更多地强调黑带大师的管理和监督作用；在 Honeywell 公司，黑带大师主要负责日程变更、项目领导。这两种模式都非常有效。

在 Honeywell 公司，黑带大师要通过正式的认定，而且必须通过一个严格的能力发展确认过程，该过程的持续时间一般平均为 15 个月。在能力发展确认过程中，黑带大师需要接受与六西格玛管理工具相关的其他更深层次的统计技术培训，接受推进技能以及领导艺术方面的培训，并要求完成至少一个 100 万美元以上的项目。

3. 黑带（Black Belt，BB）

黑带是企业全面推行六西格玛管理的中坚力量，该岗位为专职六西格玛管理人员。黑带的主要职责为，负责六西格玛改进项目的具体执行和推广；为绿带和员工提供六西格玛管理工具和技术的培训；对改进项目提供一对一的技术支持。在 GE，黑带是专职的，他们脱离了原来的岗位，把精力全部放在六西格玛改进项目上。

4. 绿带（Green Belt，GB）

绿带为兼职人员，通常由组织中各基层部门的骨干或负责人担任。他们在六西格玛管理中负责组织推行基层改进项目，侧重于将六西格玛管理应用到每天的工作中。

六西格玛管理的全面推行要求整个组织从上至下使用同样的六西格玛管理语言，采用同样的六西格玛管理工具。因此，要建立一支符合项目开展要求的六西格玛管理专业队伍。国外资料表明，一般来说，每 100 名员工需配备 1 名黑带，每 10 名黑带需配备 1 名黑带大师。

三、六西格玛管理常用的度量指标

六西格玛管理是在组织业绩度量的基础上开展起来的。六西格玛管理中的度量对象和度量方法不同于传统的做法，其中有若干种用于业绩度量的指标。本部分将介绍一些常用的度量指标。在介绍度量指标之前，我们先来熟悉与指标相关的常用术语。在六西格玛管理中常用的业绩度量术语如下：

1）关键质量特性（Critical to Quality，CTQ）。关键质量特性是指满足关键的顾客要求或过程要求的产品、服务或过程特性。

2）规范上限和规范下限（USL/LSL）。规范上限和规范下限是指顾客可接受的产品、服务或过程特性的最大值和最小值。

3）目标值（Target）。目标值是指从顾客的角度出发，关键质量特性应达到的理想值。

4）缺陷（Defect）。缺陷是指未满足顾客要求或规定要求的任何事件。见表 7-3。

5）单位（Unit）。单位是指对其计数缺陷的物和事。如一件产品、一份打印文件、一次电话服务等。

6）缺陷机会数（Opportunity）。缺陷机会数是指可能产生缺陷处的数量。如一块线路板上有 100 个焊点就有 100 个缺陷机会数，一份表格上有 10 个需要填写的栏目就有 10 个缺陷机会数。

（一）基于计数型数据的度量指标

1. 首次产出率（First Time Yield，FTY）

首次产出率（FTY）是指过程首次输出达到顾客要求或规定要求的比率，也就是一次提交合格率。

2. 流通产出率（Rolled Throughput Yield，RTY）

流通产出率（RTY）是指构成大过程的各个子过程首次产出率乘积，即 $RTY=FTY_1\times FTY_2\times\cdots\times FTY_n$，表示由各子过程构成大过程的一次提交合格率。

例 7-7 某产品有 8 道工序，其中第二道工序的首次产出率为 0.955，第五道、第八道工序的首次产出率分别为 0.97、0.944，另外五道工序的首次产出率为 100%，则该产品的流通产出率为：

$$RTY=0.955\times0.97\times0.944=87.4\%$$

此处度量产出率的方法与我们通常采用的方法有所不同。度量产出率的通常方法是只要不发生报废，在产出率上就不计损失。这样掩盖了过程输出未能一次达到要求而造成的成本增加和生产周期的延误。如果用首次产出率（FTY）和流通产出率（RTY）度量过程，可揭示因不能一次达到顾客要求或规定要求而发生的返工、返修和报废，以及由此造成的质量、成本及交货期方面的损失，客观地反映了过程运作的实际。

（二）基于计点型数据的度量指标

在许多过程中，关键质量特性不止一个，造成不合格的缺陷不止一处。为了更正确地评价过程满足要求的能力，可采用以下度量指标：

1. 单位缺陷数（Defect Per Unit，DPU）

单位缺陷数是指平均每个单位上的缺陷数。即过程输出的缺陷数与该过程输出的单位数的比值。

$$\text{DPU}=\frac{\text{缺陷数}}{\text{单位数}}$$

其中缺陷数、单位数都是从某个特定的范围内统计而来的，见表 7-15。

单位缺陷数反映每个单位中缺陷的个数多少，但不反映缺陷的严重程度。

2. 单位机会缺陷数（Defect Per Opportunity，DPO）

单位机会缺陷数表示缺陷数占全部缺陷机会的比例。即过程输出的缺陷数与过程输出的缺陷机会数的比值。

$$\text{DPO}=\frac{\text{缺陷数}}{\text{单位数}\times\text{缺陷机会数}}$$

3. 百万机会缺陷数（Defect Per Million Opportunities，DPMO）

单位机会缺陷数常以百万机会缺陷数表示。即过程输出的缺陷数与过程输出的缺陷机会数的比值与 10^6 的乘积。

$$\text{DPMO}=\text{DPO}\times10^6$$

百万机会缺陷数是对具有不同复杂程度过程的输出进行公平度量的通用尺度。

采用百万机会缺陷数的优点是无论在生产部门、服务部门或一般办公室都可以加以应用，这是一个通用指标。如表 7-13 所示。

表 7-13 缺陷、单位缺陷机会数、百万机会缺陷数示例

职能	产品/服务	单位	缺陷形式	缺陷机会数	发生缺陷数	单位数	单位缺陷数（DPU）	单位机会缺陷数（DPO）	百万机会缺陷数（DPMO）
顾客服务	热线应答	每次电话	五声铃响未应答	1	46	2 000	46/2 000=0.023	46/（2 000×1）=0.023	0.023×10^6
		每次来访	未作圆满答复	1	134	2 000	134/2 000=0.067	134/（2 000×1）=0.067	0.067×10^6

（续）

职能	产品/服务	单位	缺陷形式	缺陷机会数	发生缺陷数	单位数	单位缺陷数（DPU）	单位机会缺陷数（DPO）	百万机会缺陷数（DPMO）
财务	财务报表	每份报表	不及时	1	6	500	6/500＝0.012	6/（500×1）＝0.012	0.012×10^6
		每个条目	不准确	2	50	5 000	50/5 0000＝0.01	50/（5 000×2）＝0.02	0.02×10^6
餐厅	上菜	每桌	上菜错误	10	45	3 000	45/3 000＝0.015	45/（3 000×10）＝0.0015	$0.001\,5\times10^6$
印刷车间	电话簿	每个条目	不准确	44	3 640	40 000	3 640/40 000＝0.091	3 640/（40 000×44）＝0.002 068	$0.002\,068\times10^6$
公共媒体	新闻报道	每条新闻	报道失实	1	10	5 000	10/5 000＝0.002	10/（5 000×1）＝0.002	0.002×10^6
保安	大厅门旁包裹检查	每个包裹	未检查	1	380	20 000	380/20 000＝0.019	380/（20 000×1）＝0.019	0.019×10^6

（三）基于计量型数据的度量指标

在使用计量型数据的情况下，度量过程满足要求能力的可用指标，除了我们已经熟悉的平均值（$\bar{X}$）和标准偏差（S）之外，σ 水平是一个重要的度量指标。

σ 水平是描述过程满足顾客要求或规定要求能力的参数，它表示了过程的输出与目标值的接近程度，通常用“Z”表示。

通过对过程输出的测量得到连续型数据，利用这些数据计算过程输出的平均值（$\bar{X}$）和标准偏差（S），从而计算 σ 水平 Z。

当过程输出无偏移时，σ 水平 Z 是指规格界限与 $2S$ 的比值。可由下式求得：

$$Z=\frac{\mathrm{USL}-\mathrm{LSL}}{2S}$$

当过程输出有偏移时，求得方法如下：

$$Z_u=\frac{\mathrm{USL}-\bar{X}}{S}$$

$$Z_P=\frac{\bar{X}-\mathrm{LSL}}{S}$$

$$Z=\min\ (Z_u,Z_P)$$

应用上述三类度量指标基本可实现对各类过程的度量。在六西格玛管理中常以折算的方法将三类度量指标统一起来。以便能够对不同的过程和要求加以量化，并用相应的度量指标来评价过程输出与要求之间的差异，以表明过程满足要求的能力。为了在同一平台上比较各种不同的过程，必须将不同的度量指标转换成σ水平Z。即 FTY/RTY 或 DPU/DPMO 折算成近似的σ水平Z。

折算的方法步骤如下：

1）将 FTY/RTY 或 DPU/DPMO 转换为标准正态分布中对应的概率。

2）根据概率分布找出对应的σ水平Z，如图 7-19 所示。

设d为单位缺陷数，若d服从正态分布，则：

$$\text{FTY/RTY} = 1 - P(d)$$

$$\text{DPMO} = P(d) \times 10^6$$

若d服从泊松分布，则可用正态分布逼近。

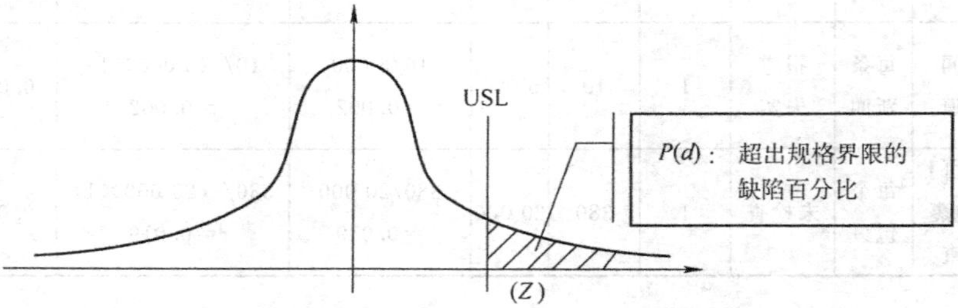

图 7-19　概率分布与Z的对应关系

考虑过程偏移1.5σ时，σ水平Z与 DPMO 的换算如表 7-14 所示。

表 7-14　σ水平 Z 与 DPMO 的换算表

Z	DPMO	Z	DPMO	Z	DPMO	Z	DPMO
1.5	500 000	2.5	158 655	3.5	22 750	4.5	1 350
1.6	460 172	2.6	135 666	3.6	17 865	4.6	968
1.7	420 740	2.7	115 070	3.7	13 904	4.7	687
1.8	382 088	2.8	96 800	3.8	10 700	4.8	483
1.9	344 578	2.9	80 757	3.9	8 198	4.9	337
2.0	308 537	3.0	66 807	4.0	6 210	5.0	233
2.1	274 253	3.1	54 799	4.1	4 661	5.1	159
2.2	241 964	3.2	44 565	4.2	3 467	5.2	108
2.3	211 856	3.3	35 930	4.3	2 555	5.3	72
2.4	184 060	3.4	28 717	4.4	1 866	5.4	48

（续）

Z	DPMO	Z	DPMO	Z	DPMO	Z	DPMO
5.5	32	5.7	13	5.9	5.5		
5.6	21	5.8	8.6	6.0	3.4		

四、六西格玛管理的项目策划与实施

六西格玛管理的成效是由改进项目和再造项目成功显示出来的。而项目成功的关键取决于有效的策划工作和科学的实施步骤。

（一）六西格玛管理的项目策划

六西格玛管理的项目策划为项目实施指明方向。策划活动应包括：选择项目、选择项目的有效实施步骤、组织项目团队。策划的输出为六西格玛项目策划方案。

1. 选择项目

选择项目应本着两条基本原则，一是有利于组织经营业绩的提高和顾客满意程度的提高；二是组织中的六西格玛管理团队有能力实施。

（1）项目选择的基本条件为：

1）存在差距。某项活动或工作的前期绩效与预期要求的绩效之间存在差距。

2）不明原因。已了解未满足预期要求的现象，但找不出问题存在的根本原因。

3）措施无效。已对出现的问题实施纠正措施，但未达到预期效果。

（2）项目选择的评价。组织中符合项目选择基本原则和基本条件的项目有很多，为了更加系统、有序地开展六西格玛管理活动，应对众多的项目进行有效的评价，从而充分识别与组织当前的需求、能力以及目标相一致的最佳项目。

项目选择的评价应遵循以下几个方面：

1）项目的收益性。项目的收益性是指项目完成后组织可获得的收益。可从两方面度量，第一，评价项目是否真正可使与顾客期望和需求相关的业绩得到提高，进而让顾客满意直至忠诚。第二，评价项目是否在降低成本方面具有很大的潜力，可使组织通过劣质成本分析，挖掘隐含成本损失，提高财务效益。

2）项目的可行性。项目的可行性是指组织在可配置和可调动的资源情况下，项目成功的可能性。应了解项目所需的资源，包括：人力资源、财务资源，所需的专门技术以及关键部门的协作要求，并与组织自身的资源能力进行比较，作出是否可行的决策。

3）项目的影响性。项目的影响性是指项目成功后对组织的员工和部门可产生的良性影响。评价项目是否可使组织的各部门在项目实施的过程中得到交叉职能的训练，使员工学到新的知识，提升组织的现代化管理水平。

2. 选择项目的有效实施步骤

六西格玛管理的改进有两种途径，一是渐进式改进，即对现有过程进行持续性改进；二是突破式改进，即对现有过程进行变革性改进。渐进式改进采用的是六西格玛管理的过程改进模式——DMAIC（D—定义，M—测量，A—分析，I—改进，C—控制）。突破式改进采用的是过程设计模式——DMADV（D—定义，M—测量，A—分析，D—设计，V—验证）。两种改进模式对应着相应的改进途径，它们在六西格玛管理中相互依赖、相互补充。实施过程改进其效果呈循序渐进式；实施过程设计其效果呈跳跃突变式，在两者循环交替的过程中，组织不断追求新的目标，改进永无止境。

项目选定后，应针对特定项目的改进途径选择不同的改进模式，从而确定有效的实施步骤。

3. 组织项目团队

六西格玛项目选定之后，应为特定项目组织六西格玛团队。以黑带为基层项目团队的执行领导，团队由绿带和与项目相关的人员参加，人员的数量视项目的复杂程度、要求的完成周期以及团队人员的专业水平和投入时间而定。在项目实施的过程中，组织中的六西格玛倡导者的工作是为项目配置资源，协调与组织中其他六西格玛项目团队的关系，正确引导项目与组织的整体目标保持一致。组织中的黑带大师对各项目团队进行专门的技术培训和指导，并与倡导者共同协调六西格玛管理活动，确保项目的成功。

项目团队组建后，应由倡导者与团队共同建立项目特许任务书，为项目提供书面指南。项目特许任务书一般应包括：立项的选题理由；项目的完成目标；项目的基本计划；项目团队成员的职责描述等。特许任务书还将在项目实施的定义阶段，由倡导者与团队一起进一步调整和细化，并在实施的全过程随着项目的进展不断完善。

（二）六西格玛管理的项目实施

1. 过程改进模式（DMAIC）

渐进式改进采用过程改进模式——DMAIC。遵循这一模式实施过程改进，可得到循序渐进的效果。DMAIC 的实施步骤如图 7-20 所示。

DMAIC 模式在实施中，应用以统计学技术为基础的工具进行数据收集、监视测量、问题分析、改进优化和控制效果，来达到增强顾客满意、提高企业业绩的目的。因此六西格玛管理非常重视过程每个阶段的项目工具的准确选择和正确使用。在实施 DMAIC 的各个阶段中，常用的工具如表 7-15 所示。由表 7-15 可见，六西格玛管理过程中所使用的统计方法不是前所未有的全新工具，但通过准确选择和合理使用这些方法可使六西格玛过程的改进得以实现。

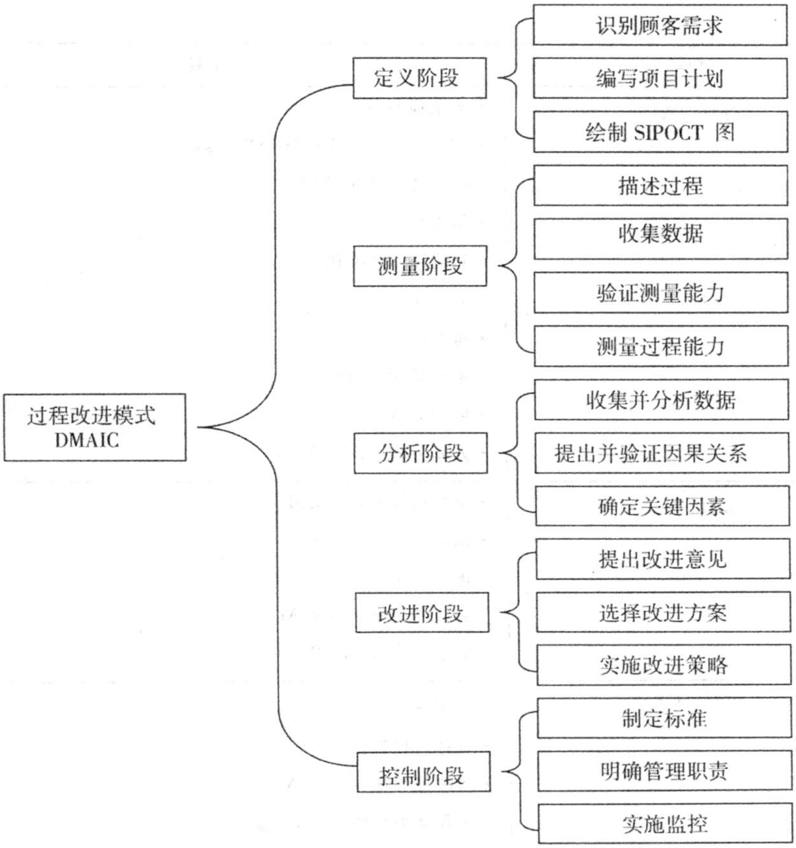

图 7-20 过程改进模式实施步骤

表 7-15 DMAIC 各个阶段中常用的工具

过程	工具
定义（D） 测量（M）	· 因果图 · 排列图 · 过程流程图 · 因果图 · 控制图 · 排列图 · 散布图 · 测量系统分析（MSA） · 失效模式分析（FMEA） · 过程能力指数 · 顾客满意度指数

（续）

过程	工具
分析（A）	· 头脑风暴法 · 多变量图（multi-Vari Charts） · 确定关键质量的置信区间 · 假设检验 · 箱线图（Box Plots） · 直方图 · 排列图 · 多变量相关分析 · 回归分析 · 方差分析（ANOVA）
改进（I）	· 质量功能展示（QFD） · 试验设计（DOE） · 正交试验 · 响应曲面方法（RSM） · 展示操作（EVOP）
控制（C）	· 控制图 · 统计过程控制（SPC） · 防故障程序（Poka Yoke） · 过程能力指数（C_p，C_{pk}） · 标准操作程序（SOPS） · 过程文件（程序）控制

2. 过程设计模式

运用DMAIC模式实施过程改进的效果是循序渐进的，在当循序的改进已不能满足顾客的需求，跟不上技术变化的速度时，需要过程的设计和再设计，这就要采用突破式改进。突破式改进的实施应遵循过程设计模式——DMADV。应用这一模式实施过程再设计，可得到跳跃突破的效果。DMADV的实施步骤如图7-21所示。

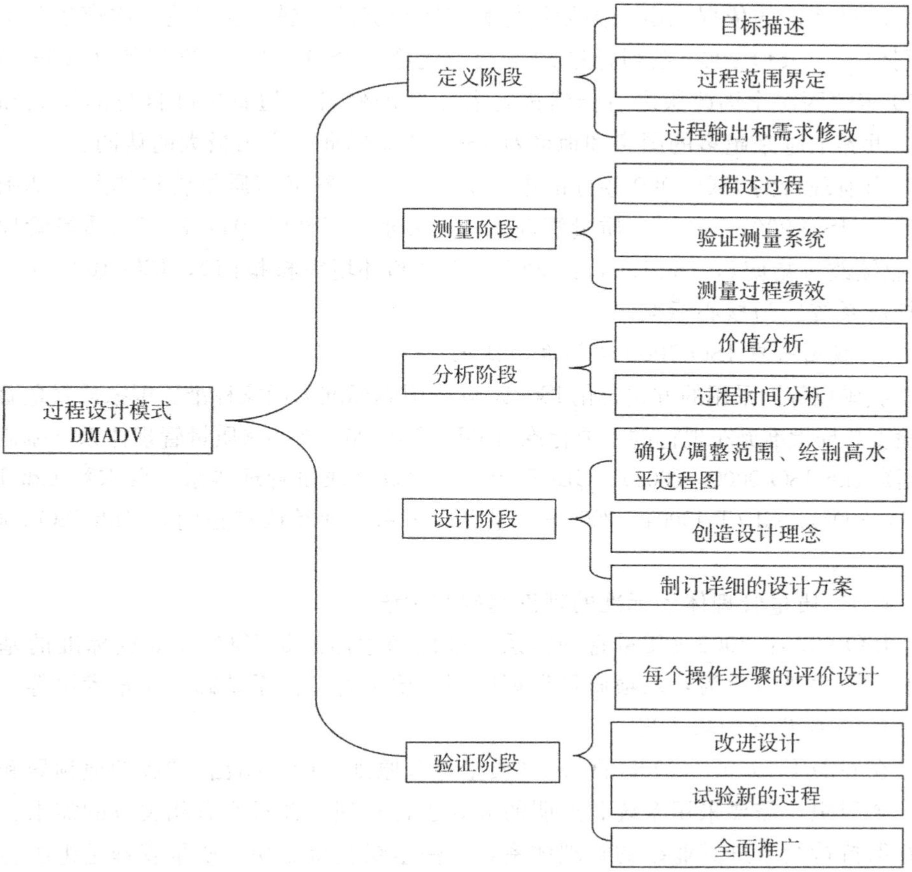

图 7-21 过程设计模式实施步骤

第四节 质量管理体系

一、质量管理体系标准

（一）ISO 9000 族标准的产生及构成

1. ISO 9000 族标准的产生

1979 年英国标准化学会（BSI）向 ISO 递交了一份建议，要求制订有关质量保证技术和实践的国际标准，以便对管理活动和通用特性进行标准化。ISO 根据 BSI 的建议于 1979 年成立了质量管理和质量保证技术委员会即“TC176”，专门研究国际质量保证领域内的标准化问题，并从事制订质量管理和质量保证标准的工作。经过各国质量管理专家的努力工作，ISO 于 1986～1987 年正式颁布 ISO 9000系列标准。标准颁布后，得到了各国工业界的广泛认同和推广，并以其作为质量认证的依据。由于国际贸易和国际交流的发展，世界范围内市场竞争的加剧促进了ISO 9000系列标准的发展与完善。ISO 9000标准经历了1994年、2000年的两次全面改版之后仍然进行着不断的修订。随着标准自身的发展和完善，世界上越来越多的国家和地区对ISO 9000标准表现出极大的认同。

当前现行的ISO 9000族标准中的ISO 9000：2005《质量管理体系　基础和术语》，ISO 9001：2008《质量管理体系　要求》，ISO 9004：2000《质量管理体系 业绩改进指南》，ISO19011：2000《质量和环境审核指南》，ISO 10012：《测量控制系统》为核心标准。

2. 我国采有ISO 9000族标准的情况

我国以等同采用的方式转化ISO 9000族国际标准为国家标准。国家质量监督检验检疫总局批准颁布现行的主要标准有GB/T 19000—2008《质量管理体系　基础和术语》(idt ISO 9000：2005)、GB/T 19001—2008《质量管理体系　要求》(idt ISO 9001：2008)、GB/T 19004—2000《质量管理体系　业绩改进指南》(idt ISO 9004：2000) 等。

（二）质量管理体系标准的理论基础和术语

ISO 9000：2005《质量管理体系　基础和术语》是ISO 9000族标准的基础标准，其主要内容为：八项质量管理原则、质量管理体系基础、质量术语等。

1. 八项质量管理原则

在GB/T 19000—2005的0.2“质量管理原则”中，指出：“成功地领导和运作一个组织，需要采用系统和透明的方式进行管理。针对所有相关方的需求，实施并保持持续改进其业绩的管理体系，可使组织获得成功。质量管理是组织各项管理的内容之一。本标准提出的八项质量管理原则被确定为最高管理者用于领导组织进行业绩改进的指导原则。”

八项质量管理原则具体内容如下：

(1) 以顾客为关注焦点：“组织依存于其顾客。因此，组织应理解顾客当前和未来的需求，满足顾客要求并争取超越顾客期望。”

(2) 领导作用：“领导者应确保组织的目的与方向一致。他们应当创造并保持良好的内部环境，使员工充分参与实现组织目标的活动。”

(3) 全员参与：“各级人员是组织之本。只有他们的充分参与，才能使他们的才干为组织带来收益。”

(4) 过程方法：“将活动和相关的资源作为过程进行管理，可以高效地得到期望的结果。”

(5) 管理的系统方法：“将相互关联的过程作为体系来看待、理解和管理，有助于组织提高实现目标的有效性和效率。”

(6) 持续改进：“持续改进总体业绩应当是组织的一个永恒目标。”

(7) 基于事实的决策方法。“有效决策建立在数据和信息分析的基础上”。

(8) 与供方互利的关系：“组织与供方相互依存，互利的关系可增强双方创造价值的能力。”

2. 质量管理体系的基础

ISO 9000：2005 标准在第 2 章中提出了质量管理体系基础，其中阐述了将八项质量管理原则应用于质量管理体系的要求，并指导组织以正确的思想和方法建立质量管理体系，在实施过程中持续改进，确保质量管理体系的有效运行。标准阐述的质量管理体系基础的要点为：质量管理体系的理论说明；质量管理体系要求与产品要求；质量管理体系方法；过程方法；质量方针和质量目标；最高管理者在质量管理体系中的作用；文件；质量管理体系评价；持续改进；统计技术的作用；质量管理体系和其他管理体系的关注点；质量管理体系与卓越模式之间的关系。

3. 质量术语

ISO 9000：2005 标准从 10 个方面列出术语。

(1) 有关质量的术语包括：质量、要求、等级、顾客满意、能力（Capability)、能力（Competence)。

(2) 有关管理的术语包括：体系（系统)、管理体系、质量管理体系、质量方针、质量目标、管理、最高管理者、质量管理、质量策划、质量控制、质量保证、质量改进、持续改进、有效性、效率。

(3) 有关组织的术语包括：组织、组织结构、基础设施、工作环境、顾客、供方、相关方、合同。

(4) 有关过程和产品的术语包括：过程、产品、项目、设计和开发、程序。

(5) 有关特性的术语包括：特性、质量特性、可信性、可追溯性。

(6) 有关合格（符合）的术语包括：合格（符合)、不合格（不符合)、缺陷、预防措施、纠正措施、纠正、返工、降级、返修、报废、让步、偏离许可、放行。

(7) 有关文件的术语包括：信息、文件、规范、质量手册、质量计划、记录。

(8) 有关检查的术语包括：客观证据、检验、试验、验证、确认、鉴定过程、评审。

(9) 有关审核的术语包括：审核、审核方案、审核准则、审核证据、审核发现、审核结论、审核委托方、受审核方、审核员、审核组、技术专家、审核计划、审核范围、能力（Competence)。

(10) 有关测量过程质量管理的术语包括：测量管理体系、测量过程、计量确认、测量设备、计量特性、计量职能。

ISO 9000族标准中应用的术语不是相互独立的，在术语概念之间存在着各种关系，归纳起来主要有三种形式，即属种关系、从属关系和关联关系。

（三）质量管理体系要求及业绩改进指南

1. ISO 9001：2008 质量管理体系——要求

ISO 9001：2008是ISO 9000族标准中规定质量管理体系要求的标准。组织贯彻本标准将对拟建立的质量管理体系提出要求，帮助组织在适度增加管理成本的基础上，减少风险赢得相应的利益。

标准的重点内容体现在第4、5、6、7和8章。第4章“质量管理体系”规定了体系总要求和文件要求，主要内容包括体系总要求、文件总要求、质量手册、文件控制和记录的控制。第5章“管理职责”规定了管理的基本职能，主要内容包括管理承诺、以顾客为关注焦点、制定质量方针和质量目标、进行质量策划（包括质量目标的分解与评价、体系所需的过程、资源和体系的持续改进）、进行管理评审、规定组织的职责与权限、就体系有效性进行内部沟通、任命管理者代表、进行管理评审。第6章“资源管理”为实施质量管理体系确定并提供适当的资源，主要内容包括能力需求的识别、提供相应的培训、评价培训的有效性、人员安排（基于教育、培训、技能和经验方面的考虑）、设施和工作环境的提供等。第7章“产品实现”表述的过程是质量策划结果的一部分，其主要内容包括实现过程的策划、与顾客有关的过程、设计和（或）开发、采购、生产和服务提供、监视和测量装置的控制。第8章“测量、分析和改进”规定了策划和实施所需的监视、测量、分析和改进过程，主要内容包括监视和测量、不合格品控制、数据分析、纠正措施、预防措施和持续改进。

ISO 9001：2008标准的1.2条款中规定，当标准的任何要求因组织及其产品的特点而不适用时，可以考虑对其进行删减。因此，使标准的适用范围扩大到各种类型的组织。

2. ISO 9004：2000 质量管理体系　业绩改进指南

ISO 9004：2000标准的引言中阐述了组织的目的：一是识别并满足顾客和其他相关方（组织内人员、供方、所有者、社会）的需求和期望，以获得竞争收益，并以有效和高效的方式实现；二是实现、保持并改进组织的总体业绩和能力。为实现组织的目的最高管理者作出，建立和完善质量管理体系这一战略性决策，ISO 9004标准为质量管理体系更宽范围的目标提供指南。

标准的重点内容体现在第4、5、6、7和8章。第4章“质量管理体系”其内容包括：体系和过程的管理、文件、质量管理原则的应用。第5章“管理职责”内容包括：通用指南、相关方的需求和期望、质量方针、策划、职责、权限与沟通、管理评审。第6章“资源管理”内容包括：通用指南、人员、基础设施、工作环境、信息、供方及合作关系、自然资源、财务资源。第7章“产品实现”内容包括：通用指南、与相关方有关的过程、设计和开发、采购、生产和服务的运作、测量和监视装置的控制。第8章“测量、分析和改进”内容包括：通用指南、测量和监视、不合格控制、数据分析、改进。

ISO 9001：2000和ISO 9004：2000是协调一致的质量管理体系标准。它们具有共同的目的、相同的结构，可相互补充一起使用，也可单独使用。但两个标准也存在着应用范围不同的差异。ISO 9001标准为组织建立、实施质量管理体系提出了要求，可用于组织内部的质量管理，也可用于第二方评定和第三方认证；ISO 9004标准是在ISO 9001标准的基础上，从质量管理体系的要求出发，扩展为目标、范围更大的质量管理体系指南。组织的最高管理者为追求业绩的持续改进，超越ISO 9001的要求，可选择ISO 9004标准作为完善组织质量管理体系的指南。

二、质量管理体系的建立与运行

根据ISO 9000：2005标准对“质量管理体系”的定义，质量管理体系是在质量方面指挥和控制组织的管理体系。而管理体系为建立方针和目标并实现这些目标的体系。质量管理体系的建立与实施一般要经历质量管理体系总体设计、质量管理体系文件编制和质量管理体系运行三个阶段。

（一）质量管理体系的总体设计

质量管理体总体设计的内容为：领导决策，统一认识；组织落实，成立机构；教育培训，制订计划；质量管理体系策划。

1. 领导决策，统一认识

贯彻ISO 9000族标准，建立和完善质量管理体系是对组织传统的质量管理方式的一次重大变革，涉及组织内部大多数部门，是一项系统工作，组织的领导者应正确决策、统一认识。

2. 组织落实，成立机构

贯彻ISO 9000族标准，几乎涉及组织中各项经营管理和各个业务部门，工作量大，而且是“例外”工作。对此，必须要组织落实，成立相应的机构。

3. 教育培训，制订计划

除了对领导层的培训外，还必须对贯标骨干人员（各职能部门领导和体系设计、体系文件编写人员）分层次进行教育培训。同时，制订相应的工作计划，其内容为：宣传教育，培训人员；过程确定，责任分派；文件编制；配备资源；体系运行等方面。在计划中要明确建立质量管理体系各阶段和各环节的具体工作任务、主要负责人、相关人员、职责分工、相互协调关系以及完成的期限。

4. 质量管理体系策划

质量管理体系策划是组织最高管理者的职责，通过策划是确定质量管理体系适宜性、充分性和完整性，使体系运行结果有效。依据ISO 9001标准的要求，首先要制订组织的质量方针和确定质量目标，然后按标准中质量管理体系总要求识别质量管理体系所需的过程，确定过程的顺序和相互作用，确定必要是资源和信息，确定对过程实施控制的准则和方法，并将策划的结果形成文件。

质量管理体系策划的具体工作内容为：识别产品、识别顾客并确定与产品有关的要求、制订质量方针和目标；现状调查和分析；识别并确定过程；确定质量管理体系范围（对标准要求的合理删减）；合理配备资源。

（二）质量管理体系文件编制

编制质量管理体系文件既是建立完善质量管理体系的重要任务，也是一项细致而繁重的系统工程。由于体系文件在体系运行中起规范性依据的作用，所以体系文件在编写上要充分体现可操作性。

1. 质量管理体系中使用的文件类型

ISO 9000：2005 标准 2.7.2 条款中指出，在质量管理体系中使用的文件类型主要有以下几种：

（1）质量手册，即“规定组织质量管理体系的文件”，它向组织内部和外部提供关于质量管理体系的一致信息的文件。

（2）质量计划，即“对特定的项目、产品、过程或合同，规定由谁及何时应使用哪些程序和相关资源的文件”。

（3）规范，即“阐明要求的文件”。

（4）指南，即阐明推荐的方法或建议的文件。

（5）程序、作业指导书和图样，这些都是提供如何一致地完成活动和过程的信息文件。

（6）记录，即“阐明所取得的结果或提供所完成活动的证据的文件”。

2. 质量管理体系文件编制的原则

编制质量管理体系文件一般应遵循系统协调、合理优化、操作实施、证实检查四个原则。

ISO 9001：2008 标准中，仅有 6 项活动明确提出形成文件程序的要求，但这并不意味着组织质量管理体系只需要这 6 项活动的程序文件，正如 ISO 9000：2005 标准中 2.7.2 条款指出的，组织可依据产品的复杂性、顾客需求、适用法规要求、经证实的人员能力、满足体系要求所需证实的程度、确定文件数量多少、详略程度及使用的媒体组织类型和规模。

（三）质量管理体系的运行

质量管理体系文件编制完成后，体系将进入试运行阶段。试运行的目的是考验质量管理体系文件的有效性和协调性，并对暴露的问题采取纠正和改进措施，以达到进一步完善质量管理体系的目的。

1. 质量管理体系的运行机制

质量管理体系的有效运行是依靠体系的组织机构进行组织协调、质量监控、信息管理、质量管理体系审核和评审实现的。因此，在质量管理体系运行中应作好以下工作。

(1) 质量管理体系文件的发布和宣讲。质量管理体系文件经批准后，应由组织的最高管理者发布，并通过一定的形式（会议等）宣布质量管理体系投入运行和新的质量管理体系文件生效。

(2) 组织协调。质量管理体系是借助其组织结果的组织与协调来运行的。组织与协调工作的主要任务是组织实施质量管理体系文件，协调各项质量活动，排除运行中的各种问题，使质量管理体系正常运行。

(3) 质量监控。质量管理体系在运行过程中，各项活动及其结果不可避免地会发生偏离标准的现象，因此必须实施质量监控。质量监控的主要任务是对实体进行连续监视、验证和控制，发现偏离管理标准或技术标准的问题，及时反馈，以便采取纠正措施，使各项质量活动和产品质量均能符合规定的要求。

(4) 信息管理。在质量管理体系运行中，质量信息反馈系统对异常信息进行反馈和处理，实行动态控制，使各项质量活动和产品质量处于受控状态。信息管理与质量监控和组织协调工作是密切相关的。异常信息经常来自于质量监控，信息处理要依靠组织协调工作。三者的有机结合，是质量管理体系有效运行的保证。

(5) 质量管理体系审核和评审。组织定期进行内部质量管理体系审核和质量管理体系评审（管理评审），确保质量管理体系的适宜性、充分性、有效性。

2. 组织内部质量管理体系审核

(1) 内部质量管理体系审核的概念。内部质量管理体系审核是指供方自我组织的审核，又称为第一方审核。

内部质量管理体系审核的目的是：确定组织的质量管理体系活动及其有关结果是否符合计划安排，以及确定质量管理体系的有效性。

组织在质量管理体系运行过程中定期进行内部质量审核，不仅可以及时纠正和预防质量问题，还可不断为改进产品质量和完善体系提供信息。

(2) 内部质量管理体系的审核程序。内部质量管理体系审核共分为五个阶段：准备与策划、实施、审核结果评价、制订和确认纠正措施、改进与评价效果。

(3) 内部质量管理体系审核应注意的问题如下：

1) 作好内部质量管理体系审核的策划和计划。

2) 内部质量审核需要一套正规的程序。

3) 要建立一支合格的内部质量管理体系审核员队伍。

4）内部质量管理体系审核中的不符合项，可分为体系性不符合、实施性不符合或效果性不符和等几种情况。不合格报告编制要做到“事实描述清楚，判断依据充分，有利于实施整改，书写要规范。”

5）做好年度审核报告的编写与分析工作，为完善质量管理体系和管理评审提供充分的依据和信息。

3. 管理评审

（1）管理评审的概念。管理评审是由最高管理者就质量方针和目标，对质量管理体系的适宜性、充分性和有效性进行的正式评价。管理评审可以包括对质量方针的评审，其评审依据是顾客的期望和社会要求，并考虑新技术的采用以及质量概念的发展和经营环境的变化。管理评审定期进行，一般每年一次。但在组织内部或环境因素有大的变化时应及时进行。管理评审应保持评审记录，并提交评审报告。

（2）管理评审的输入与输出。ISO 9001 标准 5.6.2“评审输入”规定了管理评审应输入的信息：审核结果；顾客反馈；过程的业绩和产品的符合性；预防和纠正措施的状况；以往管理评审的跟踪措施；可能影响质量管理体系的变更；改进的建议等。

ISO 9001 标准 5.6.3“评审输出”明确指出管理评审应输出的决定和措施为：质量管理体系及其过程有效性的改进；与顾客要求的有关产品的改进；资源需求。

坚持管理评审制度，有利于组织的质量管理体系持续有效和不断改进，也是组织建立自我改进、自我完善机制的重要措施。

三、质量认证

（一）质量认证概念

第三方质量认证制度起源于英国。1903 年，英国创造了世界上第一个质量认证标志，即由 B、S 字母组成的“风筝标志”，如图 7－22 所示。该标志以英国国家标准为检验依据，具有科学性和公正性。1922 年，该标志按英国商标法注册，成为受法律保护的认证标志，至今仍在使用。1920 年起，德国、奥地利、捷克等国纷纷效仿英国，建立起以本国标准为依据的认证制度。第二次世界大战以后，英国、法国、日本、美国、加拿大、比利时等国家相继颁布并实行产品质量认证制度。20 世纪 50 年代，质量认证基本上在所有工业发达国家得到普及。20 世纪 60 年代开始，前苏联和东欧国家也陆续实行了产品质量认证。对发展中国家而言，除印度较早实行质量认证外，其他大多数发展中国家是从 70 年代起推行的质量认证制度。

图 7－22 风筝标志

鉴于质量认证开始跨越国界这一新情况，1970 年，ISO 成立了“认证委员会”（ERTICO），1985 年，ISO 又将其更名为“合格评定委员会”（CASCO），开始从技术角度协调各国的认证制度，促进各国认证机构和检验结果的相互认可，以消除各国由于标准、检验和认证过程中存在的差异所带来的贸易困难，并进一步制定出国际的质量认证制度。

质量认证是合格评定的主要活动之一。因此，要了解质量认证，应先明确什么是合格评定。所谓合格评定是指对产品、过程和管理体系满足规定要求的程度所进行的系统检查和确认的活动。合格评定包括认证和认可。

2003 年 11 月实施的《中华人民共和国产品质量认证管理条例》对认证和认可有明确的定义。认可是指“由认可机构对认证机构、检查机构、实验室以及从事评审、审核等认证活动人员的能力和执业资格，予以承认的合格评定活动”。

认证是指“由认证机构证明产品、服务、管理体系符合相关技术规范、相关技术规范的强制性要求或者标准的合格评定活动”。从认证的定义可以看出：①认证的性质是由认证机构进行的一种合格评定活动；②认证的对象是产品、服务和管理体系；③认证依据的是相关技术规范、相关技术规范的强制性要求或者标准；④认证的内容是证明认证的对象符合认证的依据。

认证按其性质可分为强制性认证和自愿性认证，按其对象可分为产品质量认证和管理体系认证。管理体系认证按其体系又可分为质量管理体系认证、环境管理体系认证和职业健康和安全管理体系认证。产品质量认证有强制性认证（如“CCC”认证标志）和自愿性认证（如方圆认证标志等），管理体系认证一般为自愿性认证。

（二）产品质量认证和质量管理体系认证

产品质量认证

产品质量认证是认证机构证明产品符合相关技术规范、相关技术规范的强制性要求或者标准的合格评定活动。即由一个公正的第三方认证机构，对工厂的产品抽样，按规定的技术规范、技术规范中的强制性要求或者标准进行检验，并对工厂的质量管理体系进行评审，以作出产品是否符合有关技术规范、技术规范中的强制性要求或者标准，工厂是否能稳定地生产合格产品的结论。如检验评审通过，则发给合格证书，允许在被认证的产品及其包装上使用特定的认证标志。产品质量认证包括以下几个特点：

（1）产品质量认证活动是由专门的认证机构实施的，在我国开展产品质量认证活动的认证机构必须经过国务院认证认可监督管理部门批准，才可从事批准范围内的认证活动。

（2）产品质量认证的依据是相关技术规范、相关技术规范的强制性要求或者标准。

（3）我国实行强制性认证和自愿性认证相结合制度。

我国对涉及国家安全、人身健康和安全、动植物生命安全以及环境保护的产品实行强制性认证，又称3C认证。强制性认证标志名称为“中国强制认证”，英文名称为“China Compulsory Certification”，英文缩写可简称为“3C”标志。如图7-23。国家公布了《实施强制性认证的产品目录》，列入目录内的产品未经认证合格、未按规定加施认证标志，不得出厂、进口、销售和在经营服务场所使用。对于强制性产品认证制度管理范围之外的产品或产品技术要求，国家认监委按照国家统一推行和认证机构自主开展相结合的方式，结合市场需求，推动自愿性产品认证活动的开展，企业可根据自身的需要，自愿向认证机构提出认证申请。其中，国家统一推行的自愿性产品认证的基本规范、认证规则、认证标志由国家认监委制定；而属于认证新领域，国家认监委尚未制定认证规则及标志的，经国家认监委批准的认证机构可自行制定认证规则及标志，并报国家认监委备案核查。

图7-23 强制性产品认证的标志

（三）质量管理体系认证

质量管理体系认证是指根据国际标准化组织（ISO）颁布的ISO 9000国际标准，经过认证机构对企业的质量管理体系进行审核，并以颁发认证证书的形式，证明企业的质量管理体系和质量保证能力符合相应要求，授予合格证书并予以注册的全部活动。

1. 质量管理体系认证机构

根据我国的法律法规，在国内从事质量管理体系认证的机构必须取得国家的资格认可。中国质量管理体系认证机构国家认可委员会是由国家质量监督检验检疫总局授权，统一负责质量管理体系认证国家资格认可和获准认可后日常监督的认可机构。

2. 质量管理体系认证程序

质量管理体系认证是通过第三方质量管理体系审核活动完成的。第三方质量管理体系审核，是指由独立的、并经国家认可的第三方组织——质量管理体系认证机构，依照规定的程序，对受审核组织进行的有计划、系统的检查活动。其内容包括：检查质量管理体系文件及其各要素的活动是否符合所选定的标准模式要求；检查质量管理体系文件中的各项规定是否得到有效贯彻并适合达到质量目标。

世界各国质量管理体系认证的实施程序不尽相同。目前我国普遍采用下述步骤。

（1）认证的申请与受理。申请方在自愿的基础上向认可机构提出书面申请，要求进行质量管理体系认证。认证机构接到申请书后，通过信息交流、会谈等方式，了解申请方的基本情况，并作出是否受理的决定，以书面形式通知申请方。

（2）认证前的准备。认证机构一旦决定受理认证，就要与申请方签订认证合同，之后将要做下列工作：①任命审核组长，组成审核组。审核组的成员一般为国家注册审核员，至少是国家注册实习审核员。审核组是一个集体，其每个审核员都应遵守审核纪律，互相协调一致，做好审核工作。②文件审查。文件审查是审核组对受审核方质量管理体系文件的初步审查。当文件审查出现问题时，应通知受审核方对质量管理体系文件进行修改。③初访。初访不是一个必备程序，当双方认为有必要时可实施初访。初访的目的：一是为审核的可行性收集信息；二是为制订审核计划收集资料。④制订审核计划。审核计划是指对现场审核人员的时间安排和审核路线的确定。审核计划的内容应包括审核目的、审核范围、审核依据、审核组成员、审核日期、审核日程以及保密承诺。⑤编制审核文件。审核文件是伴随审核计划的制订和实施所使用的工具，包括审核检查表、不合格报告或审核报告表格以及审核记录样式，其中审核检查表是审核员进行现场审核的审核提纲。审核文件的内容：一是检查的项目和要点；二是检查的步骤和抽样方法。

（3）现场审核和跟踪。

1）现场审核。现场审核的目的是通过收集客观证据，评定质量管理体系运行与质量管理体系文件的规定是否一致，证实其符合质量保证标准要求的程度，并作出审核结论。

2）跟踪。受审方针对审核组提交的不合格报告中所列的不合格项采取有效的纠正措施，防止不合格再次发生，并向认证机构报告纠正措施执行情况。认证机构对纠正措施完成情况进行验证，并对纠正结果作出判断和记录，审核过程结束。整个跟踪过程应在正式审核后三个月内完成。

3）审批发证。经过认证机构的审批，向通过审核的受审方颁发统一编号的印有认证机构标志和国家认可标志的质量管理体系认证证书，有效期为三年。

（4）监督审核和管理。在三年的证书有效期内，由认证机构负责监督审核和管理。首次监督审核在获证半年后进行，以后每一年进行一次。在认证证书有效期内进行的历次监督审核，应覆盖获证方所申请的质量保证标准涉及的全部要素或部门。

监督审核完成后，由审核组长编写监督审核报告，按审核报告的审定及审批程序进行审批。

监督审核和管理中发现的问题的处置有认证暂停、认证撤消、认证注销等三种形式。

体系认证证书有效期满，可根据获证方的重新认证申请，认证机构将再次组织认证审核。

四、质量管理模式创新

当人们审视现代管理科学的发展历程时，将会发现质量管理科学是发展最为迅速的学科之一。在科技进步推动和市场需求的拉动下，企业的生产方式从工业社会的大批量生产已发展为信息社会的定制化生产；企业组织形态从工业时代的金字塔式层级组织，逐渐演化为扁平式、矩阵型以及网络式组织结构，还出现了柔性的虚拟化组织。企业的性质也从以往被视做单纯追求利润最大化的盈利组织，变为在赢得利润的同时，肩负一定的社会义任务，注重履行社会责任的组织。伴随着依存环境的变化，质量管理从质量检验、统计过程控制发展为以 ISO 9000 质量管理体系标准为依据的系统化管理，现在进一步发展为卓越绩效模式。

纵观质量管理的发展历程，无处不映衬出不同时代的痕迹。大批量的生产方式孕育了质量检验和统计过程控制。在这个阶段中，质量管理的目标是使产品和过程受控，满足符合性质量的要求。当从卖方市场的商品短缺转变为买方市场的顾客短缺时，满足符合性质量已不能达到顾客的要求。对质量的判断也不再局限于产品和过程，而是要覆盖整个质量管理体系。为此，ISO 9000 质量管理体系标准提供了依据。在此基础上，对质量的评价也变为对质量管理体系的适宜性、有效性和效率的评价。

20 世纪末到 21 世纪初，随着经济全球化和信息化的迅猛发展，质量管理更是发生了巨大的变化，由过去只关注产品以及与产品相关过程的质量，发展到从战略决策、资源配置、顾客和市场以及各相关方的层面关注质量。以美国波多里奇国家质量奖（MBNQA）、欧洲质量奖（EQA）和日本戴明奖为标志的卓越绩效模式以及我国标准 GB/T 19580“卓越绩效评价准则”的颁布与实施，使企业的管理以质量的名义整合成系统，卓越绩效模式，以“追求卓越”（Quest for Excellence）为质量理念，其倡导的管理范畴已扩展到经营管理的质量。质量的评价也提升为组织管理成熟度的评价。至此质量管理模式得到创新发展。

（一）卓越绩效评价准则标准的结构和构架特征

2004 年我国颁布的 GB/T 19580《卓越绩效评价准则》和 GB/Z 19579《卓越绩效评价准则实施指南》，该标准是适用于追求卓越绩效的各类组织，是一对联合使用的标准。前者规定了组织卓越绩效的评价要求，可用于质量奖的评价，也可以作为组织追求卓越绩效进行自我评价的准则。后者对前者的内容作了详细说明，为组织追求卓越提供了实施指南，用于指导组织提高其整体绩效和能力，也可就追求卓越绩效方面指导组织进行自我评价和外部对组织的评审。

我国《卓越绩效评价准则》国家标准的制定，借鉴了美国波多里奇国家质量奖的评价项目结合我国质量管理的实践，是国内、外许多成功组织的经验总结。标准内容分七个部分，总分为 1 000 分，这七个部分类目及评分为：

1）领导　　100 分
2）战略　　80 分

3）顾客与市场　90分
4）资源　120分
5）过程管理　110分
6）测量、分析与改进　100分
7）经营结果　400分

1. 卓越绩效评价准则标准的结构

在GB/Z 19597《卓越绩效评价准则实施指南》的附录A（资料性附录）“卓越绩效评价准则框架图与评分项分值表”中，提出了卓越绩效评价准则的框架结构图，如图7－24所示。该框架图以“波多里奇卓越绩效准则框架”为蓝本，并参照欧洲质量奖卓越模型图构建的，卓越绩效评价准则的框架图形象而清楚地表达了卓越绩效评价准则七个模块之间的逻辑关系。

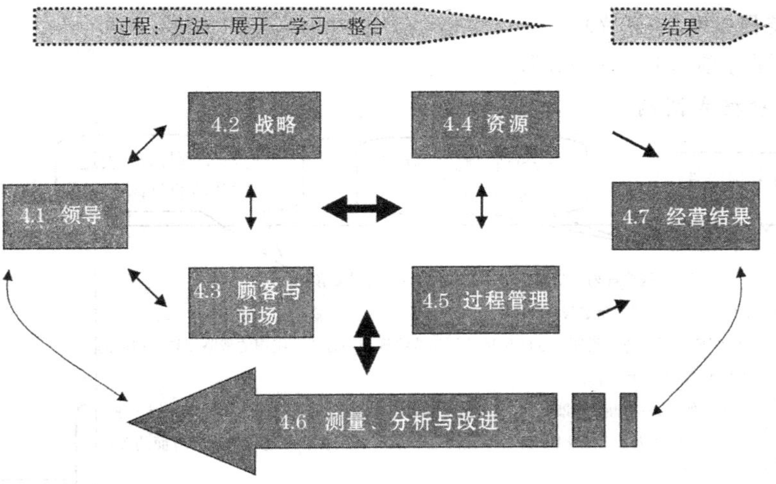

图7－24　卓越绩效评价准则框架模型图

2. 卓越绩效评价准则标准的构架特征

卓越绩效评价准则标准的基本构架由三部分组成，其功能如图7－25所示。

左边三角形为领导作用三角形，包括三个类目：4.1领导；4.2战略；4.3顾客和市场。右边三角形为资源、过程和经营结果三角形，包括三个类目：4.4资源；4.5过程管理；4.7经营结果。下方系统基础为4.6测量、分析和改进类目。“领导”、“战略”及“顾客和市场”构成的三角形起驱动性作用，“资源”、“过程管理”及“经营结果”构成的三角形是从动性的。通过测量、分析和改进连接而成，依据PDCA循环方式，形成不断改进和创新的系统，引导企业去追求卓越。

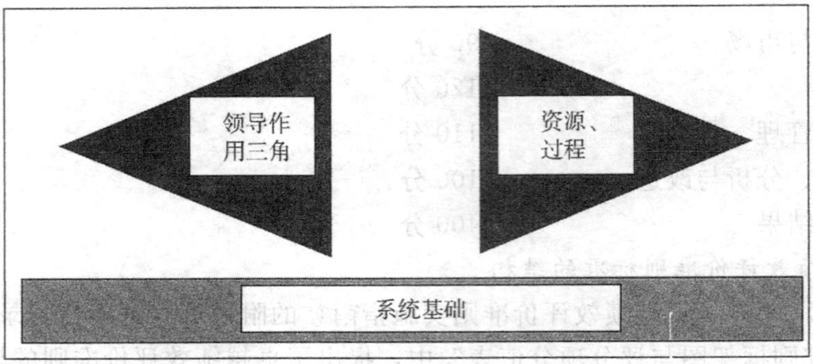

图 7-25 构架模式图

（二）卓越绩效评价准则内容构成和分值分布

1. 内容构成

- 7 个类目（4.1～4.7）
- 22 个评分项（4.1.1～4.7.5）

2. 评分项格式图例

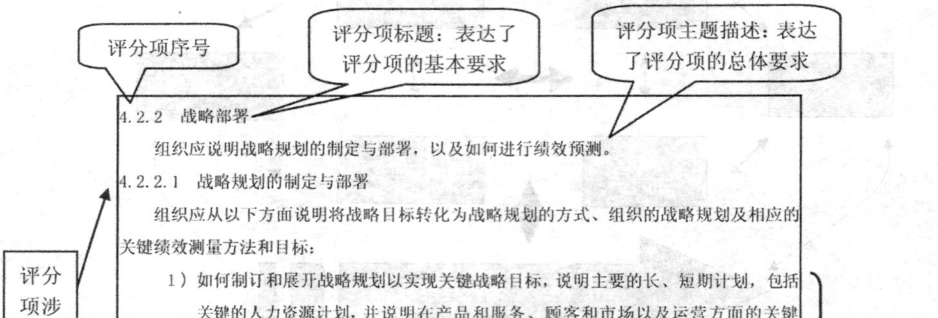

3. 分值分布

类目/评分项名称	类目分值	评分项分值
4.1 领导 ……	100	
4.1.1 组织的领导……		60
4.1.2 社会责任……		40

类目/评分项名称	类目分值	评分项分值
4.2 战略	80	
4.2.1 战略制定		40
4.2.2 战略展开		40
4.3 顾客与市场	90	
4.3.1 顾客和市场的了解		40
4.3.2 顾客关系与顾客满意		50
4.4 资源	120	
4.4.1 人力资源		40
4.4.2 财务资源		10
4.4.3 基础设施		20
4.4.4 信息		20
4.4.5 技术		20
4.4.6 相关方关系		10
4.5 过程管理	110	
4.5.1 价值创造过程		70
4.5.2 支持过程		40
4.6 测量、分析与改进	100	
4.6.1 测量与分析		40
4.6.2 信息和知识的管理		30
4.6.3 改进		30
4.7 经营结果	400	
4.7.1 顾客与市场的结果		120
4.7.2 财务结果		80
4.7.3 资源结果		80
4.7.4 过程有效性结果		70
4.7.5 组织的治理和社会责任结果		50

（三）评价方法

在进行自我评价和质量奖评价时，根据《卓越绩效评价准则》的规定要求和被评价组织的信息，按过程、结果两种评分项进行评分。

1. 对“过程”的评价

对“过程”的评价是指：评价组织为实现标准 4.1～4.6 中各评分项要求所采用的方法、展开和改进的成熟程度。用方法—展开—学习—整合（Approach-Deployment－Learning-Integration，A－D－L－I）四个要素评价组织的过程处于何种阶段，评价要点包括：

方法——完成过程所采用的方法是否适宜、有效、可重复，是否以可靠的数据和信息为基础。

展开——方法的应用程度，即方法如何在整个组织中广泛、持续地应用。

学习——方法如何用循环的评价、改进、创新和分享而不断完善。

整合——方法是否在不同的过程、部门协调一致、融合互补，以支持卓越绩效。

2. 对“结果”的评价

评价结果的要点包括：绩效指标的重要程度、当前水平、改进的速度和广度、与适宜的竞争对手和标杆的对比。

案例分析

某玩具制造公司将其产品销往欧洲，之前要在最高管理层的会议上讨论关于本公司贯彻 ISO 9000 标准寻求质量体系认证的议题，请你准备一份 15 分钟的发言提纲，向公司最高管理层讲解 ISO 9000 标准的内涵以及通过质量体系认证将会给公司带来的益处。

思 考 题

1. 何谓全面质量管理？它有什么特点？
2. 何谓两图一表法？它们如何配套使用？
3. 产品在设计和制造过程中开展质量经济分析有何重要意义？
4. 试述产品质量形成的全过程。
5. 试述八项质量管理原则应用于质量管理体系的要求。
6. 试述产品质量与工作质量的关系。
7. 试述企业开展质量成本管理的意义。
8. 何谓质量职能？何谓质量职责？两者有什么区别？
9. 六西格玛管理的过程改进模式 DMAIC 与 PDCA 循环有何联系？
10. 试述卓越绩效评价准则的构架特征。

作 业 题

一、判断题

1. 质量管理的目的是在组织中建立并实施质量管理体系。（ ）
2. 确定适宜的不合格品率，可提高产品的制造质量水平。（ ）
3. 排列图是寻找主要质量因素的工具。（ ）
4. 为增加产品新功能而支付的费用不应计入质量成本。（ ）
5. 质量认证与卓越绩效评价准则对组织的评价方法是相同的。（ ）

二、选择题

1. 分析用控制图转为管理用控制图的条件为（ ）。

A. 生产过程无异常且点子排列无缺陷　　B. 生产过程无异常且点子排列有缺陷

C. 生产过程无异常且过程能力系数大于1　　D. 生产过程无异常且过程能力系数小于1

2. 过程能力表明过程（　　）。

A. 在稳定状态下，加工合格品的能力。　　B. 在稳定状态下的生产能力。

C. 在稳定状态下，加工产品质量正常波动的幅度。

D. 在稳定状态下，加工产品质量非正常波动的幅度。

3. 定量描述直方图的主要统计特征值为（　　）。

A. 过程能力和过程能力指数　　B. 平均值和标准偏差

C. 标准偏差和组中值　　D. 平均值和波动值

4. 管理评审是对（　　）的评审。

A. 质量管理体系　B. 经营业绩　C. 管理部门的工作　D. 客户

5. GB 2828 中，检验严格度的调整是出自于对（　　）的保护。

A. 生产方　B. 使用方　C. 第三方　D. 监督方

三、计算题

1. 某零件的技术要求为 $\phi 20 \pm 0.023$。从生产过程中随机抽取100个零件，经计算 $\bar{x}=$ 19.997mm，$s=0.007$mm。

试求：(1) 过程能力指数?

(2) 预计过程不合格品率?

2. 测得某车床加工零件外径尺寸50个，技术要求为10.00mm±0.20mm。如表7-16所示。

表7-16　某车床加工零件外径尺寸　　（单位：mm）

样品 / 样本号	X_1	X_2	X_3	X_4	X_5
1	10.08	10.07	10.13	10.13	10.24
2	10.12	9.91	10.08	10.05	9.99
3	10.01	10.05	10.02	10.28	10.01
4	10.13	10.00	10.20	10.07	9.85
5	10.06	10.13	10.18	10.00	10.03
6	10.15	10.08	10.19	10.17	9.98
7	10.03	9.93	10.05	10.10	10.02
8	10.16	9.98	10.04	10.14	10.09
9	10.12	9.96	10.13	10.04	10.14
10	10.15	10.10	9.97	10.05	10.08

求：(1) 绘制 $\overline{X}-R$ 控制图。

(2) 计算过程能力指数。

(3) 估计过程不合格品率。

第八章 人力资源管理

引 言

1980年1月，在美国旧金山一家医院里的一间隔离病房外，一位身体硬朗、步履生风的老人，正在与护士死磨硬缠，要探望一名因痢疾住院治疗的女士。但是，护士却严守医院的规章制度毫不退让。这位护士真是“有眼不识泰山”，她怎么也不会想到，这位衣着朴素的老者，竟是通用电气公司总裁，一位曾被选为“世界最佳经营家”的世界企业巨子——斯通先生。护士无从知晓，斯通探望的女士，并非斯通的家人，而是加利福尼亚州销售员哈桑的妻子。哈桑后来知道了这件事，感激不已，每天工作达16个小时，为的是以此报答斯通的关怀。加州的销售业绩一度在全美各地区评比中名列前茅。正是这种有效的感情激励管理，使得通用电气公司的事业蒸蒸日上。

第一节 人力资源概述

一、人力资源的基本概念

（一）人力资源的一般含义

人力资源可以从宏观和微观两个方面理解。宏观角度一般是从一个国家或地区出发而进行的解释；微观角度是从一个企业（或组织）出发而进行的解释。

一个国家或地区资源可以分为三种：自然资源、人工资源和人力资源。这里所说的自然资源是指大自然赋予人类的、可供人类利用并能为人类造福的各种自然物的总称，主要包括生态资源（如水、阳光等）、生物资源（如各种动物、植物和微生物等）和矿产资源（如煤、石油和天然气等）三种；人工资源是指经过人力加工的物质和精神产品的总称，如粮食、书籍以及各种艺术作品等。那么，人力资源（Human Resource，HR）是指什么呢？

人力资源一般含义的界定是这样的：人力资源是指以人的自然生命机体为载体，能够满足生产性、建设性或创造性需要的某种手段或东西。人力资源就是指劳动力和人才资源，即凝集于劳动力和人才身上的某种生产能力或生产手段。一个组织的人力资源就是指该组织内的劳动力和人才资源。

人力资源又有量和质的规定性。人力资源的量主要是指人力资源的数量。具体来说，就是指人力资源的载体——构成人力资源的人口的数量。在谈论人力资源量的时候，我们一般都是将人力资源的质抽象掉，而只关注于其载体——相应的人口的数量。就一个国家或地区而言，人力资源的数量构成可用图来清楚地反映，如图 8-1 所示。

人力资源的数量构成用公式表示就是：

人力资源数量＝就业人口＋失业人口＋其他未丧失劳动能力的劳动适龄人口

＝①＋②＋③＋④＋⑤＋⑥＋⑦＋⑧＋⑨

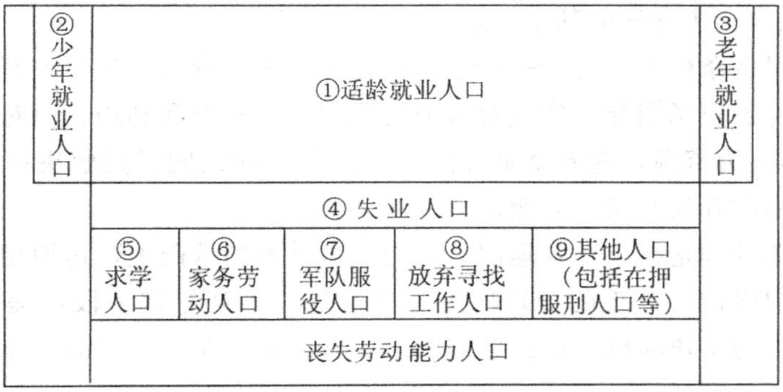

图 8-1　人力资源构成图

就一个企业（或）组织来说，其人力资源的数量是指分布于组织内部各个岗位、从事不同性质工作的各类员工数量总和。微观组织的人力资源是宏观人力资源的组成部分。

人力资源的质主要是指人力资源的质量，即德、智、体诸多方面的素质。例如，受教育的程度、技能水平等。此外，人力资源还存在一个结构的规定性。

（二）人力资源的基本特点

与自然资源和人工资源相比，人力资源具有十分显著的特点。

（1）人力资源具有能动性。与自然资源、人工资源一样，人力资源是人们开发和利用的对象和客体；对自然资源、人工资源和人力资源的开发和利用，主要是为了提高社会生产力，增加物质财富，增加人们的福利，更好地满足人们的各种需要。人力资源又是开发和利用各种资源的动力和主体；只有作为人力资源载体的人或人口，才有能力对包括人力资源在内的各种资源进行开发和利用。主观能动性在实践中主要表现在三个方面：一是自我强化；二是选择职业；三是积极劳动。

（2）人力资源具有时效性。这里所说的时效性是针对人力资源的作用具有不可保留的特性而言的，要最大限度地对人力资源的存量进行开发和利用，否则，就是一个社会最大的浪费和不可弥补的损失。

（3）人力资源具有再生性。一般来说，经济资源又可划分为不可再生资源和可再生资源两大类，人力资源属于可再生资源。人力资源可以通过人口再生产和劳动力再生产得到再生。通过人口再生产，人力资源在个体上可以得到不断更新；通过劳动力再生产，人力资源在个体和总体上可以不断得到恢复甚至提高。需要指出的是，人力资源的再生性与其他可再生资源是不同的。

（4）人力资源具有社会性。人力资源所具有的社会性，一方面是指蕴藏于人体内部的人力资源具有随社会生产方式变化而变化的特点；另一方面是指人力资源的开发和利用程度决定于社会生产方式尤其是经济技术发展水平。

二、人力资源管理及其包括的基本内容

（一）人力资源管理的基本概念

在市场经济条件下，对于一个国家或地区的人力资源，各级政府部门通过政策和法规，外加市场引导，实现对人力资源的充分开发和利用；而对于一个企业（或）组织的人力资源，就有个管理问题。其核心问题同样是解决一个组织内部对于人力资源的开发和利用问题。

人力资源管理是指，在合理制订人力资源计划的基础上，运用相关手段和方法，实现组织岗位与员工的合理匹配，并通过一系列管理手段，提高员工的素质，激发员工的工作动机，协调各方面的关系，充分调动员工的工作积极性，以保证组织目标的实现。

这里还有必要区分一下人力资源管理与人力资源开发（Human Resource Developme，HRD）之间的不同。一般情况下，人力资源开发主要是指提高人力资源的现有能力和潜在能力，能服务于国家或组织的目标。就微观组织层面而言，人力资源开发履行了一部分人力资源管理的职能，因此，人力资源开发属于人力资源管理的一部分。可以从两个方面来把握人力资源管理含义：一是对人力资源外在要素的管理。就是指对人力资源量的开发与管理；二是对人力资源内在要素的管理，人力资源内存要素的管理就是指对人力资源质的开发与管理，主要是指对人的心理、态度和行为等的开发和管理。

（二）人力资源管理的基本内容

根据上面对人力资源管理基本含义的理解，我们可以看出，全国各地资源管理的基本任务就是，组织好人力这种最重要的生产力，正确处理好组织内人与人之间、人与工作之间的关系，充分发挥组织内员工的积极性和创造性，不断改善员工队伍素质，保证本组织劳动生产率或工作效率的持续提高。为了完成人力资源管理的这种基本任务，人力资源管理必须包括这样一些基本内容：

（1）组织人力。根据组织目标和发展计划的要求，对组织内的工作和岗位进行设计和安排，并具体拟订工作和岗位的能力要求、工资待遇和工作环境等，在此基础上，实施员工的更新、招聘和选拔。当然，在组织工作运转的过程中，人力的组织是自始至终的。

（2）实施员工的教育和培训。为了适应现代社会的要求，教育和培训对于提高员工及其他队伍的素质是至关重要的。一个组织要提高劳动生产率或工作效率，员工及其队伍素质的提高是首要因素。

（3）实施员工的考核和激励。对员工实施考核和激励是一个组织人力资源管理必不可少的重要环节和内容。组织对员工的考核主要集中在德、勤、能、绩等四个方面。

（4）设计员工的报酬和福利。一个组织在人力资源管理的过程中，除了实施对人力的合理组织以及实施对员工的教育、培训和考核，一个组织员工的报酬和福利结构设计得科学、合理，一方面可以激发员工生产或工作的积极性和创造性，从而为提高组织的劳动生产率或工作效率奠定基础；另一方面可以留住组织优秀的员工和吸引外部优秀的人才，从而为组织的进一步发展服务。

（5）人力资源管理的其他相关工作。如员工雇用与招聘计划、员工统计、员工考评工作、人力资源测评以及人力资源文化环境建设等。

以上各项概括为：选人、育人、用人、激励人、留人。

（三）人力资源管理的重要意义

（1）人力资源管理是实现组织内容各项资源合理配置的基本保证。因为人力资源在企业各项资源中是最宝贵的。

（2）人力资源管理是一个组织竞争力提高的有力手段。企业之间的竞争，归根到底是人才的竞争。这已经是不争的事实。

（3）人力资源管理是一个组织队伍团结和局面稳定的坚强后盾。

（4）人力资源管理是实现一个组织可持续发展的基本前提。美国钢铁大王卡内基说过："将我所有的工厂、设备、市场、资金全夺去，但只要保留我的组织、人员，四年以后，我仍将是一个钢铁大王。"很多企业家都有类似的看法。

第二节 工作岗位分析

一、工作岗位分析的意义

工作岗位分析（Job Analysis）简称岗位分析，是对组织中各类人员的工作岗位，采用多种科学方法，经过岗位调查、岗位分析、岗位设计、岗位评价等环节，制订出岗位工作说明书等人事文件，为人力资源战略规划、招聘配置、培训开发、绩效考核、薪酬福利等项管理提供规范和标准的过程。通过工作分析应该明确：

（1）工作任务是什么？

（2）工作职责是什么？

（3）该工作应在何时完成？

（4）该工作应在何处完成？

(5) 员工如何完成工作任务?

(6) 完成工作任务的员工应该具备何种知识、技能、能力和其他资格?

在人力资源管理中,对工作任务、工作职责、职位等都作了明确而规范的界定。工作是完成组织目标的重要手段,在一个组织中有许多工作,有些工作是由一个人完成,如总裁、总经理、部门经理等,这些工作只有一个职位;有些工作可能需要许多人共同完成,如商场会需要大量的售货员销售商品,医院需要大量医生为病人治病等,这些工作能提供很多职位,每个员工占据一个职位或工作岗位。每项工作可能会由若干任务组成,为达到某一特定目的而进行的每项活动都是一个任务,如售货员整理货架、销售商品、秘书打印文件等都是工作任务。工作职责是由一项或多项任务组成的活动。市场调研是销售经理的一项职责,他要负责调查方案设计、调查实施、调查结果整理与分析等一系列任务。具有相同工作特点和工作性质的一系列工作就构成工作的人员资格进行分析,在此基础上形成两个基本文件:工作说明(job description)和工作规范(job specification)。工作说明是有关工作本身的文件,它明确了工作任务、工作职责、工作条件等。工作规范是有关完成该项工作的人员资格的文件,它规定了完成该项工作的人员应该具备的知识、技能、能力和其他任职资格。

1. 组织目标与工作分析

由于组织的经营环境和竞争环境在不断变化,组织目标、组织战略、组织任务、组织结构、组织的运作过程等都会发生相应的变化。一项新技术的采用,会导致组织中工作岗位的变化以及对员工技能要求的变化。当美国时代华纳和美国在线宣布合并后,公司的经营战略随之发生变化,组织结构、组织对人员的要求也发生了变化;思科系统公司在其高速成长期,每年的招聘人数在 8 000 人左右。随着全球经济的滑坡,2000 年开始出现了全球性的裁员风暴,思科、摩托罗拉、惠普等国际知名公司都大幅度裁员。工作分析要随时审视组织的这种变化,研究由于这种变化导致的工作任务、工作方式、人员要求的变化,为人力资源管理的其他工作提供信息。

2. 工作分析为计划、招聘和选拔提供依据

有效的人力资源计划是整个人力资源管理工作的基础,工作分析为预测供求、制订人力资源计划提供基础信息。工作分析可以使组织了解为实现组织目标所应承担的工作任务、完成任务的方法、工作要求;工作分析可以帮助组织确定为完成工作任务组织应该招聘什么样的人员,招聘的人员应该具有什么知识、技能、经验等,为人员招聘提供的标准和依据;工作分析还帮助组织确定遴选工作。不同的工作对人员要求是不一样的,有些岗位需要较高的体能要求,如飞行员,体能测试在人员选拔过程中就是必不可少的。而经理人员需要专业、能力、人格等多方面要求,所以评价中心广泛应用于经理人员的选拔。人事管理的核心是将合适的人安排在合适的岗位上,通过工作分析明确了岗位要求,才能做到事

得其人，人尽其才。

3. 工作分析为员工培训和工发展提供信息

工作分析不仅明确了组织的工作任务，而且明确了每一项工作所需的知识、技能和能力要求，明确了完成任务的标准，这就使组织明确了培训需求、培训方式和培训所应达到的目标。组织可以根据岗位要求和工作标准对在岗人员进行考核，了解他们是否具备岗位要求，哪些方面不能满足岗位需要，应参加哪方面的培训，以此制订员工培训计划。组织还可以根据工作分析对员工的潜力进行分析，为员工制订切实可行的职业发展计划。从个人角度来看，工作分析也可以帮助员工对工作要求有更深刻的认识，这对员工职业定位和职业发展非常有益。

4. 工作分析为业绩评估提供了依据

工作分析明确了工作任务和工作标准。组织在对员工进行业绩评估时要依据工作分析提供的标准判断员工是否完成了工作任务，完成得如何。

5. 工作分析为薪酬设计提供了依据

合理的薪酬必须体现每项工作对组织的贡献。工作任务越大，工作职责越重，对组织的贡献就越大，对员工的要求也越高，应得到更高的报酬。工作分析既从工作本身的任务、职责研究工作重要性，也从完成工作对人员要求的角度研究工作价值，为薪酬体系设计提供了信息和依据。

通过以上分析可知，岗位分析不仅是企业招聘和选拔员工的前提和准备，而且是企业一系列人力资源管理工作的基础，也可以说是人力资源管理最基本的工具。岗位分析的基础性作用如图 8－2 所示。

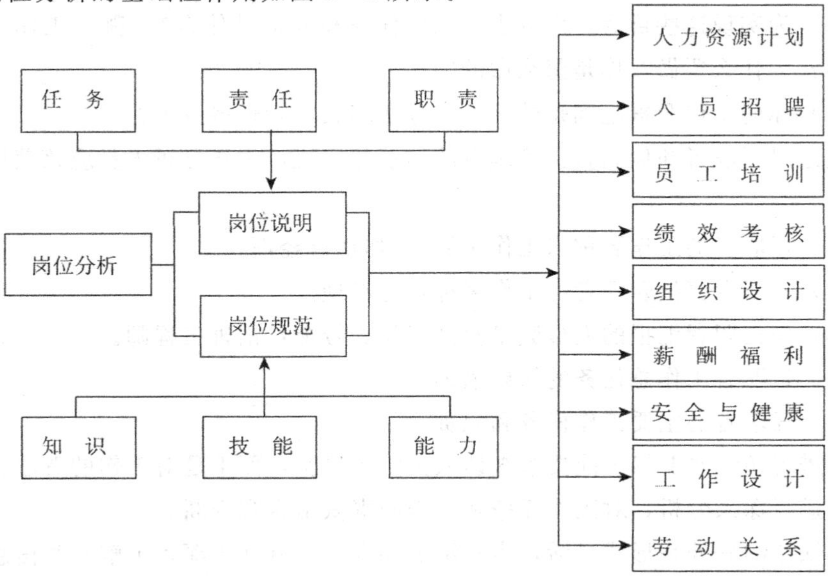

图 8－2 岗位分析的基础性作用

二、工作岗位分析方法

岗位分析是一项复杂且专业性很强的工作，进行岗位分析时不仅人力资源管理的专业人员要参与，直接从事该项工作的员工以及他们的直接负责人也要参与，有条件的情况下还应请岗位分析专家参加。

在进行岗位分析时，有许多方法可以采用，但是每种方法都有各自的优点和不足，有其一定的适应性和局限性，所以要根据工作分析需要，综合运用各种方法。

工作岗位分析方法主要包括访谈法、问卷调查法、观察法、员工记录法等。

（一）访谈法

访谈法是工作分析人员与工作相关人员之间进行的面对面交流，目的是了解所有与工作有关的各种信息，包括工作内容、工作条件和工作资格等。访谈法是收集信息的有效方法，特别是对于某些工作，工作分析人员无法亲身体验，或者不可能通过观察来了解工作内容、工作方法时，访谈法就显得尤为重要。

工作分析时访谈的问题如下：

（1）你的工作名称（工作头衔）是什么？

（2）你对谁负责？（你的直接负责人的工作名称或工作头衔是什么？）

（3）什么人由你直接负责？有多少人由你直接负责？

（4）你工作的主要目标是什么？

（5）为实现这些目标，你的主要工作任务和职责是什么？（哪些工作是你必须做的？为什么要做？你是怎么做的？）

（6）你的工作职责范围是什么？业务量多大？管理多少人？

通过对任职者和他们直接管理者的访谈与交流，工作分析人员应该获取到下列信息：

（1）任职者的工作名称（工作头衔）：如销售经理。

（2）任职者直接管理者的工作名称：总经理。

（3）向任职者汇报的人员数量及其工作头号衔：销售工程师。

（4）任职者工作总任务的简要描述。

（5）任职者的主要工作任务和职责。

在进行访谈时要尽可能要求被访人员陈述事实，而不是对工作的看法。通过对事实进行深入分析，对工作任务和工作职责做出客观判断。

访谈法的好处是形式灵活，容易组织和准备，有助于深入了解一些信息。访谈法的不足是被访者有时出于自身利益夸大自己所从事工作的重要性和复杂性，使信息失真；另外访谈法时间耗费较长。

（二）问卷调查法

问卷调查法是工作分析人员通过结构化的问卷要求任职者和他们的主管以书面形式记录有关工作分析的信息。工作分析问卷的问题可以是封闭式问题，也可以是开放式问题。封闭式问题要求答卷者从问卷提供的选项中进行选择，它主要用于任务分析和能力分析。对于一些事实性的信息要尽可能采用封闭式问题，这样问卷结果具有较高的统一性，也相对客观，便于分析。开放式问题允许答题者按自己的观点和想法回答问题，可以作为封闭式问题的补充，便于获取更广泛的信息。

问卷法的好处是可以快速、大量地收集信息，调查结果易于统计分析。特别是对一个工作簇全部岗位进行分析时，由于其工作任务、工作要求有许多相似之处，采用问卷法非常方便。不足之处是由于问题固定，收集的信息受到一定限制。

（三）观察法

观察法是工作分析人员实地观察职者的工作过程，并以标准格式详细记录工作各个环节的工作内容、职责以及工作环境方面的信息，在此基础上对工作任务和所需技能进行分析。观察法非常适用于那些常规性和重复性的工作，如流水线工人。通过实际观察整个工作过程，对工作任务，工作程序、工作方法、工作环境等有了相对直观和客观的了解。另外，利用观察法还可以测定任务的实际完成时间，对作业过程进行动态分析。观察法非常适用于那些常规性和重复性的工作，如流水线工人。通过实际观察整个工作过程，对工作任务、工作程序、工作方法、工作环境等有了相对直观和客观的了解。另外，利用观察法还可以测定任务的实际完成时间，对作业过程进行动态分析。

但是，观察法的应用有明显的局限性。对包含有思维性活动的复杂工作以及工作内容、工作方式经常发生变化的工作来说，观察法就不适用。另外，观察法往往不是从工作任务本身和需求出发收集信息，而是受任职人员工作和能力现状影响较大，在观察状态下被观察者表现出来的行为往往不是其常态行为，影响了信息的准确性。

观察法常常与访谈法或问卷法同时使用，以便对访谈法或问卷法获取的信息进行验证。

（四）员工记录法

员工记录法是工作分析人员通过让员工利用工作日志的形式将工作任务和工作过程记录下来，为工作分析提供信息和依据。该方法省时方便，但是使用范围较小；任职者有时夸大工作任务，影响信息的准确性。

（五）工作分析方法的比较

不同的工作分析方法所获取的信息是不同的，表 8－1 列出了不同工作分析方法获得信息的比较。通常，在进行工作分析时工作分析人员将各种方法结合起来使用，以取得更好的效果。如在分析事务性工作和管理工作时常常采用问卷法和访谈法；而在分析生产性或操作性工作时常常采用观察法和访谈法。

表 8-1 不同工作分析方法获得的信息

人力资源信息	工作分析方法			
	访谈法	观察法	问卷法	员工记录法
1. 工作内容				
·工作任务	×	×	×	×
·工作职责	×	×	×	
·工作标准	×			
·工作重要性	×		×	
·工作行为	×	×	×	×
2. 工作条件				
·报告关系	×		×	
·所受的监督	×		×	
·工作联系	×		×	
·职权范围	×			
·工作条件	×	×	×	
·工作环境	×		×	
3. 工作要求				
·生理要求	×	×	×	
·个人要求	×		×	
·知识要求	×		×	
·技能要求	×	×	×	
·能力要求	×		×	

三、工作说明书和工作规范

岗位分析最终要形成两个书面文件——工作说明书（Job Description）和工作规范（Job Specification）。工作说明书是对工作特征的具体描述，工作规范是对从事该项工作的人的特征的描述。现在工作分析书的结果有将二者合二为一的趋势。

（一）工作说明书的编写

工作说明书并无固定模式，可以根据工作分析的目的和实际需要确定有关内容与格式。但是一些基本内容应该包括在内。

工作说明的基本内容：工作名称、报告关系、工作概述、工作任务与职责、工作标准、工作条件和工作环境等。

1. 工作名称

一个好的工作名称应该能够较好地反映工作性质，并且能够很好地与其他工作区别开。如销售簇可分为：销售总监、地区销售经理、部门销售经理、高级销售代表、销售代表或销售工作师等若干级别。一个组织应该根据实际情况对组织中所有工作名称进行系统设计并规定标准名称。美国《职业名称词典》搜集了二十多万种职业信息，为工作名称和工作职责的标准化提供了依据。

2. 报告关系

报告关系反映了解任职人与其他人员之间的直接工作关系和责任范围，既包括任职人的直接汇报人，也包括向任职人汇报的人员及其数量。如销售经理要向销售总监或地区销售经理汇报的人员及其数量。如销售经理要向销售总监或地区销售经理汇报工作，而其直接下属为销售代表或销售工程师。

3. 工作概述

工作概述是对工作性质和任务的高度概括和简要描述。如秘书的工作是"为经理有时也为部门的其他人员提供事务性和行政性工作"。具体工作内容要在工作任务中逐项说明。

4. 工作任务和职责

工作中实际需要完成的任务、工作职责、任务范围、甚至每项工作占用的时间等要在工作任务和职责中逐项说明、详细描述，通过工作任务和职责描述能够勾画出任职人的全部工作内容。

工作说明范例如图 8-3 所示。

工作名称：人事经理	工作分析日期：2008 年 8 月 8 日
所在部门：人力资源部	岗位编号：
直接主管：人事总监	
直接下属：人事主管	
工作概述：协助人事总监制定人事政策和人事管理程序，负责人事管理工作的实施和日常人事工作的监控。	
主要任务和职责 （1）在人事总监外出时，代理人事总监职责 （2）协助人事总监制定所有有关的人事政策和人事管理程序 （3）负责人事政策和人事管理工作的实施；对日常人事管理工作进行监控 （4）可以专门负责某一领域的人力资源管理职能，如薪酬、招聘、培训等 （5）对人事专员的工作进行指导和支持。 衡量标准： （1）本人管理业绩 （2）部门管理业绩	

图 8-3 工作说明范例样张

有些工作说明将工作标准包括在内，这样便于对员工进行业绩考核。某些工作岗位需要员工在特殊环境下作业，如户外或野外作业、高噪声环境作业、非常规性的工作时间等，工作说明中应该包括工作条件和工作环境的有关内容。

编写工作说明应注意的问题：

（1）工作说明要任务明确，但表述要尽可能简洁。

（2）对工作的描述应尽可能反映工作的结果，能够定量描述的，尽可能采取定量指标。

（3）工作说明应具有一定的灵活性，体现工作协作，体现团队精神。

工作说明范例如图 8-3 所示。

（二）工作规范的编写

工作规范是工作分析的另一个基本文件，它是对从事某项工作人员的基本资格的描述，包括对任职者知识、技能、能力的要求。工作规范为人员招聘选拔提供了依据。

工作规范应包括的内容如下：

（1）教育程度：学历要求、专业培训、专业证书。

（2）工作经历。

（3）技能要求：工作所需的基本技能、专业技能和其他技能如语言应用技能、计算机操作技能等。

（4）能力要求：领导能力、组织能力、协调能力、计划能力、人际交往能力、表达与沟通能力等。

（5）个人性格特征。

（6）资格能力。

工作规范可以单独编写，也可以与工作说明合二为一，在工作说明下列出从事该项工作的人员所需的基本资格条件。

工作规范范例如图 8-4 所示。

工作名称：秘书

资格条件

（1）教育程度：大学专科，接受过秘书技能培训

（2）工作经验：三年相关工作经验

（3）知识要求：经济与行政管理的基本知识

（4）技能要求

1）熟练运用计算机进行文字处理、基本绘图和通信联系

2）具备基本的公文写作技能，能起草简单的常见公文

3）具有一定的信息处理能力，能有效管理有关文件资料

4）具备良好的判断力，能灵活处理紧急事务，处理来电，接待来访者

5）具有一定的时间管理能力，恰当安排上司的工作时间

6）具有良好的人际关系和沟通技能

图 8-4 工作规范范例

第三节 人力资源计划

一、人力资源计划的含义

1. 人力资源计划的一般含义

人力资源计划本身就有一个静态和动态概念的区分问题。一般来说，静态的人力资源计划是一个组织制订的、反映组织未来发展所要遵循的、解决组织人力资源供求矛盾的规划和文件，具体来说，就是指组织根据对本组织人力资源需求与供给状况的预测情况而制订的反映本组织未来时间里人力资源供求平衡的战略构想或基本规划以及相关政策和措施等；而动态的人力资源计划是指系统评价人力资源需求，确保必要时可以获得所需数量且具备相应技能的员工的过程，具体来说就是，组织预测本组织人力资源需求和内部人力资源供给，比较和确定供求缺口，筹划填补缺口的过程及其一系列活动。

人力资源计划工作是个工作的概念，主要是指组织依据自己编制的人力资源计划（静态的人力资源计划），制定、修改和履行必要的政策和措施，监督人力资源计划的执行情况，确保组织在人员质量和数量实际供求方面的平衡，以实现组织的目标和满足员工的个人福利。显然，这种人力资源计划工作既不同于上述静态的人力资源计划，也不同于上述动态的人力资源计划或人力资源计划过程。这里的人力资源计划主要是指动态的人力资源计划或人力资源计划过程。

一般来说，一个组织的人力资源计划与该组织的整体计划是紧密相连的，并且为整体计划的目标服务。总的来说，人力资源计划包括这样几个方面的主要内容或顺序过程：

第一，根据组织发展和计划目标，确定组织在计划期内的各种人力资源需求状况。

第二，根据组织的现有情况，确定组织在计划期内的各种人力资源的内部供给状况。

第三，分析和审视对组织未来人力资源供求状况产生影响的各种内外部环境因素。

第四，根据人力资源供求状况的分析，确定组织在计划期内各种人力资源的供需余缺，实现人力资源的供求平衡，最终为组织的发展目标服务。

2. 人力资源计划的通用模型

上述人力资源计划过程可用一个通用的模型来表示，如图 8－5 所示。这一通用模型反映的人力资源计划各方面内容之间的相互关系和具体联系。

（1）人力资源计划要在组织计划目标的基础上制订，要反映组织计划的要求。任何一个组织都有自己的发展规划和行动指南，这就是组织的行动计划；组

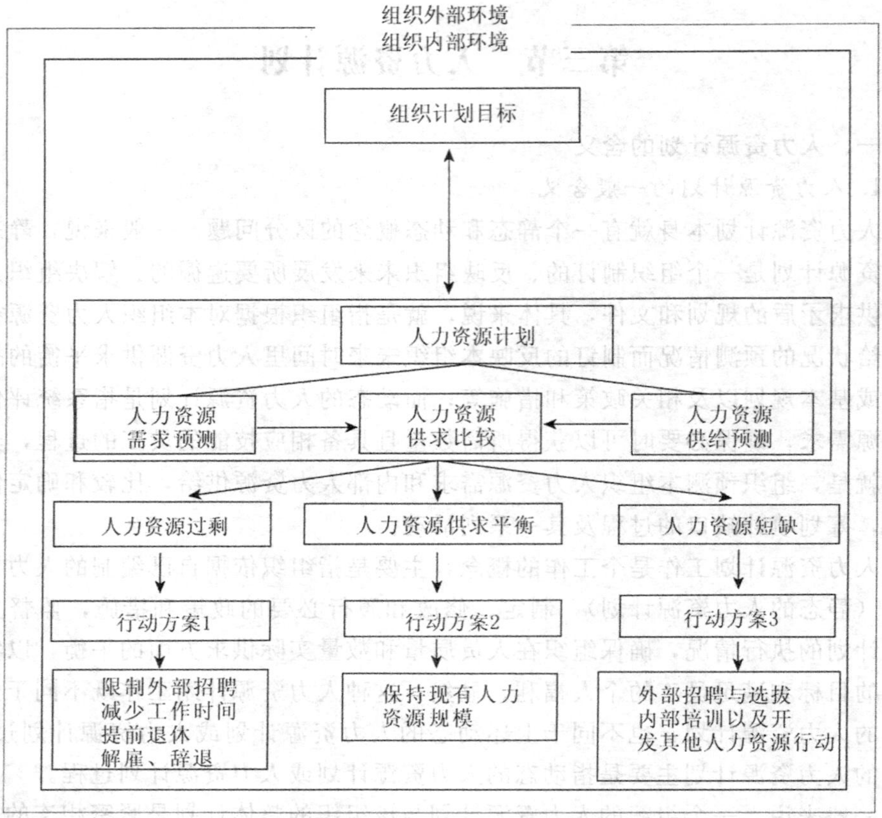

图 8-5 人力资源计划模型

织各项工作和活动的出发点和落脚点要为完成这一行动计划服务，人力资源计划当然也不能例外。一般来说，只有反映组织计划目标要求的人力资源计划及其一系列活动，或者是组织发展所需要的，才能够为组织成员所认同和遵循。例如，对企业人力资源需求的预测，一般要依据企业资源需求的预测，一般要依据企业的总体发展规划和企业发展计划来进行：如果企业希望将来发展壮大，希望增大自己产品的市场份额和竞争力，那么，它就要扩充自己的组织结构，就要进行专业化分工，也就是要增加员工的数量和提高员工的素质，即企业人力资源需求会扩大；反之，人力资源需求会缩小。当然，在西方发达国家，也有不少组织的计划过程是反过来的：先从人力资源计划入手，然后再由人力资源计划确定经营规划和组织计划。这些组织的领导者显然相信“有人，就有事情做”的经营哲学，听起来颇有点儿“人定胜天”的味道。

（2）人力资源预测是人力资源计划的关键环节。人力资源计划的主要目的是通过预测组织人力资源需求和内部人力资源供给，比较和确定供求缺口，并筹划填补这种缺口。显然，在人力资源计划活动过程当中，人力资源需求预测和供给预测及其比较是一项基础工作，也是关键环节。只有在科学而准确的人力资源供求预测的基础上，才能进行相应的供求比较；只有在供求比较的基础上才能明确人力资源的供求形势：是人力资源过剩，还是人力资源短缺，或者是人力资源供求平衡；只有在明确人力资源供求形势的基础上，才能据此确定相应的行动方案，开展相应的活动，解决相应的人力资源供求矛盾和问题。

(3) 人力资源行动方案及其一系列活动是人力资源计划的实际执行环节。人力资源供求形势有三种：人力资源过剩、人力资源短缺和人力资源供求平衡等。对应这样三种不同的人力资源供求形势，需要采取三种不同的行动方案及其相应的活动：对应于人力资源过剩的形势，需要采取行动方案1开展的相应活动主要包括限制外部招聘、减少工作时间、提前退休以及解雇、辞退等；对应于人力资源短缺的形势，需要采取行动方案2开展的相应活动主要有外部招聘与选拔、内部培训与开发和其他人力资源行动等；对应于人力资源供求平衡的形势，需要采取行动方案3主要是保持现有的人力资源规模。显然，这些行动方案及其所采取的相应活动，主要是为解决相应的人力资源供求矛盾和问题，保证人力资源计划的最后实现和落实，因此，它们在人力资源计划中处于实际执行环节。

(4) 人力资源计划必须适应并反映组织内外部环境的变化。任何一个组织都是在一定的外部环境下生存，并有着自己特殊的内部环境；而组织内外部环境又是不断变化的。因此，组织人力资源计划必须适应组织的内外部环境，必须反映组织内外部环境的变化。具体来说，一方面，组织计划及其目标会受到来自组织内外部环境变化的影响，这种影响会进一步牵涉组织人力资源计划，另一方面，组织人力资源的供求也会受到来自组织内外部环境变化的影响，这种影响直接关系到人力资源计划及其各方面的活动。概括而言，组织人力资源计划的各方面内容和整个过程都受到来自组织内外部环境变化的影响，因此要使人力资源计划更具可行性和有效性，组织必须根据变化了的内外部环境情况，修正自己的供求预测及其据此制订的人力资源计划，使人力资源计划及其过程更具灵活性。

二、人力资源计划的类型

1. 员工过剩型的人力资源计划

人力资源供求的形势不同，由此决定的组织所应采取的人力资源行动方案及其一系列人力资源计划活动就明显不同，据此可以将人力资源计划分为三种不同的类型：员工过剩型的人力资源计划、员工短缺型的人力资源计划和供求平衡型的人力资源计划。这里先看看员工过剩型的人力资源计划。

员工过剩型的人力资源计划对应于人力资源过剩的形势。由于组织员工冗员太多、人浮于事而使组织工作的效率和效益下滑，因此，组织在人力资源计划过程中需要采取的行动和开展的相应活动主要包括限制外部招聘、减少工作时间。

当然，在西方发达国家，也有不少提前退休以及解雇、辞退等现象。

（1）限制外部招聘。限制外部招聘是员工过剩型人力资源计划所要采取的主要行动。在员工过剩型人力资源计划执行过程中，组织一般要将限制员工的外部招聘作为组织的一项基本的人力资源管理政策来加以贯彻。

（2）减少工作时间。减少工作时间也是员工过剩型人力资源计划所要采取的一种行动和企业在贯彻过剩型人力资源计划时可以采取的一项人力资源管理政策。一般来说，人力资源过剩的形势主要是由两方面原因引起的：一是外部环境的变化；二是内部因素的变化。就企业而言，外部市场需求的下降和内部技术因素的变化等都有可能导致企业人力资源需求的下降，从而使得原有的人力资源的规模变得相对过剩。这时，减少现有员工的工作时间确实可以在一定程度上缓解这种过剩的形势，而且减少员工的工作时间要比解雇和辞退员工等方式更具人情味，更容易得到员工的谅解。

（3）提前退休。在员工过剩型的人力资源计划中，提前退休也是一项可以选择的人力资源计划活动和人力资源管理政策。提前退休就是让一些还没有达到退休年龄的员工提前办理退休手续，离开员工队伍，适当缓解人力资源过剩的压力。

（4）解雇、辞退。解雇、辞退当然也是缓解人力资源过剩的一种重要而又基本的手段。但与提前退休尤其是减少现有员工的工作时间不同，解雇、辞退是一种较为激烈而又缺乏人情味的手段。因此，在西方国家，解雇、辞退经常要遭到工会方的大力反对甚至抵制。正是这样一种情况，一些管理者在与工会开展集体谈判及与其签订的集体合同中，要明确约定或规定管理者一方有解雇、辞退工人的权力。一般情况下，遭遇解雇、辞退厄运的是资历最浅的人，当然，职位高低和生产率水平也是重要的参考因素；管理人员和技术人员的解雇、辞退，依据的是工作能力，但派别关系也可能会起一定的作用。

此外，在西方发达国家，与企业重组和削减规模相联系的是员工的裁减。裁减是一种大规模的解雇、辞退。例如，在美国，最近几年，公用事业公司进行了大幅度的裁减。由于煤和天然气等原料的涨价，也由于其管理部门担心纳税人的反抗和行业衰退，使得康门威尔斯·爱迪生公司（Commonwealth Edison）辛辛那提煤气及电力公司（Cincinnati Gas&Electric）和休斯顿照明与电力公司（Houston Lighting&Power Company）等一批公用事业公司不得不通过改组来降低成本，从而大规模地裁减员工。在康门威尔斯·爱迪生公司，不但普通员工得到了大幅度的裁减，管理人员也为此付出了代价，大约有1 250名管理人员被裁减，另外还有1 200人有可能被裁减，还有一些职位可能被取消；辛辛那提公司宣布将减少800个工作岗位；休斯顿公司裁员达17%。

2. 员工短缺型的人力资源计划

员工短缺型的人力资源计划对应于人力资源短缺的形势。面对人力资源短缺的形势，组织通常需要通过员工的外部招聘与选拔来解决员工的短缺问题；与此同时，员工的内部培训与开发也可以在一定程度上缓解员工的数量和质量短问题。此外，无论是员工的外部招聘与选拔，还是员工的内部培训与开发，都需要辅之以其他人力资源行动，与其配合并协同发挥作用。

(1) 外部招聘与选拔。员工的外部招聘与选拔是短缺型人力资源计划所要采取的主要行动和基本政策手段。除非一个企业面临的是市场需求下降的局面，否则，它必须通过劳动力市场从企业外部招聘一些员工；在企业人力资源短缺的形势下，这种外部招聘与选拔尤其重要。当然，员工的外部招聘与选拔也不是一件容易的事情，其中最主要的是要确定潜在员工的来源。一些组织将高等院校确定为优秀员工的外部来源，也有一些组织则将职业学校或者随意的求职申请者等作为自己外部招聘的主要来源。除了确定好潜在员工的主要来源外，随后的招聘手段、筛选和选拔技术等也是做好员工外部招聘的主要环节。

(2) 内部培训与开发。除了外部招聘与选拔这一主要行动和政策手段外，短缺型人力资源计划还可以依靠员工的内部培训与开发来解决人力资源短缺的问题。这就如同内涵式扩大再生产和外延式扩大再生产一样：外延式扩大再生产主要依靠增加人员、机器以及其他一些物质资本来扩大生产规模；而内涵式扩大再生产主要通过提高现有员工的素质和采用新技术、新生产工艺以及优化劳动组合等来提高劳动生产率，进而扩大生产规模。这就是说，在人力资源短缺的形势下，组织可以通过强化现有员工的培训、提高现有员工的素质以及优化员工的岗位组合等方式来解决供求矛盾，使人力资源短缺形势得到缓解。

(3) 其他人力资源行动。在员工短缺型人力资源计划的实施过程中，上述员工的外部招聘与选拔以及员工的内部培训与开发是两种最基本的政策手段，但这两种手段并不是孤立运用的，而必须与其他人力资源行动相配套和接轨，甚至以其他人力资源行动为基础；否则，即使实施这两种基本的手段，也很难奏效或完成相应的任务。例如，关于新员工的工资报酬和福利的确定问题，需要人力资源部门给出明确的回答；否则，员工的外部招聘与选拔很难实施，即使实施了也很难取得应有的成效。再如，员工的教育、培训以及开发费用的争取及其模式的确定问题，需要人力资源部门完成，否则没有相应的费用和相应的培训、开发方式，员工的内部培训与开发也就是一句空话。因此，在员工短缺型人力资源计划的过程中，其他相关的人力资源行动也是不可或缺的。

3. 供求平衡型的人力资源计划

供求平衡型的人力资源计划对应于人力资源供求平衡的形势。人力资源供求平衡，只是表明从总体上来说在计划期内组织人力资源的需求与组织内部的人力资源供给基本一致，不需要大量地减少组织人力资源的供给，也不需要大幅度增加人力资源的供给；但这并不是说，组织可以不采取任何人力资源行动，可以不进行适当的人力资源供给调剂。相反，在供求平衡型的人力资源计划过程中，组织还是需要进行适当的人力资源补充和精简活动，以使组织人力资源保持现有的规模。

(1) 适当补充员工供给的行动。在人力资源供求平衡的形势下，也会出现部分员工因为各原因而离开本组织的情形，这时，为了保证组织不因员工的流失而工作受到较大的影响，组织就会对空缺岗位进行适当补充。例如，某企业质量检验部门现共有 4 个人，按照本企业质量检验的实际需要，在计划期内 4 个人正好，即人力资源供求平衡，但由于计划期内有 1 人要退休，因此，为了保持现有的人力资源规模，需要在计划期补充 1 名员工。

(2) 适当精简员工供给的行动。在人力资源供求平衡的形势下，有时也需要对员工进行适当的精简。这种精简既包括限制外部招聘、减少工作时间以及提前退休等行动，甚至也包括一定的解雇、辞退等。之所以要采取这些精简员工的行动，是因为这样一些原因：技术进步和优化组合等会导致一些岗位人员及其工作时间的过剩；管理水平的提高也会导致部分岗位人员及其工作时间的过剩等。当然，精简的最终目的还是保持员工的现有规模，实现人力资源的供求平衡。

(3) 加强员工培训与开发的行动。不论是在何种人力资源供求形势下，开展员工培训与开发的行动，都是十分必要的。在人力资源供求平衡形势下，加强员工的培训与开发，可以提高员工的素质和职业适应性，一方面可以保证这种供求平衡的局面得到巩固；另一方面还可以通过提高工作效率而使员工从繁重的劳动中解放出来，提高其工作生活质量。因此，可以说，加强员工培训与开发的行动是搭救平衡型人力资源计划过程的一项重要行动。

三、人力资源需求和供给的预测

(一) 人力资源需求的预测

1. 人力资源需求的概念

人力资源需求 (Human Resource Requirements) 可以简单地定义为：为满足组织未来运转和发展需要所应配备的员工数量以及所需员工素质和结构的整体组合。一个组织未来的人力资源需求是由多方面因素决定的。概括起来，这些因素主要可以分为两大类：一类是内部因素；另一类是外部因素。可以说，内部因素是起决定作用的因素，而外部因素则只是起间接作用的影响因素；而且，外部因素一般要通过内部因素发挥自己的影响作用。

(1) 内部因素。决定组织未来人力资源需求的内部因素主要包括组织的整体计划和发展目标、工作效率、现有人力资源的各种基本状况包括素质状况、年龄结构等。尤其是组织的整体计划和发展目标更是决定组织未来人力资源需求的最主要的内部因素：如果该组织在未来要扩展规模，那么就会导致其招聘具有特定技能的新员工；同样，如果一个企业预测其产品在未来的时间里的需求会下降，则会导致其计划减少的员工人数。当然，其他内部因素的变化也会导致组织未来员工数量的调整和人力资源需求的变化。例如，员工工作效率的提高，可能会带来两种截然不同的影响结果：在短期内会引起员工需求的下降，因为效率提高的结果会导致一个员工能够完成或胜任更多员工的工作；而在长期内则会引起员工需求的上升，因为随着员工工作效率的提高，组织的规模和水平会进一步扩大，从而带动新的岗位需求的出现等。再如，现有员工的年龄结构也会影响员工的未来需求特别是年龄结构需求的变化：如果现有员工的年龄结构较轻，年轻人较多，则组织在计划期内填补和补充的员工就不多，员工的年龄结构需求变化不大。

（2）外部因素。影响组织人力资源需求的外部因素主要是指组织赖以存在的外部社会经济环境。组织的外部社会经济环境主要包括经济形势、政治局势、社会秩序、政策法律、社会经济体制等。显然，这些因素不可避免地要对组织的各项活动包括人力资源活动等产生相应的影响。例如，在政治局势相对稳定，经济形势相对看好的情况下，组织尤其是企业的各项工作会相对顺利，生产经营活动会相对正常，并可能蓬勃发展，在此背景下，企业未来的人力资源需求会相应扩大；相反，企业的未来人力资源需求则可能相应减少。再如，社会经济体制也会影响组织的人力资源需求：在计划经济体制下，企业的生产经营活动基本按计划进行，生产经营指标也由上级主管部门下达，这时的人力资源需求完全是一种指令性计划，企业需要增加员工，自己并没有权力进行招聘和选拔，企业不需要员工，计划和主管部门也还是可以分配人员进来，因此，这种人力资源需求并不反映企业的实际情况，并不是真正意义上的人力资源需求；而在市场经济条件下，企业生产经营活动完全市场化，市场需求的变化直接对企业的人力资源需求产生直接的影响，市场需求扩大，则企业的人力资源需求相应扩大，市场需求下降，则企业的人力资源需求相应减少，因此，这时的人力资源需求完全是一种市场变化和影响下的需求，也是一种真正的人力资源需求。

2. 人力资源需求的预测

人力资源需求的预测（Requirement Forecast）就是要对组织未来的人力资源需求情况所进行的预选估计和测算。由上面的分析可以看出，人力资源需求的预测可以采用定性预测的方法，也可以采取定量预测的方法；可以使用包括上述零基预测法、经验预测法、德尔菲预测法、回归分析预测法以及计算机模拟预测法在内的任何一种具体的预测方法，也可以同时结合使用几种预测方法。下面主要以经验预测法为例来具体说明组织人力资源需求的预测。

如图 8-6 所示。假定每名管理人员要管理 4 名一般员工，即预测的比率是一个常数：1∶4，则可得出“预测 A 线”；根据“预测 A 线”，如果计划期内管理人员的数量是 3 名，那么，一般员工的数量就是 12 名，如图中的 M 点。“预测 B 线”则是假定在特定的环境下，预测比率是可变的。例如，在存在规模经济的情况下，尽管第一批4名一般员工需要1名管理人员，但在一个20名一般员工的部门中，只需3名而不是5名管理人员，如图中的N点。“预测C线”则是基于这样的假定：通过某种变革，如引进新技术、改变管理模式等，每位管理人员所能管理的一般员工提高到6人，即预测所基于的常数比率为：1∶6；这时，根据“预测C线”，如果计划期内管理人员的数量是3名，那么，一般员工的数量就是18名，如图中的D点。

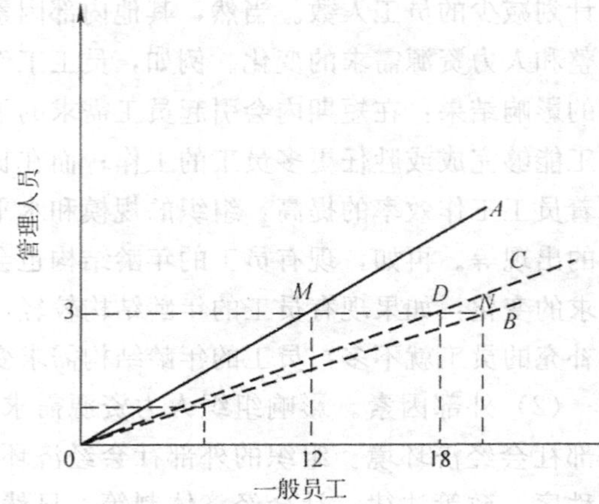

图中各条预测线的比率：
A—常数比率（管理人员：一般员工=1∶4）
B—可变比率（规模经营）
C—常数比率（管理人员：一般员工=1∶6）

图8-6 预测线的比率

同样，上述预测也可以用于基于产量或市场需求的员工需求预测。例如，一家服装厂1名工人每年可以生产1万件服装，如果计划期内的服装产量或市场需求由原来的1 000万件提高到1 500万件，则员工需求就要由原来的1 000名增加到1 500名。显然，这里的预测使用的依然是常数比率。

从上面的分析可以看出，使用“经验预测法”来预测组织人力资源的需求，关键在于：依据组织现有的资料，确定组织管理人员与一般员工之间的比率以及组织在计划期内所需管理人员的数量；或者依据组织现有的资料，确定组织员工的平均劳动生产率（每位员工生产的产品数量）以及组织在计划期内产品的产量或市场需求。只要在了解和掌握这些数据的基础上，组织就可以非常方便地预测出一般员工的数量需求。

（二）人力资源供给的预测

1. 人力资源供给的概念

人力资源供给（Human Resource Availability）就是指针对组织人力资源的需求，组织在计划期内人力资源的内部和外部可供量。可以看出，一个组织人力资源的供给共有两种途径：内部供给和外部供给。

（1）内部供给。当组织以现有员工来补充人员需求时，我们就称之为组织人力资源的内部供给。在谈论组织人力资源的内部供给时，有一个指标需要给予关注：稳定性指数（Stability Index）。稳定性指数是由美国学者鲍伊（Bowey）提出来的，主要用来考察组织员工的服务年限和稳定性程度。其计算公式为：

$$稳定性指数=\frac{现有员工N时段的服务月份数之和}{人员齐备时在N时段的可能服务月份数之和}\times 100\%$$

可以看出，这一公式的分子是现有员工在 N 时段的工作经历；分母所考察的是，在 N 时段内，如果所有员工在该时段稳定就业所能服务的最大时间量。稳定性指数实际上衡量了两者之间的比值。一般来说，这一指数越高，表明员工的稳定性程度越高；反之，则表明员工的稳定性程度越低。

举例来说：某企业招聘到 20 名工人。他们在 2 年内的工作和变动情况如下：5 名服务满 24 个月，5 名满 12 个月，10 名满 6 个月。根据这些数据，可以计算这一批人的稳定性指数。具体如下：

$$稳定性指数=\frac{5\text{ 人}\times 24\text{ 月}+5\text{ 人}\times 12\text{ 月}+10\text{ 人}\times 6\text{ 月}}{20\text{ 人}\times 24\text{ 月}}\times 100\%=50\%$$

通过上述计算，可以认为，这一群体在一企业的稳定性程序较低。显然，组织在考虑人力资源的内部供给时，就不能不考虑员工的这种稳定性程度比较低的因素；否则，一味地依靠内部供给，可能会出现组织人力资源的短缺，从而会给组织未来的发展带来不利的影响。

(2) 外部供给。如果组织在需要增加员工时，不能从内部供应中得到满足(或者是从数量上不能满足，或者是质量和结构上不能满足)，那么它就需要从外部人才市场上进行招聘和选拔。这时，我们就称之为人力资源的外部供给。

总之，对于一个组织人力资源的供给而言，内部供给和外部供给都十分重要。但就一般情况而言，内部供给和外部供给对于不同岗位的重要性是不同的：组织较简单的工作岗位上的绝大多数员工都是从外面招聘而来的，即外部供给；而大部分管理人员和专业技术人员等，则可能是本组织内较低层次的员工经培训后而提升的，也可能是从外面招聘的，即内部供给和外部供给同等重要。

2. 人力资源供给的预测

人力资源供给的预测（Availability Forecast）就是对组织计划期内人力资源的内部供给和外部供给所进行的预先估计和测算。人力资源供给的预测可以采用上述介绍的一些人力资源预测的基本方法，本章这里不就这些具体的方法进行举例说明，下面仅就内部供给预测和外部供给预测所要注意和关注的问题进行必要的强调。

(1) 内部供给的预测。组织人力资源内部供给的预测除了要考虑上述员工的稳定性指数以外，还要考虑现有员工这样一些基本特征，包括年龄、性别、素质、职位、资历、技能等；在这些基础上，才能作出某种符合实际的内部供给的预测。

为了详细了解现有员工的上述基本特征，为内部供给预测奠定基础，按照西方国家通行的做法，需要分别进行组织内现有管理人才的信息储备和非管理人员的信息储备。管理人才的信息储备包括有关每位管理者的详细信息，这些信息储备可以更换和提升决策提供的信息。一般来说，管理人才的信息储备主要包括这样一些资料：工作经历、教育背景、优势和劣势评价、个人发展的需要、目前及将来提升的潜力、目前工作业绩、专业领域、工作特长、地理位置偏好、职业目标和追求、预计退休时间以及个人历史（包括心理评价）等。

非管理人员的信息储备是有关组织中可能升入更高层次职位或转入同级别其他职位的非管理人员的供给信息，主要包括：背景和生平资料、工作经历、专业技能和知识、所持有的执照和证明、接受过的企业内部培训、以前工作业绩评价以及职业目标等。

(2) 外部供给的预测。在讨论组织人力资源外部供给的预测时，需要对以下几个方面的问题加以关注：

第一，供应紧缺程度。当外部人才库中能够满足组织所需能力和条件的人很少时，对于组织来说，劳动力的外部供应就出现了短缺。在国外，信息技术某些领域内的专家人才奇缺，需求与供给的比例甚至高达 3∶1。其结果是，组织纷纷对拟聘对象支付比竞争对手更高的薪金。对于人力资源外部供应的紧缺，组织一般采用两种办法进行缓解：一是采用分包或咨询人员方式解决问题，这可以是一次性的，也可以是一种持久性的关系；二是聘用具有特定潜力的人员，然后通过培训，使其达到所需标准。

第二，人口因素。首先，人口的年龄结构。当今世界大多数国家都面临着人口年龄结构的老化问题，也就是通常我们所说的“银色浪潮”。我国当然更是如此。人口老化的一个直接后果是年轻人的比例越来越少，老年人的比例越来越高。这种情况的出现，使得组织不得不放弃只招聘年轻人的想法，而倾向于招聘年龄较大的工人。其次，劳动力的性别结构。据统计，全英国 1994 年与 1989 年相比，妇女就业人数占总就业人数的比例提高了 3.3%（大约 70 万人）；与此同时，男性减少了 50 万人，女性增加了 120 万人。这种情况的出现，使得企业不得不雇佣更多的女性员工。最后，劳动力的流动性。例如，欧盟立法的变化，使得劳动力在欧盟成员国范围内有更大的流动性，这就是说，工人可以自由地在各成员国就业。由于德国和意大利的年龄结构偏向于老化，结果使得英国年轻的熟练工人纷纷到欧洲大陆来寻求就业机会。

第三，社会、地理因素。组织人力资源的外部供给还会受到社会、地理因素的影响。例如，在英国的一些地区（如英格兰北部、苏格兰和威尔士等），旧的行业迅速萧条，这里有大量的熟练或技术劳动力可供挑选。这就促使一些企业家纷纷将生意迁移到此类地区。

第四，应聘者类型。应聘者的类型也是影响组织人力资源外部供给的重要因素。例如，新毕业的学生和专业技术人员较之蓝领熟练工人和半熟练工人而言更容易为选择工作而流动。

第四节 绩效考评

一、绩效考评的意义

（一）员工绩效的含义及特点

工作绩效可以分为组织绩效和员工绩效，这一章重点讨论的是员工绩效。

员工绩效是指员工在一定时间、条件下完成工作任务所表现的工作行为和取得的工作结果。工作绩效是员工素质与工作对象、工作条件等相关因素互相作用的结果。因此，工作绩效随着时间、空间、工作任务及工作环境等相关因素的变化而不同，呈现出多因性、多维性和动态性特点。

(1) 绩效的多因性，是指绩效的优劣受主、客观多种因素的影响。主观因素主要包括员工素质、技能和自身激励，客观因素主要包括环境和机会等。

(2) 绩效的多维性，是指要从多种维度、多个方面去考核和评价员工的绩效。绩效是员工的知识、能力、态度、动机、行为和结果，它既反映员工流动或凝固的劳动形态，也反映员工潜在的劳动形态。例如，我国《国家公务员暂行条例》规定："国家行政机关按照管理权限，对国家公务员的德、能、勤、绩进行全面考核，重点考核工作实绩。"

(3) 绩效的动态性，是指随着时间的推延，员工的绩效是变化的，绩效差的员工可能改进转好，绩效好的可能退步变差。

（二）绩效考评及其目的

绩效考评是依照工作目标或绩效标准，采取一定的考评方法，评定员工的工作任务完成情况以及员工工作职责履行情况，并将考评结果反馈给员工的过程。绩效考评是绩效考核和评价的总称。绩效考核是用一定的方法对员工的绩效进行客观的描述，绩效评价是根据客观的描述来确定绩效的高低。考核为评价提供事实依据，因此考核是评价的基础，而评价是考核的目的。

绩效考评可以分为判断型考评和发展型考评两类。判断型考评主要是鉴定和验证员工过去取得的工作成绩，经常被用来控制员工的行为。同时判断型考评通常将考核的结果与员工的工资或其他经济利益联系起来，从而在企业里形成以绩效为导向的组织文化。发展型考评主要着眼于员工今后发展潜能和机会的评价，用于人才选拔或规划职业生涯等。

绩效考评的目的。绩效管理作为人力资源管理的一个重要职能，其主要目的有三个：

第一，绩效管理要确保员工的工作活动与组织目标相一致，保证组织目标的实现。所以，一个有效的绩效管理系统无论是绩效的界定还是绩效评价，其出发点和依据都是组织目标。有效的绩效管理系统还应该包括反馈过程，使员工能够了解组织对他们的期望是什么，从而保证了员工的工作活动符合组织的目标要求。为了保证组织目标的实现，一个有效的绩效管理系统必须具有一定的灵活性，因为组织目标和战略发生变化时，组织的工作任务、业绩标准都会发生变化。然而，据一项调查显示，仅有很少的组织能够有意识地将绩效管理系统与组织目标紧密联系起来。

第二，绩效管理为人力资源管理与决策提供信息与依据。人力资源管理中的很多工作与决策都是以绩效管理提供的信息为依据的，如薪酬管理、晋升决策、员工的培训与开发、员工录用与解聘等。有效的绩效管理系统也只有与薪酬管理、员工发展等结合在一起，绩效管理的作用才能得以发挥。因为绩效管理是对员工工作行为、表现和结果的评价，员工取得良好的业绩，就应该得到回报——加薪、晋升、奖励等，否则，绩效管理就无法激励员工改善和提高业绩。

第三，绩效管理的目的还在于不断开发员工潜力，提高员工的业绩水平。有效的绩效管理系统是组织和员工沟通的过程，在这一过程中，员工能够不断了解组织对他的期望是什么，更清楚地知道他们的职责是什么，这样员工能积极主动而且更有效地完成工作；组织能够随时了解员工的工作活动，避免可能影响业绩的因素发生。有效的绩效管理系统不仅在于能够及时发现员工存在的业绩问题，更重要的是能够发现导致业绩不佳的原因所在，以便采取措施帮助员工改善业绩。

二、绩效考评系统的设计

不同的组织，他们的组织目标、组织战略和组织文化不同，所以绩效管理的任务和方法也不同。每个组织都要根据自己的组织目标和业绩管理需要，设计有效的绩效考评系统。

设计一个有效的绩效考评系统必须要明确下列问题：

（1）对谁进行业绩评价？

（2）采用什么指标进行评价？

（3）业绩评价的标准是什么？

（4）如何进行业绩评价？

（5）由谁来进行业绩评价？

（6）何时进行业绩评价？

（一）评价对象的确定

设计绩效管理系统时，首先要确定业绩评价的对象是谁，这决定了业绩评价指标的确定和评价方法的选择。不同的评价对象采用的评价指标和评价方法是不同的。

（二）评价指标的选择

在确定了评价对象后，就要确定采用什么指标对评价对象的工作业绩进行衡量。员工的工作业绩是员工工作结果的总和，它表现在多个方面。影响工作业绩的因素也有很多，所以，任何一个单一的业绩指标都无法全面反映员工实际的工作业绩。员工的工作结果是他个人特征和行为的最终体现，一个人只有具备某些必需的特征，采用正确的行为，其工作才能达到预期结果。

所以，员工业绩评价不仅要对员工的工作结果进行测量，而且也要对员工的工作行为和个人特征进行评价。

但是，对于不同的评价对象，其评价指标和内容以及每个指标在整个指标体系中的权重是不同的。

（三）评价标准的确定

评价标准的确定是业绩评价中的重要一环，合理的业绩评价标准可以起到激励员工的作用，反之，将无助于员工业绩的改善和提高。合理的业绩评价标准应该具有以下特征：

（1）业绩标准是基于工作本身而非从事工作的人员制定的。

（2）业绩标准要尽可能具体而且可以衡量、可以量化。

（3）业绩标准应该是组织成员双方都认可的标准。

（4）业绩标准要定期审核，随时调整。

（四）业绩评价方法的选择

业绩评价的方法很多，形式也多样。从评价的内容上，可以将业绩评价方法分为员工特征导向评价方法、员工行为导向评价方法和员工结果导向评价方法三种类型。员工特征导向评价方法如合作精神、工作主动性、人际交往能力、决策能力等方面进行评价。员工行为导向评价适合于对那些绩效难以量化或需要以某种规范行为来完成工作的员工考核，服务人员、商场售货员的服务质量，常常通过其服务行为及规范化进行衡量。结果导向的评价方法考评的重点在于工作的结果，而不关心工作的行为和过程。这种方法对于工作结果具体、客观且可以量化的员工非常适宜。如工人生产的产品数量、质量消耗等。

（五）评价者确定

由谁来对被评价者的工作业绩进行评价，对评价信息的来源渠道及其有效性有着一定的影响。为了保证评价信息的客观公正，应从多方面收集信息。这种多方位的考评也称为“360”度考评。

1. 经理人员

因为经理人员对其下属的工作能力、工作态度和工作表现的主要评价者，所以，他们仍然是员工业绩评价的主要承担者。

2. 同事

与被评价者共事的同事的评价是很好的而且是有效的业绩评价信息来源。

3. 下属

对管理人员进行评价时，其下属员工常常能提供有价值的业绩评价信息，因为他们对其上级的领导能力、管理作风、业务水平等有最直接的了解。

4. 自我评价

在很多组织中，员工的自我评价是业绩考核的一项重要内容。管理人员提交的"述职报告"、员工的个人工作总结等都是员工自我评价的形式。

5. 客户及服务对象的评价

在市场竞争日趋激烈的环境下，许多组织将顾客满意度作为组织的目标之一，顾客的意见也就成为业绩评价的重要依据之一。

不同信息来源在业绩评价过程中的应用情况见表8-2。

表8-2 不同信息来源在业绩评价中的应用频率

用途	绩效信息来源				
	上级	同事	下属	本人	顾客
与任务有关的					
· 行为	偶尔	经常	很少	总是	经常
· 结果	经常	经常	偶尔	经常	经常
与人际关系有关的					
· 行为	偶尔	经常	经常	总是	经常
· 结果	经常	经常	经常	经常	经常

(六) 业绩评价的周期确定

事实上，业绩评价的周期并没有一个统一的标准。每个组织都可以根据绩效管理的需要、工作任务的完成周期以及员工的工作性质决定业绩评价的周期。评价周期过短，会牵扯评价者太多的时间和精力，也会给被评价者造成不必要的心理负担。评价周期过长，一方面不能将员工业绩表现进行及时反馈，无法促进业绩改善。

三、绩效评价方法

在业绩评价过程中，有许多方法可供选择，它们有各自的优点和不足。一种评价方法是否有效取决于该方法提供的信息是否能够满足绩效管理的需要。

(一) 分级法

分级法又称排序法，它是评价者按照一个特定的绩效评价维度，如产量、销售额、客房投诉等通过将被评价者的工作与其他员工工作相比较，从而排出所有被评价者业绩的优劣顺序。该方法也可利用多个绩效评价维度对员工的整体工作状况进行综合比较。

（二）强制分布法

强制分布法也是一种排序方法，所不同的是在将员工进行工作比较，排出绩效顺序后，再按照员工业绩的相对优劣程度强制将其列入某一业绩等级中。通常工作业绩会分为优秀、良好、一般、较差、不合格五个等级，按照正态分布规律，每个等级有一定的比例限制，如图 8-7 所示。

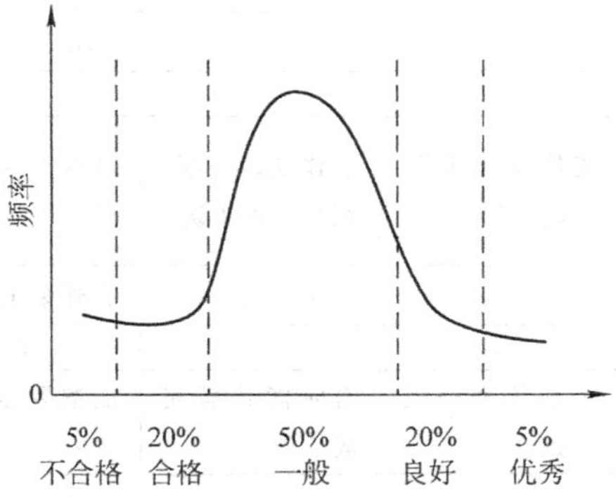

图 8-7　员工业绩强制分布形态

强制分布法可以克服不分优劣的平均主义，也可避免业绩评价过程中评价过严或过松的现象。

（三）配对比较法

配对比较法是将每一个被评价者与工作群体中的其他所有员工进行比较，如果被评价者在与另一位员工的比较中认定业绩更优，那么被评价者可得到 1 分。通过这种方法最终可以计算出被评价者的业绩得分，在此基础上可对该工作群体的同工业绩进行排序。

对以上几种方法的评价如下。

比较法只能提供员工业绩的相对比较结果，无法提供员工工作行为和工作成果的具体信息。当绩效管理的目的主要是为了区分员工的工作绩效，而不关注具体的业绩结果时，这种方法无疑是有效的，特别是它能够为员工培训、薪酬决策等提供有价值的信息。

但是，比较法的一个共同问题是，它无法与组织目标联系在一起。此外，采用比较法时，其评价结果受评价者主观因素影响较大，这在很大程度上影响了该方法的实际效度和信度。从信息反馈来看，由于该方法提供的信息只是关于员工业绩优劣相对评价，这样员工就无法了解组织对他业绩的真正要求，也很难发现自己业绩的问题所在，这将不利于员工改善业绩。

（四）特征法

在特征法中，图评价尺度法（Graphic Rating Scales）是最常用的绩效评价方法。该方法通过一个员工业绩评价量表从不同的业绩维度对员工进行评价。这些评价维度反映了与员工业绩有关的一些特征，如相关的专业知识、工作的责任感、工作的质量等。每一维度都划分为若干等级，这些等级代表不同业绩维度的优劣程度，如表 8-3 所示。

表 8-3 办公室人员的工作业绩评价量表

姓名		员工所在部门		
职位名称		日期		
工作质量（不考虑工作数量）				
5	4	3	2	1
工作极其有序、准确无误	工作准确有序，很少出现错误	基本符合要求，但工作需改善	很少达到最低要求，经常出现失误	无法达到最低要求，需大幅度改善
工作数量（不考虑工作质量）				
5	4	3	2	1
总是超额完成任务	有时能超额完成任务	能按要求完成任务	很少能按要求完成任务	总是无法完成任务
专业知识（技术方面）				
5	4	3	2	1
有丰富的专业知识，是该领域的专家	有较丰富的专业知识，很少需要他人帮助	具有一定专业知识，能满足工作要求	具有能满足基本工作要求的专业知识，能独立工作	缺乏必备的专业知识，需在他人指导下工作
责任感（计划和主动工作的能力）				
5	4	3	2	1
能很好地制订计划，并能自觉地完成计划	能较好地制订并执行计划，很少需要他人监督	偶尔需要他人的工作督导	除基本工作任务外，很少主动承担其他工作	总是等待被安排工作，很少主动工作
服务意识（使顾客满意的能力）				
5	4	3	2	1
总是不厌其烦地为顾客服务，令顾客非常满意	能很好地为顾客服务，满足顾客需要	能为顾客提供一定服务	很少能为顾客提供满意的服务	对顾客要求感到厌烦，不能令顾客满意
人际能力（沟通与合作精神）				
5	4	3	2	1
特别令人愉快，赢得他人很高赞誉	愿与他人交往，给人留下好的印象	有时愿与人交往，并留下较好印象	有时很难赢得他人的认可和接受	总是与他人对抗，招致他人怨恨
总体评价：				
评价人签字：		被评价人签字：		

等级划分可粗可细，这需要根据业绩评价需要而定。通常情况下为五级，可以用数字表示：1、2、3、4、5……；也可以用文字表示：优异、良好、一般、合格、不合格。在很多情况下，由于各个维度对业绩的作用并不相同，所以可以

根据每个维度的重要性分别给予不同的权重，这样，评价结果更为科学、准确。评价维度和维度等级为员工业绩评价提供了标准和判断尺度。在对员工进行业绩评价时，根据评价量表定义的评价维度和维度等级与员工的实际业绩表现进行对照，对每个业绩维度选择出最能反映员工实际表现的维度等级，在此基础上，对员工的业绩进行判断和评价。

第五节 员工激励与薪酬管理

一、员工激励

（一）员工激励的概念

激励（Motivation）本身是一个心理学术语，主要是指从心理上激发和鼓励人的行为动机的过程。这种激发和鼓励主要是通过各种客观外在因素的刺激来完成的，其目的是引发和增强人的行为的内在驱动力，使人始终处于一种兴奋的状态之中。组织领导者或管理者运用各种有效的方法，引发员工的工作动机，调动员工的工作积极性和创造性，激发和鼓励员工提高工作绩效、完成组织目标的过程。

管理学中的基本理论认为，人们的绩效与他们的能力水平、工作条件和工作动机有着紧密的联系，用公式可简单地表示如下：

$$绩效=f（能力，条件，动机）$$

这里的能力是指人们完成某项有目标的工作的潜力，包括如知识和智商等的智能因素，也包括如力量和技巧等的体能因素，还包括如动作感和空间感等的特殊因素等。工作条件也是人们提高工作绩效水平的重要因素，没有相应的工作条件诸如工具设备或实验室等，人们也不可能完成工作任务。工作绩效还要取决于工作动机。也就是说，员工的工作绩效是其工作能力、工作条件和工作动机的函数。

一般而言，人们的行为或工作动机产生于自己的某种需要、愿望或期望。员工的工作动机也是如此。正是受某种需要、愿望或期望的驱使，使得员工产生工作的内在动力，并以自己的实际行动和努力来完成组织的某一任务或目标。因此，员工的激励过程实际上是一个以员工的需要、愿望或期望为起点同时也是终点的、循环往返的过程，如图 8－8 所示。

（二）员工激励的类型和作用

1. 员工激励的类型

（1）从员工激励的内容来划分，主要有物质激励和精神激励两种。物质激励主要是针对人们的物质生理需求来实施的激励，目的是满足人们的物质需要，调节人们之间的物质利益关系，激发人们的工作热情。物质激励一般以薪金和福利等形式出现。物质激励的生产力水平一般不高，人们物质生活水平并不富裕或单

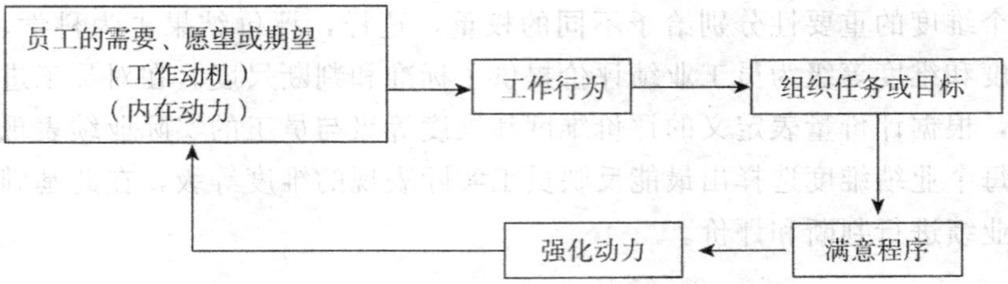

图 8-8 员工激励过程示意图

位薪酬水平不是很高的条件下较为适用和奏效。

精神激励则是针对人们的精神需求来实施的激励，目的在于满足人们精神方面的需要，从而激发人们的工作热情。精神激励多以表扬、授予各种称号、事迹宣传和晋升等形式出现。需要指出的是精神激励和物质激励是相辅相成、不可分开的。

(2) 从员工激励的形式来划分，主要有内在激励和外在激励两种。员工的内在激励，是指通过对员工进行思想教育工作，诱导员工思想意识的转变，激发员工的工作积极性，充分发挥员工的内在潜力。内在激励的自身特点要求，要遵循人的心理变化规律，不可急于求成、操之过急。

员工的外在激励，是指组织通过各种行为规范，或建立和制定有关制度和措施，鼓励或限制员工的某些行为。组织可以通过建立员工岗位责任制来限制或减少员工的失职或渎职行为，也可以鼓励员工坚守岗位，完成本职工作。

(3) 从员工激励的方法来划分，主要有关怀激励和榜样激励两种。任何组织中的员工都会出现情绪低落、工作积极性不高的情况，这时，领导者或管理者不应视而不见、无动于衷，更不应一味抱怨、施以训斥，而应实施关怀激励。

俗话说，榜样的力量是无穷的。只要组织中有了员工们真正推崇的榜样，榜样的带头和引导作用就是十分巨大的。只要有了榜样，员工们就有了学习的对象，就有了赶超的目标，组织就能成功。

2. 员工激励的作用

作为人力资源管理的基本手段和有效方法，员工激励对于组织目标的实现和组织自身的发展以及员工个人的发展都有着十分重要的作用。

(1) 员工激励有利于吸引员工，也有利于留住员工。

(2) 员工激励有利于促使员工完成本职工作。

(3) 员工激励有利于调动员工的积极性、创造性，培育员工的革新精神。

总之，在组织内的各项资源中，人力资源是最重要的。组织内人力资源的利用程度，优秀员工被吸引和留住的状况，员工对于本职工作的完成情况，员工的积极性、创造性和革新精神被调动和被激发的程度等，在某种程度上决定了组织效率的高低水平、组织目标的实现程度。而员工激励恰恰是组织合理利用人力资源的有效手段。因此，有远见的领导者或管理者无不将调动员工的积极性和创造性放在组织工作的核心地位，无不重视员工的激励工作。

（三）员工激励理论

员工激励理论从总体上可以划分为两大类：一类是内容型激励理论；另一类是过程型激励理论。

1. 马斯洛的需求层次理论

马斯洛的需求层次理论（Hierarchy of Needs Theory）是西方学术界影响最为深远、应用最为广泛的内容型激励理论。亚伯拉罕·H·马斯洛（Abraham H. Maslow）是美国心理学家，他在1943年发表的《人类动机理论》一文中正式提出了人的需求层次理论。这一理论的基本内容可以简单地概括为五种需求、四个假定。

（1）五种需求。马斯洛认为，人有一系列复杂的需求，主要包括五种：生存需求、安全需求、社交需求、尊重需求和自我实现需求；按照需求的优先次序，可以排成阶梯型的层次，如图8-9所示。生存需求和安全需求属于最低层次的需求，然后是社交需求和尊重需求，它们属于中层需求，而自我实现需求是最高层次的需求。各种需求的具体含义及其对领导者或管理者的启示分别如下：

第一，生存需求。生存需求是指人们食物、衣服、水、空气和住房等生存资料的需求。这类需求层次最低，任何时候人们总是要竭力满足自己这方面的需求；这类需求没有得到满足，人们一般是不会向高一层需求迈进的。

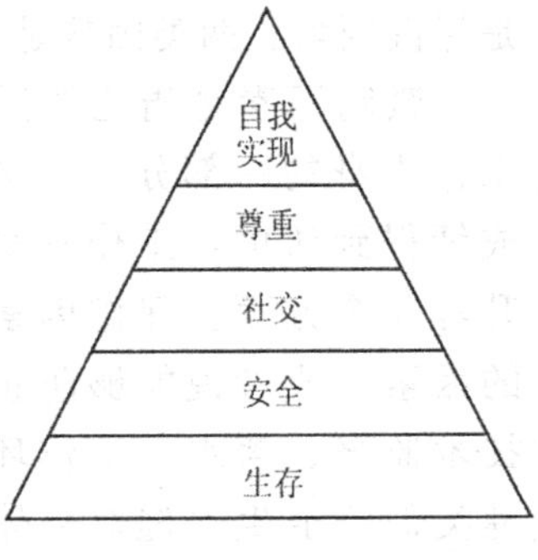

图8-9 马斯洛的需求层次图示

第二，安全需求。安全需求是指人们对自己人身安全、生活稳定以及免遭痛苦、疾病和威胁等的需求。与人们的生存需求一样，安全需求也是最低层次的需求；在安全需求没有得到满足以前，人们主要关心的就是追逐这种需求。

第三，社交需求。社交需求包括对友谊、爱情以及隶属关系等的需求。一般来说，社交需求是在人们的生存需求和安全需求得到满足以后而激发出来的一种需求；这种需求如果得不到满足，就会影响人们的精神健康，容易导致人们情绪低落、缺勤率高、工作效率低下以及对工作不负责任等。

第四，尊重需求。尊重需求一方面包括自己对成就或自我价值的个人感觉，另一方面包括他人对自己的认可和尊重，简言之，就是希望别人按照自己实际的形象来接受自己，并认为自己有能力，能胜任工作。

第五，自我实现需求。自我实现需求是指人们对自我完善、充分发挥自己潜能的需求。自我实现需求是最高层次的需求。达到了自我实现境界的人，接受自己也接受别人；同时，自己解决总是的能力增强，自觉性提高，善于独立处事，要求不受打扰地独处。

(2) 四个假定。马斯洛在提出人所具有的上述五种需求的同时，还提出了作为其需求层次理论基础的四个基本假定。

其一，已经满足的需求，不再是激励因素。

其二，人们的需求结构一般很复杂，任何时候都有多种需求影响人们的行为。尽管一定时期人们的需求有主次、先后之分，但各种需求都会影响人们的行为，只不过影响的幅度、程度大小不同而已。

其三，一般情况下，只有在人们较低层次的需求得到满足后，较高层次的需求才会有足够的活力，以驱动人们的行为。

其四，较高层次需求的满足途径要多于较低层次需求的满足途径，较高层次需求的满足难度要大于较低层次需求的满足难度。

2. 赫茨伯格的双因素理论

赫茨伯格的双因素理论（Two-Factor Theory）是西方国家另一重要的内容型激励理论。赫茨伯格（F. Herzberg）是美国社会学家。

(1) 赫茨伯格认为，员工们的工作中存在两类因素：一类是激励因素，一类是保健因素。两类因素是两类性质截然不同的因素。

激励因素是指能够激励员工积极性、提高工作效率的因素。这类因素是工作本身的一部分，与员工职务和工作内容相关，主要包括工作成就或工作成绩得到认可，工作本身具有挑战性、责任感以及个人得到成长、发展和提升等几个方面。保健因素是指能够对员工工作积极性和工作绩效起保健作用的因素，或者说能够防止员工不满意的因素，主要包括组织的政策与管理、技术监督、薪水、工作环境与条件以及人际关系及上下级关系等。这里的保健类似于卫生保健对身体健康的作用一样。一般来说，激励因素对员工的工作起直接激励的作用，而保健因素只能起保健的作用，不会导致积极的后果。这就是说，激励因素达到或超过员工的要求时，会对员工的工作绩效产生积极的作用，促进员工提高工作效率；而保健因素低于员工可接受的限度时，会引起员工的不满，当保健因素改善时，员工的不满就会消失，但不会导致积极的后果，即不会促进员工工作绩效的提高。

(2) 政策建议。赫茨伯格提出了自己的政策建议。他建议，作为管理者，首先必须保证员工在保健因素方面得到满足。要给员工提供适当的薪水，要改善员工的工作条件和工作环境，要协调员工之间及员工与管理者之间的关系，要接受员工的监督及吸收员工参与管理等。他还建议，管理者必须重视员工的激励因素，以此来刺激员工工作绩效的提高。这其中包括：为员工提供有挑战性的工作，扩大员工工作责任范围及其独立自主性，为其创造出成绩、做贡献的机会和条件，使其在工作中不断作出新的成就等。只有这样，才能激励员工不断进步和发展。

可以看出，赫茨伯格双因素理论中提出的双因素与马斯洛需求层次理论中提出的五种需求有一定的关联。实际上，赫茨伯格所强调的保健因素与马斯洛的几个较低层次的需求对应。

3. 期望理论

期望理论（Expectancy Theory）是西方国家非常有影响的过程型激励理论。

（1）期望理论提出了关键性变量：期望值、效价和关联性。

期望值是指个体根据自己的经验对所采取的行动将达到某一目标或结果的可能性或概率的估计。

效价是个体对于特定后果的感觉的量度，也可通俗地理解为个体对于某一目标或结果的重视程序和评价高低。

关联性是指绩效与后果之间的关系。一般来说，关联性在＋1.0与－1.0之间变动。

（2）期望理论在提出了上述三个关键性变量的基础上得到了关于激励强度的简单关系式，即

$$激励强度＝期望值×效价$$

从上式中可以看出，激励强度是期望值与效价的乘积：期望值与效价越高，激励强度越大；相反，期望值与效价越低，激励强度越小；当然，如果期望值或效价为零，那么，激励强度也为零。

（3）一个模型。在上述三个变量的基础上，期望理论提出了自己的一个基本模型见图8-10。

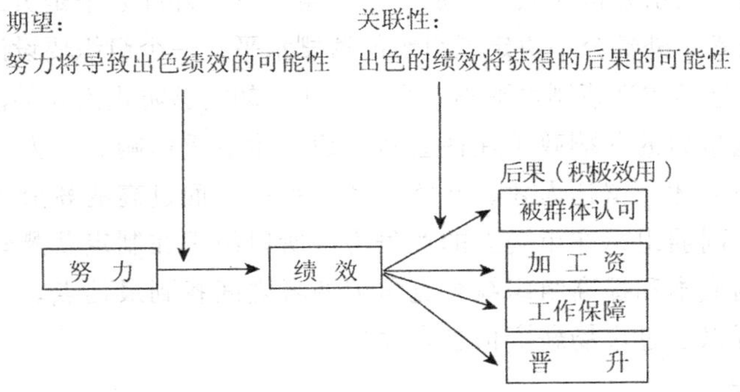

图8-10 期望理论的基本模型

二、公平理论

公平理论（Equity Theory）是由美国心理学家斯戴西·亚当斯（J. Stacey Adams）提出来的一种过程型激励理论。公平理论重点研究人们报酬分配的公平问题，尤其是研究报酬的合理性、公平性对员工工作积极性的影响。

（一）公平理论的基本思想

公平理论中最重要的模型是Stacy Adams提出的，它的基本思想是：

$$\frac{\text{我的报酬（产出）}}{\text{我的贡献（投入）}}=\frac{\text{别人的报酬（产出）}}{\text{别人的贡献（投入）}} \quad \text{公平}$$

$$\frac{\text{我的报酬（产出）}}{\text{我的贡献（投入）}}>\frac{\text{别人的报酬（产出）}}{\text{别人的贡献（投入）}} \quad \text{不公平 报酬过剩}$$

$$\frac{\text{我的报酬（产出）}}{\text{我的贡献（投入）}}<\frac{\text{别人的报酬（产出）}}{\text{别人的贡献（投入）}} \quad \text{不公平 报酬不足}$$

如果员工认为得到公平的薪酬对待，他就能够接受这个薪酬标准，会对组织产生信任，甚至满意。如果出现报酬不足性不公平，他就会寻求某种方式实现公平，如要求增加收入、寻找其他增加收入的途径、减少投入、远离产生不公平的地方等。事实上报酬过剩性不公平几乎不存在，因为员工总是低估自己的所得或高估别人的所得。员工对自己薪酬的评价结果会对他的工作态度和工作行为产生影响。

（二）薪酬管理中的公平形式

当我们将公平理论用于薪酬管理时，就有三种公平的表现形式：外部公平、内部公平和员工个人公平。

1. 外部公平

外部公平关注的是组织的薪酬水平与同类型其他组织中从事同样工作的员工的薪酬水平相比较。从组织角度看，外部比较可以使组织了解其薪酬水平是否具有竞争力，是否能够吸引并留住人才。从员工的角度看，外部公平是员工职业选择的一个重要考虑因素。外部公平决定了组织的薪酬水平。一个组织要设法保持企业薪酬的外部公平，这样或许薪酬水平不能吸引人才，却能够防止人才的流失。

强调外部竞争力的薪酬政策往往会对组织产生双重影响。一方面具有竞争力的薪酬可以吸引人才、留住人才、激励人才；另一方面过高的薪酬支出会增加组织的成本负担，削弱组织在市场上的竞争力。所以组织在制定薪酬政策时需要在吸引人才、控制成本和提高组织综合竞争力两者之间找到最佳点。

外部比较可以通过市场薪资信息来完成。

2. 内部公平

内部公平反映的是组织内部不同岗位、不同职位之间的薪酬水平应该与其工作价值具有一致性。由于组织内部不同岗位、不同职位的工作性质、工作内容和技术复杂程序不同，它们对组织的贡献也不相同。内部公平就意味不同岗位、不同职位的薪酬是不同的，其薪酬水平应该由其工作价值来决定。内部公平决定了组织的薪酬结构。

3. 员工个人公平

员工个人公平指的是在同一组织中从事相同工作的员工之间进行的薪酬比较。员工个人公平强调的是员工个人的薪酬水平应该反映他们的绩效水平，应该考虑他们的工作资历等。虽然员工也关注外部公平和内部公平，但员工的公平感和满意度更主要来自于员工个人公平。相对于外部公平和内部公平而言，员工个人公平对员工的工作态度和工作行为影响更大。表 8 - 4 总结了三种公平形式与薪酬管理的关系，见表 8-4。

表 8-4 公平形式与薪酬管理的关系

外部公平	内部公平	员工个人公平
与外部其他同类组织的薪酬相比	与组织内部其他岗位、职位的薪酬相比	与组织中从事相同工作的其他员工薪酬相比
市场薪资调查	工作分析与工作评价	绩效评价
薪酬水平	薪酬结构	员工个人薪酬水平
员工招聘与选择、员工保留、劳动力成本、工作态度	内部流动：晋升、工作轮换；职业发展；工作态度	工作态度和行为、员工保留

三、工资薪酬的设计

工资薪酬是薪酬体系的基本部分，工资薪酬的设计是薪酬管理中非常重要的工作。设计一套既符合组织目标要求，又满足人力资源管理需要的工资薪酬系统需要综合考虑外部公平、内部公平和员工个人公平三方面要求，以充分体现科学、公平、合理的原则。工资薪酬的设计程序如图 8 - 11 所示。工资薪酬设计实际上包括以下几方面的工作：进行工作评价，确定不同工作的相对价值，建立工作结构；根据市场薪资调研及组织业绩和人事战略，确定组织中全部工作的平均工资水平；确定每个工作的绝对工资水平，形成工资结构。

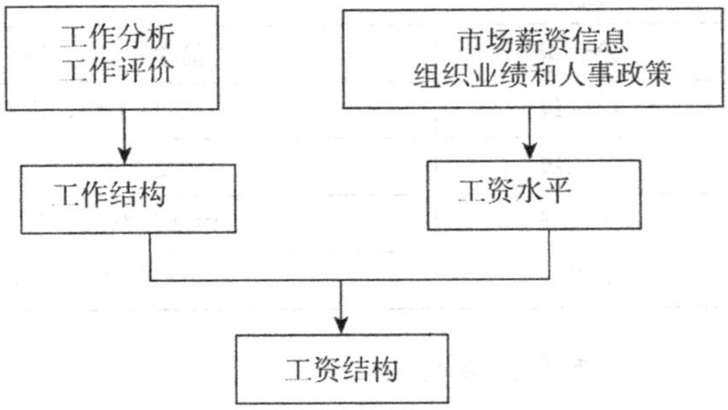

图 8 - 11 工资薪酬的设计程序

（一）工作评价，建立工作结构

内部公平是组织薪酬设计的基本原则之一，内部公平实现的前提是明确组织中不同工作的相对价值。在一个组织中，不同工作岗位和职位，它们的工作任务、工作复杂程度、工作职责是不同的，自然对组织的贡献也是不同的。内部公平就要求按照工作本身的价值来确定不同工作的工资水平。工作评价就是通过各种方法对每个岗位或职位的工作对组织所作的贡献进行评价，以确定每个工作相对价值的过程。

工资评价的方法有很多，其中工作评价方法有工作排序法、因素比较法、工作分类法和要素计点法。

1. 工作排序法

工作排序法是最早使用的工作评价方法。它是由工作评价者在对各种工作进行分析、收集有关资料的基础上，根据各种工作的相对价值或者对组织的贡献对其进行由高到低的排序。

2. 因素比较法

因素比较法与工作排序法相似，所不同的是它是一种比较计量性的工作评价方法。因素评价法的好处是直接用工资标值标示职务标值，省略了“分数—工资”转换，简化了操作程序。但是它在应用上还是非常复杂的，特别是对报酬因素赋值既是一项非常重要的工作，又是一项复杂工作，通常需要由经验丰富的专家进行。所以该方法的应用并不十分普遍。

3. 工作分类法

工作分类法工作分类法也是一种非定量评价方法。它是将各项工作分成几个等级，并且对每个等级设定明确的标准，以此作为评价各项工作价值的依据。以办事员为例进行等级划分和等级定义，如表 8-5 所示。

表 8-5 办事员工作类别体系表

级别	等级标准
第一级	简单工作，没有监督责任，不需要与公众交往
第二级	简单工作，没有监督责任，需要与公众交往
第三级	中度复杂的工作，没有监督责任，需要与公众交往
第四级	中度复杂的工作，有监督责任，需要与公众交往
第五级	复杂工作，有监督责任，需要与公众交往

4. 要素计点法

要素计点法是一种定量评价方法，也是应用最为广泛的方法。该方法的基本原理是：根据影响工作价值的报酬因素对每一个岗位工作进行评价打分，以确定该工作的相对价值。

要素计点法的基本程序：

1）确定工作评价的报酬因素。

2）报酬因素的等级划分和定义。

3）确定各报酬因素的权重。

4）确定各报酬因素的点数或分值。

5）岗位工作评价打分。

要素计点法的核心工作是报酬因素的确定和报酬因素权重分配。确定报酬因素就是要明确是什么因素决定着一个岗位或职位的工作价值。

确定了报酬因素和报酬因素权重，我们就可以根据评价量表对每一个工作进行评价打分。每项工作得分的高低反映了该项工作的相对价值。要素评价量表范例，如表 8-6 所示。

表 8-6 要素计点法评价量表范例

报酬因素与权重	点数	评价子因素	等级				
			1	2	3	4	5
技　能 35%	250	知识	14	28	42	56	70
		工作经历	22	44	66	88	110
		解决问题的能力	14	28	42	56	70
职　责 20%	100	对过程的管理	5	10	15	20	25
		对设备的管理	5	10	15	20	25
		对人的管理	5	10	15	20	25
		安全职责	5	10	15	20	25
工作复杂程度 35%	240	解决问题的难度	10	20	40	60	80
		与其他部门的联系	10	20	40	60	80
		对其他人员的影响	10	20	40	60	80
工作环境 10%	75	工作场所	10	20	30	40	50
		危险性	5	10	15	20	25

工作等级划分：

分数	等级	分数	等级
115～170	1	391～445	6
171～225	2	446～500	7
226～280	3	501～555	8
281～335	4	556～610	9
336～390	5	611～665	10

报酬因素界定：

以对其他人员的影响为例：

等级 1：所从事的工作在一般情况下对其他人没有影响

等级 2：所从事的工作对有关人员有影响

等级 3：所从事的工作对本部门会产生影响

等级 4：所从事的工作对其他有关部门有影响

等级 5：所从事的工作对整个组织都有影响

确定工资水平是组织薪酬战略的一项重要内容，组织必须作出决策：是将组织在完成了工作评价，确定了组织中不同工作的相对价值后，接下来需要做的工作就是确定组织所有工作的平均工资水平，以及每一个工作的绝对工资水平。工资水平确定的主要依据是市场薪资调研信息，这是由外部公平的薪酬设计原则决定的。

（二）确定工资水平

工资水平是定在高于市场平均工资的水平上，还是将其保持与市场平均工资同一水平，或者低于市场平均水平。最终的决策不仅取决于市场薪酬信息，更取决于组织的目标、业绩以及人事战略，不同的薪酬决策对组织的影响是不同的。

不同的薪酬策略，见图 8-12。高于市场平均水平的薪酬战略如战略 A 可以使组织在劳动力市场上具有更强的竞争力，能够吸引优秀人才，这对于组织改善业绩和长期发展十分有利。市场平均工资水平持平或低于市场平均水平如战略 B，虽然可以降低成本，但是组织无法吸引和留住人才，组织的长期发展将起推动作用。由于组织的薪酬缺乏竞争力，将使组织人员招聘和选拔更为困难，招聘选拔和培训费用增加。有些组织在确定薪酬水平时采用战略 C，即对于劳动力市场供应相对缺乏的高级别员工的薪酬水平高于市场平均水平，而对于劳动力市场供应相对充足的低层次员工的薪酬则低于市场水平的策略。这样，既可以吸引和留住关键人才，又可以有效降低成本。

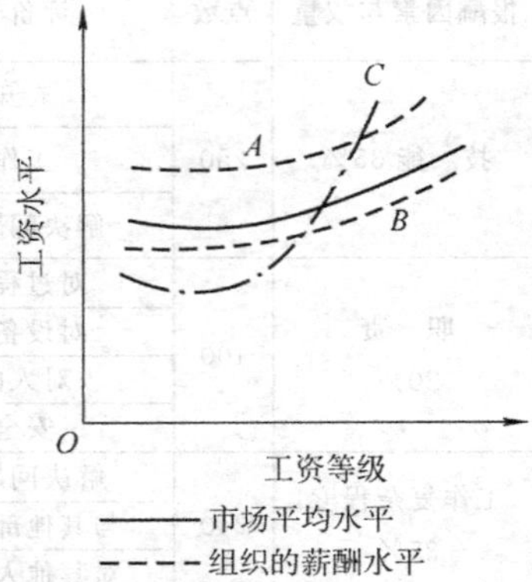

图 8-12　不同的薪酬水平策略

组织在确定工资水平时，既要结合市场信息，考虑组织能够吸引和留住员工所必须支付的工资水平，同时又要考虑其工资水平的支付能力，要在劳动力市场和产品市场双重竞争压力下，找到最佳平衡点。不同薪酬水平策略的效果见表 8-7。

表 8-7　不同薪酬水平策略的效果

薪酬政策	薪酬政策目标				
	吸引力	保持力	控制劳动力成本	降低对薪酬的不满	提高劳动生产率
高于市场	好	好	不明确	好	不明确
等于市场	中	中	中	中	不明确
低于市场	差	不明确	好	差	不明确

四、建立工资结构

将工作结构与工资水平联系起来，就形成了反映不同工作价值的相对工资水平的工资结构（Pay Structure），如图 8－13 所示。

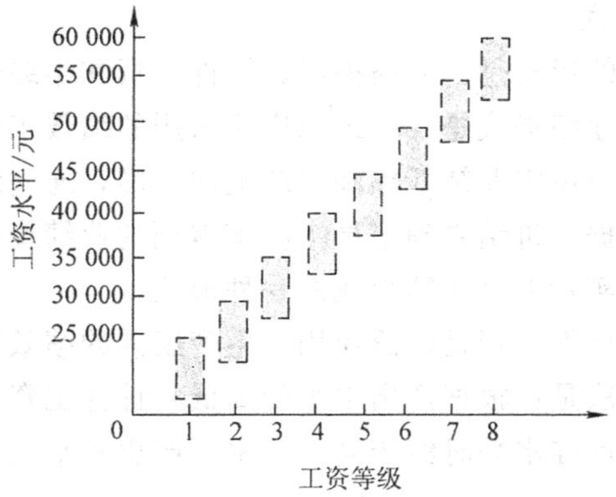

图 8－13 工资等级结构

在工资等级结构图中，横轴的工资等级是将具有相同或相似工作价值的工作进行了归类，这样做的目的是为了减少给大量不同工作分别确定不同工资率所产生的管理负担，而且也使员工进行岗位轮换更为灵活。纵轴为工资水平。通常每一个工资等级给定的不是一个工资水平点，而是一个工资幅度。

一个合理的工资结构应该是，工作价值越大，相应的工资等级水平也就越高。但是，需要指出的是，相邻的两个工资级别之间工资幅度应该有一定的重叠。这就意味着低级别员工的工资有可能高于高级别员工的工资，员工的业绩水平、技能水平、工龄等因素能在工资水平上有所体现，防止员工工资增长出现死胡同，影响其工作动力和积极性。

员工个人的工资水平是由员工的工作岗位、员工个人的业绩、员工的技能水平和工具等因素决定的。员工的工作岗位决定了他的工作价值和工资级别。员工在其相应的工资级别中处于哪个水平则取决于他个人的工作业绩和工作表现。必须承认的是员工受教育程度的不同、工龄的长短都会对员工的业绩产生影响。一般而言，受教育程度越高，工龄越长，员工的技能水平也就越高，越有助于员工业绩的提高，其工资水平也应相应提高。但是，在确定员工个人工资时也必须防止论资排辈或唯学历论的情况发生。

五、绩效工资和激励工资

虽然员工的工作性质、工作的相对价值是决定员工薪酬水平的基础，但是决不是唯一因素。员工的工作业绩、技能水平同样也是决定和影响员工薪酬水平的重要因素。

（一）绩效工资的设计

绩效工资是对员工工作绩效的补偿，它将员工的薪酬水平与员工的业绩水平直接联系起来，现在，越来越多的组织开始采用绩效工资，并将其作为基本工资的补充。

1. 绩效工资的形式

绩效工资最典型的形式是：业绩提成、计件工资和年终奖。

（1）业绩提成。业绩提成是许多组织广泛采用的绩效工资形式。采用这种工资形式时，通常事先要设定业绩目标和业绩提成标准，通过绩效评估对员工的绩效水平进行测定，根据评价结果确定员工应该得到的业绩提成。

销售人员的佣金实际上是业绩提成的一种形式。

（2）计件工资。计件工资是广泛应用于生产工人的绩效工资形式，它是由泰勒提出的。其基本做法是：根据产出水平的高低将计件工资划分为两种不同的工资率，产出水平高于标准水平时给予高工资率，产出水平低于标准水平时给予低工资率。

（3）年终奖。不少组织通过设立年终奖，奖励员工一年来对组织的贡献。据1999年的一份薪酬调查显示，在被调查的51家企业中，95%的企业设立有年终奖。年终奖一般为固定奖金，通常是1～2个月的工资。

2. 工作绩效对员工薪酬变化的影响

在绩效工资方案中，员工的绩效表现不仅影响他的薪酬水平，也影响他薪酬的增长速度。

绩效工资要充分体现对员工优异绩效的回报和奖励，这样才能够充分发挥它的激励作用。期望理论和强化理论所揭示的，当员工高绩效的工作能够得到他们预期的回报，就会激发他们进一步提高业绩。所以，在绩效工资设计时常采用的是加速递增的方法。

当员工业绩表现低于某一标准时，其工资增长为零。当员工业绩超过这一标准，工资将增加，而且业绩表现越好，增加速度越快，直到达到工资浮动范围的上限。

另一个影响员工薪酬增幅的因素是员工现有的薪酬水平在薪酬幅度中处于什么位置。在相同的绩效等级下，员工现有的薪酬水平如果在薪酬幅度中处于较低位置，则该员工薪酬的涨幅会更大。如果该员工薪酬已经处于较高的位置，则薪酬增长速度就会减缓，甚至不再增长。

（二）激励工资

激励工资也是与业绩直接联系在一起的工资形式，与绩效工资不同之处在于：第一，激励工资更强调长期的激励作用；第二，激励工资是将组织的业绩与员工薪酬联系起来，支付报酬的依据是对组织业绩的评价。如果说绩效工资是个人奖励计划，激励工资则是团体奖励计划。

1. 利润分享计划

利润分享计划是根据组织的盈利状况对组织的业绩进行评价，超过目标利润的部分在组织的全体员工之间进行分配。利润分享计划的报酬支付依据不是员工的个人业绩，而是组织的整体业绩，而且这部分薪酬也不会成为基本薪酬的组成部分。

2. 收益分享计划

收益分享计划也是一种团体奖励计划，与利润分享计划不同的是，它不是根据组织整体的业绩而是根据团队的业绩作为支付报酬的依据，由于员工个人业绩更容易且更直接地对团队业绩产生影响，所以员工会感到团队的业绩是他们所能控制的，这会增加他们对收益分享计划得到报酬的期望；此外收益分享计划比利润分享计划的报酬支出更为频繁，这样，就比利润分享计划具有更强的激励效果。

3. 股票期权计划

股票期权计划也是一种团体激励计划，它被认为是一种有效的长期激励手段。股票期权是指一个公司授予其员工在一定的期限里按照该授权日的股票的公平市场价格购买一定份额的公司股票的权利。享有股票期权的员工在购买公司股票时只需支付期权价格，而不管当日股票的交易价是多少，期权价格和当日交易价之间的差额就是该员工的获利。

案例分析

微软公司研究院的人才管理模式

微软作为世界上最著名的计算机软件公司，软件研究院在人力资源管理方面有很多独到之处，归纳起来有以下几条：

1. 引导，但不控制

研究院研究项目、方法、细节，都由研究人员自己来决定，对于整个项目的规划领导层可以提出自己的意见，但决定权在研究人员手中。即使领导层并不认同他们的决定，研究人员在研究过程中也会得到领导层的全力支持。

2. 自由、真诚、平等

微软研究院不允许官僚作风、傲慢作风和明争暗斗的存在，鼓励不同资历、级别的员工互信、互助、互尊，每一个员工都能够对任何人提出他们的想法。就算是批评、争论，也是在互信、互助、建设性的前提下作出的。

3. 员工满足

很多人可能认为待遇是员工的最大需求。当然良好的待遇是重要的，但是对于研究人员来说最重要的是能够有足够的资源来专门从事研究，能够得到科技界、学术界的认可，并有机会将技术成功地转化为产品。

4. 发掘人才

人才在知识经济、信息社会中的价值，远远超出工业社会。例如，世界上最小的Basic语言是比尔·盖茨一个人写出来的。为微软公司带来巨额利润的Windows也是由一个研究小组完成的。微软公司是如何发掘人才的呢？

找出有杰出成果的领导者。这些领导者中，有些是著名的专家，但有时候最有能力的人不一定是最有名的人。许多计算机杰出的成果，通常是由一批幕后研究英雄创造的。

找出最有潜力的人。在中国，因为信息技术起步比较晚，现阶段杰出成果和世界级的领导者比起美国要少得多。但是基于中国的年轻人（如应届的硕士生或博士生）的聪明才智、基础和创造力，微软公司专门成立了中国研究院，在中国寻找专家，发掘人才。

5. 吸引和留住人才

微软到中国来可以“高薪收买人才”。微软认为，每一个人都应该得到适当的待遇但是微软更重视研究环境。微软为研究人员开辟极富有吸引力的环境，包括：充分的资源支持；最佳的研究队伍和开放平等的环境；让每个人都能为自己研究开发的产品自豪；每个研究人员在紧随公司大方向的同时，仍有足够的空间及自由区发展自己的才能，追求自己的梦想等。

在微软三个研究院中人才流失率不到3%。人们在微软最大的感触是，每个人都特别快乐，特别热爱和珍惜自己的工作。

讨论题

1. 从微软研究院的人才战略的经验中你认为企业人力资源管理工作最本质的是什么？

2. 企业应该如何在人力资源理论和原理指导下进行人力资源管理？

3. 微软公司人力资源管理的普遍性和特殊性什么？他们有哪些经验带有普遍性？

（本案例引自：王镭，《微软研究院的人才战略》，《中国人力资源开发》2000年第1期）

思　考　题

1. 试简要说明人力资源的构成和特点。
2. 说明人力资源管理的概念及其包括的基本内容。
3. 什么是工作岗位分析？它在人力资源管理中的作用是什么？
4. 试简要说明们工作岗位分析常用的方法是什么？
5. 什么是人力资源计划？人力资源计划的通用模型是什么？
6. 常见的人力资源计划有几种类型？采取的相应对策是什么？
7. 企业人力资源需求会受到内部和外部哪些因素的影响？
8. 企业人力资源供给内部及外部的途径是什么？
9. 员工绩效考核的含义及特点是什么？
10. 员工绩效评价方法有哪几种？它们有什么不同特点？

11. 企业薪酬管理中应该注意哪几方面的公平？

12. 企业常用的绩效工资有哪几种形式，它们有什么不同特点？

作 业 题

一、判断题

1. 一个组织的人力资源就是该组织劳动力的总和。（ ）

2. 一个企业（或）组织一个其人力资源的数量是指分布于组织内部各个岗位、从事不同性质工作的各类员工数量之和。（ ）

3. 人力资源与天然资源相比具有可再生性。（ ）

4. 岗位分析是人力资源管理最基本的工具，具有基础性作用。（ ）

5. 工作规范是对工作特征的具体描述，工作说明书是对从事该项工作的人的特征的描述。（ ）

6. 外部供给是满足组织人力资源的需求的唯一途径。（ ）

7. 工作绩效是员工素质与工作对象、工作条件等相关因素互相作用的结果。（ ）

8. 激励是指从心理上激发和鼓励人的行为动机的过程。（ ）

二、单项选择题

1. 在企业或其他社会组织中最宝贵的资源是（ ）。

A. 物力资源 B. 财力资源 C. 知识资源 D. 人力资源

2. 工作分析人员通过让员工利用工作日志的形式将工作任务和工作过程记录下来，为工作分析提供信息和依据的方法为（ ）。

A. 访谈法 B. 问卷调查 C. 员工记录法 D. 观察法

3. 通过工作岗位分析，最后形成对从事某项工作人员的基本资格的描述，包括对任职者知识、技能、能力的要求等，这类文件称为（ ）。

A. 岗位规范 B. 工作说明书 C. 岗位职责 D. 作业指导书

4. 当组织以现有员工来补充人员需求时，我们就称之为组织人力资源的（ ）。

A. 外部供应 B. 短缺供应 C. 临时供应 D. 内部供应

5. 采取一定的方法，评定员工的工作任务完成情况及工作职责履行情况，并将考评结果反馈给员工的过程为（ ）。

A. 绩效考评 B. 生产考评 C. 自我考评 D. 任务考评

6. （ ）主要是鉴定和验证员工过去取得的工作成绩，并用来控制员工的行为的考评。

A. 发展型考评 B. 判断型考评 C. 客观型考评 D. 主观型考评

7. 对于工作结果具体、客观且可以量化的员工适宜采取的评价（ ）。

A. 行为导向评价 B. 特征导向评价 C. 结果导向评价 D. 知识导向评价

8. 按照员工作业绩的相对优劣程度强制将其列入某一业绩等级中的方法为（ ）。

A. 分级法 B. 强制分布法 C. 配对比较法 D. 特征法

9. 员工的工作动机受某种需要、愿望或期望的驱使，使得员工产生工作的内在动力，为此可以采取的方法是（ ）。

A. 教育 B. 激励 C. 控制 D. 表扬

10. 组织中员工的薪酬水平与同类型其他组织中从事同样工作的员工的薪酬水平应保持平衡（　　）。

A. 动态平衡　B. 静态平衡　C. 外部平衡　D. 内部平衡

三、多项选择题

1. 人力资源与其他资源相比具有以下特点（　　）。

A. 数量性　B. 时效性　C. 再生性　D. 社会性　E. 能动性

2. 工作岗位分析常用的方法有（　　）。

A. 访谈法　B. 问答调查法　C. 观察法　D. 相关法　E. 员工记录法

3. 岗位分析最终要形成两个书面文件是（　　）。

A. 岗位记录　B. 分析报告　C. 工作说明书　D. 工作报告　E. 工作规范

4. 企业人力资源计划编制可以归纳为三种类型（　　）。

A. 数量先导型　B. 员工过剩型　C. 员工短缺型　D. 质量先导型　E. 供求平衡型

5. 常用的绩效评价方法有（　　）。

A. 分级法　B. 强制分布法　C. 配对比较法　D. 特征法　E. 发展型考评法

6. 从员工激励的内容来划分可以有（　　）。

A. 物质激励　B. 内在激励　C. 精神激励　D. 外在激励　E. 自我激励

7. 将公平理论用于薪酬管理时应注意三方面的公平（　　）。

A. 外部公平　B. 上下公平　C. 左右公平　D. 内部公平　E. 员工个人公平

8. 企业常用的绩效工资的形式有（　　）。

A. 业绩提成　B. 计件工资　C. 计时工资　D. 年终奖　E. 岗位工资

四、填空题

1. 人力资源具有时效性是针对人力资源具有________而言的。

2. 人力资源管理的基本内容可以概括为______、______、______和______。

3. 岗位分析最终要形成两个书面文件，工作说明书是对________的具体描述；工作规范是对从事该项工作的________的描述。

4. 一个组织人力资源的供给共有两种途径：内部供给是指________________；外部供给是指________________。

5. 员工绩效是指员工在一定时间、条件下完成工作任务所表现的________和________。

6. 员工激励是指管理者用各种有效的方法，引发员工的________________，激发和鼓励员工________________的过程。

7. 员工的外在激励，是指组织通过各种________，或建立和制定____________，鼓励或限制员工的某些行为。

8. 企业工资水平的确定主要依据是____________信息，这是由________的薪酬设计原则决定的。

第九章　现代企业财务与成本管理

引　　言

海尔追求企业价值最大化

海尔推出的氧吧空调，被业内专家称之为“第二种空调”，它是能够制造氧气的空调。它之所以能够在竞争激烈的空调市场上红透半边天，是因为这款空调能够满足消费者的个性化需求——制造氧气。氧吧空调成功地应用了国际领先的富氧膜技术、分子筛技术，通过物理原理，筛选氧分子。这项氧吧技术不仅填补了国内市场空白，在国际市场上也是首屈一指。

研制能制造氧气的空调，在业内是一个非常棘手的问题。在空调行业中，很多企业都在忙着打价格战，一味地追求市场占有率，没有人想到过要解决这个问题，海尔氧吧空调仅用一个月时间就开发成功，这也开创了一个新的开发速度。

业内专家认为，家电产品与老百姓生活密切相关，家电企业有责任在引导消费上发挥更积极的作用。作为现代家电企业，要获得市场必须具备两个条件，一是企业要有足够的产品线，有足够丰富的各类产品；二是企业要有很好的再造流程，能够迅速反应和满足市场的需求。

随着生活水平的普遍提高，消费者对于空调的使用不再是单纯地局限于能够制冷制热，而是追求一种能够带来更为健康的生活环境。氧吧空调的研制成功，正是为顾客创造了有氧有健康的价值。

空调市场专家认为，随着时代的进步，作为社会财富的创造者，企业必须走出金钱至上的误区，以企业价值最大化替代企业利润最大化的目标，新的客户导向的经营理念，要求企业必须首先弄清楚“我们为什么存在”，“客户为什么需要我们”。

（资料来源：《经济参考报》）

第一节　财务管理概述

财务管理是企业管理的重要部分，是对企业资金运动过程的管理，包括组织财务活动，处理财务关系两方面的内容。

一、资金运动

企业的资金运动与实物运动一样，具有周期性。企业资金运动的过程如图9-1所示。

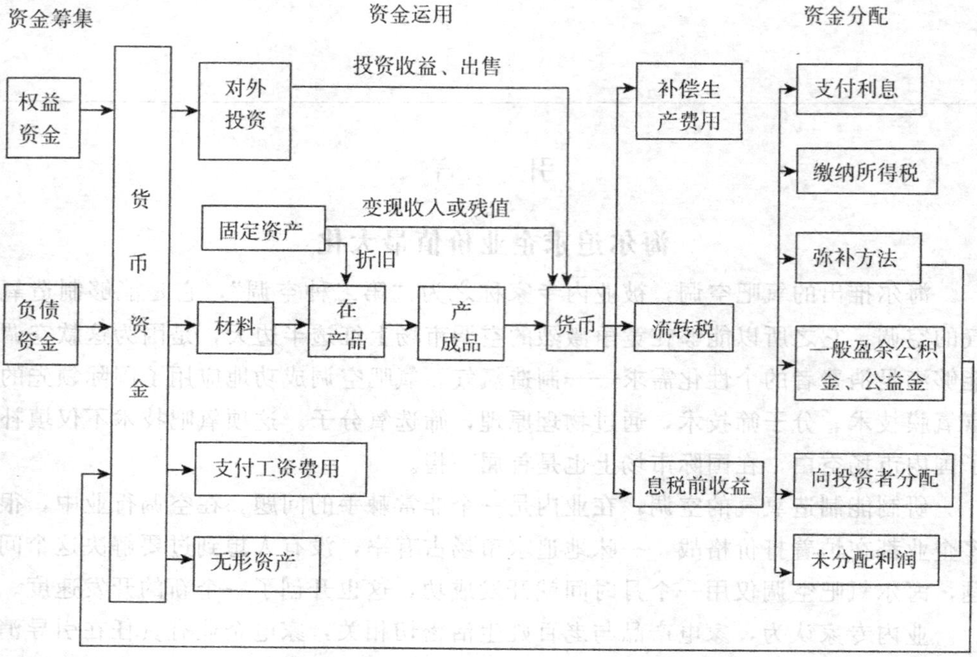

图9-1 企业资金的运动过程

资金运动的主体是资金，对于任何实物我们都可以从两个方面来认识，实物形态（使用价值）和价值形态（价格）。一方面，企业中存在着实物运动，如货币转化为固定资产和原材料，再转化为在产品和产成品，经过销售阶段后又转化为货币形态；另一方面，附着在实物形态上的价值形态形成了企业经营过程中的价值形态的周转，即资金运动。

从图9-1中可以看出：

(1) 资金流转的起点和终点是现金，其他资产都是现金在流转中的转化形式。财务管理的对象是资金及其流转。

(2) 资金运动经历了资金的筹集、资金运用和资金分配三个过程。

二、企业财务活动

企业财务活动是以现金收支为主的资金收支活动，在企业中有以下三种财务活动。

(一) 筹资

企业从事生产经营活动，首先要有资金来源，资金既可以来自自有资金（权益资金），也可以来自负债资金。筹资活动除了涉及企业发行股票和债券、银行借款、吸收直接投资等资金收入活动外，还包括偿还借款、支付利息和股利、支付筹资费用等资金支出活动。

筹资活动是企业财务活动的基础环节，要注意资金的成本和风险，确定合理的筹资规模和资本结构。企业在筹资过程中，涉及以下的财务关系：①与债权人的财务关系；②与企业所有者的财务关系。要处理好与资金方的各种财务关系。

（二）投资

企业筹资的直接原因是投资。企业投资可分为对内投资和对外投资两种形式。对内投资是企业把筹集到的资金投资于企业内部，如投放到本企业的固定资产、无形资产和流动资产上；对外投资是企业把筹集到的资金投放于其他企业，如购买股票、债券，组建新企业等。

投资活动产生的资金收支活动有购买债券、投资组建企业、收回对外投资、对外投资收益、变卖对内投资的各种资产等。

企业在进行投资管理时，要做好投资可行性分析，注意资金的收益性和风险性；同时，对企业日常经营活动的资金流转要加以管理。

这一阶段企业要处理的财务关系有：①企业与债务人的关系；②企业与被投资单位的关系；③企业内部各单位之间的财务关系；④企业与职工之间的财务关系。

（三）股利分配

企业在经营过程中产生的利润首先用来纳税，其后的分配顺序是：弥补亏损；提取公积金、公益金；分配股利。确定合理的股利政策，以有利于实现企业目标，是这一环节的中心任务。股利分配体现了企业与股东的关系。

从以上分析可以看出，财务管理是从资金收支的角度，对企业经营活动的各个环节进行管理，促进资金流动和循环。

三、财务管理的目标

财务管理是一项系统的工作，贯穿于企业经营的各个环节。那么，在进行财务管理活动时，应该树立什么样的目标呢？在不同的企业，因为企业目标不同，这影响到财务管理具有不同的目标。具体而言，财务管理的目标有以下几种。

（一）利润最大化

追求利润最大化是西方经济学对企业目标的基本假定，从19世纪开始发展的传统企业，其目标确定为利润最大化，有一定的合理性。但是，到了现代，由于经营权和所有权分离，企业的社会性增强，企业的目标不再单一考虑某个因素，在这种情况下，以利润最大化作为企业目标就难以满足当前形势发展的需要。具体而言，这一目标的不足之处体现在：①没有考虑债权人、企业员工、消费者、政府和社会的利益；②没有考虑长期利益和短期利益的均衡；③没有考虑运营和投融资的财务风险。

（二）股东财富最大化

在考虑长期利益和风险的情况下，股份公司的资本经营，实现股东的财富最大化。这是现代西方股份公司尤其是上市公司普遍追求的财务管理目标。对于上市公司而言，这一目标可以通过追求股票价格最大化来实现。

但是，这一目标同样没有考虑与企业有关的其他群体的利益，同时，对于上市公司而言，股票价格受多种因素影响，包括许多不可控因素，因此，该指标很难体现企业财务管理的真正成果。

（三）企业价值最大化

企业价值是指出售该企业时企业的价值。决定企业价值大小的因素有很多，包括实际净资产、企业声誉、管理团队、盈利能力、技术水平、市场地位等，这些因素有些是有形的、可衡量的，有些是无形的或不可衡量的。企业价值综合反映了企业在未来的持续经营能力和获利能力的现在价值。

为了实现企业价值最大化，就要把企业长期稳定的发展放在首位，强调企业的长期利益和社会利益。它是现代财务管理的最优目标。

第二节　财务管理基础知识

随着现代企业制度的建立，企业所有权与经营权分离，投资主体单一的情况已不复存在。同时，金融市场的完善，使企业筹资方式多样化。对于企业而言，其股东、债券持有者、银行借贷方、税务、政府和内部管理者，都非常关注企业的会计信息。因此，提供反映企业财务状况、经营成果和现金周转情况的财务会计报告，成为人们了解企业经营状况、评价投资风险和预测企业发展趋势的重要手段。

一、认识财务会计报表

财务会计报告是指企业对外提供的、反映企业某一特定日期财务状况和某一会计期间经营成果和现金流量状况的书面报告。财务会计报告由会计报表、会计报表附注、附表、财务情况说明书组成。下面主要介绍会计报表。

（一）资产负债表

资产负债表用来反映某一时期的企业财务状况，通过资产负债表，使用者可以了解企业的资产总额及其构成、负债总额及其构成、所有者权益总额及其构成，借以反映企业的资产负债情况、偿债能力等方面的情况。

资产负债表为账户式结构，左边反映资产方状况，右边反映负债与所有者权益状况。资产负债表基本结构如表9-1所示。

表9-1　资产负债表

编制单位：　　　　年__月__日__　　　　（单位：元）

资产	期初余额	期末余额	负债及股东权益	期初余额	期末余额
流动资产			流动负债		
长期投资			长期负债		
固定资产					
无形资产					
递延及其他资产			股东权益		
资产总计			负债及股东权益合计		

1. 资产负债表的基本恒等式

资产负债表的基本恒等式为：

资产＝负债＋所有者权益

资产方包括流动资产、长期投资、固定资产、无形资产和递延资产；负债方包括流动负债、长期负债、股东权益。

2. 资产

企业特定日期的资产情况列示于资产负债表的左方。资产项目按照流动性大小或变现能力强弱依次排列，分为以下类别：

（1）流动资产：企业将资金投放到原材料、工资、应收账款等项目上，能够在一年或一个营业周期内周转出来，这就形成了流动资产。流动资产具有流动性大、变现能力强的特点。在企业中，下列项目属于流动资产。

1）现金。现金包括库存现金、银行活期存款等。

2）应收账款。由于为客户提供商业信用（赊销），货品销售已发生但未回收货款时，形成了应收账款项资产。这项资产是以企业债权的形式出现的，其变现有一定风险，因此，企业一般要有应收账款坏账备计提。

3）存货。存货是指企业在生产运营中为销售或者耗用而储备的物资，包括原料、辅助原料、燃料、低值易耗品、在产品、半成品和产成品等。一般生产型企业中，存货的品种多，有的甚至达到1 000多种，不同的品种占用的资金额度不同，如机械加工厂的主型材作为加工原材料，占用的资金额度较大，而螺钉、螺母等低值易耗品占用的资金额度较小，存货的变现能力在流动资产中最差，这些特征加大了存货的管理难度。

（2）长期投资：企业不准备在一年内变现的投资。如购买长期债券、长期股权投资等。

（3）固定资产：企业将资金投放到机器、设备、厂房等项目形成了固定资产。固定资产是指使用年限在一年以上，单位价值在规定的标准以上，并且在使用过程中保持原来物质形态的资产。固定资产具有流动性差、变现能力弱的特点。

（4）无形及递延资产。无形资产是指企业为生产商品、提供服务、出租或为了管理的目的而持有的、没有实物形态的非货币性长期资产。无形资产可分为可辨认无形资产和不可辨认无形资产。可辨认无形资产包括专利权、非专利技术、商标权、著作权、土地使用权、特许权等；不可辨认无形资产是指商誉。它们没有物质实体，但能够给企业带来超额利润，因此，被当做资产得以确认。

递延资产是指不能全部计入当年损益，应当在以后年度内分期摊销的各项费用，包括开办费、以经营租赁方式租入的固定资产改良工程支出等。

3. 负债和股东权益

（1）负债。负债包括长期负债和短期负债。

长期负债是企业融入的使用期限在一年以上、需要按期偿还本金和利息的资金来源，主要投向固定资产和长期流动资产。其方式有长期借款和长期债券。

长期借款是企业向银行或其他非银行金融机构借入的长期资金来源。企业在办理借款时，要与银行签订借款合同，在合同中明确贷款的种类、用途、金额、利率、期限、还款的资金来源和方式、保护性条款、违约责任等。

长期借款的利率低、借款弹性大，同时融资速度较快。长期借款也有不足之处，例如，借款的限制条件较多；采用长期借款筹集资金会降低企业的资信水平和借款能力。

例 9-1 甲企业向银行借入长期借款 360 万元，借款合同确定的利率为 6%。银行要求借款企业将借款的 20%的平均存款余额留存银行，以降低银行贷款的风险。则企业借入这笔借款的实际利率是多少？

实际利率为：

$$\frac{360\text{万元}\times 6\%}{360\text{万元}\times(1-20\%)}=7.5\%$$

长期债券是指企业发行债券的期限在一年以上、需要按期还本付息的有价证券。公司发行债券通常是为大型的投资项目一次性筹集大量资金。债券具有票面金额和票面利率。

为了保证债券投资人的利益，公开发行债券的公司要由债券评信机构评定等级。债券的等级通常分为三等九级，信用等级从高到低依次为 AAA、AA、A、BBB、BB、B、CCC、CC、C 级。债券的信用等级越高，偿还本金利息的能力越强，投资风险越低；反之亦然。

企业根据债券的票面利率和信用等级，结合市场利率，可以选择平价、溢价、折价发行债券。例如，债券的票面金额 1 000 元，票面利率 6.5%，每年付息一次，三年后债券到期偿付本金。若发行时市场利率浮动到 5.5%的水平，则可选择溢价发行债券。

短期负债一般是指在一年以内周转使用并要求偿还的资金。企业通过商业信用、短期借款和发行短期融资券筹集短期负债资金，一般投向企业的短期资产上，如流动资产。短期负债主要有：

1）应付账款和预收账款。在商品交易中由于延期付款或预收货款所形成的企业间借贷关系称为商业信用。商业信用出现在资本主义发展阶段，是由赊购、赊销发展起来的，在商品经济社会，商业信用成为企业间交易的主要形式。

企业在利用商业信用筹集短期资金的过程中，形成了应付账款和预收账款等项目。

以下为提供商业信用一方开出的条件：“2/10，n/45”该信用条件表示这笔货款的信用期限为 45 天；若在 10 天之内付款，可享受 2%的现金折扣；若在 10

天后45天前付款，不享受现金折扣。企业在进行商业信用管理时，综合考虑在信用期限内的资金使用情况，由于放弃现金折扣的机会成本较高，一般情况下应尽力在折扣期限内还款，享受现金折扣。

2）短期借款。短期借款是指企业向银行和其他非银行金融机构借入的期限在一年以内的借款。我国《贷款通则》中将短期借款分为以下三类：第一类是信用借款，借款人在无担保的情况下，仅凭其信用取得借款；第二类是担保借款，借款人在有一定的保证人作保证或利用一定的财产作抵押或质押而取得借款；第三类是票据贴现，商业票据持有人把未到期的商业票据到银行贴现，银行经过计算，将票面金额扣除票面金额乘以贴现率所得余额之后的数额，付给持票人。

（2）股东权益。在资金筹集过程中，企业所有者的投资，形成了股东权益。筹集股本金有吸收直接投资和发行股票两种方式。股东权益包含以下各项：

1）股本。股本也叫实收资本，指投资者按照章程或合同协议的约定，实际投入企业的资本。在我国，股本应和注册资本一致，只有达到法定注册资本才能依法设立企业。

2）资本公积。资本公积是投资者或他人投入到企业中的，所有权属于投资者，金额超过法定注册资本的资本或资产。资本公积包括资本（或股本）溢价、接受捐赠、拨款转入、外币资本折算差额等。根据我国法律规定，资本公积主要用于转增股本。

3）盈余公积。盈余公积是指企业从净利润中提取的公积金，用于增强企业物质后备、防备不测事件和职工集体福利设施建设，主要包括法定盈余公积金、任意盈余公积金和法定公益金。按照我国公司法的规定，有限责任公司和股份有限公司应按照净利润的10%提取法定盈余公积金；任意盈余公积金由股东大会或类似机构决定提取的比例。

4）未分配利润。企业实现的净利润经过分配后剩余的部分，用于留待以后年度向投资者进行分配。

综上所述，资产负债表是静态反映某一时点的财务状况方面的信息。资产负债表首先反映了某一时点企业占有的资源及其分布情况，例如，资产总额、资产结构等；其次，通过资产负债表还可以了解某一时点负债总额及其构成情况，了解企业的流动负债和长期负债需要资产或服务偿还的数量；根据资产负债表，可以进行财务分析，帮助财务报表使用者作出正确的经济决策。

（二）损益表

损益表是企业反映一定期间生产经营成果的会计报表，企业在一定期间的营业收入与其同一期间的相关营业费用进行配比，就得到一段时期的企业经营获得的净利润。

利润＝营业利润＋投资净收益＋营业外收支净额

损益表反映某一期间发生的损益情况，具有动态性。损益表的结构见表9－2。

表 9-2 损益表

2008 年度　　　　　　　　　　　　　　　　　　　　　　（单位：万元）

项　　目	本年累积数	上年累积数
一、主营业务收入		
减：折扣与折让		
主营业务收入净额		
减：主营业务成本		
主营业务税金及附加		
二、主营业务利润		
加：其他业务利润		
减：销售费用		
管理费用		
财务费用		
三、营业利润		
加：投资收益		
补贴收入		
营业外收入		
减：营业外支出		
四、利润总额		
减：所得税		
五、净利润		

1. 利润表编制的基础基于如下等式：

$$收入-费用=利润$$

利润表分别列示了企业在一定会计期间由于销售商品、提供服务等取得的各种收入以及与各种收入相对的费用、损失，并将收入与费用损失加以对比，结出当期净利润。损益表用来衡量企业在特定时期或特定业务中所取得的成果，以及为取得这些成果所付出的代价，为考核经济效益和企业盈利能力提供依据。

我国损益表的编制采用多步式，从以下几个指标逐项得出企业的净利润。

（1）主营业务利润。主营业务利润是主营业务收入减去主营业务成本和主要业务税金及附加后的余额。

（2）营业利润。营业利润是主营业务利润加上其他业务利润再减去销售费用、管理费用、财务费用后的余额。

（3）利润总额。利润总额是营业利润加投资净收益、营业外收支净额、补贴收入等项目后的余额。

（4）净利润。净利润是利润总额减去所得税后的余额。

2. 损益表的编制

在损益表中列示的各项，分别反映了一定期间收入、费用和利润。

（1）主营业务收入。主营业务收入反映企业销售产品的销售收入和提供服务等主要经营业务取得的收入总额。

（2）主营业务成本。主营业务成本反映企业销售产品的销售收入和提供服务等主要经营业务的实际成本。

（3）销售费用。销售费用是指企业销售产品的销售收入和提供服务等主要经营业务过程中发生的各项销售费用。销售费用属于期间费用。

（4）管理费用。它反映企业发生的管理费用，如管理人员的工资、办公费等。

（5）财务费用。财务费用是企业筹集经营资金发生的费用，包括利息支出、筹资手续费等。

（6）其他业务利润。其他业务利润反映企业其他销售业务所取得的净收益。

（7）投资收益。这里指投资净收益，是指企业对外投资所取得的投资收益扣除投资损失后的净额。主要有分得的投资利润、债券投资的利息收入、股票的股利以及收回投资时发生的收益等。

（三）现金流量表

现金流量表是以现金及现金等价物为基础编制的财务状况变动表，用以反映企业在一定的会计期间现金和现金等价物流入和流出情况的会计报表，也是企业对外报送的一张重要会计报表。

现金流量表的结构见表 9－3。

表 9－3 现金流量表

编制单位： 年度 单位：

项目	行次	金额	项目	行次	金额
一、经营活动产生的流量			三、筹资活动产生的流量		
销售或劳务收到的现金			四、非常性项目的流量		
投资的现金收益			五、汇率折算差额		
时间实际收到的增值税			六、现金流量净增额		
⋮			七、补充额		
经营活动现金净额					
二、投资活动产生的流量					
报废固定资产取得现金					
出售固定资产取得现金					
⋮					
投资活动现金净额					

1. 现金等价物、现金流量的概念

现金流量表中的现金是指企业的库存现金以及可以随时用于支付的存款，包括库存现金、银行活期存款和其他现金等价物。银行定期存款不属于现金项目，而属于投资项目。现金等价物是指企业持有的期限短、流动性强、易于转换为已知金额现金、价值变动风险小的短期投资。

现金流量表将现金流量分为经营活动、投资活动和筹资活动所产生的现金流量，这样，通过现金流量表，使用者可以了解企业一定期间现金流入和流出的原因，与损益表结合，能够对企业未来的获利项目和能力作出分析预测，投资者能够更好地分析企业的偿债能力和支付股利的能力。

虽然损益表说明了企业在一定时期的经营成果，但并不能反映企业现金的收支状况。因为损益表采用的是会计核算的权责发生制和配比原则，企业的净利润大小并不表示用现金支付能力的强弱。

2. 现金流量的分类

（1）经营活动产生的现金流量。在正常的经营活动中，企业采购原材料、制造产品支付工资等从事生产和销售活动产生的现金流量。其中，销售商品和提供服务收到的现金、收到其他与经营活动有关的现金等属于现金流入；而支付职工工资、购买商品或服务支付的现金、支付税款等属于现金流出。比较现金流入和流出，可以得到一定时期企业经营活动产生的净现金流量。

（2）投资活动产生的现金流量。企业对内长期投资和对外投资产生的现金流量，主要是企业在证券投资和实物投资活动中产生的现金流入和现金流出。现金流入有：收回投资收到的现金、分得股利或利润收到的现金、取得债券利息收入收到的现金等；现金流出有构建固定资产、无形资产等支付的现金，权益性投资和债权性投资支付的现金等。

（3）筹资活动产生的现金流量。在筹资活动中吸收权益性投资、发行债券、银行借款等收到的现金属于现金流入，而偿还债务、支付筹资费用、利息和股利等属于现金流出。一定期间的现金流入和现金流出的总和，形成了筹资活动的净现金流量。

除此之外，企业有外汇资金业务的，还要反映汇率变动对现金的影响。

经过以上各项现金流量的汇总，得到企业在一定时期的净现金流量总和。

二、基本会计知识

（一）会计核算方法

会计核算是以货币为主要计量尺度，对企业的经济活动进行连续、系统、全面、综合地记录、计算、反映和日常监督的活动。在企业核算时要采用开设账户、复式记账等方法。

复式记账法是对每一笔经济业务所引起的资金运动的方向、流量等进行全面反映、控制和监督的一种记账方法，被各国普遍采用。复式记账法有多种方法，我国统一采用借贷记账法。

企业的每笔经济业务都会引起资金运动，根据“资产＝负债＋所有者权益”恒等式，一笔经济业务引起的等式一方数量的变化，必然在等式另一方得到体现；或者，该经济业务引起在等式一方账户内的同样幅度增减的变动。例如，企业从银行提取 50 000 元现金，其所引起的资金运动变化为：

资金流出科目：　　银行存款－50 000

资金流入科目：　　现金＋50 000

这笔业务在资产方内引起的变动，资产一负债恒等式没有发生变化。

我们把这笔经济业务引起资金流入的科目（现金）记为借方；引起资金流出科目（银行存款）记为贷方；在同一账户中记录借、贷两方的资金变化情况，称为借贷记账法。借贷记账法的基本结构如图 9－2 所示。

账户的基本结构

借方（左方）　　　　会计科目（账户名称）　　　　贷方（右方）

日期		凭证号数	摘要	金额	日期		凭证号数	摘要	金额
月	日				月	日			

图 9－2　账户的基本结构

将上表简化，得到“T”字形简化结构，如图 9－3 所示。

“T”字账户结构

借方　　　　（会计账户）　　　　贷方

图 9－3　“T”字形账户

（二）收入或费用确认方法

由于会计核算是分期进行的，在会计期间内，交易活动发生的时间和实际实现收入、发生费用的时间不一致。例如，本期收到的收入并不一定是本期的交易活动实现的，本期支付的费用并不一定由本期负担。

通常在会计上有两种确认收入、费用归属期的方法，权责发生制和收付实现制。

（1）权责发生制，也叫应计制，是指企业应按收入的权利和支出的义务是否属于本期来确认收入费用的入账时间，而不是按款项的收支是否在本期发生。

例如，2008年6月企业销售了一批商品，价款12万元，尚未收到。在核算2008年6月收支情况时，应将这12万元记入本期销售收入，尽管款项尚未收到。

同时，本月预支的购买原材料的款项则不应记入本月发生的费用。

（2）收付实现制，也叫现金收付制，是以款项的实际收付为标准来处理经济业务，确定本期收入和费用的一种记账基础。在现金收付制下，凡在本期收到或支付款项，不论是否在本期收益，均作为本期的收入和费用入账。

在上例中，按照现金收付制，2008年6月发生的销售，价款12万元，尚未收到，则不在本月记入。本月预支的购买原材料的款项则应记入本月发生的费用。

采用权责发生制，会计处理比较复杂，但能够按照收入和费用配比的原则，正确反映各个会计期间真实的财务状况和经营成果。

在企业进行投资分析和财务管理时，需要考虑现金流量的影响，了解现金流量的真实状况，会采用现金收付制。这是财务管理和会计核算的基础不同之处。

我国会计准则规定企业单位采用权责发生制记账。

三、基本财务分析

财务分析是以企业的财务报告等会计资料为基础，对企业的财务状况和经营成果作出评价，并对企业未来发展趋势作出预测的方法。

财务分析是以企业的财务报告为基础的。财务报告是企业向股东、债权人等企业利益相关者提供的，反映一定时期内的财务状况、经营成果和影响企业未来发展的重要经济事项的书面文件。财务报告包括三张基本会计报表：资产负债表、损益表和现金流量表。

会计报表的基本恒等式为：

资产＝负债＋所有者权益

利润＝收入－费用

资产负债表是反映企业在特定时期（每周末、每季度末、中期及年末）资产、负债及股东权益状况的财务报表。资产负债表的左方是资产类账户，表示2008年12月31日企业所拥有的资产及资产分布的状态、结构；右方表示企业资金的来源，包括负债和股东权益两部分。资产负债表的左方与右方合计数额相等。

损益表是反映企业在一定时期的经营成果的财务报表，由企业的收入、费用和利润三项会计要素构成。企业的利润由三个部分组成：

利润总额＝营业利润＋投资净收益＋营业外收支净额

例9-2 A公司2008年12月31日编制的资产负债表见表9-4。

表 9-4 A公司的资产负债表

2008年12月31日 （单位：万元）

资　产	期初数	期末数	负债及股东权益	年初数	年末数
流动资产：			流动负债：		
货币资金	270	310	短期借款	520	600
短期投资	40	105	应付账款	350	390
应收账款	768	810	预收账款	48	52
减：坏账准备	23	24.3	应付股利		
应收账款净额	745	785.7			
存货	1 022	1 130	流动负债合计	918	1 042
待摊费用	12	56.3	长期负债：		
流动资产合计	2 089	2 387	长期借款	600	650
			应付债券	320	380
长期投资：			长期负债合计	920	1 030
长期投资	189	215	负债合计	1 838	2 072
固定资产：					
固定资产原值	3 600	3 850			
减：累积折旧	600	690	股东权益：		
固定资产净值	3 000	3 160	股本	2 500	2 500
在建工程	160	160	资本公积	540	620
固定资产合计	3 160	3 320	盈余公积	840	920
无形资产：			未分配利润	741	828
土地使用权	1 000	1 000			
递延资产：			股东权益合计	4 621	4 868
递延资产	21	18			
资产总计	6 459	6 940	负债及股东权益合计	6 459	6 940

A公司2008年度的损益表如表9-5所示。

表 9-5 A公司损益表

2008年度 （单位：万元）

项　目	本年累计数	上年累计数（略）
一、主营业务收入	8 850	
减：折扣与折让	220	
主营业务收入净额	8 630	
减：主营业务成本	4 790	
主营业务税金及附加	766.4	
二、主营业务利润	3 073.6	
加：其他业务利润	650.4	
减：销售费用	1 120	
管理费用	1 080	
财务费用	580	

（续）

项目	本年累计数	上年累计数（略）
三、营业利润	944	
加：投资收益	560	
补贴收益	—	
营业外收入	5	
减：营业外支出	9	
四、利润总额	1 500	
减：所得税	495	
五、净利润	1 005	

营业利润包括主营业务利润和其他业务利润。主营业务利润是指企业通过销售主要产品、自制半成品、提供工业性服务所取得的净收益；其他业务利润是企业从事其他销售业务时所取得的净收益。

现金流量表是以现金及现金等价物为基础编制的财务状况变动表，提供了一定会计期间内现金和一定现金等价物流入和流出的信息。它包括四个方面的现金流量信息，即经营活动产生的现金流量、投资活动产生的现金流量、筹资活动产生的现金流量和汇率变动对现金的影响等方面的信息，并对一定时期产生的现金流量净额加以反映。

一个企业的利润状况很好，但仍有可能缺乏现金，并有发生财务危机的可能性，这是企业编制现金流量表的意义之一。

四、财务比率分析

（一）偿债能力比率

企业偿还各种到期负债的能力叫做偿债能力。衡量企业偿债能力的指标有流动比率、速动比率、资产负债率和产权比率等指标。

1. 流动比率

流动比率是企业流动资产与流动负债的比值。用公式表示为：

$$流动比率=\frac{流动资产}{流动负债}$$

公式中的流动资产和流动负债的数据来源于资产负债表。

例 9－3 A 公司 2008 末流动比率为：

$$流动比率=\frac{2\ 387}{1\ 042}=2.3$$

流动比率为 2.3 的含义是流动资产对流动负债的保障倍数，即每 1 元流动负债有 2.3 元的流动资产作为偿付保障。对一般企业来说，流动比率在 2.0 左右较为合适。

当企业存货较多、发生存货积压时，企业用流动资产偿还流动负债的风险加大，此时，流动比率不能正确衡量企业的偿债能力，需要引入新的财务比率。

2. 速动比率

企业流动资产中扣除存货后的资产叫做速动资产。速动比率是速动资产与流动负债的比值。用公式表示为：

$$速动比率=\frac{速动资产}{流动负债}$$

例 9-4 A 公司 2008 年末的速动比率为：

$$速动比率=\frac{2\ 387-1\ 130}{1\ 042}=1.21$$

一般情况下速动比率为 1∶1 比较合适。但对于某些特殊的行业，这一数值并不一定适用。如零售业，这一数值可能偏低，见表 9-6。

表 9-6 1996 年我国电冰箱行业六家上市公司的流动比率和速动比率比较

公司名称	海尔	美菱	长岭	吉诺尔	甘长风	上岭电器
流动比率	1.54	1.53	1.19	1.05	1.51	1.34
速动比率	0.78	1.17	0.69	0.57	0.33	0.94

从表 9-7 中的数据可以看出，1996 年我国电冰箱行业的流动比率和速动比率就具备未达到这两项比率的公认标准，数值偏低。具体分析海尔公司财务报表中的数据，其流动负债中短期借款为 5 832 万元，未付股利为 1.30 亿元，这说明造成海尔公司流动比率和速动比率偏低的原因是用现金支付股利所致。同时也说明海尔公司的财务管理水平不凡，没有将大量的将要支付的现金股利资金闲置在账面上，而是将资金投入到企业生产运营中。

3. 负债比率

负债比率又称资产负债率，是企业负债总额与资产总额的比率。用公式表示为：

$$负债比率=\frac{负债总额}{资产总额}$$

例 9-5 A 公司 2008 年末资产负债表显示的资产负债率为：

$$负债比率=\frac{2\ 072}{4\ 868}\times 100\%=42.56\%$$

这表示在公司每 100 元的资产中，有 42.56 元是由负债形成的。

债权人、股东和企业的经营者对企业的资产负债率有不同的要求。

从债权人的立场出发，他们最关心资金的安全性，即是否能按期收回贷款的利息和本金。如果资产负债率过高，则企业的大部分资产大部分由负债形成，不能按期偿付贷款利息和本金的风险就会增大，债权人的利益就得不到保障，因此债权人一般希望该比率越低越好。

从股东的立场看他们最关心所投资金的效益性。当企业的全部资产由股东资金形成时，全部资金利润率就是股东资金利润率，企业不能利用财务杠杆。如果这时投资的资金利润率高于借款利率，企业就应积极负债融资，利用负债资金创造较高的收益，抵付相应的借款利息后，为股东带来额外的收益。因此，我们要求企业积极负债经营，以降低股东资金的风险并提高权益收益。过低的资产负债率，企业会被认为缺乏进取精神，过于保守。

对于企业的经营者来说，既要积极举债经营，又要控制资产负债率水平，防止出现较为严重的财务危机。

4. 产权比率

产权比率是企业负债总额与股东权益总额的比率。用公式表示为：

$$产权比率=\frac{负债总额}{股东权益总额}$$

例 9-6 A 公司 2008 年末财务报表显示的企业的资本结构中的产权比率为：

$$产权比率=\frac{2\ 072}{4\ 868}\times 100\%=42.56\%$$

产权比率反映了债权人提供的资金与股东提供的资本之间的关系，反映了企业的资本结构。

（二）营运能力比率

营运能力比率主要反映企业在生产经营过程中资金周转的状况，对这些比率进行分析，可以了解企业管理中存在的问题，并对资金运营的效率作出评价，其中重要的有存货周转率、应收账款周转率、流动资金周转率、总资产周转率。

1. 存货周转率

存货周转率反映了企业占用在存货上的资金在一定时期内周转的次数。它是一定时期的销售成本（即主营业务成本）与平均存货的比率。用公式表示为：

$$存货周转率=\frac{销售成本}{平均存货}$$

$$存货周转天数=\frac{360}{存货周转率}$$

例 9-7 A 公司 2008 年存货周转率为：

$$存货周转率=\frac{4\ 790}{(1\ 022+1\ 130)\ /2}次=4.45\ 次$$

$$存货周转天数=\frac{360}{4.45}天=80.90\ 天$$

一般来说，企业应加速存货资金的周转。提高存货周转速度的途径有两条：降低存货资金占有额和缩短存货周转期。

分析企业存货周转率是否合理，一般与全行业平均水平或企业历史水平相比较。存货周转率过慢，常常是企业库存管理不利，经济批量过大，企业销售状况不好；存货周转率过快，说明企业的销售能力强，经常缺货，也有可能是采购批量过小的原因造成的。

2. 应收账款周转率

在市场经济环境中，企业越来越多地使用赊销的方式销售产品。企业的应收账款余额在总销售额中的比例越来越大。应收账款周转率是一定时期的赊销收入净额与应收账款余额的比率。用公式表示为：

$$应收账款周转率=\frac{年赊销收入净额}{应收账款平均余额}$$

相应地，$应收账款平均收账期=\frac{360}{应收账款周转率}$

例 9-8 A 公司 2008 年存货周转率为：

$$应收账款周转率=\frac{8\ 630}{(768+810)\ /2}次=10.94\ 次^{⊖}$$

$$应收账款平均收账期=\frac{360}{10.94}天=32.91\ 天$$

这表示 2008 年企业占用在应收账款上的余额在一年中周转了 10.94 次，应收账款的平均收账期为 32.91 天。

一般地，企业应加快应收账款的周转速度，加快应收账款的变现。但是，与同行业平均水平或企业历史水平比较，企业应收账款率过快，可能是企业执行了较严的信用政策，减少赊账所致，这时企业应比较销售收入的减少额与应收账款成本降低额，使企业获得最大收益。当应收账款率过慢时，可能是企业为销售执行了较宽的信用政策。

3. 流动资产周转率

流动资产周转率是销售收入净额与流动资产平均余额的比率，它反映企业占用在流动资产上的资金在一定时期内周转的次数。该比率越高，说明企业的销售能力越强，流动资金的利用率越高。其计算公式为：

$$流动资产周转率=\frac{销售收入}{流动资产平均余额}$$

例 9-9 A 公司 2008 年的流动资产周转率为：

$$流动资产周转率=\frac{8\ 630}{(2\ 089+2\ 387)\ /2}次=3.86\ 次$$

4. 总资产周转率

总资产周转率是销售收入与资产平均余额的比值，用以评价企业全部资产的利用效率。其计算公式为：

⊖ 在资料不全的情况下，一般用全部销售收入净额代替赊销收入净额，计算应收账款周转率。

$$总资产周转率=\frac{销售收入}{资产平均余额}$$

例 9-10 A 公司 2008 年总资产周转率为：

$$总资产周转率=\frac{8\ 630}{(6\ 459+6\ 940)\ /2}次=1.28次$$

一般情况下，企业应尽快回收货款，采取薄利多销的方式，加速资金的周转。

（三）获利能力比率

获利能力是指企业赚取利润的能力。投资者及公司营销者都非常关心这一比率。衡量企业获利能力的指标有资产报酬率、股东权益报酬率、销售利润率等。

1. 资产报酬率

资产报酬率也称资产净利率或资产利润率，是一定时期内的净利润与资产平均余额的比率，用以衡量企业使用全部资产获取净利润的能力。其计算公式为：

$$资产报酬率=\frac{净利润}{资产平均余额}$$

例 9-11 A 公司 2008 年总资产报酬率为：

$$资产报酬率=\frac{1\ 005}{(6\ 459+6\ 940)\ /2}\times 100\%=15\%$$

资产报酬率综合反映了企业资产的运营效果。在资本结构相同的情况下，该比率越高，说明企业利用有限资产获取净利润的能力越强。在实际运用中，行业间资产报酬率会趋于平衡。这是因为，资产作为一种资源，会向资产报酬率较高的行业转移，直至每个行业获得平均利润率。

2. 股东权益报酬率

股东权益报酬率也称净资产收益率，是净利润与股东权益平均总额的比率。用公式表示为：

$$股东权益报酬率=\frac{净利润}{股东权益平均总额}$$

例 9-12 A 公司 2008 股东权益报酬率为：

$$股东权益报酬率=\frac{1\ 005}{(4\ 621+4\ 868)\ /2}\times 100\%=21.18\%$$

股东权益报酬率反映了企业资产利用效果和利用财务杠杆两方面的能力。这是因为：

$$股东权益报酬率=资产报酬率\times 平均权益乘数$$

其中，

$$平均权益乘数=\frac{资产总额}{股东权益总额}$$

当企业经营利润率（税前利润率）大于借款利率时，企业举债经营，可以利用财务杠杆提高股东权益报酬率；当企业资本结构一定时，提高资产报酬率也可以提高股东权益报酬率。

3. 销售净利率

销售净利率是净利与销售收入的比率。用公式表示为：

$$销售净利率=\frac{净利润}{销售收入净额}$$

例 9-13 A 公司 2008 年销售净利率为：

$$销售净利率=\frac{1\ 005}{8\ 630}\times100\%=12.8\%$$

这说明每 100 元的销售收入中，净利润为 11.65 元。在资本结构一定的情况下，销售净利率越高，企业通过销售赚取利润的能力越强。

资产报酬率与销售净利率、总资产周转率之间具有以下关系：

$$资产报酬率=\frac{销售净利率}{总资产周转率}$$

企业要提高资产报酬率，一个途径是提高市场占有率，增加年销售收入，节约资金占用，提高总资产周转率；另一个途径是在增加销售收入的同时，节约成本费用，提高销售净利率。

第三节 财务管理的基本观念

资金时间价值和投资风险价值，是财务活动中客观存在的经济现象，也是进行财务管理必须树立的价值观念。

一、资金的时间价值

企业把资金存入银行可以获得利息，用于投资可以得到收益。现在把一元钱存入银行或用于投资，明年就能得到一元多钱，因为它带来了一些额外的报酬。这些报酬是由于投资者进行投资以后而获得的，它随时间的变化而变化，投资时间越长报酬就越多，反之则少，所以把它称为资金时间价值。不过在投资有风险的条件下，投资者因投资而获得的报酬除了包含资金时间价值以外，还包含有投资风险价值。可见，资金时间价值是指投资者在没有投资风险的情况下进行投资而获得的报酬。

资金时间价值是时间的函数，可按单利计算，也可按复利计算，一般情况下按复利计算。用复利计算资金时间价值，不仅要考虑到利息，而且要考虑到利息的利息，即利生利。资金时间价值随时间变化而变化，它有以下三种表示方法：现值、终值和年金。现值是指为取得利息和收益进行投资时的资金价值量，终值是指资金在将来某时间的本利和，年金是指间隔相同时间（一般为一年）支付或收入相等数额的款项。资金时间价值的计算方法，通常有以下几种，分别介绍如下：

1. 已知现值求终值

用单利计算终值的公式为：

$$F=P\ (1+i\times n)$$

式中 i——利率（%），通常指每年利息与本金之比；

P——本金，又称资金的现值；

F——本金与利息之和，又称资金的终值；

n——计算时间价值的次数，通常以年为单位。

例 9-14 某企业有一张带息期票，面额为 12 000 元，票面利率 4%，出票日期 3 月 10 日，5 月 9 日到期（共 60 天），则到期时出票人应付的本利和即票据终值为：

$$F=\left[1\ 200\times\left(1+4\%\times\frac{60}{360}\right)\right]\text{元}=1\ 208\text{元}$$

在计算利息时，给出的利率是指年利率，特别指明的情况除外。对于不足一年的利息，以一年等于 360 天来折算。

掌握了用单利计算终值的方法以后，用复利计算终值的方法就不难了。由于复利是以上一年度的本利和作为下一年度的本金，因此，一年以后复利终值应按下列公式计算：

$$F=P\ (1+i)$$

三年以后的复利终值为：

$$F=P\ (1+i)\ (1+i)\ (1+i)\ =P\ (1+i)^3$$

由此可以得出 n 年以后的复利终值计算公式为：

$$F=P\ (1+i)^n$$

例 9-15 某人将 10 000 元投资于一项事业，年报酬率为 6%，两年以后的复利终值为：

$$F=10\ 000\times(1+6\%)^2\ \text{元}=11\ 236\ \text{元}$$

三年以后的复利终值为：

$$F=10\ 000\times(1+6\%)^3\ \text{元}=11\ 910\ \text{元}$$

2. 已知终值求现值

现值的计算公式可以根据终值的计算公式推导出来，因为 n 年以后的终值为：$F=P\ (1+i)^n$，所以现值的计算公式为：

$$P=\frac{F}{(1+i)^n}=F\times\frac{1}{(1+i)^n}$$

例 9-16 某企业想要在 10 年后得到一笔 20 000 元的款项，按年利率 10% 计算，那么，现在需要在银行存款：

$$P=20\ 000\times\frac{1}{(1+10\%)^{10}}\text{元}=7\ 710\ \text{元}$$

3. 已知年金求终值

在 n 年中，每年年末投资 A 元，则第 n 年年末的本利和应为各年投资本金与复利之和，即第一年年末 A 元，赚取利息的年数为 $n-1$ 年，其本利和为：$F=A(1+i)^{n-1}$；第二年末 A 元，赚取利息的年数为 $n-2$ 年，其本利和为：$F=A(1+i)^{n-2}$。依此类推，第 n 年年末投资 A 元得不到利息（即 $F=A(1+i)^{n-n}=A$），所以，n 年末的本利和应为：

$$F=A(1+i)^{n-1}+A(1+i)^{n-2}+\cdots+A(1+i)+A$$

等式两边同时乘以 $(1+i)$ 得：

$$F(1+i)=A(1+i)^{n}+A(1+i)^{n-1}+\cdots+A(1+i)^{2}+A(1+i)$$

上述两式相减：

$$F(1+i)-F=A(1+i)^{n}-A$$

$$F=\frac{A(1+i)^{n}-A}{(1+i)-1}$$

$$F=A\times\frac{(1+i)^{n}-1}{i}$$

例 9-17　某企业进行一项技术改造工程，需要向银行借款 300 万元，年利率为 9%。该项目分 3 年建成，每年投资 100 万元，项目建成时向银行还本付息的金额为：

$$F=100\text{ 万元}\times\frac{(1+9\%)^{3}-1}{9\%}=327.81\text{ 万元}$$

4. 已知终值求年金现值

已知终值求年金现值的计算公式为：

$$A=F\times\frac{i}{(1+i)^{n}-1}$$

例 9-18　某企业 5 年后要偿还 500 000 元的债务，为筹措资金，从现在起每年末需要在银行存入一笔定额存款，年利率为 8%，每年定额存款应为：

$$A=500\ 000\text{ 元}\times\frac{8\%}{(1+8\%)^{5}-1}=85\ 228.22\text{ 元}$$

5. 已知现值求年金

我们已经推导出利用年金求终值的计算公式为：

$$F=A\times\frac{(1+i)^{n}-1}{i}$$

利用现值求终值的公式为：

$$F=P(1+i)^{n}$$

在这里，我们把后一计算公式代入前一计算公式得：

$$P(1+i)^n = A\times\frac{(1+i)^n-1}{i}$$

上式整理后，就可得出已知现值求年金的计算公式：

$$A = P\times\frac{i(1+i)^n}{(1+i)^n-1}$$

例 9-19 某企业购买生产设备需要向银行借款 100 万元，年利率为 8%，计划 5 年收回全部投资，每年应收回投资为：

$$A=100\text{ 万元}\times\frac{8\%(1+8\%)^5}{(1+8\%)^5-1}=25.05\text{ 万元}$$

6. 已知年金求现值

已知年金求现值的计算公式可以根据已知现值求年金的计算公式推导出来，因为：

$$A = P\times\frac{i(1+i)^n}{(1+i)^n-1}$$

所以已知年金求现值的计算公式为：

$$P = A\times\frac{(1+i)^n-1}{i(1+i)^n}$$

例 9-20 企业联营对外投资，利润率为 15%，如果每年想得到 20 万元的收益，并打算在 5 年内收回全部投资，该企业现在必须投资：

$$P=20\text{ 万元}\times\frac{(1+15\%)^5-1}{15\%(1+15\%)^5}=67.044\text{ 万元}$$

二、投资风险价值

1. 风险的定义

当一项投资活动的未来情况存在多种可能性时，这项投资就存在风险。在有风险的情况下进行投资不仅要考虑资金时间价值，而且要考虑投资风险价值，即决策时所要求的投资收益率既包括资金的时间价值，又包括投资的风险价值。

投资活动面临的风险分为两类，一类是可分散风险，另一类是不可分散风险。其中，可分散风险又叫非系统性风险或公司特别风险，是指某些因素对特定企业造成经济损失的可能性，如个别公司的罢工、公司在市场竞争中的失败等；不可分散风险又称系统性风险或市场风险，是指某些因素对行业、或全部企业带来经济损失的可能性，如经济衰退、经济政策变化、石油价格涨跌等。可分散风险可通过多元化投资来回避，不可分散风险不能通过多元化投资来回避。

2. 投资风险价值的定义

所谓投资风险价值，是指投资者因在投资活动中冒风险而取得的超过资金时间价值的额外报酬。投资者冒风险越大，要求得到的风险价值就越多，因此，投资收益率也就越高。

3. 投资风险价值的表现形式

(1) 绝对数：风险报酬额。投资的风险价值有两种表现形式：一种是绝对数，即“风险报酬额”，指的是由于冒风险进行投资而取得的额外报酬。

(2) 相对数：风险报酬率。投资风险价值的另一种表现形式是相对数，即“风险报酬率”，指的是额外报酬占投资总额的百分率。

4. 风险报酬率的确定方法

为了正确进行投资，在有风险的情况下，需要确定风险报酬率。确定风险报酬率一般有两种方法，一种是由决策人员根据自己的经验和各行业的情况进行主观判断，在美国，投资风险报酬率一般为6%～8%；另一种是根据有关数据进行定量分析，其具体步骤如下：

(1) 计算投资收益期望值。假设某企业投资12 600万元购买固定资产生产某种产品，经分析预测，产品销售时有20%的可能会出现市场畅销，每年能获得经营收益2 000万元；有50%的可能会出现市场销售情况一般，每年获得经营收益1 000万元；有30%的可能会出现市场销售情况较差，每年只能得到经营收益500万元。有关情况见表9-7。

表9-7 资料表

可能出现的市场	年经营收益（X_i）	概率（P_i）
畅销	$X_1=2\,000$万元	$P_1=0.2$
一般	$X_2=1\,000$万元	$P_2=0.5$
较差	$X_3=500$万元	$P_3=0.3$

产品销售以后能得到多少经营收益现在并不确定，它是一个随机变量（用X_i表示）。但是，我们可以运用概率论的方法解决这一问题。

概率（用P_i表示）是用百分数或小数表示的各随机变量可能发生的程度，它必须符合以下两个条件：

第一，每一个随机变量的概率最小值为零，最大值为1。概率等于零，说明这种情况不可能出现；概率等于1，说明这种情况必然出现。从上表所列数值来看，$P_1=0.2$，$P_2=0.5$，$P_3=0.3$。

第二，随机变量的全部概率之和等于1。用公式表示为：

$$\sum_{i=1}^{n} P_i=1$$

从上表可以看出，$P_1+P_2+P_3=0.2+0.5+0.3=1$

上例中可能得到的经营收益值为经营期望值（用$\bar{E}$表示），它是各个随机变量以其各自的概率进行加权平均所得的平均数，计算公式是：$\bar{E}=\sum_{i=1}^{n} X_iP_i$。根据上例资料，其经营期望值为：$\bar{E}=2\,000$万元$\times0.2+1\,000$万元$\times0.5+500$万元$\times0.3=$

1 050 万元。

（2）计算标准离差。前面计算的经营收益期望值 1 050 万元，表明企业投资 12 600万元在各种可能的风险条件下每年将得到的平均经营收益值。但是，实际出现的情况只能是其中一种，能得到的经营收益一般不等于经营收益期望值。分别为：X_1＝2 000 万元，X_2＝1 000 万元，X_3＝500 万元。因此，必须考虑各随机变量与期望值可能发生偏离的程度，即风险程度。在实际工作中，经常用标准离差（用 σ 表示）来反映随机变量与期望值之间的距离。标准离差的计算公式如下：

$$\sigma = \sqrt{\sum_{i=1}^{n}(X_i - \bar{E})^2 P_i}$$

$$\sigma = \sqrt{(2\,000-1\,050)^2 \times 0.2 + (1\,000-1\,050)^2 \times 0.5 + (500-1\,050)^2 \times 0.3}\text{万元}$$
$$=522.02\text{ 万元}$$

标准离差是由随机变量与期望值之间的差距所决定的，它们之间的差距越大，标准离差就越大，风险也就大，反之则小。所以，标准离差的大小，可以看做是风险价值大小的标志。

（3）计算风险报酬率。前面计算的标准离差是一个绝对数，为了比较不同投资方案的风险程度，需要把它同期望值相比，求出相对值，即标准离差率。实例的标准离差率为：

$$522.02/1\,050 \times 100\% = 49.72\%$$

上面讲过，标准离差越大，投资的风险也越大。可见，标准离差率与风险报酬率成正比。但是，标准离差率并不等于风险报酬率，因为标准离差率是标准离差与期望经营收益的比率，而风险报酬率是投资者冒风险取得的报酬与投资额的比率。风险报酬率的计算公式如下：

风险率＝投资期望回收率×标准离差率×100％

公式中的投资期望回收率包含有两部分内容，一是投资的时间价值，即利率；二是投资的风险价值，即风险报酬率。一项投资的期望回收率是一定的，其中包含的风险报酬率越高，所包含的利率就越低，反之利率就越高。而风险报酬率与标准离差率成正比，一项投资的标准离差率越高，它的风险报酬率也就越高，所以，风险报酬率等于投资期望回收率乘以标准离差率。

结合实例，把有关数字代入公式为：

$$\text{风险报酬率} = \frac{522.02}{1\,050} \times \frac{1\,050}{12\,600} \times 100\% = 4.14\%$$

假设投资者所要求的货币时间价值为 7％，那么只有投资期望回收率超过 11.14％（7％＋4.14％），投资方案才是可取的。从实例来看，投资期望回收率只有 8.33％（1 050÷12 600×100％），因此，该项投资不可取。

第四节　现代企业成本管理

一、成本的概念及成本管理过程

（一）成本的概念

成本费用是企业在生产经营过程中发生的各项耗费。如材料耗费、工资支出、折旧费用。其中为生产一定种类、数量的产品所发生的直接耗费，称为产品生产成本或产品制造成本（简称“产品成本”）；不能直接归属于某个特定产品成本的耗费，称为期间费用，如管理费用、财务费用等。

（二）成本管理意义及过程

如果说盈利是企业经营的最基本目标，那么成本则是实现盈利的前提条件。在企业的经济活动中，成本管理非常重要，但又常常被忽视。

成本管理的重要性表现在：

首先，成本管理涉及企业的竞争能力。无论企业采取什么竞争战略，是成本领先亦或是产品奇异，成本一旦失去控制，企业也就失去了竞争优势。

其次，成本管理是企业增加盈利的根本途径，直接服务于企业的经营目的。增加利润是企业的经营目的之一，也是社会经济发展的动力。在任何情况下，降低成本都可以增加利润。在收入不变的情况下，降低成本可使利润增加；在收入增加的情况下，降低成本可使利润更快增长；在收入下降的情况下，降低成本可抑制利润的下降。

第三，成本管理是抵抗内外压力、求得生存的主要保障。企业在经营过程中，外有同业竞争、政府课税和经济环境逆转等不利因素的影响，内有职工改善待遇和股东要求分红的压力。企业用以抵御内外压力的武器，主要是降低成本、提高产品质量、创新产品设计和增加产销量。其中，降低成本是最主要的。降低成本可以提高企业价格竞争能力；可以提高安全边际率，使企业在经济萎缩时继续生存下去；提高售价会引发经销商和供应商相应的提价要求和增加流转税负担，而降低成本可避免这类外部压力；成本降低了，才有力量去提高质量、创新设计，或者提高职工待遇和增加股利。

第四，成本管理是企业发展的基础。把成本控制在同类企业的先进水平上，才有迅速发展的基础。成本降低了，可以削减售价以扩大销售，销售扩大后经营基础稳固了，才有力量去提高产品质量，创新产品设计，寻求新的发展。许多企业陷入困境的重要原因之一，是在成本失去控制的情况下盲目发展，一味在促销和开发新产品上冒险，一旦市场萎缩或决策失误，企业没有抵抗能力，很快就会垮下去。

成本管理的目标是降低产品成本，提高经济效益。成本管理过程主要由以下几部分组成：

1. 成本预测

企业为按照市场经济规律的要求，自主地组织生产经营活动，必须根据以往的历史成本、市场调查以及生产、技术条件的变化等资料，采用科学的方法预测成本水平，拟订各种降低产品成本、提高经济效益的方案，提供企业决策机构比较选择，使企业决策建立在科学的基础上。

2. 成本计划

通过成本预测，并对多种方案进行比较分析，从中优选最佳方案，确定目标成本之后，还应据以编制成本计划，规定各种生产经营耗费的控制标准和成本水平，提出保证计划完成的可靠措施，并以书面文件形式下达企业各管理部门和生产车间执行。

3. 成本控制

为确保生产经营的耗费符合预定计划，使成本目标得以实现，必须以计划为依据，制定各项成本控制标准，对企业生产经营进行积极、有效的限制和监督，及时发现和纠正偏差，并结合企业内部经济责任制，建立按责任归属实施成本控制的责任成本制度，形成实现成本目标的全员保证体系。

4. 成本核算

成本核算应如实反映企业生产经营过程中各种成本费用的发生，以及产品成本和期间费用的形成，以便正确计算损益，确定再生产资金补偿数额，为制定和修订产品价格提供依据。成本核算的过程，既是对成本费用的实际发生进行如实反映的过程，也是进行信息反馈和控制的过程，使脱离计划的偏差在生产经营过程中得到发现和纠正。同时，通过对产品实际成本的核算得以反映成本计划的完成情况，并为进行未来的成本预测、编制下期成本计划提供可靠资料。成本核算也是进行成本分析和考核的必要依据。

5. 成本分析

在通过成本核算提供实际成本的基础上，应与目标成本、上年实际成本、同行业成本等进行比较，揭示成本升降变动状况和原因，确定各种影响因素及影响程度，针对问题提出改进措施，不断挖掘降低产品成本、提高经济效益的潜力。

6. 成本考核

企业还应定期对成本计划的完成情况进行评价和总结，并应按成本责任的归属考核规定指标的完成情况，据此进行奖惩，以有利于客观评价工作业绩和明确责任，也有利于激励企业员工改进工作，提高企业整体管理水平和经济效益。

成本预测和计划为事前管理，它是在成本形成之前，根据企业生产经营状况，运用科学的方法，进行成本指标的测算，然后编制成本计划，作为降低成本的行动纲领和日常控制成本开支的依据。成本控制和核算为事中管理，它是对企业生产经营过程中所花费的各项开支，根据计划进行严格的控制和监督，并正确计算产品的实际成本。成本考核和分析为事后管理，它是通过实际成本与计划成本的比较，检查成本计划的完成情况，并进行分析，找出影响成本升降的主客观因素，发现问题，总结经验，从而制订进一步降低产品制造成本的有效措施，为编制下期成本计划提供依据。

二、成本预测

成本预测是指企业根据历史成本资料和有关经济信息，在认真分析计划年度各种技术经济条件、外部环境变化以及企业可能改善的管理措施与方法的前提下，运用定性和定量的方法，对未来成本水平及其变化趋势作出科学的预计和推测。

成本预测的目的有两个：一是为挖掘降低成本的潜力指明方向；二是为企业内部各单位降低成本的方向和途径提供参照数据。在市场经济条件下，迅速和准确的成本预测是企业在竞争中占尽先机、获得目标利润的重要保证。

（一）成本预测的基本程序

成本预测的基本程序一般可概括为以下六个步骤：

1. 确定预测对象和预测目标

预测对象是预测所针对的具体问题，即预测什么；预测目标是预测所要达到的目的。只有明确预测目标，才能有目的地收集资料，选择预测的方法，规定预测的期限，从而使预测的结果更能符合未来的客观变动趋势。成本预测的目标就是要在企业总目标制订的条件下，通过预测目标成本，寻求降低产品成本的途径，通过最佳方案的选取，使产品成本降低到可能达到的水平。

2. 收集、分析所需资料

有效地收集和分析资料是进行成功预测的基础。一般来说，成本预测数据资料的来源主要有三种，即现存的会计统计记录、原始数据和已公开发表的数据（如国家统计局公布的统计数据）。对于收集到的各种资料，必须进行分析，“去粗取精，去伪存真，由此及彼，由表及里”。

3. 提出假设，建立数学模型

数学模型是用数学方程式表示的预测对象（在此指成本）与各个影响因素或相关事件之间数量依存关系的公式。根据已分析整理的资料，研究成本变化的规律，建立相应的成本预测的数学模型。数学模型是对客观事物发展变化的情况的高度概括和抽象模拟，均具有一定的假设性。这是因为把事物过去的发展模式延续到未来，这其中总会有一定幅度的误差和一定概率的不可实现性。这将导致预测结果与实际结果不相符合，因而需要不断检验和修正。

4. 选择预测方法进行预测

选择恰当的成本预测方法，确定相关的数值代入数学模型中求得成本预测值。值得注意的是，不应把某个预测方法当做某一个预测问题的最终解法，因为每一种预测方法可能适用于某几种预测问题，同时某一个预测问题又可能适用几种预测方法。

5. 分析预测误差，检验预测假设

对于每项预测结果都有必要与实际结果进行比较，以发现和确定误差大小。所有预测报告都应当定期不断地用最新的数据资料去复核，检验所作假设是否可靠。若发现误差大，假设不可靠，就应变更假设，完善数学模型，改进预测方法。即使某种预测方法已被确认为完善，预测不会有较大的误差，也应不断检验其误差，以求精确。若检验表明误差很小，假设成立，则可进行下一步。

6. 修正预测结果

一方面，由于假设的存在，数学模型往往舍去了一些影响因素或事件，因此要运用定性预测方法对定量预测结果进行修正，以保证预测目标顺利实现。

另一方面，由于预测本身需要一定时间，在此期间，若内部和外部发生了不同于过去的影响因素或重大事件，就必须据以调整已有的预测结果。在实际工作中，还有些企业对用不同预测方法得出的成本预测结果进行概率评价，以鉴定成本预测的准确程度，以便选择最佳预测方案。这实际上也是一种修正预测结果的方法。

(二) 成本预测的方法

成本预测的具体方法有很多，可归纳为定性预测法和定量预测法两大类。

成本的定性预测，是成本管理人员，根据实践经验和专业知识，通过调查研究，利用已有资料，对成本的发展趋势以及可能达到的水平，经过逻辑思维所作的合理分析和推断。由于定性预测主要依靠管理人员的素质和判断能力，因而这种方法必须建立在对企业成本耗费历史资料、现状及影响因素的深刻了解基础之上。常用的定性预测法有调查研究判断法（又称专家预测法）和分析判断法（又称因素测算法）。调查研究判断法包括个人判断法、座谈会法、德尔菲法等。

成本的定量预测，是利用历史成本会计统计资料以及成本与影响因素之间的数量关系，通过建立一定的数学模型来计算未来成本的可能结果。成本的定量预测涉及的具体预测方法很多。这里只选择几种较为常用的预测方法加以介绍。

1. 高低点法

企业产品成本与业务量（一般为产销量）的关系，可用如下数学模型来表示：

$$y = a + bx$$

式中，y 是产品总成本；x 是产品产量；a 是固定成本总额；b 是单位变动成本。

在这个模型中，只要求出常数 a 和系数（斜率）b 的数值，就可用这个直线方程式预测某一产量 x 下的产品总成本 y。

高低点法就是以历史成本资料中产量最高和最低两个时期的产品总成本数据为依据，计算出 a 和 b，利用 $y=a+bx$，推算出计划产量下的总成本水平和单位成本的预测方法。它是一种最简便的预测方法，在产品成本变动趋势较稳定的情况下，用来预测未来成本的发展趋势比较适宜。如果企业各期的成本变动幅度较大，则不宜用此法进行预测。

例 9－21 某企业近几年中生产某种产品的年产量和总成本资料见表 9－8。

表 9－8 产品成本资料表

年份	2002	2003	2004	2005	2006	2007
产量/件	400	650	900	600	700	800
总成本/元	15 000	22 000	26 500	22 000	22 500	25 500

2008 年的计划产量为 850 件，要求确定 2008 年的产品总成本和单位产品成本。根据表 9－8 所给资料可知，产量最低期为 2002 年，计 400 件，产品总成本为 15 000 元；产量最高期为 2004 年，计 900 件，产品总成本为 26 500 元。则：

$$单位变动成本=\frac{最高产量期总成本-最低产量期总成本}{最高期总产量-最低期总产量}$$

$$b=\frac{(26\ 500-15\ 000)\ 元}{(900-400)\ 件}=23\ 元/件$$

$$固定成本总额=总成本-总产量\times 单位变动成本$$

$$a=26\ 500\ 元-900\times 23\ 元=5\ 800\ 元$$

$$2008\ 年的产品总成本=5\ 800\ 元+23\times 850\ 元=25\ 350\ 元$$

$$2008\ 年的单位成本=25\ 350\ 元\div 850\ 件=29.82\ 元/件$$

2. 一元线性回归分析法

一元线性回归分析法又称为最小二乘法，是根据过去若干时期的产量和成本资料，利用最小二乘法的“偏差平方和最小”的原理，确定回归直线方程，从而推算出 a 和 b，再通过 $y=a+bx$ 这个数学模型来预测计划产量下的产品总成本及单位成本的方法。我们直接给出有关 a 和 b 的两个标准方程式：

$$\sum y=na+b\sum x$$

$$\sum xy=a\sum x+b\sum x^2$$

式中 n——期数。

例 9－22 用表 9－9 中的数据为例来具体说明一元线性回归分析法的运用。

表 9-9 数据资料表

时期 n	产量 x/件	成本 y/元	xy	x^2
1	100	190	19 000	10 000
2	110	220	24 200	12 100
3	120	220	26 400	14 400
4	140	250	35 000	19 600
5	130	230	29 900	16 900
6	150	240	36 000	22 500
Σ	750	1 350	170 500	95 500

将表中的有关数据代入二元一次联立条件方程组，即可得方程组：

$$1\ 350=6a+750b$$

$$170\ 500=750a+95\ 500b$$

采用消元法解方程组，可首先求得 b 值，然后利用 b 值进而求得 a 值，即：$a=100$（元）；$b=1$（元/件）。

若计划期预计产量为 200 件，则：

$$预计产品总成本\ y=a+bx=100\ 元+1\times200\ 元=300\ 元$$

$$预计单位产品成本=\frac{y}{x}=\frac{300\ 元}{200\ 件}=1.5\ 元/件$$

3. 本量利分析法

本量利分析法（CPV 预测法）是依据成本（C）、预计产销量（V）和目标利润（P）之间关系原理，计算目标成本的方法。采用这种方法，必须首先掌握产品的总固定成本、单位变动成本及目标利润。有关本量利分析原理，请参阅相关书籍，这里只给出计算公式，直接应用于成本预测：

$$目标销售量=\frac{总固定成本+目标利润}{单位售价-单位变动成本}$$

$$目标总成本=目标销售量\times单位售价-目标利润$$

例 9-23 某企业生产的某产品总固定成本为 25 000 元，目标利润 15 000 元，单位售价 50 元，单位变动成本 40 元，则：

$$目标销售量=\frac{(25\ 000+15\ 000)\ 元}{(50-40)\ 件}=4\ 000\ 元/件$$

$$目标总成本=4\ 000\times50\ 元-15\ 000\ 元=185\ 000\ 元$$

$$单位产品目标成本=\frac{185\ 000\ 元}{4\ 000\ 件}=46.25\ 元/件$$

对上述计算公式通过简单的数学代换，就可以求得符合一定要求的目标固定成本和目标单位变动成本。在产销量、销售单价、目标利润、总固定成本可预知的情况下，则目标单位变动成本的计算公式为：

$$目标单位变动成本=销售单价-\frac{总固定成本+目标利润}{计划销售量}$$

同理，在产销量、销售单价、目标利润、单位变动成本可预知情况下，则目标固定成本的计算公式为：

目标固定成本=（销售单价-单位变动成本）×计划销售量-目标利润

例 9-24 承前例，若销售单价不变，销售量为 4 000 件，而要求达到的目标利润为 17 000 元，则在固定成本不变的条件下，目标单位变动成本为：

$$目标单位变动成本=50\ 元/件-\frac{(25\ 000+17\ 000)\ 元}{4\ 000\ 件}=39.5\ 元/件$$

可见，和原来的成本相比，单位变动成本应降低 0.5 元/件。如果研究后认为，单位变动成本至多只能降低 0.4 元/件，则目标固定成本应为：

目标固定成本=（50-39.6）×4 000 元-17 000 元=246 000 元

也就是说，总固定成本必须比原来降低 400 元。

因此，运用本量利分析法可预测实现目标利润所要求达到的总成本及单位成本，以及有关数据发生变更后，进行固定成本变更、单位变动成本变更以及目标利润变更的预测。

4. 时间序列法

时间序列，就是观察或记录到的一组按时间顺序排列起来的数据。运用时间序列法预测成本，就是根据积累的成本序时历史资料，分析有关指标过去的发展过程及其规律，并且估计这种规律在未来仍然起作用，据此预测成本在将来一定时期的数值。这里我们主要介绍其中的五种具体方法。

（1）趋势平均法。趋势平均法就是将过去的历史资料移动平均，并且假定预测期的有关指标与它相连续时期的数值最为接近，以此为基础，运用一定的数学方法来预测未来期成本值和变化趋势。

例 9-25 某企业 2007 年 1～12 月 A 产品的单位生产成本如表 9-10 所示。假设企业下一年度继续生产 A 产品。在这种条件下，可用最近若干时期的同种产品的成本平均值作为预测下一年度成本值的基础。

表 9-10 A 产品单位成本资料表 （单位：元）

月份	A 产品单位成本	五期平均	变化趋势	三期趋势平均
1	33			
2	34			
3	37	35.8		
4	34	38.0	+2.2	

（续）

月份	A产品单位成本	五期平均	变化趋势	三期趋势平均
5	41	41.2	+3.2	2.4
6	44	43.0	+1.8	2.5
7	50	45.6	+2.6	2.2
8	46	47.7	+2.1	1.6
9	47	48.0	+0.3	1.1
10	52	49.0	+1.0	
11	45			
12	55			

表中的五期移动平均数为5个月的移动平均数，如1～5月份的平均单位成本为：(33＋34＋37＋34＋41）元/5＝35.8元，以此类推，2～6月份的平均单位成本为38.0元，……，8～12月份的平均单位成本为49.0元。变化趋势指五期移动平均数的变动值（差额），如2～6月份的平均单位成本比1～5月份的平均单位成本上升了(38－35.8）元＝2.20元。三期趋势移动平均值就是把计算出来的变化趋势（差额）再作三期平均，如表9－10中的2.4元是(2.2＋3.2＋1.8)元/3的结果。

知道表9－10中的各项数据的来历后，我们就可以预测未来期的成本值了。假定我们要求预测下一年度1月份的A产品单位成本，那么我们就采用距离1月份最近的五期移动平均数作为基数；再考虑到可能的变化额。已知：49.0元为最近五期移动平均单位成本，由此到下一年度1月份相距3个月，而最近的每月平均增长数为1.1元，故下一年度1月份的A产品单位成本预测值为：

49.0元＋3×1.1元＝52.3元

(2) 指数平滑法。指数平滑法也属于持续性的预测方法，即过去的发展规律反映了未来的变化趋势。指数平滑法主要优点之一是：连续预测时，只需储存最低限度的数据。只要有了本期的实际数据及预测值，就可推算出下期的预测值。其计算公式如下：

$$F_t = F_{t-1} + a\ (A_{t-1} - F_{t-1})\ = aA_{t-1} + \ (1-a)\ F_{t-1}$$

式中 F_t ——下期成本预测值；

F_{t-1} ——本期成本预测值；

a ——加权因子或平滑系数，取值范围在$0<a<1$；

A_{t-1} ——本期实际成本值。

例9－26 某企业在2007年7月的实际总成本为32 000元，而本月预测的成本值为 35 000 元，又设平滑系数为 0.3，则 2007 年 8 月份的总成本预测值为：

$$F_8=0.3\times32\ 000\text{元}+(1-0.3)\times35\ 000\text{元}=34\ 100\text{元}$$

值得注意的是，a 的取值范围一般要根据经验确定，通常采用较小的平滑系数，可反映出预测值变动的长远趋势；而采用较大的平滑系数，则能反映近期预测值的变化趋势。$a=1$，说明下期成本预测值与本期实际成本相等；$a=0$，说明下期成本预测值等于本期成本预测值。

我们从上述的计算公式中可以看出，F_t 表示第 t 期的指数平滑值，a 为平滑系数。同理：

$$F_{t-1}=aA_{t-2}+(1-a)F_{t-2}$$

所以

$$\begin{aligned}F_t&=aA_{t-1}+(1-a)F_{t-1}\\&=aA_{t-1}+(1-a)[aA_{t-2}+(1-a)F_{t-2}]\\&=aA_{t-1}+a(1-a)A_{t-2}+(1-a)^2F_{t-2}\\&=aA_{t-1}+a(1-a)A_{t-2}+a(1-a)^2A_{t-3}+a(1-a)^3A_{t-4}+\cdots+(1-a)^tF_0\end{aligned}$$

各项系数之和为：

$$a+a(1-a)+a(1-a)^2+\cdots+a(1-a)^{t-1}+(1-a)^t$$

$$=a\times\frac{1-(1-a)^t}{1-(1-a)}+(1-a)^t=1$$

上式表明，各期的数据离本期实际成本值越远，它的系数就越小，因而它对预测值的影响也越小，证明指数平滑法这种预测方法所考虑的近期数据较远期数据影响来得大，这正是指数平滑的意义所在。

（3）加权平均法。当企业具备比较详细的成本资料，并且已经详知固定成本总数和单位变动成本的资料时，可利用加权平均法来预测企业未来期的产品总成本。其计算公式如下：

$$y=\frac{\sum af}{\sum f}+\frac{\sum bf}{\sum f}x$$

式中 y——预测总成本值；

a——固定成本总额；

b——单位变动成本；

f——权数；

x——产量。

例 9-27 某企业从 2005～2007 年的平均总成本和规定权数如表 9-11 所示：

表 9-11 某企业成本资料表 （单位：元）

年份	权数（f）	固定成本总额（a）	单位变动成本（b）
2005	1	20 000	20
2006	2	25 000	18
2007	3	30 000	16
Σ	6	85 000	54

预计 2008 年该厂的生产量 x 为 20 000 件，则 2008 年预计的产品总成本为：

$$y=\frac{20\ 000\times1+25\ 000\times2+30\ 000\times3}{6}\text{元}+\frac{20\times1+18\times2+16\times3}{6}\times20\ 000\text{ 元}$$

$$=26\ 667\text{ 元}+17.33\times20\ 000\text{ 元}=373\ 267\text{ 元}$$

（4）简单平均法。简单平均法，是对若干期成本的历史数据求其算术平均值，用以作为未来期的成本预测值。算术平均值的求法如下：

设有 x_1，x_2，x_3，…，x_n个数据，则其算术平均值等于（$x_1+x_2+x_3+\cdots+x_n$）/n。

（5）朴素法。朴素法，是运用简单的规则进行推算的方法。如预测值等于近期的实际值，或等于去年同一个月的实际值的 105%。朴素法是最简单的时间序列法，它相当于对最近观测值给予 1 的权数，而对于所有其他的观测值给予权数 0。

这些朴素法可以对某些情况提供足够的精确度。有时候，那些比较复杂的方法（往往也是比较费钱的）并不比这些方法更精确。

三、成本控制—标准成本法

成本控制可以分为狭义成本控制和广义成本控制。

狭义的成本控制是指运用以成本会计为主的各种方法，预定成本限额，按限额开支成本和费用，以实际成本和成本限额比较，衡量经营活动的成绩和效果，并以例外管理原则纠正不利差异，以提高工作效率，实现以至超过预期的成本限额。

有时，人们在更广泛的意义上使用“成本控制”一词。广义的成本控制，是指管理方面对任何必要作业所采取的手段，目的是以最低的成本达到预先规定的质量和数量。它是成本管理的同义词，包括了一切降低成本的努力。

狭义的成本控制与广义的成本控制的主要区别为：①狭义的成本控制以完成预定成本限额为目标；广义的成本控制以成本最小化为目标；②狭义的成本控制仅限于有成本限额的项目；而广义的成本控制不受这种限制，涉及企业的全部活动；③狭义的成本控制是在执行决策过程中努力实现成本限额；而广义的成本控制还应包括正确选择经营方案，涉及制定决策的过程，包括成本预测和决策分析，通常称为成本经营；④狭义的成本控制是指降低成本支出的绝对额，故又称为绝对成本控制；广义的成本控制还包括统筹安排成本、数量和收入的相互关系，以求收入的增长超过成本的增长，实现成本的相对节约，故又称为相对成本控制。

我们这里讨论的成本控制，旨在介绍生产过程的成本控制，对广义成本控制不再进行更多的研究。生产过程的成本控制具体形式是多种多样的，本部分介绍“标准成本法”，下一部分介绍“目标成本法”。

（一）标准成本的概念

要有效控制成本发生额的水平，在20世纪20年代美国首创标准成本法，其通过事先调查分析和研究，科学地建立标准成本额，借以控制成本，分析差异。

标准成本是实施标准成本法的基础，只有确定合理的标准成本，才能达到对实际成本进行准确评价和有效控制的目的。所谓合理，是指标准成本应基本上排除不应该发生的浪费，是一种“应该发生的成本”。

“标准成本”一词在实际工作中有两种含义：

一种是指单位产品的标准成本，它是根据单位产品的标准消耗量和标准单价计算出来的，准确地说应称为“成本标准”。

成本标准＝单位产品标准成本＝单位产品标准消耗量×标准单价

另一种指实际产量的标准成本，是根据实际产品产量和单位产品成本标准计算出来的。

标准成本＝实际产量×单位产品标准成本

（二）标准成本的种类

标准成本按其制订所依据的生产技术和经营管理水平，分为理想标准成本和正常标准成本；按其适用期，分为当期标准成本和基本标准成本。把正常标准成本与当期标准成本结合起来，称为当期正常标准成本。在实际工作中，标准成本一般是参考当期正常标准成本来制订的。

理想标准成本是企业生产技术和经营管理处于最佳理想条件下所确定的最低成本。即在生产设备完好条件下，材料、能源消耗与价格最低，最满意的工资率与工时消耗，最优质量和最高产量与销售量，不出现废品、停工现象等。这样的标准自然过高，企业一般难以采用。

当期正常标准成本是根据企业已经达到的生产技术水平和有效经营条件制订的消耗标准，一般把生产经营中不可避免的损失估算在内。这种标准既非轻而易举，又非望尘莫及，而是经过努力达到的标准。这种标准能起到成本控制的作用，因而在实际工作中能够得到广泛的应用。

在实际工作中，标准成本采用的各项消耗量标准，有的采用上年实际平均消耗量或上年最好月份的消耗水平为标准。有的企业在上年实际平均消耗量的基础上，预计本年采取的措施实现后，经过努力达到的平均消耗水平和费用水平为标准。这种标准实际上是当期正常标准。企业可以从实际出发，从当期正常标准出发，逐步向理想标准过渡。

这里需要注意的是，使用的成本控制标准和成本计划应保持相对一致性。严格来说，计划是按照实际可能和事先的降低成本百分比指标统筹考虑得出的，但成本控制的标准则是一个控制目标，实际上此目标要与成本差异进行调整之后才是实际成本，而控制成本的大量日常工作正是对成本差异的分析与控制，通过这种控制，来保证实际成本限制在计划的范围之内，达到成本管理的目标。

在生产过程中，成本的控制必须以完善的经济责任制为保证，把成本标准按形成的过程，分解到具体的职能科室和车间、班组，层层建立成本控制责任中心。即分头把关，这样便于及时分析和处理反馈的信息。

（三）标准成本法的控制程序

成本控制在生产过程中主要以料、工、费三块为基础，因此对它们分别制订标准是第一步前提；在此前提下，把握住日常成本费用的变化，提示成本费用的差异是成本控制的中心环节；最后，根据实际发生信息建立反馈报告制度体系，及时交流和修改相应标准，则是为下一轮控制作出的新准备，它是承上启下的过渡环节。下面就此分别简单介绍成本控制的程序。

1. 标准成本的制订

标准成本可具体落实到料、工、费消耗上。从制订标准的原则上讲，标准的水平应以当期正常标准成本为依据，在制订标准时就要由财会人员、供销人员、人事部门和技术人员共同协商修订。一经确定，必须严格执行，才能达到应有效果。

具体制订标准成本的相关公式如下：

对直接材料费标准分别按每种产品所需零部件制订消耗定额，汇总完成，表示为：

某单位产品直接材料费 $=\sum_{i=1}^{n}$（第 i 种零部件单位消耗量标准×第 i 种零部件标准价格）

也可按产品工序汇总每个车间或工序的直接材料费定额标准。标准价格使用计划价格或预测市价。

对直接人工的工费标准，往往取自从事生产的制造工人、技术人员的工资及奖金、福利金开支。表示为：

某单位产品直接人工费 $=\sum_{i=1}^{n}$（第 i 种零部件作业时间标准×第 i 种零部件作业标准工资率）

这里的作业时间，指加工装配所需的时间，而标准工资率是指单位标准时间所占工资等的标准含量。

同样，产品直接人工费标准也可分解到各车间和工序。

对制造费用标准的制订一般也可以分为两类：一类是随产品产量变化而变化的制造费用，称为变动制造费，如车间所需的随产量变化的燃料、动力费，某些按产量提取的修理基金或折旧也要并入其中；另外，外部加工费及运费有时可以看做变动制造费。另一类是在正常生产规模内并不发生变化的制造费用，它包括车间管理人员工资、机器设备的折旧和大修理费（当这两项不按产量提取时）、租金、保险费和车间照明费等维持正常经营条件所需消耗物料，以及车间分摊的差旅费等。制造费用较稳定，称为固定制造费。对第一类，可以按照历史资料，得到单位产品应分摊的基础数据，再加上成本节约的计划降低指标，统一制订标准。对于第二类数据，往往是根据不同性质的费用发生情况，分别制订标准。如固定资产折旧，按车间使用的固定资产原值与采用的折旧率计算获得，车间管理人员工资按定岗和定员标准，结合平均工资水平求得。每类费用都可以找到相应的数据，汇总而成。

制造费用一般按车间归集，随后按照实际工资标准或机器作业台数，分解到产品上去。因此，从成本控制上来说，制造费用控制主要按如下公式计算：

标准制造费用＝标准制造费用分配率×标准工时

其中，标准制造费用分配率＝预算制造费用÷预算工时

只要控制了标准制造费用的分配率和标准工时，就可及时反映实际变化与标准的差异。

在制定了各部门的标准成本之后，可按产品类别汇总一张标准成本表，反映单位产品的总成本额和各部门相应的定额指标。

2. 料、工、费的差异分析

作为标准成本，是企业的成本控制目标。但实际成本则可能超出标准成本，形成成本差异额。差异分为有利差异和不利差异两种，成本控制不仅需分析差异的大小而且要弄清不同原因及造成的影响程度，为及时纠正差异、减少损失提供信息。

(1) 直接材料成本差异。从单位产品直接材料成本消耗上说，它存在着受耗用量影响和价格影响两方面的情况。因此，存在着耗用量差异和价格差异两个差异因素，在分析时可以分别按下式计算：

耗用量差异＝（实际耗用量－标准耗用量）×标准价格

价格差异＝（实际价格－标准价格）×实际用量

直接材料成本差异＝耗用量差异＋价格差异

＝实际价格×实际耗用量－标准价格×标准耗用量

在由多种材料构成产品成本时，

$$\text{单位产品的直接材料成本差异} = \sum_{i=1}^{n} (\text{第}\ i\ \text{种材料单位成本差异})$$

$$= \sum_{i=1}^{n} (\text{第}\ i\ \text{种材料的耗用量差异} \times \text{价格差异})$$

$$= \sum_{i=1}^{n} (\text{第}\ i\ \text{种材料的实际价格} \times \text{实际消耗量} - \text{标准价格} \times \text{标准消耗量})$$

同理，可以知道一定时期企业某产品直接材料耗用总量差异，它是单位产品直接材料差异乘以一定时期的生产量。

材料价格差异是在采购过程中形成的，不应由耗用材料的生产部门负责，而应由采购部门对其作出说明。采购部门未能按标准价格进货的原因有许多，如供应厂家价格变动、未按经济采购批量进货、未能及时订货造成的紧急订货、采购时舍近求远使运费和途耗增加、不必要的快速运输方式、违反合同被罚款、承接紧急订货造成额外采购等，需要进行具体分析和调查，才能明确最终原因和责任归属。

材料耗用量差异是在材料耗用过程中形成的，反映生产部门的成本控制业绩。材料耗用量差异形成的具体原因有许多，如操作疏忽造成废品和废料的增加、工人用料不精心、操作技术改进而节省材料、新工人上岗造成多用料、机器或工具不适用造成用料增加等。有时多用料并非生产部门的责任，如购入材料质量低劣、规格不符也会使用料超出标准；又如工艺变更、检查过严也会使数量差异加大。因此，要进行具体的调查研究才能明确责任归属。

(2) 直接人工费成本差异。它是由作业时间标准差异和工资率差异两因素构成的。当企业加工产品的某零部件时，其直接人工费成本差异可按下式计算：

作业时间标准差异＝（实际作业时间－标准作业时间）×标准工资率

工资率差异＝（实际工资率－标准工资率）×实际作业时间

由此，可得：

直接人工费成本差异＝作业时间标准差异＋工资率差异

＝实际作业时间×实际工资率－标准作业时间×标准工资率

在大部分多环节加工形成产品时，

$$\text{单位产品直接人工费成本差异} = \sum_{i=1}^{n} (\text{第}\ i\ \text{种作业时间直接人工费成本差异})$$

$$= \sum_{i=1}^{n} (\text{第}\ i\ \text{种作业时间标准差异} + \text{工资率差异})$$

$$= \sum_{i=1}^{n} (\text{第}\ i\ \text{种作业实际时间} \times \text{实际工资率} + \text{标准作业时间} \times \text{工资率差异})$$

作业时间标准差异的形成原因，包括工作环境不良、工人经验不足、劳动情绪不佳、新工人上岗太多、机器或工具选用不当、设备故障较多、作业计划安排不当、产量太少。它主要是生产部门的责任，但这也不是绝对的。例如，材料质量不好，也会影响生产效率。

工资率差异形成的原因，包括直接生产工人升级或降级使用、奖励制度未产生实效、工资率调整、加班或使用临时工、出勤率变化等，原因复杂而且难以控制。一般说来，应归属于人事劳动部门管理，差异的具体原因会涉及生产部门和其他部门。

(3) 制造费用差异。制造费用分为变动制造费和固定制造费两部分，在经过归纳整理后，都是以标准工时为依据，分入产品成本中的（也有以机器工时为依据）。

从变动制造费用来说，它受到变动制造费用分配率和直接人工工时两方面的影响。所以，变动制造费用标准就是上述两个因素的乘积。因而在进行差异分析时，也有变动制造费用分配率差异和变动制造费直接人工工时差异。前者是变动制造费用耗用上的差异，后者是变动制造费用效率上的差异。

制造费用虽然也最后归集到产品上，但它可以在各车间进行总量控制。变动制造费用差异可以按下式计算：

变动制造费用耗用差异＝（实际分配率－标准分配率）×实际工时

变动制造费用效率差异＝（实际工时－标准工时）×标准分配率

变动制造费用差异＝（实际分配率×实际工时）－（标准分配率×标准工时）

＝实际变动制造费－标准变动制造费

或＝变动制造费用耗用差异＋变动制造费用效率差异

其中，变动制造费标准分配率＝变动制造费预算发生额÷预算工时定额

变动制造费用的耗用差异，是实际支出与按实际工时和标准费率计算的预算数之间的差额。由于后者是在承认实际工时是必要的前提下计算出来的弹性预算数，因此该项差异反映耗费水平即每小时业务量支出的变动费用脱离了标准。耗费差异是部门经理的责任，他们有责任将变动费用控制在弹性预算限额之内。

变动制造费用效率差异，是由于实际工时脱离了标准，多用工时导致的费用增加，因此其形成原因与作业时间标准差异相同。

从固定制造费用来说，由于它不是随产量变化而变化的制造费用，因此总是按相应的车间等归类，其差异也是从总体上加以考察的。

在固定制造费差异分析时，根据需要一般会选择两至三个变量，少数企业也有选取更多变量加以分析的。

这里介绍三个变量的分析法。三个变量分别是耗用变量、效率变量和能力变量，第一和第二个因素同变动制造费用相同；此外，还可考虑车间生产能力是否达到预先的预算工时规定的水平，这就是能力变量。预算工时是计算固定制造费标准分配率的依据，它从规模上限制了制造费用中的固定费用的水平。它们的计

算公式分别为：

固定制造费标准分配率＝预算固定制造费÷预算工时

标准固定制造费＝固定制造费标准分配率×标准工时

在固定制造费用成本差异分析中，三个因素算法和固定制造费用差异可分别按下式计算：

$$\text{固定制造费用耗用差异}=\text{实际分配率}\times\text{实际工时}-\text{标准分配率}\times\text{预算工时}$$

$$\text{固定制造费能力差异}=\text{标准分配率}\times\text{预算工时}-\text{标准分配率}\times\text{实际工时}$$

$$\text{固定制造费用效率差异}=\text{标准分配率}\times\text{实际工时}-\text{标准分配率}\times\text{标准工时}$$

$$\text{固定制造费用差异}=\text{固定制造费耗用差异}+\text{固定制造费能力差异}+\text{固定制造费效率差异}$$

其中，标准分配率＝标准制造费总预算÷标准工时总量

在对料、工、费差异分析的基础上，对照实际成本和标准成本，即可反馈信息，及时加以修正和调整。

（4）成本反馈报告制度。要控制成本就必须建立及时、系统的信息反馈、报告制度，针对各个部门、各种成本的特点，加以核算和管理，发现问题，及时处理，并将某一环节的变化反馈到全企业相关方面，达到明确责任、迅速调整有关数据的目的。反馈，要在各成本发生认真记录的基础上，形成一个成本中心，落实责任者，以最短的时间将责任中心的经济活动报告给总控制部门。

在成本反馈系统中，各成本中心按权力和责任大小确定。在确定成本中心时，一般总是将责任落实到经理、主任、领班等人身上，与此同时要为各中心编制成本预算，区分出哪些是中心的可控成本，哪些是中心的不可控成本。可控成本是责任中心负责人可以计量掌握和调节的成本，可控成本必须坚决把关，不可控成本也要及时报告并分析这些成本对本中心的间接影响程度。

需要注意的是，如果一项成本对于某一责任中心是可控成本，就要将其编入该责任中心的责任成本预算中，并将考核结果同对责任者的奖惩制度结合起来。而对于涉及几个部门的联合成本则要尽量合理地分配到相应中心，防止扯皮现象发生。

各中心的信息反馈一般可以定期通过电话会议进行，也可以通过内部电脑网络系统加以连接。前者必须由各中心责任人口头反馈，并通过电信或报表等书面文件汇总确定成本情况；后者只需定期将成本数据整理后输入各电脑终端，总控制中心就可以得到各成本中心的相应数据资料。

四、成本控制—目标成本法

（一）目标成本的概念

目标成本是指根据预计可实现的销售收入扣除目标利润计算出来的成本。它是目标管理思想在成本管理工作中应用的产物。

有时候，人们也把标准成本称为目标成本。标准成本是应该发生的成本，可以用作评价实际成本的尺度，从而成为督促职工去努力争取的目标，因此也被称为目标成本。

标准成本和目标成本虽然都可以作为成本预算和成本控制的基础，但是它们的含义、指导思想和制订方法并不相同。

“标准成本”出现于20世纪初，是科学管理的作业标准化思想和成本管理结合的产物。标准成本的制订，从最基层的作业开始，分别规定数量标准和价格标准，逐级向上汇总，成为单位标准成本。制订时强调专业人员的作用，使用观测和计量等技术方法，建立客观标准，以“调和”劳资矛盾。

“目标成本”出现于20世纪50年代，是成本管理和目标管理相结合的产物，强调对成本实行目标管理。从企业的总目标开始，目标成本的制订，逐级分解成基层的具体目标。制订时强调执行人自己参与，专业人员协助，以发挥各级管理人员和全体员工的积极性和创造性。目标管理强调授权，给下级一定自主权，减少干预，在统一的目标下发挥下级的主动性和创造精神；强调事前明确目标，以使下级周密计划并选择实现目标的具体有效的方法，减少对作业过程的直接干预。目标成本管理的成败，在很大程度上取决于企业最高领导是否真正了解目标成本管理的内容，是否有采用此种方法的强烈愿望。

（二）目标成本的确定

1. 目标成本的初步测算

目标成本是根据预计销售收入和目标利润计算出来的，即：

目标成本＝预计销售收入－目标利润

预计目标利润的方法有：

(1) 目标利润率法。

目标利润＝预计销售收入×同类企业平均销售利润率

或：目标利润＝本企业净资产×同类企业平均净资产利润率

或：目标利润＝本企业总资产×同类企业平均资产利润率

例 9-28 某炼钢厂钢坯的同业平均销售利润率为4.441%，预计本年销售量为102万t，钢坯市场价格为1 766元/t，则：

目标利润＝预计销售收入×同类企业平均销售利润率

＝（102×1 766×4.441%）万元＝8 000万元

目标总成本＝（102×1 766）万元－8 000万元＝172 132万元

目标单位成本＝172 132元÷102t＝1 688元/t

采用目标利润率法的理由是：只有本企业必须达到同类企业的平均报酬水

平，才能在竞争中生存。有的企业使用同业先进水平的利润率预计目标成本，其理由是：别人能办到的事情我们也应该能办到。

(2) 上年利润基数法。

目标利润＝上年利润×（1＋利润增长率）

采用上年利润基数法的理由是：要预计未来的利润增长率，应考虑上一年的利润，包括环境的改变和自身的进步。有时候，上级主管部门或董事会对利润增长率有明确要求，也促使企业采用上年利润基数法。按上述方法计算出的目标成本，只是初步设想，提供了一个分析问题的、合乎需要的起点。它不一定完全符合实际，还需要对其可行性进行分析。

2. 目标成本的可行性分析

目标成本的可行性分析，是指对初步测算得出的目标成本是否切实可行作出分析和判断。

分析时，主要是根据本企业实际成本的变化趋势、同类企业的成本的水平，充分考虑本企业增产节约的潜力，对某一时期的成本总水平作出预计，看其与目标成本的水平是否大体一致。

3. 目标成本的分解

目标成本的分解，是指设立的目标成本通过可行性分析后，将其自上而下按照企业的组织结构逐级分解，落实到有关的责任中心。成本分解通常不是一次完成的，需要不断循环、不断修订，有时甚至需要修改原来设立的目标。

目标成本分解的方法有以下几种：

按管理层次分解。将目标成本按总厂、分厂、车间、班组、个人进行分解。这是一种自上而下的过程。分解的内容包括料、工、费三项。

按管理职能分解。将成本在同一管理层次按职能部门分解。例如，销售部门负责销售费用，设计部门负责设计成本和新产品试制费，质量部门负责质量成本，劳资部门负责工资成本，动力部门负责燃料和动力费用，基本生产部门负责制造成本，行政部门负责办公费用等。

按产品结构分解。把产品成本分成各种零部件成本和总装成本，分派给各责任中心。

按产品形成过程分解。按产品设计、材料采购、生产制造、产品销售过程分解成本，形成每一过程的目标成本。

按成本的经济内容分解。把产品成本分成固定成本和变动成本；再把固定成本进一步分解为折旧费、办公费、差旅费、修理费等项目，把年度目标成本分为季度或月份成本目标，甚至分解成旬或日的成本目标；把变动成本分解为直接材料、直接人工、各项变动费用。

上述方法，要根据企业组织结构和成本形成过程的具体状况，选择采用。

案例分析

裕兴举牌“方正科技”——中国股市收购战

裕兴同时向方正科技董事会递交了关于增补6名董事候选人和两名监事候选人方案，针对方正科技2000年0.67元的年度利润提出将分配预案修正为：裕兴举牌“方正科技”——中国股市收购战。

2000年5月11日，上海证券公司宣布“600602”股票“方正科技”停牌一天。北京金裕兴电子技术有限公司、北京裕兴机械电子研究所等六家企业发布举牌公告，宣布截至5月10日，六家方正科技的股东合并，持有方正科技股份1 009.692 2万股，占方正科技发行在外有表决权股份总数的5.410 3%。六家公司合并持有的股份数超过了方正科技原第一大股东北大方正集团，六家企业联合成为方正科技的第一大股东。此时，距方正科技股东大会只有短短的17天时间。

复牌后，方正科技股价猛涨到36.8元左右，媒体也将裕兴当成了追逐的目标。而裕兴公司总裁祝维沙也对媒体表示了与方正集团合作的愿望，希望成为方正科技的策略投资人，利用其在信息家电领域积累的优势资源，与方正科技强强联合，优势互补，利用资本市场平台实现产业整合。

我国的《证券法》第79条第一款明确规定，通过证券交易所的证券交易，投资者持有一个上市公司已发行的股份的5%时，应当在该事实发生之日起三日内，向证监会、交易所作出书面报告，通知该上市公司，并予以公告；在上述规定的期限内，不得再行买卖该上市公司的股票。

那么，作为方正科技原第一大股东，方正集团是否坐视裕兴等六家企业夺走自己的位置，顺利入主“方正集团”董事会呢？

5月16日，也就是在裕兴等六家企业举牌的第五天，上海证券交易所发布了北京北大方正集团公司增持方正集团股票的通知。截至2001年5月14日，方正集团通过证券交易所的证券交易，持有上海方正延中科技集团股份有限公司的股份共计935.1万股，占公司已发行总股份的5.010 7 %，股权比例与举牌方只有微弱的差距。

被收购方背景资料

方正科技（股票代码600602）公司简介：

方正科技公司主营业务为文化办公用品和材料、计算机及其配件、复印机及消耗材料、文化办公器械等的生产与销售。公司总股本为18 662万股，流通盘18 662万股，2000年方正科技公布的年报为：净利润实现1.24亿元，每股收益0.67元，净资产收益率24.13%，2000年分配方案拟不分配不转增。

方正科技的前身为上市公司——上海延中实业股份有限公司。1998年5月

11日，也就是延中实业将于5月25日召开1997年度股东大会之前的十几天，北大关联企业发布举牌公告，宣布入主延中实业，之后公司更名为“方正科技”，成为方正集团下属企业之一。

北大方正入主方正科技三年来，将计算机PC机、服务器、笔记本电脑等资产注入上市公司，将其发展成为一家资产和业绩良好的高科技公司。2000年方正品牌个人电脑销量达到了83.6万台，市场占有率居国内第二名、亚太地区第八名。2000年更是方正集团旗下三家上市公司中盈利状况最好的一家。因此，很难相信方正集团会轻易将囊中硕果拱手相让。

自2000年年底，四川长虹开始增持方正科技至500万股，拉开了方正科技股权之争的序幕。2000年报告显示，江苏长虹、虹兴仓储作为四川长虹的关联企业，已经持有方正科技2.89%的股份，与方正集团只差1.5%。此举引起方正集团的高度重视。但是随着四川长虹主帅倪润峰的复出，对方正科技的策略有所改变。目前，四川长虹已减持方正科技股份，长虹企图入主方正科技的举动基本可以画上句号。

方正科技之所以成为众多公司的收购对象，是因为其本身的特质。首先，作为“三无”概念股，方正科技的股权高度分散。其次，第一大控股股东北大方正集团的持股比例在事发前只有3.77%，这在沪市千余家上市公司中是绝无仅有的。其中，总股本全流通且流通盘小，仅有1.86亿，股权的流动性在千余家上市公司是最好的。再次，经营最为出色，是高科技股中难得的成长型绩优股之一。以上三点，决定了方正科技成为沪深股市中最为诱人的收购对象。

收购方背景资料

裕兴公司简介：

裕兴公司创立于1991年。过去的10年，裕兴产品走了一条边缘化、差异化的道路，公司强攻普及型IT产品领域。1998年10月，裕兴成功推出能够用来学习、游戏和上网的电脑VCD，从此裕兴一举进入信息家电领域。目前公司已具备独立完成信息家电的软硬件开发设计的能力，其中自行开发的3098中央处理器系列芯片已经成为信息家电的行业标准之一。1999年裕兴的IA产品销量居首位，并占据了国内同类产品90%以上的市场份额。

2000年1月31日，裕兴电脑科技（8005）正式在香港创业板挂牌上市，成为首批经中国证监会批转在香港创业板上市的高科技民营企业，这在全国引起轰动。公司当时发行股票1亿股，发行价为4.2港币。

祝维沙——裕兴公司董事长兼总裁，2000年被美国《福布斯》杂志评为中国50富豪第46位，其个人资产达5 000万美元。

此次六家股东的举牌公告显示，金裕兴电子和裕兴机械电子研究所为关联企业，这两家公司的法定代表人均为祝维沙，同时，在香港创业板上市的裕兴电脑科技控股有限公司为金裕兴电子的最终控股公司。而另外四家股东之间以及它们与“裕兴”之间均不存在任何关联关系。

北京金裕兴电子技术有限公司和北京裕兴机械电子研究所（以下合称北京裕兴）是此次联合提案的发起人，希望成为方正科技的策略投资人，利用其在信息家电领域积累的优势资源，与方正科技强强联合、优势互补，利用资本市场平台实现产业整合，其他股东认可并支持北京裕兴的这一战略。为实现以上目的，北京裕兴信心坚定，并有充分准备在必要时候增持方正科技股份。

5月28日，在推迟1个月后，方正科技的股东大会终于召开了。举牌方裕兴公司向方正科技董事会提交的关于增补6名董事候选人和2名监事候选人的方案未被提交股东大会讨论，原因是不符合方正公司章程第67条规定：“董事、监事候选人产生程序：①董事会负责召开股东座谈会，听取股东意见；②召开董事会会议，审查候选人任职资格，讨论、确定候选人名单。”在董事、监事候选人名单经过上述程序确认后，再提交股东大会表决。

在这一前提下，加上持有方正科技股票的各家基金表示支持方正集团入主董事会，股东大会的选举结果为方正集团获得胜利，其推荐的9个董事会候选人进入了董事会，取得了对方正科技董事会的控制地位。

讨论题：

1. 在此次收购战中，举牌方为何选中方正科技为收购对象？

2. 当方正集团增持方正科技股票指5.107%，与裕兴的持股量接近时，双方为何没有继续增持？

3. 这次收购属于善意收购还是恶意收购？

4. 你是否同意方正科技公司章程第67条的规定？

思　考　题

1. 资金周转的起点和终点是什么？试说明企业资金的运动过程。
2. 现代企业财务管理的目标是什么？企业应如何实现这一目标？
3. 资产负债表中有哪些恒等式？
4. 企业利用长期负债筹资有哪些优缺点？
5. 试分析下列商业信用条件：“2/10，1/45，n/60”
6. 如何进行成本费用的预测？
7. 如何进行企业成本的控制和分析？

作　业　题

一、判断题

1. 现代企业财务管理的目标是利润最大化。　（　）
2. 资产负债表反映企业一定时期内的财务状况，即企业资产负债情况。　（　）
3. 资产负债表恒等式是“资产＝负债＋所有者权益”。　（　）

4. 企业短期负债增加，则负债能力增强。（ ）

5. 资产负债表用来反映某一时点的数据。（ ）

6. 在标准成本系统中，广泛地使用理想的标准成本。（ ）

7. 货币的时间价值是货币经过一定时间的投资和再投资所增加的价值。（ ）

二、填空题

1. 资金运动经历了________、________和________三个过程。

2. 主营业务收入反映企业____________等主要经营业务取得的收入总额。

3. 在企业的各项流动资产中，现金的流动性________而获利性________；存货的流动性________而获利性__________。

4. 长期负债是企业融入的使用期限在________、需要按期偿还本金和利息的资金来源，主要投向__________和__________资产。

三、单项选择题

1. 在资产负债表中，资产总额为856 200元，负债为468 470元，则股东权益总额应为：（ ）。

A. 554 670　B. 387 730　C. 1 000 000　D. 387 630

2. 资产负债表的左方和右方分别是（ ）。

A. 资产；负债　B. 资产；所有者权益　C. 负债；资产　D. 资产；负债和所有者权益

3. 流动资产中变现能力最强的资产是（ ）。

A. 存货　B. 应收账款　C. 现金　D. 短期投资

4. 下列投资方式中，投资风险最高的是（ ）。

A. AAA级企业债券　B. AA级企业债券　C. A级企业债券　D. 目前发行的国库券

5. 当发行债券时市场利率高于票面利率时，可选用（ ）方式发行。

A. 溢价　B. 折价　C. 平价　D. 对价

6. 损益表说明了企业在（ ）的经营成果。

A. 在一定时点　B. 在一定区间　C. 在一定时期　D. 在一定范围

7. 企业动用现金支付原材料价款，这一经济业务的借方是（ ）。

A. 现金　B. 应收账款　C. 存货　D. 固定资产

8. 如果两个投资项目预期收益的标准离差相同，而期望值不同，则这两个项目（ ）。

A. 预期收益相同　B. 标准离差率相同　C. 预期收益不同　D. 未来风险报酬相同

9. 下列各项中，属于"直接人工标准工时"组成内容的是（ ）。

A. 由于设备意外故障产生的停工工时

B. 由于更换产品产生的设备调整工时

C. 由于生产作业计划安排不当产生的停工工时

D. 由于外部供电系统故障产生的停工工时

四、多项选择题

1. 企业财务报表的使用者包括：（ ）。

A. 股东　B. 债券持有者　C. 银行借贷方　D. 税务部门　E. 企业管理者

2. 现金包括：（ ）。

A. 库存现金　B. 银行定期存款　C. 现金等价物　D. 银行活期存款

3. 关于成本控制的下列表述中，正确的有（ ）。

A. 成本控制制度会受到大多数员工的欢迎

B. 对数额很小的费用项目，控制可以从略

C. 不存在适用于所有企业的成本控制模式

D. 成本控制的根本目的是确定成本超支的责任人

4. 目标成本的分解方法包括（ ）。

A. 按管理职能分解　　B. 按管理层次分解　　C. 按产品结构分解

D. 按产品形成过程分解　E. 按成本的经济内容分解

五、计算题

1. 已知银行储蓄利率为6%，每年支付一次利息。

(1) 现在存入银行10 000元，10年后的本利和是多少?

(2) 现在每年存入银行10 000元，10年后的本利和是多少?

2. 某人投资一项目，投资额为75 000元，预计年报酬率为10%，两年以后本利和是多少?

3. 某企业5年后要购买13 000元的设备，从现在起每年末在银行存入一笔定额存款，年利率为3%，以便用到期后的本利和购买该设备。试问该企业每年应存入银行多少钱?

4. 分期付款购买商品，每年付款4.6万元，共付5年。若现在一次性付款，只须付20万元。当市场利率为4%时，分期付款与一次性付款哪种方式更为有利?

5. 企业向银行短期借款，借款本金15 000元，期限3个月，利息600元。试求这笔借款的年利率。

6. 某企业的全部流动资产为57 800元，流动比率为1.8。公司刚完成以下两项交易：①购入原材料13 000元，其中4 600元为赊购；②购置机器设备一台，花费30 000元。试计算每笔交易发生后的流动比率。

7. A公司资产负债表上资产总额为2 350万元，股东权益总额为700万元。试分析该企业资产负债率是否合理?

8. 甲公司财务报表显示，公司年末应收账款余额600万元，期初余额560万元，销售收入净额3 800万元。

(1) 试计算该年应收账款周转率和应收账款平均收账期。

(2) 若行业平均应收账款周转率为10次，试分析本企业应收账款周转情况。

9. 公司200×年财务报表显示，期初存货余额650万元，期末存货余额为690万元；全年销售成本为6 800万元。当行业存货周转率为8次时，试计算并分析该公司的存货周转率是否合理。

10. 海星公司200×年实现净利润5 600万元，股东权益总额56 000万元。公司发行在外的普通股数为35 000万股，每股市价8元，未发行优先股。试计算：

(1) 该公司的每股收益指标。

(2) 每股净资产指标。

(3) 市盈率指标。

(4) 若恒升公司的每股净资产为3元/股，恒升公司每股收益与海星公司相同，试分析二

者的经营情况。

11. 某企业1～10月份总产量与总成本逐月统计资料如表9-12所示。

表9-12 1～10月总产量与总成本统计资料

月　　份	1	2	3	4	5	6	7	8	9	10
总产量/吨	20	18	21	22	26	25	28	23	27	29
总成本/万元	6.40	6.20	6.56	6.82	7.24	7.10	7.50	6.94	7.40	7.68

该厂11月份计划产量为30吨，请分别运用下列方法预测该月总成本及单位成本为多少？

(1) 高低点法。

(2) 一元线性回归分析法。

(3) 指数平滑法（1月份的总成本预测值为6.10万元，设平滑系数为0.40）。

(4) 趋势平均法（移动平均按5期简单平均；趋势平均按3期简单平均）。

12. 某企业生产一种产品，有关成本资料如下：

单位售价10元，单位变动成本6元，固定成本总额200 000元。请经过预测分析，回答下列问题：

(1) 该企业目标利润定为50 000元，则目标销售量为多少？若该企业能实现目标销售量，则目标总成本为多少？

(2) 在上述目标销售量不变的情况下，该企业若想将目标利润提高到60 000元，则在成本方面可采取哪些措施？

13. 某企业使用A材料生产甲产品，其直接材料和直接人工资料如下：本月实际耗用材料4 650kg，材料实际成本19 330元；本月实际用工6 450h，人工成本33 600元；本月购进的材料全部用于生产，其生产甲产品2 000件。

标准成本资料如表9-13所示。

表9-13 标准成本资料

成本项目	价格标准	数量标准	标准成本/元
直接材料	4元/kg	2kg	8
直接人工	5元/kg	31h	15

要求：

(1) 计算本月的材料数量差异与材料价格差异。

(2) 计算本月的人工工资率差异与人工效率差异。

14. 某家具厂本月共生产钢折椅4 100把，实际耗用钢材10 500kg，实际成本为11 700元。该厂钢折椅标准成本每把需用钢材2.5kg，每千克1.10元。

要求：

(1) 计算钢折椅所耗用的钢材的实际成本与标准成本的差异额是多少？

(2) 将上项计算出来的材料成本差异额进一步分解为价格差异与数量差异。

15. 某企业生产A产品，在某期内的变动制造费用预算和实际执行结果如表9-14所示。

表 9-14 变动费用预算

成本项目/元	每小时标准耗费/元	机器工作小时/h
		9 000
间接材料	0.4	3 600
间接人工	0.2	1 800

该企业生产 A 产品的单位工时标准为 2h/件，实际执行结果是：实际完成机器工时 8 400h，实际产量 4 000 件。实际发生变动费用为：间接材料 3 280 元，间接人工成本 1 920 元。

要求：

(1) 计算 A 产品变动制造费用的总差异。

(2) 计算 A 产品的变动制造费用开支差异和效率差异。

参 考 文 献

[1] 彼得·德鲁克．卓有成效的管理者［M］．孙康琦，译．上海：上海译文出版社，1999.

[2] 孙宇晖．现代企业制度［M］．北京：中国税务出版社，1999.

[3] 陈亭楠．现代企业文化［M］．北京：企业管理出版社，2003.

[4] 穆庆贵，陈文宏．新编企业管理［M］．3版．上海：立信会计出版社，2000.

[5] 周三多．管理学——原理与方法［M］．4版．上海：复旦大学出版社，2005.

[6] 约翰·鲍威尔，等．决策案例分析［M］．邹美兰，等译．上海：上海远东出版社，2004.

[7] 蔡世馨．现代生产管理［M］．大连：东北财经大学出版社，2000.

[8] 吴贵生．技术创新管理［M］．北京：清华大学出版社，2000.

[9] 刘友金．企业技术创新论［M］．北京：中国经济出版社，2001.

[10] 檀润华．创新设计［M］．北京：机械工业出版社，2002.

[11] 刘秋生．新生产开发［M］．北京：清华大学出版社，2002.

[12] 黄卫伟．生产与作业管理［M］．北京：中国人民大学出版社，1997.

[13] 理查德，等．生产与运作管理——制造业与服务业［M］．宋国防，等译．北京：机械工业出版社，1999.

[14] 蒋贵善，王东华．生产与运作管理［M］．大连：大连理工大学出版社，1998.

[15] 菲利普·科特勒．市场营销管理［M］．洪瑞云，等译．北京：中国人民大学出版社，1997.

[16] 徐二明．企业战略管理学［M］．北京：中国经济出版社，2002.

[17] 苏秦．现代质量管理学［M］．北京：清华大学出版社，2005.

[18] 陶靖轩，等．六西格玛管理简明教程［M］．北京：中国计量出版社，2005.

[19] 刘书庆，杨水利．质量管理学［M］．北京：机械工业出版社，2004.

[20] 彭剑峰．人力资源管理概论［M］．上海：复旦大学出版社，2005.

[21] 郭庆松．现代人力资源管理［M］．上海：文汇出版社，2002.

[22] 张德．人力资源开发与管理［M］．北京：清华大学出版社，2007.

[23] 董克用．人力资源管理概论［M］．北京：中国人民大学出版社，2003.

[24] 希金斯．财务管理分析［M］．沈艺峰，等译．北京：北京大学出版社，2004.

[25] 阿特勒尔．财务管理基础［M］．赵银德，张华译．北京：机械工业出版社，2004.

[26] 杨蓉．成本管理［M］．上海：华东师范大学出版社，2003.

[27] 陈良华．成本管理［M］．北京：中信出版社，2006.

[28] 昆奇，等．市场营销管理：教程与案例［M］．吕一林，等译．北京：北京大学出版社，2004.